앨리스 아펜젤러
교장의 선교 편지

내한선교사편지번역총서 24

앨리스 아펜젤러 교장의 선교 편지

앨리스 R. 아펜젤러 지음
허경진·허혜란·이희락 옮김

신촌캠퍼스 입성 후 본관 앞에서 찬송가를 부르는 앨리스 아펜젤러와 이화인들
맨 앞에서 이화학당의 설립자 메리 F. 스크랜턴 선교사 사진을 들고 있는 사람이 제6대 교장 앨리스 R. 아펜젤러다. 이화여자전문학교는 1932년부터 부지 조성을 시작하여 1935년에 신촌캠퍼스를 완공했다.

역자 서문

제가 본서 제2부에서 번역한 40통의 편지 중 33통은 앨리스 아펜젤러의 편지이고 나머지 7통은 그녀의 어머니인 엘라(엘렌) 닷지 아펜젤러의 편지입니다. 제1부의 52통과 합하면 모두 92통이 됩니다. 편지를 번역하는 일은 제게 마치 잃어버린 퍼즐 조각을 찾아 맞춰가는 흥미진진한 경험이었습니다.

"이 일후에 내가 보니 각 나라와 족속과 백성과 방언에서 아무라도 능히 셀 수 없는 큰 무리가 흰 옷을 입고 손에 종려 가지를 들고 보좌 앞과 어린 양 앞에 서서 큰 소리로 외쳐 가로되 구원하심이 보좌에 앉으신 우리 하나님과 어린 양에게 있도다 하니…"

요한계시록 7:9-10

이 말씀은 남미 페루에서의 8년여 생활 동안 1998년부터 2002년까지 4년을 선교사로 사역한 제가 사역을 시작한 이후 가장 좋아하는 구절입니다. 선교지를 떠나 귀국한 후에도 이 말씀은 제 안에 깊이 남아, 2003년부터 2005년까지 한국에 있는 외국인 근로자들을 위한 사역을 하게 된 원동력이 되기도 했습니다.

할아버지는 1920년경 한 선교사의 전도로 예수님을 영접하셨고, 일곱 자녀 중 한 사람은 꼭 목회자가 되기를 기도하셨습니다. 바람대로 제 아버지는 목사이자 선교사로 40여 년을 헌신하셨고, 할아버지와 아버지의 영향으로 저는 어릴 적부터 선교사들의 일대기를 자연스레

접했습니다. 그중에서도 1885년 부활절에 한국에 들어와 복음을 전한 아펜젤러와 언더우드 선교사의 이야기는 신선한 충격이었습니다. 구한말 격동의 시기, 외부에는 은자의 나라로 알려진 작은 나라에 본국에서의 편안한 삶을 버리고 복음을 전하러 온 이들의 삶을 어린 저는 이해하기 어려웠습니다. 일신의 편안함, 가족, 심지어 자신의 생명까지도 내려놓은 이상한 사람들로 비춰졌습니다.

시간이 흘러 20대에 선교 훈련을 받고 선교사의 길로 나아가야겠다고 결심한 뒤에야 저는 비로소 앞서 간 선교사들의 희생과 헌신을 되새기게 되었습니다. 특히 많은 이들 가운데 생명을 구하려다가 순직한 헨리 G. 아펜젤러 선교사님의 숭고한 삶 앞에서는 절로 머리가 숙여집니다. 무엇보다도 귀한 것은 어린 나이에 불의의 사고로 아버지를 잃은 그의 네 자녀 중 장녀인 앨리스, 아들 헨리, 그리고 막내딸 메리가 자신들의 삶을 한국의 선교와 교육을 위해 헌신한 것입니다. 특히, 한국에서 태어나 평생을 한국의 선교 사역에 헌신하고 이 땅에서 생을 마감한 앨리스의 묘비명은 가슴을 울립니다. "한국에서 나서 한국에 묻히어 한국의 흙이 된 고 아펜젤러 선생의 묘."

저는 1990년대부터 수차례 양화진을 찾았습니다. 한때는 제가 사역했던 페루인 근로자들과 함께 가기도 했고 가장 최근에는 자녀들과 그곳을 다시 방문했습니다. 그곳에서 여러 묘비들 앞에 설 때마다 저는 늘 가슴으로 웁니다. 특히 묘원 한 켠에 자리잡은 작은 아이들의 묘비들을 보면 더 그렇습니다.

무엇 때문에 낯선 땅에 와서, 무엇 때문에 이곳에 묻혔는지도 모를 어린 영혼들. 하지만 그 숭고한 헌신과 희생이 있었기에 오늘날 제가 그리스도인이라는 이름으로 살아갈 수 있음을 마음속 깊이 느낄 수 있습니다.

전킨기념사업회의 서종표 목사님께서 한국을 방문한 제게 『이야기 전킨 선교사』(전킨기념사업회), 『윌리엄 전킨과 메리 전킨 부부 선교사 편지』(보고사, 2022)와 『윌리엄 불 선교사 부부 편지 1-2』(보고사, 2023)를 선물로 주셨습니다. 이 중에서도 윌리엄 불 선교사는 저에게 특히 개인적인 의미가 있는 분이었습니다. 저희 할아버지와 함께 김제 지역에 여러 교회를 개척하셨으며, 아버지에게 유아 세례를 베푸셨던 분이기 때문입니다. 저는 항상 아버지에게서 '부위렴'이라는 그분의 한국식 이름을 들어왔습니다. 이러한 연유로 허경진 교수님께 제가 연구에 참여할 수 있는 부분은 없는지 문의하게 되었던 것입니다. 그리고 마침내 앨리스 아펜젤러의 편지 번역을 의뢰받았고, 흔쾌히 그 요청을 받아들일 수 있었습니다.

그리피스 박사에게 보낸 앨리스의 편지에는 전반적으로 그의 소박한 생활과 진솔한 감정, 그리고 당시의 한국과 미국의 사회상이 가감 없이 담겨 있습니다. 그래서 이 편지를 번역하는 일은 역사학자로서 미국 학교에서 미국 역사를 가르치는 제게 매우 뜻깊었습니다. 한편으로는 17세라는 어린 나이에 아버지를 잃은 앨리스의 편지 속에는 아련한 그리움이 녹아있기도 합니다. 어쩌면 그가 그리피스 박사를 아버지처럼 친근하게 따르고 의지했던 이유가 거기에 있었는지도 모릅니다.

1911년에서 1927년까지 쓰인 편지에서 저는 서로 다른 세 명의 앨리스를 만날 수 있었습니다. 생기발랄한 20대의 학생 앨리스, 이화 당장으로서 30~40대의 앨리스, 그리고 당대의 역사적 사건들을 온몸으로 겪으며 자신의 삶을 살아낸 한 사람의 여성으로서의 앨리스였습니다. 마치 영화 〈포레스트 검프(Forrest Gump)〉의 주인공처럼 그는 역사의 소용돌이 한복판에서도 묵묵히 자신의 길을 걸었습니다.

생기발랄한 앨리스는 어머니와 동생들의 근황을 담담한 필체로 전합니다. 아버지의 사망 이후 어려운 경제 사정 속에서도 아펜젤러 선교사의 자녀들은 학업을 놓지 않고 좋은 성적을 올렸음을 알 수 있습니다. 앨리스는 자신의 학업과 동생들의 졸업, 결혼, 어머니의 별세, 조카들의 출생에 이르기까지 자신의 일상과 감정을 편지를 통해 소소한 일상을 마치 친구에게 이야기하듯 전해줍니다. 인터넷도 전화도 없던 시대, 편지는 곧 마음을 전하는 유일한 통로였고 우리는 그 속에서 딸이자 친구, 한 여성으로서의 앨리스를 만날 수 있습니다.

이화학당 당장으로서의 앨리스는 마치 조선시대 지게꾼처럼, 자기 몸보다 훨씬 무거운 짐을 지고 묵묵히 걸어가는 지도자의 모습입니다. 학교 부지 매입과 건축을 위한 모금 활동, 각계의 도움 요청, 학생들과의 소소한 일화 속에는 교육에 대한 그녀의 열정과 사랑이 진하게 배어 있습니다. 여전사이자, 섬기는 리더로서의 앨리스가 거기 있습니다.

선각자로서의 앨리스는 우드로 윌슨의 대통령 취임, 1920년대 미국에 만연했던 반이민 정서, 러시아 혁명과 중국 신해혁명, 일제의 식민 통치라는 정치 사회적 소용돌이 속에서 조선에 살면서 이 땅에서 일어난 현실적 문제를 외면하지 않고 계속 질문을 던지며 앞으로 나아간 사람이었습니다.

이런 다양한 앨리스의 모습은 오늘을 살아가는 우리, 특히 여성들에게 큰 울림을 줄 수 있으리라 믿습니다. 평범하지만 각자의 자리에서 시대적 소명에 책임을 다하려고 노력하는 사람들에게 말입니다.

100여 년 전 제 할아버지는 앨리스를 비롯한 많은 선교사과 선각자 덕분에 예수님을 영접하게 되었고, 아버지를 이어 저와 제 자녀들이 그 신앙의 계보를 이어가고 있습니다. 이 모든 것들을 돌아볼 때 우리는 그분들께 사랑의 큰 빚을 지고 있음을 깨닫습니다.

그런 의미에서, 노벨문학상을 수상한 한강 작가의 "과거가 현재를 도울 수 있는가? 그리고 죽은 자가 산 자를 구할 수 있는가?"라는 질문에 저는 이번의 번역 과정을 통해 "그렇다"고 대답할 수 있게 되었습니다. 앨리스와 그의 어머니 엘라의 편지는 현대를 사는 우리에게 그저 자신들의 이야기를 하는 것을 넘어, 과거의 그들이 있었기에 현재의 우리가 존재하며, 오늘의 우리가 있기에 또 다른 누군가의 미래가 있다는 것을 보여주는 거울과도 같습니다.

앨리스 레베카 아펜젤러 편지 번역에 도움을 주신 모든 분들께 감사드립니다. 먼저 전킨기념사업회를 소개해 준 저의 사촌오빠 유종수 집사와 시카고의 최완열 집사님, 책 선물을 통해 이러한 DB 작업이 있다는 것을 알게 해주신 전킨기념사업회장 군산 중동교회 서종표 목사님, 편지 원문을 보내주시고 번역에 참여하게 해주신 연세대학교 허경진 교수님, 그리고 출판사 관계자 여러 분께 감사드립니다.

이번 여름, 한국을 방문하여 3년만에 자녀들과 함께 다시 양화진을 찾을 예정입니다. 그리고 앨리스의 묘비 앞에서 서서 이렇게 말해줄 것입니다.

"당신 삶이 우리를 도왔습니다. 고맙습니다."

2025년 4월 19일
달라스에서 이희락

감사의 말

이 책은 한국 선교 140주년과 앨리스 아펜젤러 선교사 탄생 140주년, 이화여자전문학교 설립 100주년을 축하하기 위해 기획하였습니다. 한국의 여성교육을 대학 수준으로 한 단계 올려놓은 앨리스 아펜젤러 교장의 선교 사역을 고마워하는 여러 분들이 도와주셔서 번역 출판되었습니다.

이화 동문인 차정현, 박영, 피상순 선생님께서 도와주셨습니다. 여러 분들을 소개해 주신 오명철 선생님 고맙습니다. 교회사 관련 내용들을 교열해 주신 일본 메이지가쿠인대학 이혜원 교수님께도 감사드립니다. 본인의 번역서처럼 원문과 번역문을 꼼꼼하게 대조하며 교정해 주신 한미경 박사님 고맙습니다.

2025년 6월 교정을 마치면서
번역자를 대표하여
허경진

차례

역자 서문 • 7
감사의 말 • 12
차례 • 13

제1부 | 모두와 주고받은 편지

| 해제 • 21

1914년	6월	11일	• 26	1928년	3월	19일	• 82
1915년	4월	4일	• 31	1929년	7월	5일	• 85
1915년	5월	9일	• 34	1930년	2월	19일	• 86
1915년	9월	14일	• 35	1930년	2월	27일	• 87
1917년	1월	7일	• 42	1930년	3월	28일	• 88
1917년	5월	19일	• 47	1930년	4월	1일	• 90
1919년	5월	20일	• 53		5월	4일	• 91
1920년	5월	12일	• 57	1930년	5월	9일	• 92
1921년	5월	14일	• 61	1930년	5월	15일	• 93
1922년	7월	26일	• 63	1930년	6월	24일	• 94
1924년	4월	13일	• 66	1930년	7월	27일	• 95
1925년	7월	10일	• 72	1930년	9월	2일	• 96
1926년	6월	15일	• 76	1930년	9월	12일	• 97
1926년	7월	1일	• 78	1932년	3월	25일	• 98
1926년	8월	5일	• 81	1938년	5월	9일	• 100

1938년	6월	17일 • 104		1941년	3월	5일 • 132
1939년	3월	14일 • 105		1941년	3월	20일 • 133
1939년	4월	28일 • 110		1941년	6월	6일 • 134
1939년	5월	3일 • 113		1941년	8월	13일 • 139
1939년	6월	13일 • 114		1942년	5월	8일 • 140
1939년	8월	1일 • 115		1942년	7월	28일 • 142
1939년	10월	1일 • 116		1943년	2월	18일 • 143
1939년	12월	17일 • 121		1949년	1월	18일 • 144
1939년	12월	22일 • 122		1949년	7월	31일 • 147
1941년	2월	25일 • 126		1949년	11월	4일 • 151
1941년	3월	4일 • 128		1949년	11월	12일 • 153

제2부 | 그리피스와 주고받은 편지

해제 • 161

엘렌 아펜젤러의 편지

1912년	2월	13일 • 176		1912년	4월	• 183
1912년	3월	4일 • 178		1912년	4월	28일 • 187
1912년	3월	24일 • 180		1913년	1월	14일 • 190
1912년	3월	26일 • 182				

앨리스 아펜젤러의 편지

1911년	7월	27일 • 192		1912년	1월	21일 • 198
1911년	8월	31일 • 193		1912년	3월	4일 • 199
1912년	1월	17일 • 196		1912년	5월	19일 • 202

1912년	6월	2일 • 204	
1912년	6월	15일 • 207	
1912년	6월	25일 • 209	
1912년	7월	24일 • 211	
1912년	8월	11일 • 213	
1912년	8월	18일 • 215	
1912년	9월	3일 • 217	
1912년	9월	15일 • 219	
1912년	10월	6일 • 222	
1912년	11월	9일 • 226	
1912년	12월	29일 • 230	
1913년	2월	16일 • 234	
1913년	3월	12일 • 237	
1913년	4월	24일 • 239	

1916년 4월 7일 • 243
1918년 9월 17일 • 247
1920년 10월 11일 • 254
1920년 10월 14일 • 257
1921년 2월 2일 • 259
1921년 3월 14일 • 260
1922년 3월 13일 • 261
1924년 8월 3일 • 264
1925년 7월 19일 • 271
1926년 12월 3일 • 277
1927년 1월 6일 • 278
1927년 3월 6일 • 281
〔연도미상〕 8월 25일 • 284

제3부 | 원문

모두와 주고받은 편지

June 11, 1914 • 289
April 4, 1915 • 293
May 9, 1915 • 296
September 14, 1915 • 297
January 7, 1917 • 303
May 19, 1917 • 307
May 20, 1919 • 312
May 12, 1920 • 316
May 14, 1921 • 319
July 26, 1922 • 321
April 13, 1924 • 324
July 10, 1925 • 328
June 15, 1926 • 331
July 1, 1926 • 334

August	5,	1926	•	338	May	3,	1939	• 367
March	19,	1928	•	339	June	13,	1939	• 368
July	5,	1929	•	342	August	1,	1939	• 369
February	19,	1930	•	343	October	1,	1939	• 370
February	27,	1930	•	344	December	17,	1939	• 375
March	28,	1930	•	345	December	22,	1939	• 376
April	1,	1930	•	346	February	25,	1941	• 380
May	4		•	347	March	4,	1941	• 381
May	9,	1930	•	348	March	5,	1941	• 384
May	15,	1930	•	349	March	20,	1941	• 385
June	24,	1930	•	350	June	6,	1941	• 386
July	27,	1930	•	351	August	13,	1941	• 390
September	2,	1930	•	352	May	8,	1942	• 391
September	12,	1930	•	353	July	28,	1942	• 392
March	25,	1932	•	354	February	18,	1943	• 393
May	9,	1938	•	356	January	18,	1949	• 394
June	17,	1938	•	359	July	31,	1949	• 396
March	14,	1939	•	360	November	4,	1949	• 399
April	28,	1939	•	364	November	12,	1949	• 401

| 그리피스와 주고받은 편지

엘렌 아펜젤러의 편지

February	13,	1912	•	406	March	24,	1912	• 410
March	4,	1912	•	408	March	26,	1912	• 412

| April, | 1912 • 413 | January   14, | 1919 • 418 |
| April   28, | 1912 • 416 | | |

앨리스 아펜젤러의 편지

July 27,	1911 • 420	February 16,	1913 • 454
August 31,	1911 • 421	March 12,	1913 • 456
January 17,	1912 • 423	April 24,	1913 • 458
January 21,	1912 • 424	April 7,	1916 • 461
March 4,	1912 • 425	September 17,	1918 • 464
May 19,	1912 • 427	October 11,	1920 • 470
June 2,	1912 • 429	October 14,	1920 • 473
June 15,	1912 • 432	February 2,	1921 • 474
June 25,	1912 • 434	March 14,	1921 • 475
July 24,	1912 • 436	March 13,	1922 • 476
August 14,	1912 • 438	August 3,	1924 • 479
August 18,	1912 • 439	July 19,	1925 • 485
September 3,	1912 • 440	December 3,	1926 • 490
September 15,	1912 • 442	January 6,	1927 • 491
October 6,	1912 • 445	March 6,	1927 • 493
November 9,	1912 • 448	August 25, [Year Unknown] • 495
December 29,	1912 • 451		

일러두기

1. 이 책의 번역에 참고한 문헌은 다음과 같다.
   - 용어나 사건 관련 정보는 웹사이트 '구글(google.com)', '위키피디아(wikipedia.org)' 및 'Britannica(Britannica.com)'를 참고하였다.
   - 외국 지명 관련 정보는 웹사이트 '구글맵(google.com/maps)' 및 '구글어스(google.com/earth)'를 참고하였다.
   - 인물의 생몰연도 및 가족관계 관련 정보는 웹사이트 'findagrave(findagrave.com)'를 참고하였다.
   - 그리피스 개인에 관한 정보는 럿거스 대학(Rutgers University) 소장 William Eliott Griffis Collection 내용을 참고하였다.
   - 선교사에 관한 정보는 『미국장로교 내한 선교사 총람』(미국장로교 한국선교회 편, 2020), 웹사이트 '평양대부흥(kich.org)' 및 '한국선교연구원(krim.org)'을 참고하였다.
   - 이화여자대학교를 비롯한 학교에 대한 정보는 각 학교의 공식 웹사이트를 참고하였다.
2. 원문의 철자 오류나 판독이 어려운 경우 [Halesdate], [illegible], [판독불가]와 같이 대괄호 '[ ]' 안에 표기하였다.
3. 번역문의 주석은 옮긴이의 것이다.
4. 원문의 주석 일부는 럿거스 대학의 편지 원본 각주(rucore.libraries.rutgers.edu/rutgers-lib/71150/PDF/1/play)를 참고했다.
5. 국립국어원의 표준어 규범을 따랐으나, 일부 외래어 표기는 여러 웹사이트의 한글 표기를 참고했다.
6. 직역의 의미 전달이 어려운 경우에 일부 문장에서 의역하였다.
7. 원문의 'Korea(Corea)'와 'Chosun'은 각각 '한국'과 '조선'으로 옮겼으나 시대적 상황이나 문맥에 따라 달리 번역하였다.
8. 인물 간의 호칭은 문맥에 따라 한국어 독자가 이해하기 쉬운 방식으로 옮겼다. 예를 들어 'Mrs.'는 '부인'이라는 표현보다는 실제로 목회자나 유명인의 아내를 칭할 때 사용되는 '사모님'으로 번역했다. 단, 엘렌(엘라) 아펜젤러의 편지에서는 사모님과 부인이라는 호칭을 혼용했다.

제1부

모두와 주고받은 편지

제1부에 번역·수록된 자료의 소장처와 소속 컬렉션은 다음과 같다.

- Woodrow Wilson Presidential Library & Museum, Staunton, Virginia (컬렉션: WWP17484, Jessie Wilson Sayre Correspondence)
- University of Oregon Libraries, Special Collections and University Archives (컬렉션: Alice R. Appenzeller Correspondence)
- Burke Library at Union Theological Seminary, Columbia University in the City of New York (컬렉션: MRL 12: John Franklin Goucher Papers)

해제

1. 성장 배경

앨리스 아펜젤러(Alice Rebecca Appenzeller, 亞扁薛羅, 1885~1950)는 한국에 개신교를 도입한 초기 감리회 선교사인 아버지 헨리 G. 아펜젤러(Henry Gerhart Appenzeller) 목사와 어머니 엘라 아펜젤러(Ella Jane Dodge Appenzeller) 사이에서 1885년 11월 9일에 서울 정동에서 최초의 백인이자 미국인으로 태어났다. 이듬해 4월 25일 스크랜턴 선교사의 딸과 함께 한국 최초의 유아 세례교인이 되었다.

당시 조선 사람들은 외모가 너무 다르게 생긴 서양인을 무서워했는데, 앨리스가 태어나자 그전까지 아펜젤러 부부에게 가까이 다가가지 못했던 사람들이 귀여운 아기를 보려고 그의 집으로 모여들었다. 회색 눈의 작은 서양인 아기가 사람들 마음의 경계를 풀어버렸던 것이다. 앨리스의 형제로는 아버지가 설립한 배재학교의 교장으로 20년간 봉사한 남동생 헨리 D. 아펜젤러(Henry Dodge Appenzeller)와, 두 여동생 아이다(Ida Hannah Crom)와 메리(Mary Ella Lacy)가 있다.

앨리스는 조선에서 태어나 조선 아이들과 함께 놀고 공부하면서 조선의 언어, 음식, 풍습 등을 익혀, 조선 문화에 자연스럽게 동화되어 어린 시절을 보냈다. 10대로 성장한 앨리스는 중국 산둥성 즈푸외국인학교(The Chefoo School in Shandon)와 미국 랭커스터 쉬펜고등학교(Shippen School, 현재는 Lancaster Country Day School)를 거쳐 매사추세츠주 웰슬리에 있는 웰슬리 대학(Wellesley College)을 졸업했다. 미국에 있는 동안에는 친구들에게 조선에 관한 이야기를 들려주고 조선 노래도 불러줬다고 한다.

2. 선교와 교육 활동

앨리스는 1909년 대학을 졸업한 후 모교인 쉬펜고등학교에서 몇 년간 교사로 일하면서 YWCA 사역에도 참여하였는데, 이 시기의 경험이 훗날 한국에서 이화여자전문학교를 섬기는 데 있어 큰 밑거름이 된다. 1902년에 아버지 아펜젤러가 목포에서 열린 성서번역자회에 참석하러 가던 중 군산 앞바다에서 해난사고로 세상을 떠나자 충격을 받았지만, 30세 되던 1915년에 미국 북감리회 선교사가 되어 한국으로 돌아왔다.

첫 임기 7년 동안 서울 정동의 이화학당 교사로 부임하여 영어와 역사를 가르쳤으며, 1920년에 이화학당 당장(堂長) 서리를 역임했다. 안식년인 1922년에 컬럼비아 대학교(Columbia University) 사범대학원에서 교육학 석사학위를 받았다. 안식년 기간에 3층 총건평 716평의 이화학당 교사 신축을 위한 모금운동을 추진하여 목적을 달성하고 조선으로 돌아와, 그해 10월 지네트 월터(Jeannette Walter)의 후임으로 제6대 이화학당 당장에 취임하였다.

당시 이화학당에선 초·중·고·대학 과정의 공부를 가르쳤지만, 여자에게 대학 교육은 필요 없다고 비판하는 사람들이 많았다. 일제 강점기였기 때문에 사립대학교에 해당하는 전문학교 인가를 받기도 어려웠다. 하지만 천대받던 한국 여성의 지위 향상과 인권 신장을 위해서는 폭넓은 교육의 기회가 주어져야 한다고 확신한 앨리스는 건축비 모금을 바탕으로 1925년 조선총독부로부터 전문학교 인가를 받아내고, 초대 이화여자전문학교 교장으로 취임하였다.

정동의 학당 규모를 미국 대학의 규모로 발전시키려면 넓은 대지를 확보해야 했으므로, 앨리스는 1928년 안식년에 미국으로 건너가서 모금운동을 벌여 기금을 확보했으며, 이를 토대로 신촌에 5만여 평의 캠퍼스를 마련하였다. 1935년 3월에 교사가 모두 완공되어 이사하였다. 이화여자전문학교는 앨리스의 지도 아래 대학교로 크게 성장하여 여성들에게 고등교육의 기회를 제공하였다.

앨리스는 1935년 한국에서 여성으로는 최초로 일본제국 정부로부터 교육 공로로 청리본 메달을 수여받았으며, 결혼도 하지 않고 평생을 이화학당을 위해 헌신했다. 한국 여성교육은 장차 한국인의 손에 의해 이루어져야 한다고 생각한 앨리스는 매년 우수한 학생들을 선발하여 일본과 미국 등으로 유학을 보냈으며, 학업을 마친 뒤에는 이화로 돌아와 교사와 교수로 일하게 했다. 1937년 6월 미국 보스턴 대학에서 교육학 명예박사학위를 받았으며, 1938년에는 기독교조선감리회가 주는 은메달을 받았다. 자신의 후임은 한국인이어야 한다는 신념을 가지고 있었던 그녀는 1939년 한국인 제자 김활란 박사에게 교장직을 물려주고, 자신은 명예교장으로 뒤에서 도왔다.

앨리스 아펜젤러는 1932년에 감리회 목사로 안수받고, 아버지가 설립한 서울 제일감리교회에서 봉사했다. 그녀는 교육사업에 전념하면서도, 나뉘어 있던 감리회를 통합하는 일에 많은 노력을 기울였다. 일제의 강압이 심해지던 1940년 미국 정부의 권고로 한국을 떠나 테네시 주 내슈빌에 있는 스캐릿 대학(Scarritt College)에서 4년 동안 교수로 봉직한 후, 동생 헨리 아펜젤러 선교사가 있던 하와이 호놀룰루 제일교회에서 한국 학생들을 가르쳤다.

3. 말년과 봉사의 유산

1946년 12월 해방된 한국으로 돌아온 앨리스는 이화여자대학교의 명예총장으로 추대되어 혼란스러운 해방 공간에서 계속 봉사하다가, 1950년 2월 20일 채플 시간에 '반석 위에 집을 지으라'는 제목의 설교를 하던 중 뇌일혈로 쓰러져 그날 순직했다. 그녀의 생전 업적을 추모하는 학교·언론기관·종교·사회단체 등이 참석하여 사회장으로 장례가 엄수되었고, 양화진 외국인묘지에 안장되었다. 앨리스 아펜젤러의 헌신과 선교 활동은 한국에 지속적인 유산을 남겼으며, 여성들에게 영향을 미치고 감리교회의 성장을 촉진하는 등 오늘날까지도 많은 사람들에게 영감을 주고 있다.

4. 내한 선교사 편지 관련 정보

감리회 초기 선교사 부모에게서 태어난 앨리스 아펜젤러는 한국의 교육과 선교 활동에서 주요 인물로 활동하였기에 그녀의 서신에는 한국에서의 소식, 자신의 업무에 관한 세부 사항, 그리고 그 기간 동안 자신이 관계했던 다양한 사건들이 포함되어 있다.

앨리스의 편지 대부분은 후원자, 지인, 친구들에게 보낸 것으로 이화학당(후에 이화여자대학교)의 발전에 대한 참여, 특히 1925년에 조선총독부로부터 정식 인가를 받기 위한 그녀의 노력과 1935년 신촌 캠퍼스로 이전하기까지 대지 확보를 위한 기금 모금운동 등에 관한 내용이 자세하게 쓰여 있다.

앨리스는 이러한 편지들을 통해 주변 사람들에게 기도와 함께 생활에 필요한 물품을 보내줄 것을 부탁하였는데, 그 가운데 이미 사용된 크리스마스 카드를 부탁하는 내용이 여러 번 나온다. 미국에서 온 카드들에는 성경에 나오는 이야기들이 사랑스런 그림으로 담겨 있어 영어 시간과 주일학교에서 교재로 사용되었을 뿐 아니라 장식용이나 선물로도 사용되어 모두에게 환영을 받았다.

그런가 하면 젊은 시절 친밀하게 지낸 친구들과 여러 해에 걸쳐 나눈 개인적인 편지들에는 친구들과의 추억을 소중하게 간직하고 지키려는 모습이 드러나 있다. 때로는 친구들과 더 많은 교류를 원하지만 많은 행사들과 바쁜 학교 업무의 일정으로 답장을 제때 하지 못하는 고충에 대해 자세하게 적기도 했는데, 변치 않는 우정을 보여주려는 앨리스의 성실하고 진술한 모습이 드러난다.

한국에서 태어나고 자란 아펜젤러의 편지는 또한 20세기 초반 한국 사회와 문화에 대해 개인의 경험을 통한 통찰을 제공하기도 한다.

1914년 6월 11일
포레스트 힐 가든
롱아일랜드

사랑하는 제시[1]에게

나는 여기에서 나의 고마운 프랜시스 태프트(Frances Taft)와 함께 제5회 웰슬리[2] 동창회를 하루 앞두고 있어요! 지금 이렇게 시간을 내서 편지를 쓰는 것은 당신에게 나의 쉬펜학교[3] 대표단에 대해 꼭 알려주어야겠다는 생각이 들어서예요. 그래야 당신이 그곳의 소녀들과 상황을 위해 기도로 나와 확실하게 동참해 줄 수 있을 테니까요. 이글스 미어[4]는 올해 쉬펜에게 여느 해보다 더 중요해 보입니다. 우리가 베타 시그마[5]의 역사상 과도기에 이르렀고, 이제 이 다음에 오는 시대가 쇠퇴할 것인지 아니면 새로운 활력과 활동으로 이어질 것인지가 달려있기 때문이지요. 올해는 여러 면에서 힘들었어요. 그 조직은 신선함을 잃었고, 어려운 학업 외에 온갖 과외의 교육과정들로 일정이 가득 차있어서 베타 시그마에 쏠 시간이 거의 없었거든요. 일을 이끌어 온 소녀들은 훌륭했지만, 베타 시그마는 실제로 학교에서 거의 밀려났습니다.

---

1 제시 사이어(Jessie Woodrow Wilson Syre, 1887~1933)는 미국 제28대 대통령 우드로 윌슨(Thomas Woodrow Wilson)의 딸로, 미국 볼티모어의 가우처 대학(Goucher College)에서 교육을 받았으며 여성 사교 클럽 감마 파이 베타(Gamma Phi Beta) 회원이다. 앨리스와 제시는 학구적인 생활, 우정, 개인적인 경험 등 여러 다양한 주제로 서신을 나누었다.
2 웰슬리 대학(Wellesley College)은 앨리스가 졸업한 여자대학이다. 미국 메사추세츠주 웰슬리에 위치하며 1881년 설립되었다.
3 쉬펜여자학교(Shippen School for Girls)는 앨리스가 졸업한 여자고등학교이다. 1908년 Lancaster College와 Miss Stahr's School이 합병되어 설립되었으며 1949년 Lancaster Country Day School로 교명을 변경하고 남녀공학이 되었다.
4 미국 펜실베이니아주 이글스 미어(Eagles Mere)에서 열리는 기독교 연합 콘퍼런스.
5 베타 시그마(Beta Sigma)는 기독교 연합조직이다.

이제 베티 리(Betty Lee)[6]와 내가 떠나니, 우리는 다른 사람들이 일을 계속할 책임감을 느끼게 되면 좋겠다고 생각합니다. 아직은 교직원 가운데 아무도 흥미를 나타내지 않지만, 우리는 용기를 얻었습니다. 당신이 기억하는 언더힐(Underhill) 교장 선생이 대표단을 인솔하게 되었거든요. 그녀가 학교 내에서 기독교 연합이 존재해야 한다는 중요성을 확실하게 깨닫게 되면, 그녀의 계획 안에 이것을 포함하는 것에 그치지 않고 실제로 그 일을 돕게 될 것입니다. 이 일이 콘퍼런스의 결실 가운데 하나가 되도록 당신이 우리와 함께 기도해 주기를 바랍니다. 이전까지 소녀들을 이 콘퍼런스에 오도록 하는 것이 이렇게 어려웠던 적은 없었습니다. 지난해 대표단의 대단한 열정 이후에 그들이 이렇게 나 꺼리는 것을 보고 크게 놀랐어요. 그래도 우리는 미친듯이 일을 했고, 최소한 다섯 명의 소녀들이 가게 되기를 바랍니다. 내 생각에 내년의 회장이 되는 착한 로다 베커(Rhoda Becker)가 월요일에 가는 것 같아요. 나는 빛나는 이상으로 그 소녀들을 이끌어 줄 당신의 능력에 대해 무한한 신뢰를 하고 있습니다. 나는 당신이 그들을 사랑해 주며 교제와 봉사의 기쁨과 아름다움을 깨달을 수 있게 도우리라는 것을 알고 이제 그들을 당신에게 맡깁니다.

이글스 미어와 그곳에서 보낸 2년간의 모든 일들이 너무나 그리워서 더 이상 쓸 수 없을 정도에요. 이 콘퍼런스가 어느 때보다 더 훌륭하고 당신이 전보다 더 행복하기를 바랍니다. 1년 전 우리가 함께 지

---

6 엘리자베스 리(Elizabeth Betty Meredith Lee, 1888~1990)는 앨리스의 절친한 친구로 앨리스의 어머니 엘라의 권유로 한국까지 동행해 그녀를 도왔으며, 이후 북감리회 파송 선교사가 되어 일본, 아프리카, 유럽, 남아메리카 등에서 사역했다. 앨리스의 장례식에서 추도사를 했으며, 이화국제재단 이사, 명예박사를 지냈다. 베티 리 혹은 베티는 엘리자베스를 절친하게 부르는 애칭이다. (Mount Holyoke and Hampshire College archives "Elizabeth Meredith Lee Papers", aspace.fivecolleges.edu/repositories/2/resources/257)

내면서 나누었던 모든 이야기들을 생각하는 게 즐거워요. 이 한 해 동안 하나님께서 우리를 어떻게 이끄셨는지 그때는 몰랐던 많은 일들을 나에게 보여주셨는지 생각하면서 당신과 이 모든 이야기들을 나누고, 또 이 아름다운 새해에 당신에게 일어난 일들을 듣고 싶어져요. 나는 여러 통로, 주로 신문을 통해 얻은 정보들로 대략적인 윤곽을 짐작할 수는 있지만, 친구를 통해 직접 듣는 말에 주려있어요. 당신의 결혼식[7] 날 당신 부부를 보게 되어 기뻤고, 그 모습에 만족했습니다. 헬레나 호그 티맨(Helena Hogue Timann)과 나는 그 결혼식에 함께 갔다가 돌아오는 짧은 시간 동안에 진정한 친구가 되어 멋진 시간을 가졌지요. 이제 그녀가 결혼하게 되어서 참으로 기쁘고, 그 남자가 그녀의 꼭 맞는 짝이기를 바라고 있어요.

우리는 그동안 집에서 이상한 겨울을 지냈습니다. 그 이야기를 좀 해도 될까요? 먼저 나는 크리스마스 직전에 그냥 갑자기 쓰러졌어요. 그래서 6주 동안을 집안에서 지냈어요. 그리고 나자 헨리[8]가 농구를 하다가 부상을 입어 브루클린에서 수술을 받았지요. 그와 동시에 웰슬리의 칼리지 홀에 불이 났다는 소식을 들었어요. 그 일로 이이다[9]는 그녀가 가졌던 모든 것을 잃었지요. 하지만 그 누구도 다치거나 생명

---

7   1913년 7월, 제시의 아버지가 대통령직을 맡은 지 4개월 후, 윌슨 부부는 제시가 프랜시스 세이어 시니어(Francis Bowes Sayre Sr.)와 약혼한다고 발표했다. 제시의 약혼자인 보우스 세이어는 1911년 하버드 대학교 로스쿨을 졸업했고, 지방 검사 사무실에서 근무하고 있었다. 이들은 1913년 11월 25일 백악관에서 결혼하였다.
8   헨리 D. 아펜젤러(Henry Dodge Appenzeller, 1889~1953, 한국 선교 1917~1953)는 앨리스의 남동생으로 1889년 서울 정동에서 태어나 자랐다. 미국에서 모든 학업 과정을 마치고 1917년 미국 북감리회 한국 선교사로 임명받고 내한하여 아내 루스 아펜젤러(Ruth Noble Appenzeller)와 함께 부모님의 대를 이어 한국 선교사로 헌신하였다. 특히 아버지 헨리 G. 아펜젤러(Henry Gerhard Appenzeller)가 설립한 배재학당의 교장을 지내며 20년간 학교의 발전을 위해 큰 업적을 남겼다.
9   아이다 크롬(Ida Hannah Crom, 1891~1955)은 앨리스의 첫째 여동생이다.

을 잃지 않은 것에 대한 깊은 감사와 웰슬리 사람들 모두의 자랑스러운 모습 덕분에 그 손실에 관해서는 거의 잊어버렸습니다. 그다음엔 메리[10]가 열병이 나서 2주간 침대에서 지냈어요. 그래서 온 가족의 우환이 끝나긴 했는데, 그 이후에 우리 개가 엄청 아팠다는 것도 빼놓을 수는 없어요. 그 와중에 나는 한국으로 파견 임명을 받아서 이번 11월에 늘 계획했던 대로 나의 사랑하는 옛집으로 정말 가게 됩니다.

메리는 막 쉬펜을 졸업했고 내년에는 어머니와 함께 집에 있게 되며, 아이다는 다음 주에 웰슬리를 졸업하게 됩니다. 졸업식과 동창회 말고는 내가 이글스 미어를 떠나게 되는 것을 위로할 방법이 없어요! 아이다는 내년에 우리 교회 여성 해외선교회의 교육부 서기가 될 예정이고, 이번 여름에 3개의 콘퍼런스에 참석하는 것으로 그녀의 일을 시작할 거예요. 헨리는 코네티컷(Connecticut)의 그리니치(Greenwich)[11]에 있는 교구로 돌아왔고, 내년에 신학교를 끝내게 됩니다.

나는 여름에 즐거운 계획들이 많이 있는데, 8월에는 잠시 쉬면서 가끔은 놀 계획이에요. 그 후 집에 가서 가정교사 일을 하고, 한국으로 떠날 준비를 해야 합니다. 웰슬리 동창회 후에 메인(Maine)[12]으로 가고, 그 다음에 우리는 베를린(Berlin)[13]에서 짧은 가족 모임이 있어요. 이 모든 것들을 기대하면서 아주 행복합니다. 모든 일들이 하나씩 이루

---

10 메리 레이시(Mary Ella Lacy, 1893~1963)는 앨리스의 둘째 여동생이다. 존 레이시(John Veere Lacy, 한국명 예시약한, 1896~1965) 목사와 결혼해서 1919년에 한국 선교사로 파송받았다. 이화여자전문학교, 정동제일교회, 동대문교회, 아현교회 등에서 선교활동을 하며 남편을 도왔다. 존 레이시는 기독교교육 전공자로 협성신학교에서 종교교육학을 강의했고, 『한국 감리교회의 종교 교육』(1929)이라는 저서가 있다.
11 미국 코네티컷주의 부유한 해안 도시.
12 미국 북동부에 위치한 주로 아름다운 해안선과 풍부한 자연, 해산물로 유명하다.
13 미국 뉴욕주 렌슬리어 카운티에 위치한 마을로, 앨리스의 어머니 엘라 아펜젤러(Ella Jane Dodge Appenzeller)가 태어나고 묻힌 곳이다.

어지는 건 정말 멋진 일이지요.

베티 리는 우리 이사회에 소속된 교사로 나와 함께 일본까지 가게 되었는데, 정말 잘 됐어요!

프랜시스는 여전히 멋지고 모든 면에서 더 예쁘고 사랑스러워지고 있어요. 그녀는 전에 내가 당신에게 말했던 오랜 애인과 8월 6일에 결혼하기 위해 중국으로 곧 돌아가게 됩니다. 그녀는 마음껏 행복할 자격이 있지요. 세실 윌슨(Cecil Wilson)은 이제 어린 딸이 있으며 브라운(Brown)은 지난가을에 결혼해서 중국으로 간 것을 알고 있지요? 메리언 스크랜턴(Marian Scranton)은 미국인 약혼자와 최근에 결혼했어요! 그녀는 서울에서 우리와 가까운 곳에서 살게 됩니다.

이제 그만 써야겠어요. 내가 글을 많이 쓰는 편이란 걸 당신은 잘 아시지요. 그리고 편지지가 지저분한 것을 용서해 주세요. 가방에 갖고 있는 것이 이것뿐이거든요. 내가 떠나기 전에 당신을 보게 된다면 정말 좋겠어요. 당신은 요즘은 랭커스터(Lancaster)에 사는 네빈(Nevin) 씨를 방문하지 않나요? 이 도시에 오게 되면 나를 지나치지 말아줘요. 이 편지와 함께 변함없는 나의 사랑과 당신을 위한 끊임없는 기도를 보냅니다. 부디 이글스 미어에서의 멋진 사람들, 특히 내가 즐겁게 기억하는 화이트(White) 씨에게 안부를 전해주세요. 당신의 하루하루가 축복으로 가득 차기를, 이 여름이 행복한 휴식의 시간이 되기를 바랍니다. 항상 기억해 주세요, 저는 항상 당신의 친구입니다.

당신의 진실한 친구,

앨리스 R. 아펜젤러

1915년 4월 4일

이화학당
서울, 조선

그레이스(Grace)의 집에서

사랑하는 페디들[14]에게,

나는 정말로 진심으로 이곳에 있어요. 한국에서의 첫 번째 부활절을 페디와 함께 '페디합니다(Peddying)!' 나에게 이보다 더 행복한 일이 있을까요? 여러분의 편지들과 그레이스로부터의 물리칠 수 없는 쪽지가 여러분들을 너무도 보고 싶게 만들었어요. 두 달이 채 안 되게 일한 후에 휴가를 가는 게 게으른 로퍼[15]처럼 들리겠지만 무조건 짐을 싸서 올 수 밖에 없었어요. 나는 오늘 여행을 떠나는 윌(Will)을 잠깐 볼 기회가 있어서 가치 있는 몇 마디 말을 그로부터 들을 수 있었어요. 그 멋지고 조용한 사람 같으니라고! 도날드(Donald)는 〔판독불가〕이고, 나와 곧 친해져서 우리는 최고의 친구가 되었어요. 그는 어린 소년이 할 수 있는 만큼 착하고 혼자서 몇 시간씩 놀고 혼잣말도 합니다. 낮잠 시간에는 그의 크고 아름다운 두 눈으로 둘러보면서 조용히 누워요. 나는 페디들의 모든 아기들과 그들의 사진을 정말 사랑해요. 그 어머니들의 모임에 참석할 나의 유일한 자격은 내가 가장 사랑이 넘치는 이모라는 것입니다. 아기들의 어떤 말도 절대 지루하게 느껴지지 않고 심지어 이따금 난 내가 그 말들을 거의 이해할 수 있다고 느낍니다. 여

---

14 페디들(Peddies) 혹은 페디(Peddy)는 앨리스의 편지에서 그녀와 친밀하게 연결된 친구들이나 그 그룹 안의 구성원을 부르는 애칭으로, 문맥을 보면 웰슬리 동문들인 듯하다. 앨리스는 지속적으로 이들과 편지를 교환하고 함께 돌려 읽었으므로 편지를 주고받는 일종의 서신 모임으로 볼 수 있다.
15 원문에 'loafer'라고 되어 있다. 게으름뱅이, 빈들거리는 사람이라는 뜻이다.

러분 모두가 내게 너무나 사랑스럽기 때문에 그렇겠죠.

사랑스러운 그레이스는 다시 건강하고 씩씩해지고 있어서 여기 있는 동안 나는 그녀와 매일 걸을 거예요. 그녀는 이전보다 야위었고, 내 생각에는 더 조용해진 것 같아요. 나는 그녀에게서 무척 많은 사랑과 동정심, 이해와 넓은 견해를 발견하여 우리의 대화는 기쁨과 영감으로 가득 찼어요. 그녀와 윌은 내가 예상했던 것처럼 서로에게 힘이 되어요. 그녀의 행동과 생각은 조용해졌고, 새로운 방식으로 영적인 가치에 새로운 비전을 얻었는데, 반면에 그는 활기와 자유를 습득한 것으로 보입니다. 내가 보는 것을 확실하게 말한 건지 모르겠지만, 그것은 아름다운 발전이지요. 그레이스와 나는 이제 신학적으로 완전하게 일치해요. 이는 이전에는 결코 없었던 일이며, 우리의 공통된 즐거움, 두려움, 문제, 그리고 이 멋진 사람들을 향한 나의 사랑이 우리를 더욱 가깝게 해줍니다. 나 역시 어린 도날드가 이 모든 것에 큰 역할을 했다고 생각해요! 우리는 함께 이 아름다운 부활절을 보내고 있습니다. 나는 오늘 아침 그녀를 보러 주일학교를 방문했는데 그녀가 이 언어를 얼마나 쉽고 자연스럽게 사용하는지, 그리고 그녀의 [고유한] 능률로 아이들과 여성들을 [다루는지] 여러분 모두가 볼 수 있기를 바랍니다. 나는 지금 그녀의 책상에 앉아 호수처럼 [물결치는] 아름다운 논밭과 나의 "도움이 오는 곳"이라는 시편 구절이 떠오르는 영광스러운 푸른 산을 바라보고 있습니다. 이 집은 그레이스의 집은 어느 곳에 있든지 예쁜 것들, 좋은 책과 음악으로 가득할 거라고 여러분들이 아시는 것처럼 완성되었어요. 우리는 합창 음악과 모든 [좋은] 노래들을 목이 쉴 때까지 계속 불렀어요. 그것은 내가 여기서 가장 즐겁게 하는 일들 —기분 좋을 때 언제고 맘대로 노래 부르고 소리 지르고 다시 부엌 안에서 법석을 떠는 재미— 가운데 하나이지요. 학교 안에서 단지 두 달이었지만 그것은 집에 들어가고 싶은 마음이 들기에 충분하지요.

학교에 관해 이야기하자면, 나는 갈수록 이곳이 거의 집처럼 느껴지며 한국은 진정한 내 집이에요. 내 새로운 일정은 언어 공부 시간을 제외하고 일주일에 20시간 작업하는 것입니다. 그것은 어렵지만, 난 좋지만 힘든 일에 익숙하고 그런 조건에서 잘 해나갑니다. 영어로 가르치는 것은 내가 해왔던 일이라 날 피곤하게 하지 않고, 솔직히 이것은 나에게 휴식입니다. 언어 학습은 단어 한 마디 한 마디를 파헤치는 어려운 일이지만, 그것은 연습과 어휘의 문제이므로 시간만이 나를 많이 도와줄 것입니다. 나는 내가 아는 지식에 날마다 무언가를 더하고, 내가 아는 모든 것을 용감하게 사용합니다. 우리는 정부의 방침에 따라 3월에 졸업식을 가졌고, 6월 중순에 종강을 했어요. 그 후에 나는 한 달간 평양에서 어학 학교를 다닐거고, 그 다음에 나의 첫 해 시험을 치르게 됩니다. 그리고 나면 그레이스를 만나러 갈 텐데, 그녀에게 축복이 임하길. 그다음에는 무엇을 할지 확실하지 않지만 아마도 베티 리가 몇 주간 올 것 같아요.

나는 오늘 여러분 모두에게 감사드리면서, 여러분이 가깝게 있는 것처럼 여겨집니다. 나는 성도의 교제에 대해 아주 진실하게 믿지만, 여러분의 [판독불가]에 나를 포함시키는 것은 질색입니다. 하나님의 축복이 오늘과 모든 날에 풍성하게 임하시고, 당신에게 그의 영원한 임재의 축복된 선물이 주어지길 바랍니다. 여러분 각자에게 커다란 사랑을 보내요.

　　　　여러분의 신실한 친구,

　　　　　　　　　　　　　　　　　　젤

1915년 5월 9일
이화학당
서울, 조선

존경하는 가우처[16] 박사님께

여기에 배재학당의 노랫말이 있습니다. 제가 알기에는 이것이 한국인들이 가져본 최초의 교가(校歌)이며, 그들은 이 노래 부르는 것을 아주 좋아합니다. 곧 신(Cynn) 선생[17]이 정식 교가를 지을 계획인데, 그 노래가 배재학당과 잘 어울리기를 바랍니다!

허락하신다면 당신이 이곳에 계시면서 우리에게 얼마나 많은 선을 베풀어 주셨는지 말씀드리고 싶어요. 마치 우리를 높은 산으로 데리고 가셔서 이 땅에서의 나라가 하나님의 나라가 되는 복된 꿈을 보여주신 것 같았습니다. 그 이후로 저는 [새로워진] 용기로 이 작은 구석에서 저의 임무를 다하고 있습니다. 동양에서 행복하게 머무시기를 진심으로 바라며, 루이스(Lewis) 감독님께도 제 안부를 전해주세요.

신실한 당신의,

앨리스 R. 아펜젤러

---

16 존 가우처(John Franklin Goucher, 1845~1922)는 감리회 목사, 선교사, 교육자로 특히 여성교육과 국제 선교에 중요한 공헌을 남겼다. 일본에서 활동하던 맥클레이 선교사를 설득하여, 맥클레이가 1884년 6월 김옥균의 주선으로 고종을 알현하여 학교와 병원 사역에 윤허를 얻도록 하였다. 헨리 G. 아펜젤러도 가우처가 면접하고 후원해 한국에 파송하였다. 연세대학교 전신인 조선기독교대학이 연합대학이 되도록 도왔고, 배재학당 새 교사 건축을 도왔으며, 이화학당의 메리 스크랜턴과 앨리스를 후원하였다.

17 신흥우(申興雨, 영문명 Hugh Heung-Wo Cynn, 1883~1959)는 감리교인으로 이승만(1875~1965)과 배재학당 동문이고, 배재학당 당장(堂長)을 지냈으며, 한국 국제YMCA의 총무를 역임하였다. "우리 배재학당 배재학당 노래합시다"로 시작되는 첫 번째 교가는 헨리 G. 아펜젤러가 지었는데, 제1회 졸업생 신흥우가 유학에서 돌아와 당장으로 부임하면서 새로운 교가를 지었던 듯하다. 배재고등학교 홈페이지에서는 여전히 아펜젤러가 지은 교가를 소개하고 있다.

1915년 9월 14일

재령, 조선

다시 그레이스의 집에서

가장 사랑스런 페디들에게,

어제 아침에 아주 바쁘게 많은 일을 하려고 할 때 페디가 날아와서 아침 시간 모두를 여러분들과 같이 보내야 했어요! 이것은 지금껏 봤던 중 가장 행복한 페디였고, 좋은 소식들로 가득 찼다고 생각해요. 여기 사진들 가운데 대학생 때와 똑같지만 더 좋은 모습의 도로시(Dorothy)를 다시 보며 너무 감사했어요. 잘 지낸다는 그녀의 편지로 내 얼굴엔 웃음이 계속되었고, 마음은 감사함으로 가득 찼어요. 그리고 두 명의 새로운 어린 페디무에타[18]에 대해 알게 됐고, 그 가운데 한 명의 도착에 대해 전혀 듣지 못했었는데, 이 소식은 더욱 로빈(Robin)을 소중하게 만들어요. 재키(Jakie)가 쓴 글도 많이 감사했어요. 내가 여러분들 덕분에 얼마나 행복한지, 예를 들어 그 계약을 충실히 지켜준 것에 대한 감사를 더 잘 표현할 수 있다면 좋겠어요. 올해는 페디에게 가장 좋은 해였어요, 그렇지요? 나는 여러분의 편지가 곧 도착하기를 바랍니다. 편지 하나를 준비해 두고, 다음 편지를 기다려 주세요. 우리는 여러분의 소식을 듣고 싶거든요.

마침 브라운(Brown)과 프랜시스(Frances)가 [Tiensu][19]에 있는 것이 너무 가깝게 들려서 나는 주말에 그냥 걸어갈 수 있을 것 같은 느낌이 들

---

18 페디무에타(Pedimueta)는 페디 그룹의 친구들 사이에 새로 태어난 어린아이를 사랑스럽게 부르는 애칭으로 보인다.
19 일반적으로 알려진 영어 또는 한국어의 단어, 지명은 아니며 당시 앨리스가 한국어나 중국어를 들은 대로 표기한 음역어일 가능성이 있다. 지명일 경우 중국의 톈진(Tientsin) 같은 곳을 의미했을 수도 있다.

어요! 나는 매티(Mattie)와 브라운이 봄에 연락이 끊어진 것에 대해 가장 관련된 당사자들만큼이나 실망한 것 같아요. 그래서 우리는 마사(Martha)에 대해 그녀 자신의 말 외에는 아무것도 모릅니다. 다음 번 페디를 위해 윌슨(Wilson) 가족 전체의 사진을 급히 요청합니다. 난 모리 형제(Brother Morrie)의 사진조차 본 적이 없거든요! 여러분 모두가 도로시와 브라운처럼 관대하다면 우리는 서로에 대해 훨씬 더 잘 안다고 느낄 거예요. 엘리자베스(Elezabeth W.)가 오래전에 보냈던 귀여운 아기 사진은 오래되었고 우린 새로운 아기 사진도 꼭 봐야겠어요. 베티(Betty N.)는 정말 사랑스럽지 않나요! 나는 한쪽에 치우칠 수 없어요. 내가 마지막으로 본 아기(또는 내가 그 모습을 보았던 아기)가 가장 사랑스럽다고 생각하거든요. 〔몇 줄 누락〕 또 다른 남자아이, 어린 제임스(James)는 첫 걸음을 내딛고 나서 얼마나 잘했던지요? 여기에서 나는 이제 그만 써야겠어요, 아니면 여러분들 보기에 가장 사랑에 빠진 엄마보다 내가 더 심하다고 생각할 테니까요.

내가 그레이스를 두 번째 방문하고 있는 이때에 페디가 오다니, 이상하면서도 정말 반가운 일이죠! 하지만 그녀는 여기에 없어요, 그녀와 윌 그리고 도날드는 평양의 연례회의에 갔지요. 그리고 1913년 일본에서 일한 미국 선교사 캐서린 패닝(Katherine Fanning)이 여름을 그레이스와 함께 보내고 있으며 나와 함께 며칠 동안 이곳에서 집을 지키고 있는데, 내일 커 가족[20]이 합류할 거예요. 아시겠지만 나는 기독교인이 아니에요. 하지만 그들이 자기들의 연주회에 노래를 불러줄 것을 요청해서, 나는 케이트(Kate)에게 남아서 나의 반주자가 되어줄 것

---

[20] 커 가족(the Kerrs)은 1908년에 미국 북장로회 선교사로 한국에 와서 황해도 재령 선교부에서 선교하던 윌리엄 커(William Campbell Kerrs, 한국명 공위량)과 그의 아내 그레이스 커(Grace Kilbourn Kerrs) 부부를 가리킨다.

을 설득하고 있어요. 우리는 이 유쾌한 장소를 떠나 도시로 가고 싶지 않아서 [몇 줄 누락] 연회의 주인들이 떠난 다음에도 남아서 모든 주민들을 놀라게 했어요. 우리는 이 집에서 아주 좋은 시간을 가졌고, 만든 사람들의 숨결까지 느껴지는 집안의 모든 세부 장식이 만족스러웠어요. 우리는 모든 책들에 감탄하면서 두 팔에 가득 뽑아 벽난로 옆 마룻바닥에 책 더미를 쌓아두고 읽고 있어요. 이제 저녁 시간에는 그런 사치를 [판독불가] 정도로 충분히 추워요. 우리는 노래하고 연주하고, 책도 읽고 바느질도 하였으며, 그 선한 늙은 한국인들이 우리의 손과 발이 되어 돌봐주었어요. 여기는 아무도 우리를 보러 올 사람이 없어요. 한 여자와 그녀의 아픈 아이들을 제외한 모두가 그 회의에 갔기 때문에, 우리는 [판독불가] 깔끔하게 지냅니다. 이게 사는 거지요! 우리의 모든 시간이 웰슬리의 사회관에 있는 것 같았어요. 우리는 이것이 [아고라][21]라고 생각해요! 하지만 두 명의 웰슬리인[22]들이 세상의 모든 주제에 대해 이야기하면서 소모할 수 있는 시간 중 최고입니다! 편지들과 같은 특정한 일들을 끝마치려던 나의 좋은 결심은 바람에 날아가 버렸어요. 그레이스가 우리에게 모든 낯선 사람들과 함께 숙박하는 대신 이렇게 이 집의 자유를 준 것이 정말 멋지지 않은가요?

편지가 이미 길어졌는데, 아직 시작하지도 않았어요. 그레이스가 우리를 숲속의 외로운 아기들로 남기기 전에 나는 일주일 조금 넘게 여기에 있었고, 그전에 우리는 소래[23]에서 3주 동안 모두 함께 있었어요.

---

21 아고라(Agora)는 웰슬리 대학의 정치 학회 'Agora Society'를 의미하는 것으로 보이는데, 가족, 시민권, 정치, 봉사를 기둥과 바탕으로 활동하며, 정치적 및 사회적 문제에 대한 토론과 참여를 촉진했다.
22 원문에는 'W. folks'라고 되어 있다. 앨리스가 웰슬리 대학의 동문이나 친구들과 함께 이야기 나누는 것을 언급하는 것으로 보인다.
23 황해도 장연군 구미포에 위치한 선교사들의 여름 휴양지로, 언더우드(Horace Grant Underwood) 선교사에 의해 조성되었다.

그래서 우리는 이번 여름을 제대로 페디를 하면서 보냈어요. 내 인생에서 최고로 좋은 여름 중 하나였던 것 같아요. 전체적으로는 한국에 온 이후에 지난 몇 달은 여러 면에서 하나님께서 이제껏 허락하신 가운데 가장 놀라운 시간들이었어요. 나는 그의 선하심에 압도되고 있습니다. 그분의 사랑은 내가 이전에 느꼈던 어떤 때보다 더욱 생생한 현실로 내게 다가옵니다. 특이한 방법으로 그의 모든 길이 평화라는 것을 배우고 있어요. 나의 일은 완전히 만족스러워요.―하나님께 의지하게 만들 만큼 어렵지만, 사랑과 감사의 보답이 충분하고 이 소년과 소녀들이 풍성한 삶으로 들어오는 것을 보는 기쁨이 있습니다. 우리는 웰슬리가 우리에게 가진 의미에 비교해 봐도 우리 여학생들에게 이화는 훨씬 더 큰 의미가 있다고 생각해요. 그들에겐 이전에 아무것도 없었기 때문이지요. 우리 학교는 웰슬리와 같은 의미를 가지고 있으며, 우리는 모두 가능한 한 삶을 풍성하고 아름답게 만들려고 노력합니다. 여러분이 메이데이[24] 때 여학생들이 춤추고 노래하는 모습을 봤다면 정말 좋았을 거예요. 그것은 나무의 날[25]과 무척 비슷했으며, 그들에게도 똑같은 중요한 의미가 있었지요. 나는 그들이 몹시 그립고, 다음 주 월요일에는 다시 가르칠 준비가 되있을 겁니다. 특별한 도움을 구하는 기도가 몹시 필요하니, 지금 학교의 업무에〔판독불가〕있는 우리 모두를 위해 도와주시길 바랍니다. 새 정부의 규정에 따르면

---

24 메이데이(May Day)는 유럽에서 유래된 고대 축제로 보통 5월 1일에 여름의 시작을 기념하는 날인데, 이화학당과 이화여자전문학교에서 이를 대학의 문화와 공동체에 맞게 변형시켜 유지하였다. 학생들에게 의미 있는 춤, 노래 및 기타 공연과 같은 활동이 포함되었으며, 메이 퀸도 선발하였다.
25 나무의 날(Tree Day)은 웰슬리 대학에서 열리는 전통적인 축제로 춤, 노래 및 기타 공연과 같은 다양한 활동이 포함되었다. 학생들이 모여 공동체와 자연의 아름다움을 기념하는 날인데, 종종 나무 심기와 같은 상징적인 행사를 포함하였다. 이는 성장과 지속성을 의미한다.

10년 후에는 교육과 종교가 완전히 분리되어야 한다고 합니다. 우리 모두의 앞에 얼마나 심각한 문제가 닥쳤는지 보이시죠. [Mr. Spier]가 지금 이 나라에서 공무원들과 의논하는 중인데, 우리는 모두 이 문제가 잘 해결될 것을 믿고 있어요. 부디 우리와 우리 학교들, 특별히 이곳에서 법을 만드는 사람들을 위해 기도해 주세요.

나는 6월 말에 서울을 떠나 바닷가에 있는 아름다운 소래에서 두 달간 머무르고 있어요. 여기에는 언어 수업이 없기 때문에 혼자 공부해야 했지만, 6개월이 차기 전에 첫 해의 공부를 끝냈고, 몇몇 한자(漢字)를 배운 후에 이제 2차년도를 시작할 준비가 됐어요. 나는 처음보다는 한국어 공부가 훨씬 더 좋아졌어요. 소래에서는 우리 선교회의 다른 [O. Mis], 두세 명의 장로회 선교사와 세 명의 아이들이 있는 두 가족과 함께 한 건물에서 살았어요. 우리는 병실처럼 종이로 된 문을 사이에 두고 포치(porch)[26]에서 잤는데 관례적으로 꼭 필요한 곳에는 얇은 커튼이 있었어요. 그곳은 시끄러웠고 답답했으며 언제나 아주 편안하지는 않았지만, 밖에는 너무도 아름다운 곳이 많았기 때문에 두 달이 지나도 떠나기 싫었지요. 그레이스가 이것에 대해 당신들에게 말하겠지만, 나도 내 이야기를 해야겠어요. 나는 뾰족뾰족한 산들과 점점이 흩어진 [매혹적인] 섬들로 둘러싸인 만(灣)을 상상해 봅니다. 그 만에는 흡사 섬처럼 보이는 좁은 육지가 [목]처럼 나와 있고 그 위에 집들이 자리 잡고 있지요. 폭풍 속에서 파도가 장엄하게 부딪히는 반 마일 길이의 높은 절벽, 그리고 반대 편에는 벨벳 같은 해변이 길게 이어져 있어요. 그곳에는 아름다운 소나무 숲도 있습니다. 산 뒤의 만 위로 노을이 지고, 바로 그 자리에 달이 떠오르지요. 내 일생에 이렇게 조화

---

26 현관이나 베란다를 말하는데, 집의 입구에 있는 지붕이 있는 공간, 혹은 집의 외벽을 따라 지어진 지붕이 있는 플랫폼을 의미한다.

로운, 아름다움 위의 아름다움을 본 적이 없어요. 그 가운데 거의 최고는, 그레이스와 나의 집이 완성이 되면 절벽 위 숲 근처에서 돌멩이 하나 던질 사이에서 같이 살게 된다는 겁니다.―내 아버지와 함께 한국에 도착하셨던, 최초의 장로회 목회 선교사이며 소래 선교의 주요 [개척자] 가운데 한 분인 언더우드[27] 박사님이 우리가 그 만에서 배를 타고 갈 때 말씀해 주셨는데, 1887년에 그분과 내 아버지가 처음으로 이곳을 발견했다고 하셨어요. 그래서 나는 즉시 이곳에 마음이 끌렸고, 내가 준비할 수 있다면 나의 가족을 위해 이곳에 땅을 사야 한다고 결심했어요. 그래서 내가 원하는 곳을 골랐고, 그 사람들이 지불하는 것이 쉬울 거라고 확신을 주었어요. 나는 언더우드 박사님께 가서 내가 얼마나 기쁜지 말했어요. 그때 박사님은 나의 아버지가 처음으로 그곳을 발견한 사람 중 한 분이므로 나에게 그 땅을 주기로 결정했다고 말씀하셨어요. 그런 우정과 신뢰의 기초 위에 세워진 진정한 집 외에는 또 무엇이 있겠어요, 그렇지 않나요? 내가 한국에 돌아온 이후에 우리 부모님의 유산으로 이와 같은 일들이 하나씩 내게 다가오고 있어요. 내가 이 땅에서 맡게 될 자리에 합당한 사람이 되도록 기도로 도와주시길 부탁합니다. 여러분들은 조각배 파티, 달빛 아래서 노래하기, 수영, 그리고 우리가 그곳에서 가졌던 모든 좋은 시간들을 상상해 볼 수 있을 거예요. 하지만 그곳은 정말로 위험할 수 있어요. 왜냐하면 한 번 가보면 다시는 다른 곳에 가고 싶지 않거든요. [몇 줄 판독불가] 너무 저렴하고 쉬워서 모든 페디들이 우리를 베이다이허 혹은 구링[28]으로 데려가기가 어려울 수 있어요. 하지만 여러분 모두는 이곳으로

---

27 호러스 G. 언더우드(Horace Grant Underwood, 1859~1916) 선교사를 말한다.
28 당시 서양 선교사들이 여름을 보내기 위해 자주 찾던 중국의 휴양지를 가리킨다. 베이다이허(北戴河, Beidaihe)는 현재 중국의 허베이성에 위치한 지명이고, 구링(牯岭, Guling)은 현재 중국 장시성 루산(廬山)에 위치한 곳이다.

와서 직접 즐겨야만 합니다. 나는 내년 여름에 베티와 그곳에 있을 거예요.

밝은 가을 공기는 나를 활력으로 가득 채워주고, 오래 푹 쉰 덕분에 나의 건강상태는 최상입니다. 나는 몹시 바쁘지만 좋은 겨울을 기대하고 있어요. 하나님의 모든 은혜에 오직 감사드릴 수밖에 없으며, 하나님께서는 계속해서 분명하게 자신을 나타내셔서 우리가 그분을 보게 하십니다. 특별히 여러분, 축복받은 선물인 귀한 페디 친구들 모두에 감사드립니다. 그레이스는 항상 기쁨을 주며, 우리가 [여기] 함께 있기 때문에 그녀가 더욱 특별히 [나의 것]이라고 느껴져요. 도날드가 얼마나 매력적인지에 대해 쓰지 않으려고 애쓰고 있어요. 왜냐면 그것은 엄마들의 권리인 걸 알며, 나는 거기에 대해 이미 너무 길게 썼어요. 하지만 그는 거의 말할 수 있고 [양]처럼 순종하며 언제나 [꾸지람]을 들어도 항상 웃으며 하지 못하게 하는 새로운 것들을 선호하는 것처럼 보여요. 나는 그에 대해 계속 쓰지 않으려고 펜을 억지로 잡고 있어요!

복 받은 나의 친구들, 안녕히 계세요. 나는 여러분 한 사람 한 사람을 몹시 사랑하고 여러분의 안녕을 위해 계속해서 기도드립니다.

　　　　신실한 여러분의 친구,

　　　　　　　　　　　　　　　　　　　　　　　　　　젤

1917년 1월 7일
이화학당
서울, 한국

    정말로 사랑하는 나의 친구들,
  마지막 편지를 쓴 지 거의 정확하게 1년 만에 편지를 씁니다. 특히 로빈(Robin)과 연락하지 않아 1주년을 축하하지 못했어요. 편지 왕래를 하는 것은 나에겐 정말 복잡한 문제라서 여러분들은 그걸 어떻게 하는지 궁금해요. 도와주세요. 나는 지금 일과 이곳에서 일상의 요구 사이에서 선택해야 할 것 같아요. 일상의 요구란 일본인, 한국인 그리고 [판독불가]들이 주최하는 모든 분야의 사회 활동에 참석하는 것을 의미합니다. 나는 학교를 대표하면서 모든 사람들과 좋은 관계를 유지해야 하기 때문이죠. 이런 일들은 수도 없이 많고 강의, 연주회, 내가 후견인으로서 인솔하는 여학생들과의 소풍 등도 여기에 포함되는데, 이러한 일은 실제 학교 업무의 일부입니다. 이 문단은 내가 이 주제에 너무 빠져있다 보니 엉망이 되었군요.
  내가 정말 말하려던 것은, 나는 이러한 현실의 일들과 편지 쓰기 사이에서 선택해야 한다는 것입니다. 물론 일상의 업무는 날마다 처리되어야만 하고, 나를 바쁘게 만드는 일들이 [충분히] 많습니다. 하지만 이곳에서의 삶과 고향 친구들과 나를 이어주는 편지들, 둘 중에서 [더] 중요한 것이 뭘까요? 더구나 그들이 없다면 이곳에서의 어떤 일도 가능하지 않을 겁니다. 나는 생각하고 기도하고 의아해하면서, 당신들도 같은 처지에 있을 걸 알고 있기 때문에 당신들은 어떻게 하고 있는지 물어보려고 합니다. 마음에 드는 중간 지점을 찾으려고 열심히 애쓰지만, 내 시간들은 인터뷰와 콘퍼런스 등 대부분 일에 관한 걸로 쓰는 것 같아요. 그러다 자유로운 저녁 시간이다 싶으면 서울을 방문하는 손님, 혹은 여행객, 며칠 묵고 가는 선교사 등이 방문하거나 계획에 없는 일이 생겨서 벽난로 옆에서 여러분이나 다른 친구들과 함께 보내려던 멋진 저녁 식사 계획을 취소해야 하지요. 날마다 가장 중요해 보이는 일들을 하려고 노력하고, 할 수 없었던 일들에 대해서는 걱정하지 않아요. 그러나 이 문제는 결코 해결되지 않아요. 왜냐면 편지를 쓸 시간이 전혀 남지 않기 때문이죠.

처음에 하려고 했던 말에서 멀어졌는데, 그것은 내가 로빈을 사랑하고 우리처럼 그가 오래 살기를 원한다는 말입니다! 사진들은 우리 서로를 가깝게 유지하는 데 도움이 돼요. 이제 이곳에 있은 지 거의 2년이 되어가는데, 마치 이전에 다른 곳에서 살아보지 않았던 것 같아요, 여러분들도 그런가요? 이 생활에 완전히 일부가 되어 이 안에서 완전히 행복하고 만족스러워요. 이 일은 그 기쁨과 불안함의 세부사항에 빠져 들어가면서 점점 더 재미있어집니다. 프라이[29] 교장 선생님은 이제 모든 일을 공유하게 해주셨고, 그녀가 봄과 가을에 두세 번 시골 여행을 할 때는 제가 책임을 맡아야 합니다. 지금 이곳의 교육 사역은 가장 중대하고도 흥미로운 시기를 맞고 있어요. 제일 강한 마음도 움츠러들 상황이지만 무한한 힘의 근원이 어디에 있는지 안다면 두려움이 없을 겁니다. 나중에 여러분을 만나면 이것에 대해 모두 이야기할게요. 베티(Betty)는 지금 알고 있기에 말로 표현할 수 없을 만큼 큰 도움

---

[29] 룰루 프라이(Lulu E. Frey, 한국명 부라이富羅伊, 1868~1921)는 미국 감리회 여선교사로 제4대 이화학당 당장을 역임하였다. 오하이오 웨슬리언 대학과 시카고사범학교를 졸업하고 1893년 10월 12일 내한하여 이화학당 교사를 거쳐 1907년에 제4대 이화학당 당장에 취임하였다. 1910년 대학과를 설치하고 학생 자치활동을 활성화시켰으며, 학교 창립행사인 메이데이 운동회 창설 등으로 여성운동의 전환점을 마련하였다. 1919년 3·1운동 당시, 유관순 열사의 유해를 인도받아 장례를 치러준 인물이다. 1893년부터 1920년까지 한국에서 사역했다.

을 주고 있지요. 우리가 성장하면서 선교사로서의 의미를 더 깊이 깨달아 갈수록 그녀의 존재는 점점 더 귀하고 소중한 도움이 되고 있습니다.

이번 가을에 나는 약 20명과 함께 일본어를 본격적으로 공부하는 학급에 들어갔어요. 우리는 일주일에 두 번 저녁에 만나고, 그 사이에 훌륭하고 긴 수업시간을 가져요. 나는 매우 흥미가 있어서 이 시간을 무척 좋아해요. 다행스럽게도 일본어는 한국어와 아주 많이 비슷해서 우리에게 큰 도움이 되고, 뒤죽박죽된 문장 구조를 두 번 고통스럽게 공부하지 않아도 되지요. 이 두 언어 모두 중국어로부터 파생된 단어들이 거의 동일해서, 그 유사점을 알아보는 것이 퍽 재미있어요. 이제 나도 일본어를 배우니까 베티는 긴장해야 할 걸요, 그렇지 않나요? 그녀가 사용하는 언어를 저도 배우게 되어 아주 즐겁습니다. 물론 일본인들과의 교류는 점점 더 많아지고, 우리가 그들의 생활과 언어에 흥미를 보여줄 때 아주 기뻐하는 것 같습니다. 하지만 우리가 이곳에서 해야 할 일만을 하기에 인생은 퍽 짧습니다. 한 가지 언어만 배우면 되는 분들께서는 더 이상 하실 말씀이 없으실 테죠!

내가 가장 먼저 고쳐야 할 점은 편지를 짧게 쓰는 법을 배우는 것임을 잘 알고 있어요. 하지만 여러분들을 너무나 사랑해서 할 말이 이렇게 많기 때문에 언제 [누락] 모르겠어요. B.와 나는 우리가 소래에서 보낸 [멋진] 여름에 대해 여러분께 편지를 썼다고 기억해요. 우리 둘 모두에게 얼마나 축복받은 휴식과 회복이었던지요. 내년 여름에 우리는 완전한 아펜젤러 가족 재회를 계획하는데, 물론 여기에는 베티도 포함됩니다. 메리도 곧 올거예요, 정확히 언제인지는 모르지만, 나는 그녀의 출항 날짜에 대한 소식을 날마다 기다리고 있어요. 우리는 헨리와 아이다가 여름 전에 따라오기를 바라고 있어요. 아이다는 이제 일본에서 일하도록 임명을 받았는데, 언젠가 한국에서 일하기를 바랍니다. 이 모든 것이 수년 간의 꿈과 기도의 멋진 성취가 아닐까요? 기도의 힘을 보여주는 [놀라운] 증거입니다! 메리는 이화에서 나와 함께 일할 것이며, 그녀는 가정학 수업 외에도 [많은] 유용한 일을 해줄 수 있을 것입니다. 그녀의 도착을 간절히 기다리고 있어요. 금전적으로 가능하다면, 반드시 그래야 한다고 느끼기 때문에, 나와 베티는 요코하마(Yokohama)[30]에서 그녀를 만나서 돌아오는 길에 학교를 방문할 계획입니다. 멋지지 않나요?

크리스마스 직전에 우리의 저명한 웰치(Welch)[31] 감독님 부부, 그리고 존경받는 해리스(Harris) 감독님이 오셔서 며칠간 아주 유익한 콘퍼런스를 가졌어요. 우리는 그분들의 시간이 좀 더 넉넉하길 바랐지만, 그들은 여러 곳을 방문해야만 했어요. 나는 시골의 한 역에서 옛 친구들과 함께 아름다운 크리스마스를 지냈습니다. 다른 친구들이 그들의 자동차로 집에 데려다 주겠다고 해서 반갑게 받아들였지요. 그것은 170마일 정도의 멋진 경치와 좋은 도로로 이어진 아름다운 여행이었어요. 하지만 첫째 날 우리는 어두워진 다음에 갑자기 나타난 낡은 다

---

30 일본 가나가와현 동부에 있는 현청 소재지로 도쿄 다음으로 인구가 많은 도시이다.
31 허버트 웰치(Herbert George Welch, 1862~1969)는 미국 감리교단의 감독으로 1904년부터 한국과 일본의 교회를 관할했다. 1887년 웨슬리언 대학, 1890년 드루 신학교를 졸업하고 뉴욕 코네티컷에서 목회를 시작하였으며, 1905년 오하이오 웨슬리언 대학교 총장으로 취임하여 교육행정가로서 수완을 발휘하였다. 1916년 5월 미감리회 감독으로 피선되자 남미와 캘리포니아 주의 감독 초청을 사양하고 미감리회 한국 감독으로 자원하여 한국에 주재하였다. 1919년 3·1운동 때는 신흥우를 미국으로 파견하여 미국 상원의원들과 각계에 3·1운동의 진상을 알렸으며, 같은 해 6월부터 존 가우처(John F. Goucher)의 별장에서 신흥우의 『한국의 갱생(The Rebirth of Korea)』영문판을 집필하여 이듬해 뉴욕에서 출간했다. 이후 1928년까지 한국 및 일본 감독을 역임하였고, 미국으로 돌아가 피츠버그연회 감독을 거쳐 1932년 중국 감독, 1938년 보스턴연회 감독 및 감리회 해외구제부 실무위원장을 역임하였다. (기독교대한감리회 역사정보자료실, his.kmc.or.kr/history)

리와 충돌해서 거의 죽을 뻔했어요. (이 나라에서는 위험 신호를 사용하지 않는다는 것 아시잖아요!) 하지만 하나님께서 우리를 돌보셔서 한 사람도 다치지 않았지요. 날씨는 추웠지만 우리의 이 모험적인 여행의 결과로 아무도 아프지 않았어요. 그렇지만 가능하다면 이 나라에서 밤에는 자동차 여행을 절대로 하지 않겠어요!

학교는 다시 시작이 되었지만 다음 주에는 부흥회가 있어서 당분간 수업이 중단될 텐데, 여학생들은 아주 좋아합니다. 작년 봄의 부흥회는 우리 모두에게 정말 대단한 경험이었어요. 아! 인간 본연의 연약함 때문에 우리는 이것을 하고 또 해야 합니다, 그렇죠? 그 후에 나는 일본을 여행하고, 3월에는 졸업식이 있습니다. 그러면 우리가 할 수 있는 최선의 흥미와 도전으로 가득 찬 또 한 해가 지나가는 겁니다. 또한 나는 "부끄러울 만큼 건강하게 잘 지냅니다"라고 할 수 있으며, 그렇게 유지하도록 노력할 것입니다. 우리가 기준을 지키지 못할 때 고생하는 우리 동료 직원들을 무척 많이 보아왔기에, 이 문제에 대해 절대로 부주의하지 않게 되길 바랍니다. 콘스탄스(Constance), 그 더위 속에 어떻게 그렇게 오랫동안 일할 수 있을까요! 이곳의 넘쳐나는 영하의 날씨를 원하지 않나요? 사랑하는 플로렌스(Florence), 당신이 전보다 훨씬 더 나아졌고 삶을 더 잘 즐기고 있기를 바랍니다. 블랑쉬(Blanche), 저는 당신의 중국인 소녀들을 사랑해요. 나중에 우리에게 좀 더 많은 사진을 보내주세요. 줄리엣(Juliet), 사랑스럽고 유쾌한 편지 고마워요. 그리고 사랑스런 카나한(Carnahan) 씨, 당신의 존재가 의미하는 모든 것에 진심으로 감사드려요.

〔나머지 부분 누락〕

1917년 5월 19일

이화학당
서울, 한국

가장 사랑하는 페디들에게,

나는 지금 이화[32]에서 나와 우리 이화 가족들이 해마다 주말 휴가를 보내는 가장 아름다운 산에 와 있어요. 미국에 있는 문명화된 여러분이 한국에서 [우리가] 피크닉을 하는 걸 볼 수 있다면 아마 너무 재밌어서 웃음을 참지 못할 거예요. 내 생각에 중국 [파견단]은 [그리] 재미있어 하지 않을 것 같은데, 그들도 마찬가지로 우스꽝스럽기 때문이에요. 우리 일곱 명이 가는데 짐꾼 세 명과 하인 두 명을 데리고 갔어요. 산을 올라가면서 더워지니까 외투를 벗어 짐 위에 올려쌓았고, 그 위에 우리 모자들까지 얹었어요. 누군가 하인 한 사람에게, 우리가 여기에서 "돼지들"이라고 부르는 밤에 몸을 따뜻하게 해주는 주석으로 된 온수통을 챙기자고 해서, 물통까지 그 짐들 위에 실려있었던 거예요! 우리는 이것을 생각할 때마다 웃는답니다! 우리는 잠을 자고, 걷고, 읽고, 불교 사원 안에 있는 점잖은 노인의 코앞에서 한국식 저녁을 먹고 지금은 세상에서 가장 소중한 친구들과 이야기를 나누는 특권을 마음껏 누리고 있어요. 편지들과 휴가는 내 마음속에서 언제나 함께 떠올라요. 둘 다 나에게 아주 큰 기쁨을 주거든요. 나는 비록 꽤 꾸준하게 [묘기]를 부리긴 하지만, 가끔 내가 마음 깊은 곳에서부터

---

32 1886년 서울 정동에 건평 200평 규모의 한식 기와집을 건축했는데, 이것이 이화학당의 시작이다. 35명 정도의 학생을 수용할 수 있었으며, 교실과 교사 숙소 등을 갖추었다. 1904년 중등과, 1908년 보통과와 고등보통과, 1910년 대학과를 신설하였다. 1914년에는 이화보육학교를 신설하고, 대학과 1회 졸업식을 가졌다. 1915년 유치원 사범과를 설치하고, 1917년 중등과의 명칭을 대학예과로 변경하였다.

게으름뱅이가 아닌가 궁금해집니다. 나는 게으르게 있는 걸 너무 좋아하거든요.

지난 3월에 그레이스에게 꽤 기분 좋게 작별 인사를 했어요. 난처하게 커져버린 상황에 최선의 해결책이었다고 보였고, 여기 있는 그녀의 모든 친구들도 그 결정이 그녀에게 큰 도움이 될 거라고 믿고 있어요. 나는 나처럼 한국이 그녀에게 잘 맞기를 바라고 있으며, 서울은 그래도 분명히 잘 맞을 거라고 생각해요! 그리고 그들이 다시 돌아올 때 이곳으로 보내지기를 강력하게 희망합니다. 그동안 그쪽으로부터 들려오는 소식은 모두 좋았어요.

이 사랑스런 아이들, 하나 하나 보통 이상으로 매력적인 (아이들에 대해 말하는 겁니다) 사진들을 보면 내 정신이 어수선해지고 이성을 내던지고 [Pei tei ho]로 달려가고 싶어져요. 하지만 이번 여름에 이곳 소래에는 나를 꽉 붙들어 둘 제법 무거운 닻이 세 개나 있을 겁니다. 헨리는 지금 이 순간 일본에 [가까워지고 있고], 메리는 나의 바로 곁에 있으며 아이다는 7월에 올 건데 이곳에서 도쿄어학연수원이 시작되기 전까지 우리와 함께 지낼 거예요. 헨리는 우리의 가족 기록을 [깨고] 우리 [간호사들] 가운데 하나의 딸인 루스 노블(Ruth Noble)[33]과 약혼했는데, 지금은 화이트(White) 박사님의 학생이에요. 메리는 당신이 본 사람들 가운데 가장 상냥한 아이로, 모든 것과 모든 사람들을 사랑하고 누구든지 그녀를 사랑하는 것 같아요. 그녀는 가정학과 기타 과

33　루스 노블 (Ruth Emily Noble Appenzeller, 1894~1986)은 한국 서울에서 감리회 선교사 가정에서 태어나 1918년 서울 제일감리교회에서 선교사 헨리 G. 아펜젤러의 아들이며 앨리스 아펜젤러의 동생인 헨리 D. 아펜젤러와 결혼했다. 루스는 남편의 사후에도 한국에서 선교와 교육 활동에 헌신했으며 캘리포니아에서 별세했지만 서울 양화진 외국인 선교사 묘지에 안장되었다. 앨리스가 루스 노블을 간호사의 딸이라고 쓴 이유는 친근한 표현으로 루스의 어머니가 간호사처럼 그들을 돌보는 역할을 했다는 의미일 수 있다.

목의 교사로 3년 계약을 맺었어요. 나는 2월에 그녀를 만나러 요코하마에 갔고, 베티 [리]와 함께 좋은 시간을 보냈습니다. 그것이 올해 있었던 사건이었고, 그 외에는 별다른 게 없었어요. 내가 더 많이 배울수록 할 일들이 더 많아지는데, 감당하기에 너무 벅찬 책임까지 져야 해서 스스로 무척 부족하다고 느낍니다. 여러분 모두 약 300여 명 정도의 (다양한) 사람들이 있는 학교를 운영하는 데 일부가 된다는 것이 어떤 일인지 잘 아실 테지요. 그리고 우리가 알고 있지만 [판독불가] 매우 불완전하게 전달할 수밖에 없는 그 풍성한, 승리의 삶을 살아가도록 돕는 일이 어떤 건지도요. 당신들도 우리처럼 당황하실 거예요. 내부와 외부로부터 우리를 계속 방해하는 다양한 어려움을 알게 된다면 말이죠. 그리고 만일 여러분이 이곳의 우리 여학생들과 다른 사람들의 삶 속에서 피어나는 아름다움을 본다면, 당신들도 놀라운 하나님의 은혜에 우리처럼 감탄할 겁니다.

나는 전쟁과 그 [판독불가]에 따르는 모든 파괴와 황폐를 생각할 때 이 세상의 위대한 적극적인 동력이 여전히 계속되고 있음에 말로 할 수 없도록 감사합니다. 그것은 국내와 유럽의 큰 도움이 절실한 상황에서도 교육과 기독교 신앙 훈련이라는 꾸준하면서 치유적인 흐름이 세계 모든 곳에서 계속 이어질 수 있도록 기꺼이 헌신하는 그리스도인들이 있다는 사실에 감사드립니다. 우리는 이곳에서 세상 어디선가 다른 사람들이 전쟁으로 인해 겪는 것보다 덜한 고통을 겪는다고 생각됩니다. 우리는 미친듯이 몰아치는 급류 바깥의 이 조용하고 작은 웅덩이 안에 있음을 매우 감사드립니다. 우리도 물론 물가가 무섭게 올라서, 혹시 잊고 지낸다 해도 세상의 고통을 상기하게 됩니다.

루스 어머니(Mother Ruth), 지금 학생들 사이를 다니시며 사역하실 때, 내가 어머니를 위해 기도드리고 있다는 것을 잊지 말아주세요. 이전보다 더욱 큰 능력으로 새롭게 기름 부음 받으시길 간절히 바랍니다.

나는 가끔 선교사들이 본국 교회의 영적 상태를 보고 느끼는 마음의 병은, 그들이 이 사명의 중요성과 긴급함을 누구보다 더 깊이 인식하고 있기 때문이라고 생각했습니다. (한 줄 누락) 마치 모든 신앙이 (판독불가)로 옮겨간 것처럼 보이려는 태도가 내가 반항적이고 비판적이었던 때에 선교에 대해 싫어했던 부분 가운데 하나였어요. 당신이 가는 곳마다 좋은 만남이 되어 오랫동안 남을 좋은 열매로 맺히길 바랍니다.

재키(Jackie)의 아기는 정말 사랑스럽고 눈이 꼭 자기 엄마 눈을 닮은 것 같은데, 그렇지 않나요? 어린 버지니아(Virginia) 사진도 여기 있었으면 좋겠어요. 도로시(Dorothy), 모든 새로운 [페디무에타]가 생길 때 페디가 더욱 소중해진다는 건 정말로 좋은 소식이에요. 다음 번엔 당신이 누구와 함께 하는지 우리에게 반드시 알려줘야 해요. 루스 어머니가 당신을 방문했나요, 도로시? 졸리(Jolie)와 그레이스도 서로 만나지 않았나요? 나는 아마도 루스 어머니가 내년 겨울에 이곳에 올 때까지 혼자서 최선을 다해 페디 일을 할 겁니다. 당신이 약속했기 때문에 그것을 위해 계획해야만 합니다. 프라이 선생과 우리 한국 소녀들은 당신이 필요해요. 우리는 언제라도 당신이 오신다면 원하시는 시간을 드릴 수 있어요.

[Hougeleow]에 대해서 특히 잘 알게 된 느낌이 들어요. 매티(Matiie)의 훌륭한 편지와 무척 흥미로운 대학 소식지를 받은 후 그곳 사람들이 아주 훌륭한 분들일 거라는 생각이 들었어요. 여러분이 각자의 지역을 위해 발행하는 소식지나 안내문 같은 자료를 내게 보내주시면 좋겠습니다. 그것들은 우리가 서로 잘 알도록 더 가깝게 만들어줄 것이고, 기도 제목을 나누는 데 큰 도움이 되고, 결코 나를 지루하게 하지 않을 거

예요.

[Pyke] 대학은 무척 이상적으로 보이는데, 언젠가 소래에 그런 학교를 하나 세울 수 있으면 좋겠어요. 그때는 그레이스와 나와 함께 페디하러 와야만 합니다.

〔누락〕 시간이 지나면서 서울에 있는 사람들은 연락하기 힘들고 말을 들으려 하지 않아서 접근하기 어렵다는 인식이 생겨버렸지만, 한국 직원들은 그게 아니라고 말합니다.

우리의 콘퍼런스는 6월에 열리는데, 새로 오신 허버트 웰치 감독님이 상당히 활발하게 움직이셔서 우리는 무슨 일이 일어날지 긴장하고 있으며, 어디로 파송될지 몰라 궁금해하고 있습니다. 나에게 한 해 동안 평양으로 가서 휴가 중인 사역자를 대신하라는 이야기가 나오고 있습니다. 하지만 나는 조금도 가고 싶지 않고, 가지 않아도 되길 바라고 있어요.

이번에는 아무 내용 없이 엄청 많이 쓴 것 같아요. 하지만 나는 여러분 모두가 너무 그립고, 나의 외로움을 나누고 싶어서 그런지, 마음을 정하지 못하고 확실한 말을 제대로 못하는 것 같아요. 여러분은 지금 내가 매주 저녁에 두 번씩 15명의 선교사들과 함께 일본어 수업을 받는다는 것을 알고 있나요? 재미있긴 하지만 정말 힘듭니다. 나는 한국어 공부도 하고 있으며, 콘퍼런스 전에 마지막 시험을 치르게 되길 바랍니다.

6월 2일, 내가 위의 글을 쓴 지 2주가 되었고 섬김의 골짜기로 돌아온 이래로 제대로 앉아서 편지를 끝맺을 틈이 없었어요. 어제저녁에 메리와 나는 몇 정거장 아래로 내려가 헨리를 만났어요. 그는 자연스러워 보였고, 그와 메리를 이곳에서 만나는 게 정말 좋고 편안해요. 내 또 다른 병아리도 나의 날개 아래 모두 모인다면 무척 기쁠 겁니다!

이제 모두들 잘 자요. 이곳에서 얼마나 좋은 가족들과 있는지 보여주려고 사진을 동봉합니다. 그들은 물론 모두 훌륭한 여인들이고, 우리들은 정말 잘 맞아요. 언젠가 여러분들 모두 이곳에 꼭 오게 되길 확실하게 바랍니다. 여러분 모두에게 언제나 깊은 사랑을 보냅니다.

한결같이 충실한,

당신의 젤

1919년 5월 20일

이화학당
서울, 한국

    사랑하는 페디들에게,

    일주일쯤 전에 여러분들에게 편지를 쓰기 시작했는데 브라운이 말한 "생각, 공부, 휴식, 그리고 일에 방해받지 않는 시간을 찾는 문제'— 이제 엄마들에게뿐 아니라 나에게 해당이 되더라고요.— 때문에 중단되었어요. 나는 내가 사랑하는 페디가 자주 돌아와서 우리 서로의 삶의 대해 정말로 알게 되는 것이 참 좋아요. 이번에는 마사가 페디를 집으로 데려가고, 그곳에 있는 동안 재키가 페디를 책임지고 보내도록 제안합니다. 마사가 항상 재키에게 보내고, 재키가 그것을 다시 보내도록 확인하는 걸로 합시다. 마사가 돌아온 후에는 우리 가운데 하나가 그 일을 할 겁니다. 얼마 전 마사에게 온 편지 [꾸러미] 안에 있던 재키의 편지는 정말 사랑스러웠어요. 이 편지들은 모두 너무 소중해서, 나는 모든 노력을 다해 편지 쓰기를 계속할 겁니다. 오래된 편지들을 보는 것 역시 좋은 일이지만, 새로운 편지는 계속될 겁니다. 알아요, 나는 여전히 상사인 척 하죠. 맞아요, 이제 사람들이 성공적으로 재회하게 되어서 난 한숨 돌렸어요! 무엇 때문에 이토록 흥분되었는지는 모르겠지만, 하지만 우리가 먼 나라에 있어서 그 기록에 못 들어갈까 염려되었습니다. 그리고 난 여전히 그 사진첩을 원해요.

    우리 막내들의 사진들에 축복이 있기를! 그 아이들은 말로 표현 못하게 너무 귀여워요! 그들과 헤어지는 게 정말 어려워요. 나는 페디와 함께 있는 동안 언제나 내 책상을 장식하는데, 그가 떠나면 약간 쓸쓸해요. 그런데 이제 우리에게 아기가 생겼다는 것을 알았나요? 마가렛 노블 앱(Margaret Noble App)이 4월 23일에 태어났는데, 7주 일찍 나왔지만 건강하게 잘 자라고 있습니다. 아기는 병원에서 제대로 태어나야 했지만 제물포의 집에서 출산을 시작했습니다. 젊은 부모는 경험이 없어서 그녀가 거의 태어날 때까지 무슨 일이 일어나고 있는지조차 모르고, 그 문제를 '가진통'이나 다른 것으로 생각했습니다. 그들은 서울의 의사를 구했지만 의사는 세 시간 늦게 도착했고, 다정한 아빠가 아주 새파란 [W.F.M.S'er][34]와 한국 여성의 보조로 출산을 도와야 했어요. 그 한국 여성은 출산 과정이 한국인과 동일하다는 걸 알고나서 용감하게 도왔습니다. 이것은 흥분된 시간이었고 물론 아주 심각할 수도 있었지만, 이제 모두 잘 끝났습니다. 위험한 상황은 모두 지나고 아주 좋습니다. 나는 아직 이모가 되는 것에 조금 서툴러요. 두 번쯤 도운 적이 있긴 합니다만.

우리가 여기서 어떻게 지내는지 여러분이 얼마나 들으셨는지 모르겠어요. 우리는 가장 낮은 학년부터 5학년까지의 학습 과정으로 학교를 운영하며 53명의 학생이 있는데, 꽤 큰 성과입니다. 프라이 선생은 불타버린 마을에서 피난민과 구호 활동을 하느라 나에게 이 작은 일을 맡아서 운영하는 재미를 선사했습니다. 하지만 내가 돌아온 이후 해온 일은 일상적인 일과는 거의 또는 전혀 관련이 없습니다. 그런데 이곳에 있는 것이 이렇게 기쁘고 또 유용하게 느껴진 적은 없었습니다. 실제로 거의 아무것도 안 했는데도 말이죠. 브라운은 많은 피상적인 친구 관계가 도움이 되지 않는다고 말했어요. 내가 이곳에 온 이후로는 줄곧 그런 표면상의 우정만 있었는데, 이번에는 정말 진정한 우

---

34 W.F.M.S.는 Woman's Foreign Missionary Society of the Methodist Episcopal Church(감리회 여성해외선교부)의 약칭이다. 1869년 보스턴 트레몬트 스트리트 감리교회에서 설립한 단체로 여성 선교사들을 인도, 중국, 일본, 한국 등 여러 나라에 파견하여 교육, 의료, 사회 복지 활동을 펼쳤다.

정을 알게 되었고 그것에 엄청난 만족감을 느끼고 있습니다. 놀랍게 소중한 시간의 의미에 계속해서 깨어 있는 것이 내게 절대적으로 필요한 것으로 느꼈습니다. 지금은 그 안에 아주 많은 것들이 포함되어 있으며, 듣고 읽을 흥미로운 것들이 많이 있습니다. 깊은 어려움에 빠져 있는 사람들에게 격려와 위로를 주려고 노력하는 것은 대단한 특권입니다. 나는 심지어 신문과 잡지 외에 다른 것들은 읽지도 않아요. 우리의 시간은 계속해서 발생하는 일들로 많이 차지되고 있어요. 신문들이 일부 자세한 내용들은 지나치게 과장하지만, 대체로 사실입니다. 현재 정지된 것처럼 보이는 우리의 일이 미래에 어떤 전망이 있을지 예상할 수 없어요. 그래서 이전 어느 때보다도 인내, 은혜, 용기, 그리고 모든 사람을 향한 더 많은 사랑을 위해서 여러분의 기도가 더욱 필요해요. 이 위대한 [판독불가], 어떻게 우리 그리스도의 사랑과 형제애의 왕국을 위해 승리할 수 있을런지요?

시베리아 여행이 정말 실행될 때까지는 비밀로 하려고 했는데, 우리가 받은 전보에 따르면 지금은 여자들이 그곳을 여행하는 것이 바람직하지 않다고 합니다. 하지만 단지 연기하라는 뜻이라고 생각하며, 어차피 대부분의 우리에게 맞는 7월에 갈 수 있을 것이라고 생각합니다. 그래서 우리는 내가 [판독불가]에서 내려가서 8월의 첫 2주를 [Pei Tai ho]에서 보낼 수 있기를 바라고 있습니다. 베티와 메리는 내가 그곳에서 그들과 합류하기 전에 7월에 그곳에서 2주를 보낼지도 몰라요. 나는 이 생각으로 몹시 흥분되어서 거의 터질 것 같아요. 우리는 시베리아 여행이 성사되지 않아도 어쩌면 그냥 갈 수 있을 거예요!

마사, 당신의 집은 분명히 사랑스러울 거예요, 하트(Hart) 씨가 그 전망을 잘 묘사해서 우리가 휴가에서 돌아왔을 때 꼭 한번 방문하고 싶어져요. 요즘 몹시 바쁘실 당신을 생각하며 모든 것이 순조롭게 진행되고 그 여행이 당신이 생각하는 것보다 더 나은 것이길 바랍니다. 힘든 일이지만 당신은 어떤 일도 해낼 수 있는 사람임을 잘 압니다.

프랜시스, 당신이 자선병원을 운영하는 것은 정말 당신다워요. 하지만 너무 자주 그런 일을 맡지 않기를 바랍니다.

가엾은 아이다는 여전히 (판독불가)에서 열심히 일을 하며 생생한 경험을 하고 있어요. 그녀를 위로하고 격려하려고 편지에 성경 구절을 인용했더니, 그녀는 "성경 구절을 (판독불가) 인용하지 말아요, 그것들은 모두 성경책에 있고 내게는 성경책이 있거든요"라고 대답했어요. 가족들끼리 경건할 수 없다는 것이 내겐 재밌어요. 여러분 중에는 그럴 수 있는 분이 계실지도 모르죠! 그녀는 여름 내내 그곳에 머물러야 되고, 계획들은 여전히 확실하지 않아요.

안녕히 주무세요. 여러분 모두를 여러분들이 아는 것보다 훨씬 더 많이 사랑합니다.

당신의 젤

1920년 5월 12일
이화학당
서울, 한국

존경하는 가우처 박사님께

제가 여자대학 제안에 관련하여 계속 알려드리겠다고 약속드렸던 것에 대해 분명히 궁금해 하고 계실 겁니다. 저는 여전히 이곳에 있으며, 제가 아는 한 그 땅 역시 그대로입니다. 밀러(E. H. Miller) 씨는 우리를 위해 양쪽 사이에서 면접을 하면서 우리를 많이 도와주고 계십니다. 얼마 전 그들은 땅 주인이 즉각 땅을 팔 의향이 있으며, 그다음 날 정오까지 우리가 살지 말지를 즉시 알고 싶다면서 우리를 놀라게 했지요. 물론 저는 그 땅을 바로 살 수 없다고 말해야만 했습니다. 동봉하는 정부 측량도 사본은 밀러 씨가 저를 위해 만들어준 것인데, 이 소유지 안의 모든 땅을 보여주지요. 우리는 평[35]당 0.70센[36]에 살 수 있을 것 같고, 부동산 관리인은 원래 묘지 자리로 예약된 땅 5,000평을 3,000평으로 줄였어요. 하지만 3,000평조차도 가장 좋은 위치의 땅에서 떼내기에는 너무 넓습니다. 만일 우리가 이 땅을 사게 된다면, 그들이 이 부지 면적을 더 줄일 가능성이 있다고 믿어집니다. 주인이 열심히 땅을 팔려고 애쓰기 때문에, 그 땅이 얼마나 오래도록 남아있을지 모르겠습니다.

다음은 재정에 관한 질문입니다. 다른 선교단체들은 움직이지 않을 것이 분명하며, 움직인다 해도 아주 느리고 확실하지 않을 겁니다. 우

---

[35] 원문에는 'Tsubo'라고 되어 있다. Tsubo(坪, つぼ)는 땅이나 건물의 면적을 재는 일본식 단위로, 1평과 동일한 면적을 가리킨다.
[36] 센(錢, せん, Sen)은 일본 화폐단위로 100센은 1엔이다.

리 선교단체는 이 땅을 구입하기를 원하며, 시내에 있는 저희 재산의 일부를 팔아 필요한 잔액을 토지 구입에 투자할 수 있도록 허락을 구하고 있습니다. 어디와도 비교될 수 없는 땅을 놓치게 될까 몹시 걱정하고 있지만, 본국으로부터 허가를 얻거나 우리 재산을 곧 팔 수 있을지 의문입니다. 당신께서 이 땅의 일부, 그러니까 첫 번째 기찻길[37] 예약지까지만 구매하실 의향이 있는지 알고 싶습니다. 전에 보셨듯이 동네의 구획은 세를 놓을 가치가 있으며, 떨어져 있는 들판도 마찬가지입니다. 하지만 만일 땅주인이 우리에게 그 땅의 일부만 판다면 나중에 우리가 원하지 않을 때를 생각해서 작은 조각땅을 처분하느니 아예 구매하지 않는 편이 나을 거라 생각합니다. 또 다른 질문은 그 땅을 확보하기 위해 주시겠다고 한 10,000달러에 관한 것입니다. 혹시 단지 그 금액을 확보하는 조건이었나요, 혹은 모든 땅을 다 살 수 있도록 충분하게 주실 건지요? 아니면 딱 10,000달러어치의 땅을 구입하고 그 소유권을 가지실 건지요? 죄송하지만 그 부분에 대해 정확히 어떻게 말씀하셨었는지 기억하지 못합니다. 저희에게 얼마를 제공하실 건지, 그리고 그 돈을 보내시는 조건을 명확하게 써주신다면 좋겠습니다.

　교회 연합운동이나 혹은 어떤 곳으로부터 들은 소식은 아무것도 없어요. 하지만 현장에 있는 우리는 아주 적극적이며, 우리 선교부의 임원들에게 우리가 이 땅을 가질 수 있도록 도움을 요청하는 편지를 보냈습니다. 지금 당신은 디모인(Des Moines)[38]에 계실 텐데, 우리 임원들에게 이 문제를 제기할 기회를 가지시길 바랍니다. 저는 휴가를 위해

37　1902년에 기공되어 1905년에 완공된 경의선(京義線)을 가리킨다. 1921년 7월 11일에 이화대학 부지 옆에 신촌역이 세워졌다.
38　미국 중부에 있는 아이오와주의 주도이다. 디모인 강(Des Moines River)의 초기 프랑스어 이름인 리비에르 데 모인(Rivière des Moines)에서 따온 이름으로, '수도사의 강'이라는 의미이다.

8월 10일 요코하마에서 엠프레스 오브 아시아를 타고 떠납니다.

어쩌면 제가 미국으로 돌아간 다음에 당신께서 이 문제에 관해 서울 이화학당의 올리브 파이(Olive F. Pye) 씨에게 편지를 써주신다면 좋겠습니다만, 그 이전에 제 편지에 대한 답을 주시기를 바랍니다.

최근의 한국에 관한 소식은 총회에서 만나시는 대표들을 통해 듣게 되실 겁니다. 우리는 그 멋진 회의에 참석하시는 여러분 모두를 생각하며, 그 만남이 우리가 사랑하는 교회에 큰 의미를 가져오기를 기도드립니다. 웰치 감독님께서 우리에게 돌아오실지가 지금 우리에게는 큰 의문이지요!

봄이 되면서 모든 것이 새롭게 살아나는 것 같습니다. 지금 우리가 하는 모든 일에 그 어느 때보다 더한 의욕과 진정한 활기가 넘치고 있어요. 우리 학교는 만원이며, 거의 날마다 학생들을 돌려보냅니다. 배재학당[39]에는 여전히 교장이 정해지지 않았는데, 이 문제가 모두가 만족하도록 곧 해결되기를 바랍니다. 그동안은 많이 낙심스러웠지만, 좋은 결과를 가져오리라 바라고 있어요. 헨리는 자신이 맡은 섬들을 순회하느라 바쁜데, 지금까지 그가 해왔던 가운데 가장 재미있는 일이라고 하네요. 메리와 저는 집으로 함께 돌아갈 예정이고, 일본에서 1년간 선교사로 일했던 우리 여동생 아이다는 미군 대위와 결혼해서 현재는 필리핀에 있어요. 메리는 내년 겨울에 우리 선교부의 존 레이시(John Lacy)와 결혼하기 위해 돌아올 텐데, 그렇게 되면 제가 진심으로 사랑하는 이화에서의 이 집 말고도 거의 제 것처럼 여겨지는 집이 하나 더 생기게 될 것입니다.

---

39 배재학당은 1885년 앨리스의 아버지, 헨리 G. 아펜젤러에 의해 설립된 한국 최초의 서양식 교육기관이었으며, 그녀의 동생인 헨리 D. 아펜젤러가 이어받아 운영하고 있었다.

중국에서 제 시간에 돌아오지 못해 당신 부부를 이곳에서 만날 수 없었던 것, 정말 죄송합니다. 다른 사람들이 제가 없는 틈에 그녀(Miss Goucher)와 먼저 인사를 나눌 기회를 가졌다는 것이 불공평하게 보이지만, 다른 때에 우리가 꼭 다시 만날 수 있기를 바랍니다. 건강하시고, 소원하시는 것들이 이루어지시길 바라며 두 분께 따뜻한 안부를 보냅니다.

  진심을 다해서,

앨리스 R. 아펜젤러

추신. 가능하시다면 만약 당신께서 〔판독불가〕하게 된다면, 우리가 언제 어떻게 돈을 요청할 수 있을지 알려주시겠어요?

A.R.A.

1921년 5월 14일
웨스트 121번가 509번지
뉴욕시

사랑하는 가우처 박사님께

당신의 가슴 안에 대륙만큼 커다란 짐을 지셨을지라도 한 여자대학을 위해 서울 외곽의 부지를 확보해야 하는, 한국에서 가장 좋아하시는 프로젝트를 잊지 않으셨을 줄 압니다. 최근에 온 웰치 감독님의 편지와 현지에서 온 대부분의 편지들 역시 그 땅을 원가인 ([대략]) 25,000달러에 확보해야 한다고 주장하고 있습니다. 카나한 씨는 이미 저에게 돈을 사용하도록 허락하셨고, 저는 당신께서 이 사안에 대하여 어떻게 생각하시는지 알고자 이렇게 다시 편지를 쓰고 있습니다.

우리에게 10,000달러를 주시겠다는 제의는 아직 유효한지, 그리고 그 조건은 무엇인지요? 하나님께서 박사님께 허락하신 통찰력으로 그 땅의 가능성을 처음으로 알아보셨기에, 이제 우리는 이 땅의 여성들의 기독교 교육을 위해 그 땅을 소유하기를 간절히 바라고 있습니다. 저의 자금 요청에 있어 충분한 설득력을 갖기 위해서는 모든 조건에 맞는 확실한 정보들이 필요합니다. 이 목표를 조속하게 달성하기 위해 박사님도 저만큼이나 힘을 다하시리라고 확신합니다.

저의 무급휴가는 여러 방면에서 제게 풍성한 기회를 안겨 주었습니다. 2월부터 교육대학원[40]에서 강의를 듣고 있는데, 이곳은 전적으로 "사고의 공장" 같습니다. 저는 여름학기를 들을 예정이며, 웰치 감독님께서 제가 석사학위를 받기 원하셔서 가능한 한 다음 가을학기까지

---

[40] 앨리스는 1921년 2월부터 뉴욕에 있는 컬럼비아 대학교 교육대학원에서 교육학 석사학위과정을 시작하여 1922년에 교육학 석사학위를 취득하였다.

머무르게 될 거예요. 이렇게 훌륭한 도시에서 지낸다는 건 큰 특권입니다. 그동안 이곳이 제공하는 영감에 제가 얼마나 주려 있었는지 미처 깨닫지 못했었습니다.

프라이 선생의 죽음은 우리의 일에는 슬픈 손실이지만 [그러나] 제가 듣기로는 현재 한국의 상황이 하도 혼란스럽기 때문에 그녀가 돌아왔다면 겪었을 많은 어려움을 면하게 된 것이 오히려 다행이라고 생각합니다.[41]

따님의 약혼 소식은 W.F.M.S의 회원들에게 여러 뒤섞인 감정을 불러 일으키지만, 많은 친구들의 축하에 그녀에게 큰 행복을 바라는 저의 기원하는 마음을 더합니다. 진심 어린 안부를 전하면서, 되도록 빠른 시간 안에 연락 주실 것을 기대하겠습니다.

깊은 존경을 담아서,

앨리스 R. 아펜젤러

---

[41] 제4대 이화학당 당장이었던 룰루 프라이는 1921년 미국 매사추세츠주의 여동생 집에서 소천하였다.

1922년 7월 26일
소래 바닷가, 한국

　사랑하는 페디들에게,
　나는 내가 페디와 어쩌다가 연락이 끊어졌는지도 모르겠고 1920년 초반 이후에는 그를 본 적도 없어서, 페디가 아예 세상에서 사라진 줄만 알았어요. 그레이스가 이곳에 왔을 때 제일 먼저 물어보려고 했던 질문은 내가 여러분들 각자에게 보냈던 크리스마스 카드에 무슨 잘못이 있었는가 하는 거였어요. 왜냐면 아무에게서도 답장이 없었거든요. 하지만 그레이스가 페디를 받았다기에 나는 다시 끼어들게 되었고, 이제 최소 6년 동안은 다시 사라지지 않기를 바랍니다. 휴가가 모든 것을 헷갈리게 만들었고, 누군가 내게 답장하려 할 때 내 주소를 몰랐었나 봅니다. 어쨌든 나는 예전과 같이 여기 있으며, 화가 나거나 상처 받지는 않았지만 두 차례의 편지들을 놓쳐서 실망스러울 뿐이에요. 마사, 그레이스가 언급한 그 사진을 보고 싶어요. 모든 사진들은 매력적이고 이렇게 빨리 자라는 아이들을 정기적으로 보여줘서 기뻐요.
　그레이스와 함께 페디를 같이 읽고 이야기하며 지난 몇 달 동안 너무 많은 일들을 겪은 여러분에 대한 깊은 공감으로 우리 마음이 가득 찼어요. 사랑하는 도로시, [나]는 [판독불가]가 어떻게 되었는지 소식을 들을 때까지 특별히 당신을 위해 기도해야겠어요. 그렇게 길고 용감한 투쟁 끝에 그녀는 당신 곁에 남게 되었을 것이 분명해요. 당신의 몇 마디 말에서 보여지는 은혜와 강건함이 격려가 됩니다.
　사랑하는 프랜시스, 메리언 세비지(Marion Savage)와 나는 지난겨울에 당신에 대해 이야기했지만 우리 모두 최근의 소식은 몰랐어요. 그 일은 끔찍한 경험임이 분명하지만 [Goshen]에서 당신에게 기억에 남을 한 해를 선물했고, 그 여성 설교자는 그 사람들에게 인생 최고의 잊지 못할 감동을 주었을 것 같아요. [bet]에 있는 당신이 이제 좀 쉬면서 당신의 [판독불가] 즐기길 바라고 있어요. 나에게 사과하지 않아도 됩니다. 당신에게 축복이 임하길!

마사, 당신의 학교 문제들은 내게 익숙하게 들리고, 올해에는 어땠는지 어서 듣고 싶어요. 당신의 아이들은 정말 건강하고 사랑스럽고 행복해 보여요. 재키, 당신의 사랑스런 얼굴을 다시 보게 되어서 정말 좋아요. (엄마들, 모두 주목해 줘요, 아이들뿐 아니라 당신들 자신들과 아빠들 사진도 꼭 함께 보내주세요.) 아이들은 정말 사랑스러워요. 가끔 나는 아이들이 이렇게 크다는 것을 생각하지 못했거든요! 여러분의 마음이 아주 무거운 시기에 편지를 써줘서 정말 고마워요. 그렇게 편지 쓰기를 원했다는 사실에 감사드립니다. 브라운은 옛날 뉴욕에서 같이 콧노래를 부르던 나의 오랜 친구이죠, 비록 서로 1년 동안 편지하지 않았어도 우리가 같이한 모든 좋은 시간을 떠올리면 기분이 참 좋아집니다. 언젠가 나는 만(灣)을 건너 당신을 만나러 갈거예요. 열 살 때 처음으로 집을 떠나 학교에 가서 석 달 동안 심하게 향수병을 앓았던 그 옛 장소를 보고 싶거든요. 루스 어머니(Mother Ruth), 사랑스런 자매가 좋아지기를 바랍니다. 나도 미국에서 어머니가 일하시는 것을 본 경험이 있습니다. 이화학당의 교장으로 오래 일한 프라이 선생은 내 눈앞에서 서서히 본향으로 돌아가셨어요. 그녀도 역시 암에 걸렸는데, 거의 고통 없이 지내셨고 끝까지 소망과 아름다운 신뢰로 가득 차 있었습니다.

내가 돌아온 후에 (나는 [여기에] 24일에 왔어요) 나는 내 일이 이전보다 훨씬 더 매력적이고 보람 있게 느껴집니다. 그동안 과중한 일정으로 가르쳐 왔는데, 이제 교장직을 맡게 되어 교실 수업에서 얻던 영감을 더 이상 누릴 수 없을까 염려됩니다. 약간 미안하긴 하지만 아마도 또 하나의 단체 편지를 여러분에게 보낼 것 같네요. 여름 콘퍼런스는 멋진 경험이었고, 처음부터 참여할 수 있어서 정말 기쁩니다. 한국 여성들은 아주 신중하고 분별력 있게 앞으로 나아가며 자국 사람들의 필요에 민감하게 반응합니다. 우리 선교단체들이 지루하게 YWCA가 좋을지, 여성연합대학이 좋을지 혹은 또 다른 무엇이 좋을지 등에 관한 골치 아픈 의논을 하는 사이에 그들은 앞으로 나아가고 하나님께서도 계속 전진하고 계십니다! 내년에는 훌륭한 여성 한 분이 두 달 동안 학교들과 여러 협회들을 순회하며 활동할 예정이고, 내년의 콘퍼런스는 이전보다 더 큰 의미가 있을 거예요.

올해를 맞이하면서 나를 위해 특별한 기도를 부탁합니다. 여러 가지 면에서 말할 수 없을 정도로 두렵습니다. 프라이 선생이 돌아가신 다음에 교장직을 맡아온 그 여성[42]이 아직 여전히 그 자리에 머물고 있어서 쉽지는 않을 것 같아요. 내가 진정한 성령의 열매들, 무엇보다 고린도전서 13장에서 가르치는 사랑을 나타낼 수 있도록 기도해 주세요. 나는 여러분의 도움이 몹시 필요해요. 모든 학교들은 파업으로 문제를 겪고 있고 적절한 교사들을 찾을 수 없는 등등의 문제가 있으니 나를 꼭 기억해 주시길 부탁드려요. 우리의 날들에 대해 상기시켜 줘서 고마워요. 내가 그것들을 잊고 있었음을 고백합니다. 변함없는 사랑을 보내며, 다시는 나를 잊지 말아주세요.

젤

---

42 지네트 월터(A. Jeannette Walter)를 가리킨다. 그녀는 룰루 프라이 교장 사후에 1921년부터 1922년까지 이화대학의 제5대 교장으로 재직했다.

1924년 4월 13일

나의 가장 사랑하는 친구들에게,

요즘 더 작은 지면에도 더 많이 쓸 수 있어서 타자기를 많이 사용하는데, 여러분의 소중한 손 편지를 보는 게 너무 좋아서 아마도 내 손 편지도 [더 좋아해] 주시리라 생각했어요. (그나저나 잊어버리기 전에, 이화의 사무직원으로 속기사와 회계 업무 담당을 구할 수 있도록 기도해 주실 것을 간청합니다. 그러면 우리가 행정 업무에서 해방되어 우리가 훈련받았던 일 그리고 정말 필요한 일을 할 시간이 생길 것입니다. 혹시 선교 정신을 가진, 경험 있는 여성으로서 이곳에 와서 3년 동안 1,000달러 연봉과 미국 왕복 여비가 지급되는 자리에서 일하기 원하는 사람을 아신다면 뉴욕시 5번가 150번지, 방번호 710의 에이미 [Q.] 루이스 씨 앞으로 편지해 주세요. 이 내용을 우리들의 우정에 바치는 아름다운 편지에 넣는 것은 죄송하지만, 여러분이 날 기꺼이 도와주실 것을 믿어요.)

나는 이 편지를 한 달 동안 간직하고 있었어요. 작년 4월 12일에 썼는데, [올해] 같은 시기에 소식을 [알립니다]. 엄청 바빴던 3월이 지났고, 모든 것이 제대로 된 여름방학 대신 [판독불가] 한 해가 마무리 되고 [판독불가] 안에 다시 또 다른 해가 시작되었어요. 3월에 페디가 도착할 때면 우리는 이곳에서 자연스럽게 [그 차례를] 기다려야 할 겁니다! 올해는 늦어도 크리스마스 선물로 그를 받을 수 없을까요? 일년에 두 번씩 만나도록 해봅시다!

사진들은 정말 기쁨 가운데서도 기쁨입니다! 어린 마사(Little Martha C.)는 우리가 한때 알던 마사처럼 보여요, 그렇지 않나요? 새로운 아기들은 정말로 귀여워요! 아버지의 집에 있는 어린 마커스(Marcus)와 함께 있는 사랑스런 어린 재키의 사진도 받을 수 없을까요? 프랜시스,

Y. W.[43] 사진에서 당신 모습은 이전과 아주 똑같아요!

여러분 가운데 한 사람과 [Mattie]가 함께 있는 사진을 보다니 정말 기뻐요. 당신들 둘 다 너무 사랑스럽게 나왔어요! 단체 사진들 역시 좋아요. 다음에는 모리 윌슨(Morrie Wilson)과 로이(Roy C.)를 좀 더 가깝게 당겨 찍을 것을 부탁합니다. 로이는 본 지 하도 오래되어서 얼굴이 생각나지 않고, 모리 윌슨은 전에 제대로 된 사진을 본 적조차 없거든요. 이 고집 센 노처녀 이모들은 정말 요구가 많아졌죠, 그렇지 않나요? 어머니 [B.]의 사진도 정말 오랜만이에요. 집 사진도 하나 찍어주시길 부탁드려요. 내가 보내는 사진들은 1년 된 것들이고, 아이들은 한 살 더 먹었으며, 새로운 [Op] 아기 캐롤(Carol)이 지난 달 뉴욕에서 태어났지요. 더 나아진 것들이 없으니 이 사진들을 그냥 집어넣을래요. 우리들의 페디 소식에는 언제나 사진을 함께 보내는 것을 규칙으로 정하면 좋겠어요.

나의 인생 이야기입니다. 지난여름 소래에서 한 달 있으면서 날마다 편지 등을 열심히 쓴 결과 목록의 끝에 있는 편지들까지 50통쯤 썼어요. 월터(Walter) 씨는 8월에 미국으로 갔고 나도 돌아왔지만, 그 뒤로는 개인적인 시간이 없었어요. 이번 여름에 3주의 여름방학을 기대하지만 어디로 갈지는 모르겠어요. 내년쯤엔 중국에 갈 것 같아요. 여름에 어떤 구경거리가 있을까요?

11월 1일은 내 인생에서 중대한 날이었어요. 비 오는 날 몇 사람의 여행객이 우리를 방문했는데, 내가 연합대학을 짓기 위한 땅을 구입하고 싶다고 말하자, 그들은 금화로 3만 달러를 기부하겠다고 했는데, 이후 그 돈은 모두 입금되었어요. 우리는 지금 땅에 대해 협상 중이고, 곧 소유하게 되길 바라고 있어요. 나의 일생에서 이렇게 큰 고액의 자

43　YWCA를 의미하는 것으로 보인다.

금을 다루는 건 처음 있는 일입니다! 그밖에도 올해는 기도에 대한 주목할 만한 응답들이 있었어요. 연합대학의 설립이 빠르게 진행되고 있는데 남감리회에서 그들의 이사회에게 우리가 합류하겠다는 요청을 했답니다. 그리고 학생들 스스로가 진정한 연합을 이루고 있습니다. 우리 학교에는 다른 곳에서 온 여학생들도 많거든요. 올해는 고등과정에서도 우리 학생들만큼이나 다른 선교부 출신 학생들이 많아요. 우리에게 멋진 새 프라이 홀[44]이 있는데도 불구하고 벌써 비좁은 것 같아요! 오, 매일 하나님께서 그분을 위해 이렇게 많은 일을 맡겨 주시는 것은 얼마나 놀라운 일인가요!

1912년 이후에 나를 본 사람들은 그때로부터 나의 가장 절친한 친구인 베티 리를 아실 거예요. 그녀는 작년에 결핵 진단을 받았고 급작스럽게 2월에 귀국 명령을 받았어요. 그녀를 배웅하기 위해 나는 일본의 후쿠오카(Fukuoka)까지 가서 그녀와 소중한 3일을 함께 지냈어요. 그녀는 캘리포니아 남부의 결핵요양원으로 갔는데, 나는 그녀가 여기 머무르지 않고 가길 잘했다고 생각하지만 그녀가 몹시 그리워요.

그레이스는 나를 정말 편안하게 해줘요. 올해는 그녀의 무언가를 하려는 열정이 좀 더 절제되어 보이는데, 그녀의 편지는 그렇게 들리지 않지요, 그렇지요? 하지만 [예전]과 같으며 그녀와 월 두 사람 모두 나처럼 살도 찌고 느긋해져야 해요! 당신들처럼 [날씬하고] 사랑스러운 젊은이들은 다들 좀 더 중년의 부인과 같은 외모가 되어야 할 것 같습니다! 여러분들은 분명히 예쁘고 나는 그냥 질투하는 겁니다!

---

44   프라이 홀(Frey Hall)은 1923년 9월에 개관한 3층 벽돌 건물인데, 150명의 학생을 수용하는 기숙사, 교실, 숙소, 도서실 등을 갖추고 수도와 전기, 스팀이 완비된 최신식 건물이다. 이화학당 제4대 당장 룰루 프라이의 업적을 기념하여 세웠으며, 대학과의 전용 건물이었다. 1975년에 화재로 철거되고 이화여고 100주년기념관이 세워졌다.

아직 독서 모임을 하고 있는데, 올해 이미 읽었거나 앞으로 읽을 책들의 목록은 다음과 같습니다. 『마법에 걸린 4월(Enchanted April)』[45], 『신들과 같은 사람들(Men Like Gods)』[46], 『월터 H. 페이지(Walter H. Page)』[47], 『전방의 아들(A son at the Front)』[48], 『로버트 E. 리(Robert E. Lee)』[49], 『루즈벨트(Roosevelt)』(천우드)[50], 『나의 기억의 정원(My Garden of Memory)』(위긴)[51]입니다. 매달 두 시간씩 갖는 그 모임이 내게는 참 소중하게 느껴져요. 아그네스 로더리(Agnes Rothery)의 『풍차 옆의 집(The House by the Windmill)』[52]을 막 읽었는데 정말 마음에 들었어요! 나에게는 마치 진실이 가득 담긴 책처럼 느껴졌어요. 여름에는 진지한 독서를 많이 했는데, 학기 중에는 정기 간행물들 말고는 읽을 시간이 없어요. 브라운이 지적인 삶에서 우리를 이끄는 듯하고, 나는 그 반만

---

45 엘리자베스 폰 아르님(Elizabeth von Arnim)의 1922년 소설로, 이탈리아 리구리아 해안의 성에서 한 달을 보내는 네 여성의 이야기를 다룬다. 이 작품은 여성의 자아 발견과 치유, 우정의 아름다움을 섬세하게 그려낸 작품으로 평가받는다.
46 H. G. 웰스(H. G. Wells)의 1923년작으로, 평행 우주 속 이상 사회인 '유토피아'를 배경으로 한 과학적 판타지 소설이다.
47 미국의 언론인이자 외교관 월터 하인스 페이지(Walter Hines Page)의 전기로, 제1차 세계대전 당시 주영 미국 대사를 지냈던 그의 전기는 미국의 대영 외교 정책과 관계를 이해하는 데 중요한 자료로 여겨진다.
48 이디스 워튼(Edith Wharton)의 소설로 제1차 세계대전 중 전선에 나간 아들을 둔 가족의 시선을 통해 전쟁의 비극과 가족애를 그렸다.
49 미국 남북전쟁 당시 남부 연합군의 총사령관이었던 로버트 리(Robert E. Lee) 장군의 전기로, 그의 군사 전략과 도덕적 딜레마, 전후의 삶을 조명하며 미국 역사에서 복잡한 인물로 평가받는 리의 면모를 다루고 있다.
50 영국 작가 로드 천우드(Lord Charnwood)가 쓴 시어도어 루스벨트의 전기로, 루스벨트의 정치적 업적뿐 아니라 그의 성격과 철학을 깊이 있게 탐구한 평전으로 평가받는다.
51 미국 아동문학 작가이자 교육자인 케이트 더글러스 위긴(Kate Douglas Wiggin, 1856~1923)이 생애 말기에 쓴 회고록으로, 1923년에 출간되었다. 위긴은 미국 서부 최초의 무료 유치원을 설립하고 유치원 교사 양성소를 세운 인물로, 그녀의 교육활동, 문학적 여정, 그리고 당대 여성 지식인의 삶을 그리고 있다.
52 미국의 여행 작가이자 소설가인 아그네스 로더리(Agnes Rothery, 1888~1954)의 소설로, 인간관계와 삶의 진실에 대한 통찰을 담고 있다.

이라도 따라잡을 수 있으면 좋겠어요. 당신의 보고서에 정말 흥미를 느껴요! 이 대중 교육 운동은 중국이 기다려 왔던 것입니다. 이곳 즈푸(Chefoo)[53]에 있는 사랑하는 앨리즈 홈즈(Alice Holmes)를 생각해 보세요! 가까운 곳에 있는 것 같지만 우리가 편지를 쓰지 않는 한 소용이 없어요, 그렇지 않나요?

글쎄, 나는 나이가 들었는데도 [열정적인] 것 같네요! 여러분도 동창회 15주년을 위한 메시지를 보낼 때 나이 든 느낌이 들지 않던가요? 나는 안식년 직후인 1929년에 집에 있을 계획이에요. 지난가을에 도로시 포프(Dorothy Pope)를 본 사람이 있는지요? 그녀는 아주 괜찮아보이는 새 남편과 여기를 지나갔어요. 연세가 좀 있어 보이셨지만 두 분 다 〔판독불가〕처럼 행복해 보였어요. 하트(Hart) 씨도 곧 올 거예요.

캔디스 [Stevenson] 씨는 [Adam]으로부터 나를 전혀 모르는 분이었지만 지난봄에 이곳을 다녀가면서 아주 고마워했는데, 이후에 50달러를 보내와 그 돈으로 프라이 홀의 공용 공간에 달 커튼을 샀습니다. 오늘은 YMCA [방문객들]을 맞아 〔판독불가〕했고, 안식일 아침을 그들에게 할애했어요. 원래 시골에 살다가 지금 서울에 살고 있는 한 [분]이 어제 밤 위원회에 오지 못한 이유가 재미있었습니다. 이틀 동안 그의 집엔 한가득 손님들이 있고, 그들과 시내를 30마일이나 운전하느라 지쳤던 거예요. [네], 이것은 아주 힘든 삶이지만, 도시에서 산다면 이런 바쁜 삶의 일부가 되어야 하지요. 그레이스도 여기에 온 이후에 가끔 뼈저리게 느끼고 있어요! 나는 나중에 이렇게 복된 시골에서 여생을 보내며 여러분과 여러분의 손자 손녀들에게 편지를 쓰고

53　즈푸(Chefoo, 芝罘)는 중국 산둥성에 위치한 옌타이(Yantai, 烟台)의 옛 이름이다. 19세기 후반부터 서양 선교사들의 주요 활동지였다. 특히 선교사 자녀들을 위한 기독교 학교인 즈푸외국인학교(The Chefoo School in Shandon)이 설립되어 교육과 선교의 중심지 역할을 했다.

읽으며 살 것입니다. 이따금은 지난 일요일처럼 [몇몇] 작은 시골 교회에 가는데, 나는 그곳의 순박한 사람들과 그들의 환대, 그리고 그들의 얼굴에 빛나는 예수님의 빛을 사랑합니다. 하지만 그 무엇보다도 나는 이화를 사랑하고 그곳을 나와 이 나라의 전국 각지로 나가는 아름다운 소녀들을 사랑합니다. 어느 작은 교회를 가도 그 가운데 반드시 한두 명은 있어요. 항상 다른 사람들과는 뭔가 다르지요.

안녕히 주무세요. 여러분 한 사람 한 사람을 무척 사랑합니다.

    언제나 변함없이,

젤

1925년 7월 10일
소래 바닷가

    사랑하는 페디들에게,

    모든 사무용 편지지에 싫증이 나지만 내가 여기에 가져온 게 그뿐이라서 또 이런 종류의 편지지를 씁니다. 나는 지금 사랑하는 소래에 일곱 번째 왔는데, 내가 맞이할 줄 알았던 다른 여름을 [약속해 주지] 않네요. 나는 한국의 사람들, 문제들, 선교사들, 그 모든 것들에 질려서 정말로 변화가 필요하다고 믿었어요! 브라운이 나와 내 친구를 위해 제주에 구해준 멋진 방에 6월 28일에 도착할 예정이었습니다. 거기서 그녀와 그녀의 아이들과 [3]주를 지내고, 프랜시스와 함께 타이산(Tai-shan)[54]으로 가서 그녀의 가족들과 친해지려고 했어요. 그랬는데 온갖 염려되는 소식이 들려왔고, 우리는 모든 신문들을 자세히 훑고 문의하면서 우리가 어떻게 해야 하는지 알아내려고 최선을 다했어요. 그리고 모든 것을 포기해야겠다고 결심했을 때쯤 신문에는 더 불안한 기사[55]들로 가득 찼어요. 떠나는 것은 개의치 않을 수 있겠지만 아무도 무슨 일이 일어날지 알 수 없고, 식량 공급에 어떤 위험이나 불편함이 생긴다면 집에 손님들이 없는 편이 훨씬 수월할 테죠. 나는 중국에 있는 모든 사랑하는 여러분들 생각에 몹시 불안해서 평화의 뉴스를 고

---

54 타이산(泰山, Tai-shan)은 중국 산둥성 타이안시에 위치한 산이다. 산둥성에서 가장 높은 산이며 중국뿐만 아니라 한국 등 한자문화권 국가에서도 가장 유명한 산 가운데 하나로, 오악(五嶽) 중의 하나이다. 1987년 유네스코 세계문화유산으로 등재되었고 중국 5A급여유경구로 지정되어 있다.

55 1925년 5월 30일 상하이시에서 영국 경찰이 반일 시위대에 발포하여 13명이 사망한 사건을 계기로 중국 전역으로 확산된 반제국주의 민중운동에 관한 기사들로 생각된다. 5·4운동 이래 중국에서 발생한 최대의 민중운동이었으며, 그때까지 소규모 조직에 불과했던 중국공산당은 이 운동을 계기로 중국 각지에 영향력을 확대했다.

대하고 있어요. 진정한 평화와 만족스러운 감정은 전쟁의 종식이나 표면적인 고요보다 훨씬 더 어려운 일처럼 보입니다. 우리는 모두 [이] 동양에서 서로 더욱 밀접하게 뭉쳐있고, 여러분들 마음에 분명히 부담이 되었을 것을 예민하게 느낍니다. 그치지 않는 나의 기도가 여러분과 함께합니다. 안전하게 있는 우리는 지금 이 친구들과 그들의 사역을 위해 이제 기도해야 합니다! 최근에 프랜시스가 보낸 편지에 그녀의 실망감이 언급되었지만, 그곳의 상황에 대해서는 아무 소식도 없으니 걱정할 만한 것이 없기를 바라고 있어요.

나는 몹시 실망했습니다. 이러한 일들을 오랫동안 포기할 수는 없습니다. 내년에는 브라운이 없을 거라 이 여행을 계획하는 재미가 없어요. 나는 운 좋게 이곳에서 기어들어갈 장소를 찾았는데, 전에 두 번 왔었던, 그레이스 집 근처의 오래된 오두막이에요. 아마 이곳의 장마철이 시작되었는지 오늘 여러 곳에서 물이 새고 있습니다. 아버지의 죽음을 알리는 해외 전보를 받은 동료 한 명을 데리고 왔는데, 더 자세한 소식을 기다리고 있어요. 이 동료는 서울에 있는 장로회 여자학교의 교장이 될 마고 루이스[56]인데, 나의 좋은 친구입니다. 내가 지난여름을 거의 다 보내고 잠시 원산 해변에 다녀온 다음 나의 쉬는 차례가 되었다고 결정되었고, 이화에서의 업무는 다른 사람이 하고 있습니다. 그리고 오히려 이런 장소가 내게 그런 기회를 주기 때문에, 따라잡을 기회를 놓친 느낌이 들었어요.

나는 이전 어느 때보다 더 많은 일을 들고 왔는데 이미 기운이 넘쳐 일을 시작했어요. 맞아요, 이화에는 비서가 없으며, 난 여전히 같은 상

---

56 마고 루이스(Margo L. Lewis)는 북장로회 선교사로, 1910년 한국에 와서 1912년부터 1939년까지 정신여학교에서 교사 및 교장으로 활동했다. 김마리아가 정신여학교 교사로 재직할 때에 일본 유학을 권하였다.

황에 있습니다. 양심의 가책을 느끼지만 8월 중순에 있는 YMCA 콘퍼런스와 8월 26일 학교가 개학할 때 돌아가면 세상의 얼굴을 볼 수 있을 겁니다. 우리는 장티푸스 발열 전염병으로 6월 말에 학교 문을 닫았어요.

그레이스 박(Grace Park)과 그녀의 아이들이 멋지고 조용한 그녀의 남편과 함께 신혼여행을 떠나는 걸 보고 기뻤어요. 사진들은 모두 좋습니다. 그녀는 여위고 피곤해 보이며 끊임없이 [무리했는데], 실제로 봄에 다시 아팠지만 이제는 나아졌어요. 도로시, 그 성경 수업은 내가 하는 다른 어떤 일보다 더 많은 두뇌를 필요로 합니다. 고백하건대 [비록] 내 일은 내가 [제공할] 수 있는 것보다 더 많은 두뇌가 필요해요! 우리는 할 일이 많은 한 해를 보냈습니다. 대학에서 있었던 [두드러진] 〔판독불가〕로 인해 이제 도쿄기독교연합대학과 어깨를 나란히 하게 되었습니다. 적응과 변화는 내가 줄 수 있는 모든 것과 그 이상을 요구했지만, 앞으로의 전망은 [밝습니다]. 연합은 더디긴 해도 그동안 우리가 생각하는 대로 일들을 바꿔나갈 수 있습니다. 훌륭한 두 여학생이 미국으로부터 그들의 [W.G.'s]를 받고 이번 가을에 돌아와서 대학을 도울 것입니다.

[Gabie]는 이번에 어디에 있나요? 그레이스와 나는 페디와 함께 더 잘할 수 있었겠지만, 우리는 그가 조금 속도를 내기를 원합니다! 아무도 놓치지 맙시다! 이것은 루스의 옛 편지 같기도 합니다.

내 남동생과 그의 가족은 휴가에서 돌아왔고, 메리 레이시와 친구들은 지금 미국에 있습니다. 아이다는 워싱턴에서 그곳에 온 사람들과 만나며 즐거워합니다. 여러분 가운데 누가 반세기 만의 모임에 갈지 궁금해요.

이제 이 편지를 보내야겠어요.

비가 오면 아무런 재미난 말이 안 나와요. 이 그룹[57]이 실버 베이(Silver Bay)에서 시작한 지 18년이 되었습니다. 우리의 인연이 지금 우리에게 얼마나 의미가 있는지, 그리고 우리 아버지가 이 모든 해 동안 얼마나 선하셨는지요! 그 시절이 소중했어도, 나는 다시 그때로 돌아가고 싶지 않아요. 해가 갈수록 삶이 더 놀랍고, 더 풍성하고, 더 살아있음을 느끼거든요. 나는 살이 쪘고 흰 머리가 생겼으며 거의 마흔 살이지만, 손자 손녀가 없음에도, 내가 받을 만하지 않아도 삶은 나에게 더 많은 최고의 선물들을 주었습니다! 이제 페디들과 함께 또 다른 18년을 기원합니다!

　　언제나 마음 다해,

　　　　　　　　　　　　　　　　　　　　　　　　　　젤

맞아요, 나는 잡지 〈크리스천 센추리(Christian Century)〉[58], 〈처치 타워(Church Tower)〉, 〈애틀랜틱(Atlantic)〉[59]을 무척 사랑하고 또 『소 빅(So Big)』[60]을 좋아하는데, 지금은 처음으로 거스 베이드(Gus Vade)의 글을 읽고 있어요! 나는 『하이 웨이(High Way)』도 참 좋아하는데 우리를 둘러싼 유물론, 무신론, 그리고 죄악에 맞서 "오래된 신앙"을, 즉 껍데기가 아닌 〔판독불가〕를 굳건히 지킬 수 있는 것이라고 생각합니다.

57　미국 뉴욕 실버베이에 있는 'Silver Bay YMCA-Conference and Family Retreat Center'를 가리킨다. 지금도 87 Silver Bay Rd, Silver Bay, NY에서 운영되고 있다.
58　1884년 아이오와주 디모인에서 창간된 기독교 잡지로, 〈Christian Oracle〉라는 제호로 간행되다가 1909년에 시카고로 옮기며 이름도 함께 바꾸었다.
59　1857년 매사추세츠주 보스턴에서 창간된 잡지.
60　미국의 소설가이자 극작가 에드나 퍼버(Edna Ferber, 1885~1968)의 작품으로, 1924년 Grosset & Dunlap에서 출간되었다. 에드나 퍼버는 이 작품으로 1925년 퓰리처상을 수상했다.

1926년 6월 15일
서울, 한국

친애하는 아펜젤러 씨,

  지난 몇 달 동안 주요 사항에 대해 당신과 말하고 싶었는데 이번 여름의 주간 사경회를 준비하는 일이 밀려서 언제 기회가 될지 시간이 좀 걸릴 것 같습니다. 그것은 여자대학교에 대해 관계된 것입니다.

  우리 선교부가 여자대학 업무를 처리할 가능성은 선교부 내에서 몇 번 거론되어 왔습니다. 드디어 지난 해에 확실한 조사를 하고 1926년에 보고를 위한 위원회가 임명되었지요. 그 위원회는 현재 운영 중인 여자대학교의 당국과 의논할 것을 요구하진 않았지만 위원회는 가능한 한 장로회 선교부의 강점을 이미 세워진 여자대학에 투입하는 편이, 불확실한 실험으로 새로 대학교를 설립하거나 혹은 장로교인들을 위한 대학이 아예 없는 것보다는 더 나을 것이라고 생각하였습니다.

  최근에 있었던 장로회 위원회 회의에서 저는 당신과 비공식적으로 현재 혹은 나중에라도 만족스러운 연합의 기반이 있는지 또는 그런 가능성이 있는지 확인할 수 있었습니다. 연합대학교의 가능성에 관한 문제는 실은 우리에게 맡겨진 조사 범위를 벗어난 것이지만 최소한 그런 프로젝트의 가능성을 알아보는 것이 현명할 것 같았습니다.

  당신에게 현재 운영 중인 대학의 경영 기초나 이상(理想)이 문서화되어 있는지 모르겠습니다. 하지만 이 시대적 상황과 한국의 필요를 볼때 우리 위원회는 동봉한 제안서를 작성하는 것이 현명하다고 보았으며 이것은 더 나아가 우리가 적극적으로 승인할 수 있는 것입니다. 물론 우리는 그 누구에게도 이것을 강요할 의향이 없고 그러지 않을 것임을 이해해 주시기 바랍니다. 하지만 이 내용들이 동의할 만하거나 특별히 현재 대학의 경영에 바람직하다고 여겨진다면 우리 위원회는 이러한 연합대학에 진심으로 참여할 것이라고 말할 수 있습니다.

과거에 우리는 연합에 있어 많은 어려움을 거쳤고 기반에서 확실한 동의가 없었기 때문에 오래 지속되지 않았었습니다.

물론 우리 마음속에서 그 명세서의 어떤 제안들은 다른 것들보다 더 중요한데 예를 들면 학교의 위치를 서울 안으로, 혹은 다른 계획이 충족된다면 서울 근교로 정하는 것에는 어려움이 없어보입니다.

끝으로 말씀드리면, 우리는 우리의 관점을 누구에게도 강요하기 원치 않습니다. 또한 동시에 경험과 생각, 기도의 결과인 삶의 관점, 요구와 발견을 존중하는 것은 이러한 생각들을 분명히 표현하는 것이 필요하다는 점을 깨닫게 합니다.

대학의 부속 기독교 교회 설립은 대학이 힘 있게 지속되고 자라는 데 중요하지만 때로는 어렵기도 하고 때로는 민감한 사항이기도 합니다. 이러한 인식과 마음으로 이 글을 쓰고 있는 것입니다.

장로회 선교부는 6월 25일에 모임을 갖습니다. 그전에 당신께서 얼마나 확실한 응답을 주실지 모르지만 가능하다면 그때까지 어떤 가능성들에 대해 넌지시 알려주시기 바랍니다.

　　　　진심을 담아,

　　　　　　　　　　　　　　J. 고든 홀드크로프트 드림

추신. 덧붙여 말씀드리면, 남장로회 선교부는 위원회를 통해 이러한 또는 이것과 유사한 제안을 현재 검토 중이거나 검토할 예정이며, 북장로회나 혹은 다른 선교회와의 연합 가능성도 고려하고 있습니다.

　　J.G.H.

1926년 7월 1일
서울, 한국

친애하는 홀드크로프트 박사님께

귀하께서 며칠 전에 보내주신 한국 여자기독교연합대학 제안에 관한 편지는 이 사안에 대해 관심을 갖고 다른 사람들의 관심을 촉구하는 비공식적인 단체인 추진위원회에 맡겼습니다. 이 위원회는 두 개의 감리교단에서 온 여덟 명의 기독교인 일꾼으로 이루어졌는데 김활란[61], 베커(Becker) 박사, 신흥우 씨와 제가 감리회 감독교회를 대표하고, 니콜스(Nichols) 씨, 갬블(Gamble) 씨, 림(D. Lim) 부인과 양주삼[62] 목사는 남감리회를 대표하며, 두 교회의 감독들은 두 교회들의 직권상 위원입니다. 이 편지는 어제저녁 있었던 회의에서 귀하의 편지를 검토한 위원회의 동의와 인지에 근거하여 작성된 것입니다.

새로운 대학에 관한 계획과, 그것이 이미 전문학교(senmon gakko)로 인정받아 운영 중인 현재의 대학과 어떻게 연결될 것인지 일반적으로 이해하기 어려우실 것이라 생각합니다. 계획은 현재의 이화대학을 지금 위치에서 가능한 최대한으로 발전시키고 동시에 새 대학의 확실한 조직과 발전을 위해 협력할 여러 교회 및 선교 단체들의 동의를 얻는

61　김활란(金活蘭, 영문명 Helen Kim, 1899~1970)은 이화여자전문학교 제7대 교장이다. 컬럼비아 대학교 대학원 철학연구과에서 1931년 10월 학위논문「한국의 부흥을 위한 농촌교육(Rural Education for the Regeneration of Korea)」으로 우리나라 여성 최초로 철학 박사학위를 받았으며, 1932년 9월부터 1939년 8월까지 이화여자전문학교 학감 및 부교장을 지냈다. 제3차 조선교육령 공포 후인 1938년 6월 20일 이화여자전문학교와 이화보육학교 학생 400여 명을 동원, 이화애국자녀단을 결성하고 단장을 맡았다. 1939년 4월 11일 기독교계 학교의 서양인 교장을 조선인으로 교체하려는 조선총독부의 정책에 따라 앨리스의 뒤를 이어 이화여자전문학교와 이화보육학교의 교장에 취임했다.

62　양주삼(梁柱三, 1879~?)은 기독교조선감리회 초대 총리사, 국민총력기독교조선감리교단연맹 이사 등을 역임하였다.

것입니다. 아시겠지만 이 대학을 위한 부지는 조선기독교대학[63] 근처의 45에이커에 가까운 아름다운 부지이며, 명백히 연합여자기독교대학을 위해 제공된 것입니다. 현재 두 감리교단에서 비공식적으로 협력하고 있으며 미국인 건축사를 확보하여 시범적인 설계도를 계획하였습니다. 이화대학은 이 새 대학이 준비되면 합류할 것을 기대합니다. 그동안 이화는 연합대학으로 발전하는 핵심이 될 것이며, 전체적으로 새로운 독립 대학이 될 것입니다. 처음부터 관계자들은 이 학교가 그저 선교기관보다는 한국의 모든 기독교단에 소속되기를 간절히 바랐으며, 이곳에 한국인들이 첫 건물을 직접 세우고 행정 및 교육에서 대부분의 큰 책임을 함께 질 수 있게 되기를 고대합니다. 그들은 이 과업에 대해 처음부터 큰 관심을 보여 왔으며, 이 계획들이 공개가 되면 분명히 한국인 후원자들에게도 접근할 것입니다.

이화대학은 재단법인 감리회 여성해외선교부 아래 등록되었고, 전도, 의료 및 교육 활동을 통한 기독교 복음의 전파를 목적으로 하는 단체입니다. 대학의 추가적인 체제가 아직 형성되지 않았지만, 우리는 완벽한 종교의 자유를 누리고 있습니다. 연합여자기독교대학에 대한 가능한 계획을 의논하는 가운데 아래와 같은 사항들이 제안되었는데, 이것들은 연합 계획의 기초로 추진위원회가 승인한 것입니다.

(1) 학교는 처음부터 선교 학교가 아니라 한국 기독교인들과 함께 일하는 선교사들이 공동으로 추진한 학교로 알려져야 하며, 추진위원회와 감독부는 한국인과 외국인 비율이 똑같거나 대략

---

63 조선기독교대학으로 번역한 'Chosen Christian College'는 연희전문학교의 영어 명칭이다. 1915년에 서울 종로의 YMCA 건물에서 경신학교 대학부로 개교하였으며, 1917년에 조선총독부로부터 연희전문학교 설립인가를 받고 경기도 고양군 연희면 창천리(현재 연세대학교 부지)의 대지 19만 평을 교지로 구입하였다.

동등한 비율로 구성되어야 합니다.
(2) 대학이 복음주의 개신교의 일반적인 가르침을 따르도록 헌법에 변개할 수 없는 조항으로 명시해야 합니다.
(3) 이사회 조직에 있어 이사회 전원이 복음주의 개신교인으로 구성되어야 합니다.
(4) 재산권 보호를 위해 법인 소유 부동산과 영구 기금은 이사회의 대다수, 예를 들어 4분의 3, 혹은 6분의 5의 승인 없이는 담보로 잡히거나 매각되거나 기타 방식으로 처분될 수 없다는 규정을 헌법에 삽입해야 합니다.
(5) 이사회의 대표는 참여 교회들의 재정적인 기여도에 대략적으로 비례해야 합니다.
(6) 미국의 대표위원회 또는 기관, 예컨대 해외 여성연합기독교대학 협력위원회 혹은 한국 기독교교육 운영위원회와의 협력을 모색해야 합니다.

이러한 조항들은 계약이나 규정으로 할 수 있는 한 대학의 재산 이익과 기독교적 특성을 충분히 보호할 수 있을 것 같습니다.

우리는 귀하의 문서에 제시된 것과 같은 교리와 실천에 대해 상세한 명문화가 필요하지도 현명하지도 않다고 생각합니다. 대학이 특정 기독교의 교수법에 전념하기보다는 건전한 상식과 복음주의 개신교 안에서 일반적으로 해석되는 주님의 가르침 안에서 모든 역사, 철학, 과학, 예술을 환영하고 연구와 학습의 완전한 자유를 제공하는 광범위한 기독교 대학이 되길 바랍니다.

진심을 담아,

앨리스 R. 아펜젤러
추진위원회 서기

1926년 8월 5일
미국 장로회 한국선교부
집행위원회 위원장 사무실

아펜젤러 씨,

최근 있었던 북장로회 한국선교부 연례회의에서 충분한 의논을 거쳐, 선교부는 '제안되었던 연합대학 대신 별도의 여자대학교를 설립하는 것이 더 낫다'는 결정을 내렸고, 결의안이 통과되었습니다.

우리 위원회로서는 여러 면에서 하나의 연합대학교를 세우는 것이 더 낫고 훨씬 쉽다는 것을 알고 있으나, 우리는 그런 대학의 기본이 되는 이상에 대해 우리가 동떨어져 있다고 느꼈기에 연합대학을 세울 노력을 하지 않기로 했습니다. 제가 보기에는 선교부도 같은 생각이었습니다.

이것은 아마도 우리 중 일부와 마찬가지로 당신과 당신의 동료들에게 실망스러운 일일 수 있다는 것을 압니다. 하지만 고등교육을 향한 계속되는 열망이 있는 한, 이렇게 하는 것이 결국 여성을 위한 두 개의 대학교가 설 수 있게 될 것입니다. 남장로회 선교부는 우리와 동의하여 결의안을 통과시켰습니다.

연합대학 홍보위원회의 호의와 제 편지에 그토록 자세하고 충분하게 답장하신 노고에 감사드립니다.

     진심을 담아,

                                                J. G. 홀드로프트

1928년 3월 19일

이화대학
서울, 한국

그레이스의 집에서

사랑하는 페디들에게,

　페디에 오랫동안 굶주렸다가, 우리의 소중한 프랜시스가 서울을 방문하면서 다시 페디와 친교의 맛을 보게 되었어요. 우리가 결심한 가장 중요한 것은 편지를 새로 시작했다는 거예요. 나는 편지 쓰는 일을 너무나 그리워한 나머지, 마치 귀중품을 도단당한 기분까지 들었어요. 우리는 다시는 그런 슬럼프를 겪지 않도록, 효과적이고 새로운 규칙을 정했어요. 프랜시스는 제가 가장 바쁠 때 방문했는데, 그 주에 졸업식이 세 번이나 있었고, 모든 다른 학교 업무도 끝이 없어서 그녀와 단 하룻밤도 함께 지낼 수 없을까봐 절망했어요. 하지만 나는 일요일 정오에 그레이스 집에서 하루를 지냈고, 지금 이 월요일 아침에 유유히 당신들에게 이 편지를 쓰고 있어요. 우리는 그레이스 서재에 있는 테이블에 앉아 있는데, 편지 쓰기를 잠깐씩 멈추면서 이야기를 나누고 있어요.

　더 자주 이야기하기 위해 우리는 먼저 세 가지 규칙을 정했고, 여기에 진심으로 속하기를 원하는 사람 모두에게 공정한 기회를 주는 것에 동의했어요.

　프랜시스와 프레드(Fred), 그리고 사랑스런 아이들이 그레이스와 제게 얼마나 큰 기쁨이었는지요. 웰슬리 친구들이 더욱 그리워요! 프랜시스는 퍽 야위었는데, 그녀가 지내온 모든 일을 생각해 보면 놀랄 만큼 건강하고 더 없이 예쁘고 매력적이에요! 그녀는 여전히 "문제는~"

하고 말을 하면서, 우리가 예전부터 사랑하는 여전한 그 사랑스러운 말투 외에도 더 깊어진 다정함과 이해력을 가지고 있어요. 나는 여러분 모두가 이번 휴가 기간 그녀를 만날 수 있는 특권을 가지게 되길 바랍니다. 그레이스가 여러분에게 [남자다운] 어린 [짐], 잘 훈련된 두 어린 소녀, 그리고 무척 학문적이고 멋진 프레드에 대해 이야기할 겁니다. 우리는 그와 윌 커(Will Kerr)가 아주 잘 어울린다고 생각해요.

우리가 같이 이야기하면서 여러분 모두에게 들은 소식들을 모으면서, 우리의 마음은 마사와 어린 낸시(Nancy)를 향한 특별한 사랑과 서로 마음이 통하는 기도 안에서 하나가 되었어요. 우리는 그녀로부터의 소식을 기다리면서 훨씬 더 좋은 소식을 듣게 되기를 바랍니다. 도로시는 프랑스에 있고, 브라운은 중국으로 돌아가고, 재키는 잘 모르는 상황임에도 여전히 사랑스럽고, 어머니 루스도 마찬가지에요. 우리는 여러분 각자, 여러분의 가족들, 여러분의 직장, 그리고 여러분의 일상에 대해 더 많이 듣기를 간절히 원합니다. 이 편지가 빠른 답장을 데려올 것을 확신합니다!

나는 내년 1월에 앨리스 홈즈와 함께 유럽을 거쳐 집으로 갈 때를 고대하며, 학교 업무의 각 부분이 마지막으로 수행되고 있다는 느낌과 함께 모든 행사마다 묘한 흥분을 느낍니다. 여러분 가운데 더러는 아직 보지 못했을 일반 편지가 다소 평온한 내 일상의 주요 이벤트들에 대해 알려줄 거예요. 1929년에 웰슬리에서 여러분 가운데 몇몇을 보게 되기를 바랍니다.[64] 나는 프랜시스를 미국에 좀 더 머물 수 있게 설득해서 우리의 졸업 20주년 모임에 갈 겁니다! 우리가 그렇게나 대단한 나이에 도달했다는 생각을 하면 우습지 않나요! 나의 [판독불

---

64 앨리스가 웰슬리 대학을 1909년에 졸업했으므로, 동문 페디들에게 20주년 상봉식에서 만나자고 제안하는 듯하다.

가) 회색빛 머리카락을 본다면 내가 그 나이에 소속되었음을 알겠지만, 빛나는 젊은 몸매와 윤기 나는 검은 머리카락을 가진 여러분들은 그 나이대라는 말을 아마도 [판독불가]할 것입니다.

어젯밤에 우리는 "페디들에게 향하던 날들(Rolling Down to Peddie)"과 함께 웰슬리 [음악]을 들었고 그리고 함께 가슴이 뛰게 하는 기도를 드렸으며, 그레이스의 널찍한 침실 베란다에서 함께 잤어요. 어제 오후에는 집 뒤편, 바위가 많고 소나무로 덮힌 언덕을 걸었고, 오늘 아침에는 한 명의 남편(불행하게도 월은 없었어요)과 다섯 명의 아이들이 함께한 향상된 진짜 페디의 아침 식사가 있었어요.

여러분, 한국 소녀들이 말하는 것처럼, 가능한 한 함께 모이세요, 하지만 무엇을 하든지 페디에게 무엇인가를 넣어 보내주세요!

더 많은 사랑을 여러분 모두에게 보냅니다.

　　　늘 한결같은,

　　　　　　　　　　　　　　　　　　　앨리스 R. 아펜젤러

1929년 7월 5일

옥스포드 애비뉴 18번지

데이톤(Dayton), 오하이오

크롬 대령 귀하

친애하는 아펜젤러 씨,

  오늘 귀하의 요청으로 커다란 트렁크를 W.F.M.S. 사무실을 통해 급행편으로 이 편지가 보내지는 같은 주소로 부칩니다. 잘 도착되어 당신께 전달되기를 바랍니다.

  진심을 담아서,

F. I. 존슨
관리부장

FIJ
H

1930년 2월 19일
미국 장로회 해외선교위원회
5번가 150번지, 뉴욕

친애하는 아펜젤러 씨,

2월 10일에 기독교여자대학에 대한 멋진 전단지가 동봉된 당신의 편지를 받고 정말 기뻤습니다. 당신의 캠페인에서 성공을 거두실 것을 믿습니다. 그 대학에 대한 저의 진정한 관심을 알고 계시지요. 저는 수년 동안 우리 선교부가 동참할 것을 소망해 왔으며, 우리의 참여를 지지하는 숫자가 늘어남을 기쁘게 보아 왔습니다. 그런 날이 언젠가 오리라 소망합니다.

물론 이것은 개인적인 편지일 뿐이며, 우리 선교부가 협력에 우호적인 마음을 가질 때까지 어떤 방식으로도 캠페인에 참여할 수는 없습니다. 당신께서 아시듯 몇 년 전에 선교부에서 대학과 관련된 문제들을 검토했으며, 우리 총회의 최종 결론은 총회가 지시하지 않는 한 선교부의 결정에 반대되는 새로운 연합에 동참하지 않는 것이 위원회의 정책이어야 한다는 것입니다. 하지만 저는 때가 되면 대학의 지혜와 기독교적인 발전, 그리고 인내와 선한 의지가 한국에 있는 모든 선교부들과의 만족한 연합을 이루게 될 것을 바랍니다.

진심을 담아서,

로버트 E. 스피어[65]

RES :C

---

[65] 로버트 엘리엇 스피어(Robert Elliott Speer, 1867~1947)는 미국 장로회 선교부 책임자로 20세기 초 선교운동을 이끈 인물이다. 세계 여러 선교지를 직접 방문하며 선교 행정과 현장 목회 모두에 깊이 관여했다.

1930년 2월 27일

친애하는 아펜젤러 씨,

동봉하는 선하증권(船荷證券)[66]과 송장을 당신께서 화만(Hwa Man) 대학으로 전달해 주시기 바랍니다.

서류들은 제물포의 웡(Wong) 씨에게 이미 부쳤습니다.

운송비와 통관 수수료는 총 58.63달러입니다.

  진심을 담아서,

              F. I. 존슨
              관리부장

PTJ
MBH

---

[66] 선하증권(船荷證券, bill of lading: B/L)이란, 운송물을 수령 또는 선적할 때 용선자(傭船者)나 송하인(送荷人)의 청구에 따라 선박소유자가 발행하여 양륙항(揚陸港)에서 증권소지인에게 운송물을 인도할 것을 약속하는 유가증권이다.

1930년 3월 28일

사무총장 사무실
5번가 150번지
뉴욕

친애하는 제이슨[67] 박사님,

여성기독교대학에 관심을 갖고 계신 박사님께 뉴욕시의 헨리 파이퍼 부인[68]으로부터 건물을 위한 성금 50,000달러가 확보되었다는 기쁜 소식을 곧바로 알려드리고 싶습니다.

그녀는 1920년 해외여성선교협회의 목록에서 승인을 받자마자 우리의 새로운 부지 구입을 위해 1,000달러를 기부했던 감리교인입니다. 이제 그녀는 자기가 한 약속의 50배를 이룬 것이지요.

필요할 때 이렇게 때맞춰 도착한 이 넉넉한 선물 덕분에 나머지 돈도 곧 도착하리라는 저의 믿음이 강해집니다. 제가 이곳에 있다가 피츠버그, 오하이오, 그리고 시카고로 가는 것을 기억해 주세요. 그 돈이

---

67 서재필(徐載弼, 1864~1951)의 영어 이름이다. 1886년 9월 해리 힐만 아카데미(Harry Hillman Academy)에 입학한 뒤 1888년 '필립 제이슨(Philip Jaisohn)'이라는 새로운 이름을 갖게 되는데, '서재필'을 거꾸로 하여 '필재서'로 만든 다음, '필'을 '필립(Philip)'으로 음역하고 '재서'를 '제이슨(Jaisohn)'으로 음역한 것으로, Jaisohn이라는 성의 철자는 미국인들도 전혀 사용하지 않는 고유한 철자 표기였다. 'Philip Jason'이라는 이름을 쓰기도 했으며, 언론에 칼럼을 기고할 때의 필명은 오시아(N. H. Osia)라 하였다.

68 헨리 파이퍼(Henry Pffeiffer)는 미국의 실업가이자 자선사업가로, 파이퍼 부부는 당시 이화여자전문학교 교장이었던 앨리스의 요청을 받아 한 번도 가본 적 없는 한국의 여성교육을 위해 약 12만 달러를 기부하였다. 파이퍼 부부의 기부금은 이화대학의 주요 건물 설립을 위한 자금으로 쓰였으며, 1935년 신촌 캠퍼스에 본관을 신축하고 기부자를 기념하여 '파이퍼 홀'이라 명명하였다. 파이퍼 홀은 2002년 5월 31일 대한민국 국가등록문화재 제14호로 지정되었다. 이들이 기부한 돈은 아직도 본관 수리 비용으로 쓰이고 있다고 한다.

아주 속히 도착해서 제가 내년 여름에 한국으로 돌아가게 될 것을 바랍니다.

    충실한 당신의,

                                    앨리스 R. 아펜젤러

1930년 4월 1일
성 조셉 병원
리딩, 펜실베이니아

친애하는 아펜젤러 씨,

3월 28일 보내신 편지에서 헨리 파이퍼 씨 부인으로부터 여자대학 건축 기금으로 50,000달러의 기부금을 받으셨다는 소식을 들었습니다. 이렇게 훌륭한 선물을 받게 된 것을 당신과 함께 기뻐합니다. 서부에 계시는 동안 이런 기회가 여러 번 더 있기를 바랍니다.

다른 많은 것을 이루셨지만, 그 가운데 귀하는 좋은 목적을 위한 자금 모금에 뛰어난 능력을 가지고 계신 것에 주목하였습니다. 만일 귀하의 능력이 알려진다면 현재 당신이 받는 것보다 훨씬 많은 보수를 제공하는 여러 각층의 기관으로부터 제안을 받게 될 것입니다. 당신이 한국의 여성들을 위해 일하면서 얻는 성취감에서 오는 만족감은 이 나라에서 받는 그 어떤 보상보다 클 것입니다.

행운이 계속되기를 바랍니다.

      깊은 진심을 담아서,

                       필립 제이슨 M.D.

PJ:HIH

5월 4일[69]

친애하는 턱(Tuck) 씨,

저에게 다른 [사본들]이 있으니 동봉하는 서신들은 돌려주지 않으셔도 됩니다. 제 생각에는 카트라이트 박사께서 장로회 선교사들 대다수의 입장을 보여주는 이 서신들의 보관을 원하실 것 같습니다. 보다 개방적인 소수의 모임들은 서울에 있는데, 그들은 연합사업에 아주 적극적으로 협력하고 있습니다.

진심으로,

앨리스 R. 아펜젤러

69　미국 오리건 대학교 도서관의 특수 컬렉션에는 1909년부터 1940년까지의 앨리스 아펜젤러 서신들이 연대순으로 정리·보관되어 있다. 이 편지는 연도가 명시되어 있지 않지만, 1930년의 다른 편지들과 함께 분류되어 있다. 기록 보관 담당자들이 내부 내용과 주변 문서를 바탕으로 가장 가능성이 높은 연도를 지정한 것이다.

1930년 5월 9일

이네스[70] 박사님께

세계 봉사를 위해 일당을 기부하는 사람들 가운데 하나가 되어 기쁩니다. 더 드릴 수 없어서 아쉽습니다!

    진심을 담아,

앨리스 R. 아펜젤러

---

[70] 모리스 이네스(Morris W. Ehnes) 목사는 오하이오 웨슬리언 대학과 컬럼비아 대학교 대학원 과정을 마치고, 1898년부터 1901년까지 아프리카 남부 로디지아에서 봉사한 최초의 감리회 선교사로 알려져 있다. 그 뒤에 오하이오 웨슬리언 대학교 YMCA 사무총장, 해외선교학생자원봉사운동(Student Volunteer Movement for Foreign Missions)의 부총무, 해외선교위원회(Board of Foreign Missions) 회계로 활동하다가 1943년에 은퇴했다.

1930년 5월 15일

친애하는 아펜젤러 씨

9일에 세계 봉사를 위한 일당 1.50달러 동봉한 친절한 편지를 감사하게 받았습니다.

영수증은 이미 당신께 전송된 것으로 알고 있습니다.

협력해 주셔서 깊은 감사를 드립니다.

진심을 가득 담아서,

모리스 W. 이네스
회계담당자

MWE :DWH

1930년 6월 24일

존슨(Johnson) 박사님께

동봉하는 것은 그들이 제게 보낸 것입니다. 이것이 맞지 않다면 그들에게 전화하시기 바랍니다. 저는 며칠 안으로는 사무실에 내려갈 수 없으니, 이것을 우편으로 보내주시면 고맙겠습니다.

진심을 담아,

앨리스 R. 아펜젤러

1930년 7월 27일

417 웨스트 114번가
캐서드럴(Cath.) 7760번

친애하는 존슨 박사님께

동봉하는 편지를 보시면 우리가 피아노 사업을 활발하게 하고 있음을 아실 겁니다. 다시 한번 도와주시면 고맙겠습니다. 이 피아노가 다음 달러선사 선박편에 오게 되기를 바라고 있어요.

제가 밴플리트(Vanfleet) 씨를 위해 구입한 로열 타자기가 지금까지 실망스러워서 다른 타자기로 바꾸고 싶습니다. 몇 줄 이상 쓰지 않았는데 캐리지가 제대로 움직이지 않아서 더 이상 아무것도 할 수 없었어요. 타자기가 당장 꼭 필요하기 때문에 가장 가까운 곳인 헨리 타자기 회사(217 웨스트 125번가)에 들고 가서 1.25달러를 지불했어요.

그 사람들이 타자기를 같은 날 가져왔지만, 열 줄도 채 쓰기 전에 똑같은 일이 반복되었습니다. 그들에게 전화를 걸었더니 자기들이 로열 타자기의 대리점이라면서 다시 고쳐주겠다고 했습니다. 지금 한 장 조금 넘게 쓰고 있는데 여전히 문제가 있습니다! 저는 이 타자기를 더 이상 기대할 수 없으니 부디 이것을 가져가고 새것을 가져다 주시기 바랍니다. 이곳의 엘리베이터 보이에게 말해서 그들이 다른 타자기를 들고 오면 이것을 그들에게 주도록 조치를 취해 놓겠습니다. 지금 몹시 불편한데, 제발 곧 도와주시겠어요? 만일 통화를 원하신다면 저는 내일 오후 2시 이후에 이곳에 있을 예정입니다.

이런 불편을 끼쳐드려 유감입니다.

　　　진심을 담아,

　　　　　　　　　　　　　　　　　앨리스 R. 아펜젤러

1930년 9월 2일
5번가 150번지
뉴욕

친애하는 드베스티(De Vesty) 씨,

지난 6월에 [Aeolian Co.]로부터 한국으로 발송된 두 대의 피아노의 운송비용이 지급된 결제 기록을 찾을 수가 없습니다. 동봉된 청구서의 61.95달러를 이미 지불했지만, 이 두 피아노는 더 일찍 발송되었습니다.

또한 필라델피아 아치(Arch) 스트리트 1720번지에 있는 로지(I. C. Lodge) 양이 서울에 있는 이화학당으로 보낸 두 개의 소포에 대해 문의하고 싶어 합니다. 그녀 말로는 지난 7월에 급행 기차편으로 보냈다고 하는데 청구서가 없어요. 이에 대해서는 그녀에게 답해 주시고, 피아노[71]에 대해서는 저에게 알려 주시겠어요?

  진심을 담아,

         앨리스 R. 아펜젤러

---

71 원문에는 'piano'로만 되어 있는데 문맥을 고려하면 'piano shipment', 즉 피아노 운송에 대해 말하는 것으로 추정된다.

1930년 9월 12일

베를린, 뉴욕

친애하는 아펜젤러 씨,

9월 2일에 당신이 드베스티 씨에게 보내신 편지가 도착했음을 확인드립니다.

당신의 편지가 도착했을 때 두 대의 피아노 운송에 대한 서류가 회계부서에 도착하지 않았었는데 이제 도착했으며, 곧 당신에게 청구서가 보내질 것입니다.

8월 14일에 로지(I. C. Lodge) 양의 두 개의 소포가 잘 도착해서 발송되었습니다. 이 물건의 청구서는 트럭 운전사가 우리에게 보고서를 보낼 때 함께 올 것입니다.

이 내용에 흡족하실 것을 믿으며,

  진심을 가득 담아,

            F. I. 존슨
            관리부장

FIJ/E

1932년 3월 25일

친애하는 아펜젤러 씨,

제 책상 위로 전달된 한국 중앙회의의 4번째 모임의 회의록을 읽었습니다. 저는 이것에 큰 관심이 있고, 이것을 읽음으로 많이 배웠습니다. 이 회의록에는 고려해야 할 한 가지 중요한 항목이 있어서 저는 컨(Kern) 감독님께 이것에 관해 편지를 쓰는 중입니다. 남감리회의 선교사들이 그들에게 위임된 사업을 처리하기 위해 협회를 조직하는 것은 회의록이 알려주는 내용으로 볼 때, 아주 유감스러운 움직임입니다. 이것은 새로운 교회의 감시하에 교단의 분열이 영구하리라는 것을 의미합니다. 저는 각 선교단체가 각기의 업무에 직면한 것을 알고 있습니다. 그러나 제 생각에는 우리 교회와 남감리회의 모든 선교사들이 함께 연합하여야 한다고 봅니다. 만일 그런 단체가 필요하다면, 그 그룹 내에서 두 교단이 각기 다른 이사회와의 관계에서 생길 수 있는 문제들을 살피기 위한 비공식 회의를 마련하는 것이 좋을 것 같습니다. 즉 저는 모교회들이 한국 교회에 가능한 하나의 통일된 방향을 제시해주기를 간절히 바랍니다.

어쩌면 저는 아예 존재하지 않는 것을 보고 있는지 모르겠지만, 저는 일본에서 이런 일이 어떻게 진행되었는지를 오랫동안 주시해 왔으며, 그것이 일본 감리교회에 해(害)가 되었다는 것을 알게 되었습니다. 우리는 멕시코에서 선교단체와 멕시코 교회의 모든 업무를 연합회의에서 해결함으로 이를 피하려고 노력하고 있습니다. 어쨌든 별도의 조직에서 성장한 단체를 통합하는 것은 오랜 시간이 걸리는 일입니다.

저는 위원회의 벨마 메이너(Velma H. Maynor) 부인을 알지 못하지만, 회의록에 감리회 남성 선교부를 언급한 것을 보았습니다. 감리회 남성 선교부라는 조직은 존재하지 않습니다. '해외 선교 본부'라는 정식 명칭을 사용할 수 없다면, 우리 이사회의 관련된 헌법과 교회와의 관계가 정확하게 명시된 '감리회 총회'라고 하는 것이 어떨지요?

저는 당신의 판단력으로 이 사안들이 위원회에서 논의되도록 제안하실 것을 알기에 이 편지를 쓰고 있습니다. 저는 남감리회의 제안에 관해 양주삼 박사님과 이야기할 것을 기대하면서 위에 말씀드린 대로 킨 감독님께 이 것에 관해 편지를 쓰겠습니다.

따뜻한 안부와 소망을 담아

　　당신의 충실한,

R. E. 디펜도르퍼[72]

통신계 서기

BG

---

[72] 랄프 디펜도르퍼(Ralph Eugene Diffendorfer, 1879~1951)는 오하이오 웨슬리언 대학과 유니언 신학대학원을 졸업하고 1904년부터 1916년까지 미국과 캐나다 선교교육운동의 비서로 활동하였으며, 이듬해부터 감리교회의 국내선교 및 교회확장위원회와 해외선교위원회의 교육비서로 활동하였다. 내한 선교사들이 강제 귀국한 이후 선교부 재산을 관리하던 양주삼 총리사는 1948년 초부터 뉴욕 선교 본부의 랄프 디펜도르퍼에게 여러 차례 편지를 보내 현재의 재산과 관련한 사항을 보고하였다. 1948년 4월 20일 랄프 디펜도르퍼에게 보낸 편지를 예로 들면 1944년 일본 정부에 의해서 인천부윤에게 팔렸던 인천부인병원 재산을 팔았던 가격 그대로 환수했음을 보고하였다. 1948년 8월 2일 랄프 디펜도르퍼에게 보낸 편지에서는 자신이 법적 관리인으로 있던 3개의 감리회 재단(미국 북감리회, 남감리회, 여선교회)을 윌리엄 쇼(William E. Shaw) 목사에게 이양할 것이라고 보고하였는데, 양주삼 총리사가 법적 관리인으로 있던 감리회 재단 3개의 재산을 윌리엄 쇼 목사에게 이양할 당시의 현금은 1,527,992.51엔으로 작성되어 있다.

1938년 5월 9일

이화대학
서울, 한국

사랑하는 고향 친구들에게,

길게만 보였던 여행을 드디어 마치고 여기 도착했습니다. 태평양을 건널 때면 언제나 그 광대함과 동과 서를 나누는 그 거대한 분리가 새롭게 느껴집니다. 지금 나는 내가 새로운 행성, 산소가 없어 보통의 인간이 살기에 어려운 아마도 화성(火星) 같은 다른 세상에 있는 것 같습니다. 변화가 얼마나 빠른지 거의 믿기 어려워요. 정부는 이곳 생활의 모든 부분에 영향을 끼치는 귀화 과정에 아주 흡족해합니다. 나는 오랫동안 이곳의 많은 것에 익숙해졌지만, 비슷한 정부 방식으로 통치되는 다른 나라들의 영향과 요소들이 현재 한국에서 두드러지게 나타나고 있습니다.

하지만 우리 캠퍼스는 그 어느 때보다 더욱 사랑스러워요. 영원한 언덕들이 변함없이 우리를 내려다보고 있고, 진달래, 병꽃나무, 조팝나무, 라일락 등 예쁜 꽃들이 두려움 없이 피고 있어요. 나를 보며 웃는 여학생들의 미소와 이화여자대학교와 다른 곳의 동료들로부터 받는 진심 어린 인사는 내가 집에 다시 돌아왔음을 확인시켜 주지요. 거의 매일 저녁마다 친구들과 함께하면서 그 공동체 안에 돌아와서 내가 먹고 싶은 대로 먹고 있어요. 내가 받았던 가장 아름다웠던 환영 가운데 하나는 음악과 교수님들의 연주회였어요. 한국 장로회 목사님의 아들이며 스위스 취리히에서 철학 박사학위를 받은 우리의 저명한 바이올린 교수인 계 박사님[73]이 브람스와 모차르트의 아름다운 소나타

73　계정식(桂貞植, 1904~1974)은 숭실전문학교를 중퇴하고 도쿄 도요(東洋)음악학

두 곡을 연주했어요. 그분과 나는 이따금 독일어로 대화를 하는데, 내가 독일 음악을 좋아하는 것을 잘 알지요. 또 다른 독주자인 유부영 씨는 캐나다 연합교회 교우들의 도움으로 교육을 받은 아름다운 젊은 여성입니다. 그리고 나서 아주 아름다운 여성 합창단과 학생들의 창작곡이 연주되었습니다. 현재 우리 여학생 수는 이제 거의 400명이며 모든 업무가 순조롭게 진행되고 있는데, 이번 주에 이틀 동안 우리를 방문했던 정부 검사관들이 모든 것을 자세하게 검사한 후에 우리에게 이례적인 칭찬을 해주었습니다.

그런데 나는 나의 도착에 대해서 더 얘기하고 싶어요. 쿨리지 대통령 호[74]에서의 항해는 이제껏 내가 해본 것 가운데 최고였어요. 승객 수가 적은 덕분에 혼자 사용할 수 있는 객실, 좋은 날씨, 그리고 유쾌한 일행들로 염려해 왔던 여행이 즐거운 경험이 되었습니다. 내가 바랐던 것보다 글쓰기 방에 더 오래 앉아 있었지만, 친구들에게서 받은 많은 친절한 편지들에 답장을 보내지 못했습니다. 요코하마에서는 이

교에 유학하여 바이올린을 전공하다가 1923년 독일로 유학을 갔다. 1929년 바이에른 주립음악원(Bayerishes Staatskonservatorium der Musik)을 졸업하고, 1934년 스위스 바젤 대학교(Universität Basel)에서 조선의 궁정음악과 민요에 관한 논문으로 박사학위를 취득하였다. 1935년부터 이화여자전문학교 교수로 재직했고, 1943년 4월부터 음악과 과장을 맡았다. 1945년 10월 고려교향악단(현 서울시립교향악단)에서 초대 지휘를 맡아 1955년까지 지휘자로 활동하는 한편 1956년 계정식음악학원을 설립하고 학생들을 지도했다. 1961년 미국으로 이주하여 부르클린 음악학교(Brooklyn Conservatory of Music) 등에서 교수 활동을 하였다.

74 1931년 2월 21일에 진수된 쿨리지 대통령호(S.S. President Coolidge)는 쌍둥이 자매선인 후버 대통령호(S.S. President Hoover)와 함께 당시 미국에서 건조된 가장 큰 여객선으로, 길이 200m에 폭 25m, 총 배수량은 21,936톤이었다. 처음에는 여객선으로 시작했지만 2차세계대전이 시작되면서 역할이 수송선으로 바뀌었다. 1942년 10월 6일에 샌프랜시스코에서 출항하여 뉴칼레도니아와 바누아투의 에스피리투산토로 향한 것이 이 배의 마지막 항해였다. 10월 26일 미군 기뢰에 부딪힌 후 침몰했고, 탑승했던 5천 명의 장교와 수병은 거의 전원이 구조되었다. 현재 프레지던트 쿨리지호는 세계에서 가장 크고 접근성이 좋은 난파선 다이빙 명소로 알려져 있다.

화여자대학 출신 두 명을 만났는데 한 명은 그곳에서 음악을 공부하고 있었고, 다른 한 명은 작년에 오리건에서 만났던 최애순입니다. 두 명 모두 이전에 우리 학교의 교수였는데, 지금은 일본어를 공부하는 중이지요. 나는 도쿄의 아오야마(Aoyama)[75]에 우리의 W.F.M.S. 사람들, 스푸라울스(Sprowles) 씨와 다음 날 미국으로 출항한 피츠버그에서 온 줄리엣 녹스(Juliet Knox) 씨를 만났어요. 내가 고베(Kobe)[76]에서 하선할 때 친절한 친구들이 통관을 도와줬어요. 웰슬리에서의 친구인 페닝(K. Fanning)과 그곳에서 만나서 함께 아름다운 일요일을 보냈습니다.

그 다음에 아름다운 일본 내해(內海)를 따라 하루 종일 달리고 하룻밤을 페리에서 보낸 후에, 부산 부두에서 사랑하는 친구인 홉즈(Hobbs) 부인과 그녀의 남편이 나를 맞아주었습니다. 나는 작년에 거의 우리 곁을 떠날 뻔했던 그녀가 집에 돌아와서 이렇게 건강해진 게 너무 좋아서 거의 믿을 수가 없어요. 이렇게 좋은 친구들 덕분에 1시 35분에 서울에 도착할 때까지 시간이 짧게 느껴졌지요. 나는 도착해서 역에 가득한 친구들의 품에 안겼습니다. 동양에서는 친구가 도착하거나 떠날 때 기차역으로 마중 나가는 관습이 있는데, 여행자에게는 참 기쁜 일이지요. 기차역 밖에는 모든 이화의 학생들이 줄지어 있었지만 내가 떠날 때처럼 교가를 부르지는 않았어요. 이제 그 교가는 번역된 일본어로만 불립니다. 하지만 그들의 환영하는 미소는 내가 얼마나 많은 기대를 받고 있는지 다시 한번 느끼게 해주었습니다.

우리의 새 집은 여전히 좋은 바위 속 작은 구멍에 불과하지만, 가을에는 이사하게 되기를 바라고 있어요. 이 집은 여섯 명의 미국인 교수

---

75 도쿄에 위치한 고급 주거·교육 지역으로, 아오야마학원대학교 등 기독교 계열 교육기관이 모여 있다.
76 일본 서부의 효고현의 현청 소재지로 오사카와 가까운 도시이다.

들에게 편안한 집이 될 거예요. 내가 즐기는 집 짓는 작업으로 돌아온 것이 아주 자연스럽게 느껴집니다. 내가 현재 사용하는 방은 이전 방 옆의 음악 연습실인 '펜트 하우스'이지요. 산들과 푸른 계곡, 그리고 빛나는 강이 바라보이는 전망은 비교할 수 없게 아름답습니다.

  지금 나에게 이화대학의 업무는 그 어느 때보다 더욱 중요하게 여겨집니다. 기독교 학교의 수가 줄어들면서 새로운 문제들과 더 큰 책임감이 주어졌습니다. 학생들은 조금도 방심하지 않고 우리가 그들에게 줄 수 있는 최선의 것에 대해 열망하고 있습니다. 김활란 박사는 용기와 품위를 가지고 필요한 조처를 취하고 있어요. 큰 문제점 앞에서는 함께 일하는 사람들 사이에 마음을 상하게 되는 사소한 것들이 잊혀지기 때문에 나는 교직원들 사이의 새로운 통합과 헌신을 발견합니다. 이 상황에 내가 어떤 역할을 맡게 될지 지금은 알 수 없지요. 하지만 시편(詩篇)은 어느 때보다 더욱 나에게 큰 의미가 되며, 이 며칠 동안 모든 사람들을 끌어모으는 영원한 사랑의 감각이 새로워졌습니다.

  지금 잊지 말고 우리를 위해 기도해 주세요, 우리에게 영적인 힘과 자신감이 필요하거든요.

      당신의 충실한 친구,

앨리스 R. 아펜젤러

1938년 6월 17일

앨리스 아펜젤러 씨
이화대학
서울, 한국

친애하는 분께,

5월 9일 날짜로 보내준 이화대학의 보고서와 한국 선교 현장의 이화대학 프로그램의 사본을 보내준 것에 많은 감사를 드립니다. 모두 즐겁고 감사한 마음으로 읽었습니다. 인쇄된 문서는 많은 사람들이 살펴볼 수 있도록 우리 도서실에 보관했습니다.

저의 이화대학 방문은 많은 즐거운 경험들로 가득 차 있어서 여성들 모임에서 이화대학에 대하여 몇 마디라도 할 수 있는 것은 언제나 기쁜 일입니다.

이 어려운 시기에 앞으로 나아가는 당신과 동료들 위에 하나님의 축복을 빕니다. 우리는 당신 나라에서 오는 방문객들과 돌아온 선교사들, 그리고 다른 사람들로부터 모든 정보를 자연스럽게 얻고 있어요. 우리는 이 상황을 가능한 한 확실하게 이해하고 모든 비춰지는 각도에서 파악하려고 애쓰고 있습니다. 어제 있었던 우리 집행위원회 회의에서 헨리와 그의 가족의 귀환이 승인되었기에, 이제 그들은 출항하기 위한 구체적인 계획을 진행할 수 있습니다.[77] 이 일은 당신뿐 아니라 배재학당에 있는 그의 동료들에게도 큰 기쁨이 될 것입니다.

진심을 담아,

프랭크 T. 카트라이트
부서기

K

---

77 실제로는 1940년에 누나 앨리스와 함께 강제 귀국한다.

1939년 3월 14일

이화대학
서울, 한국

토마스 니콜슨 여사
서밋 애비뉴 812번지
마운트 버넌, 아이오와, 미국

친애하는 니콜슨(Nicholson) 여사님께,

이화대학에 있는 저희들은 2월 9일 보내주신 귀하의 편지에 대해 의논한 내용을 요약하여 알려드리려고 합니다. 우리는 문제에 대해서는 잘 알지 못하지만, 우리가 얻을 수 있는 모든 정보들에 깊은 관심이 있습니다. 하나님의 지혜가 여러분을 인도하시길 바랍니다.

함께 보낸 기념문은 이미 귀하의 손 안에 있습니다. 우리가 가장 원하는 내용인 본문 마지막 줄에 쓰인 '현장의 업무에서 통일된 작업 프로그램'을 우리의 표제로 택합니다. 아니, 우리가 가장 바라는 것은 통일된 프로그램보다 더 거대한 프로그램, 더 커다란 열의, 더 깊은 사랑으로 이 세대에 그리스도를 더욱 신실하게 높이는 것입니다! 이를 위해 우리는 과거의 조직과 방법 등에서 가장 좋았던 것을 걸러내어 유지시키며, 무엇보다 새 조직은 편견에서 자유롭게 새로운 상황을 대비할 수 있도록 기도합니다. 우리는 거기에 하나의 이사회가 있든 혹은 세 개의 이사회가 있든 크게 상관치 않을 것이며 다만 한국에서의 사업이 국내외 조직과 업무에 있어 남녀가 동등하고 평등한 조건으로 하나의 단위로 추진되고 수행되어야 합니다. 남성도 여성도 지배해서는 안 되고, 각기 다른 재능으로 더 커다란 목표를 향해 함께 일하여야 합니다.

I. 현장의 업무에서 통일된 작업 프로그램
A. 재정
   1. 현장에서 남성과 여성의 동등한 대표로 적절하게 구성된 위원회에 의해 만들어진 예산은 이사회에 제출합니다.
   2. 이사회가 남부 감리회와 W.F.M.S. 양쪽의 여성 사역에 현재와 같이 예산을 책정하였습니다. 장로회식으로 현장에서의 그들 자체 내의 분할은 이미 일하는 사람들에게 너무 많은 마찰로 부담을 더합니다.
   3. 특별헌금
      a) 심리적으로 볼 때 특별헌금을 하는 것은 중요하며, 너무 많이 저지시켜서는 안됩니다. 그들이 흥미를 느끼는 것에 기부하려는 자연스러운 의지를 지혜롭게 연결함으로 그들이 이 사역에 더 큰 관심을 갖도록 이끌어야 합니다.
      b) 기부된 돈이 의도된 목적대로 정직하게 쓰여지도록 빈틈없이 살펴야 합니다. 선교 업무에서 이것에 대해 무척 자주 신경을 쓰지 않아, 기부자들이 마음을 돌리고 사역에서 멀어지게 되었습니다.
      (c) 홍보와 자금 조성에 특별한 능력이 있는 사역자라면 그 역량을 전체 사역에 도움이 되도록 확장할 수 있게 격려해야 합니다. 누군가가 너무 많은 일을 할까 봐 두려워하는 것은 실수입니다. 존 웨슬리가 권고했듯이, 그에게 모든 사람을 위해 그가 할 수 있는 모든 선한 일을 행하도록 하십시오.
B. 선교사들에 대하여—통일된 프로그램은 선교사들에 관한 모든 사안에 대해 형평성을 포함해야 합니다.
   1. 재정 관련—급여는 동일한 기준에 따라 지급되어야 하며, 개

인 또는 가족 단위의 기본급에 자녀 수에 따른 추가 수당이 포함되어야 합니다.
2. 안식년 급여―W.F.M.S.의 방식처럼, 오히려 지출이 더 많아지는 안식년 기간동안 실제 생활비 이하로 급여를 삭감하는 것은 잘못된 일입니다.
3. 안식년 중 학업 지원비도 포함되어야 합니다.
4. 환율 문제―환율 변동으로 어떤 사역자들은 여유롭게 생활했지만, 다른 이들은 훨씬 쪼달렸습니다. 모든 급여는 동일한 기준에 따라 지불되어야 합니다.
5. 의료 지원비―의료비 지원 비율이 어떻게 정해지든, 치과와 안과 진료비 역시 반드시 포함되어야 합니다. 다른 항목만큼이나 중요하기 때문입니다.
6. 여비 지원―필요에 따라 출장 경비가 지급되어야 하며, 현재는 지부 간에도 출장 경비 지원에 차이가 있습니다.
7. 연금, 퇴직, 병가 및 기타 항목들도 모든 사역자에게 동일한 기준으로 적용되어야 합니다.

II. 선교 본부(Board)와 현장(Field) 사이의 관계
우리는 세계 회의나 출장으로 바빠 현장을 깊이 알지 못하는 이들이 아니라, W.F.M.S.의 총무들처럼 현장을 잘 이해하고, 현장과 안식년 중인 선교사들을 위해 기꺼이 시간을 내는 총무들과의 긴밀한 협력을 지지합니다.
A. 이사, 총무 등 모든 직책에서 남성과 여성 간의 동등한 기준이 보장되어야 합니다.
B. 일부 남감리회 선교사들이 남부 교회에서 해왔던 것처럼 어떤 특

정한 개인 혹은 극소수의 그룹에 너무 강한 권력이 몰리는 것을 피하십시오.

C. 남성과 여성 모두 자원봉사자를 최대한 활용하고 "달러맨(Dollar men)"[78]을 모집하여 간접비를 절약하십시오. 대부분 여성들이 더 많은 시간을 할애할 수 있지만 현재보다 더 많은 남성들을 발굴하고 참여시킬 수 있습니다.

D. 특정한 분야와 구역에 대한 책임의 지나친 지역화를 피하십시오. 우리는 이런 면에서 해외선교부보다는 W.F.M.S.의 구조가 낫다고 느낍니다. 각 국가별 총무들이 위원회 형식으로 함께 회의를 하는 외국부(Foreign Department)의 방식은 많은 장점이 있습니다.

III. 본국 교회 안에서의 홍보

A. 온 교회의 프로그램과 사역을 위한 선교 교육과 선교 봉사 모집은 남녀노소 가리지 않아야 합니다. 더 이상 여성 선교 사업이나 교회 선교 사업으로 구분하지 말고 교회의 전체 선교 과업에 대해 이야기합시다.

B. 남성, 여성 (혹은 양쪽 모두), 청소년, 남녀 공학 그룹, 직업 여성과 남성, 어린이 등의 지역 단위를 조직할 때 지역 조건이 고려되어야 합니다. 지역 조직의 유연성은 흥미를 불러일으키며 W.M.F.S.가 해온 것처럼 간행물을 통해 새로운 아이디어를 보여줄 것입니다.

---

78 20세기 초 미국 개신교 선교 운동에서 사용된 표현으로, 전임 선교사는 아니지만 1달러 내외의 일정 금액을 정기적으로 기부하거나, 재정적으로 선교를 지원하는 평신도 후원자를 가리킨다. 이들은 선교 자금 조달에 중요한 역할을 했으며, 때로는 자원봉사자로도 활동했다. (General Commission on Archives and History (GCAH), United Methodist History of Mission Series)

C. 남성들이 이 선교사업이 여성의 일이며 그들이 업무를 맡을 때 여성들이 모은 기금의 지출을 관리하기 위한 것이라고 생각하는 경향을 막아야 합니다. 다시 한번, 우리는 항상 한 분 그리스도, 한 개의 세상, 한 성령을 믿으며 하나님 안에서 한 가족으로 함께 일한다고 주장합니다.

당신의 충실한,

앨리스 R. 아펜젤러

캐서린 베이커

메리언 컨로우[79]

자넷 C. 헐버트[80]

---

79 메리언 컨로우(Marion Lane Conrow, 한국명 간의로, 1894~1986)는 남감리회 선교사로 1918년 훼어마운트 대학을 졸업하고 1922년 한국에 파견되어 1940년까지 이화학당, 이화여자전문학교에서 교수로 봉직하였으며, 1948년 이화여대에 돌아와 1953년까지 교수로 재직하였다. 그의 고향인 위치타 지역의 걸리지힐 연합감리회 여성들이 메리언 컨로우 기념장학금(Marion Conrow Memorial Scholarship)을 기탁하여 이화여대 영문과 학생에게 지급하고 있다.

80 자넷 헐버트(Jeannette C. Hulbert, 1889~1978)는 오하이오 웨슬리언 대학을 졸업하고 1914년 한국에 선교사로 파견되어 1919년까지 이화학당 교수로 재직했다. 안식년 동안 컬럼비아 대학에서 교육학 석사학위를 받고 돌아와 1940년까지 이화여자전문학교 교수로 봉직하다가 1940년에 강제 귀국하였으며, 광복 이후에 다시 이화여자대학교로 돌아와서 학생들을 가르쳤다. 한국전쟁이 일어나자 귀국하였다.

1939년 4월 28일

이화대학
서울, 한국

친애하는 친구들께

아래의 일본어 발표문은 양면 카드에 인쇄되어 1939년 4월 22일에 모든 관계자들에게 발송되었습니다.

봄철을 맞아 여러분의 건강과 행복을 기원하며 안부와 좋은 소식을 전합니다. 최근에 저는 이화대학과 이화보육학교의 교장직을 그동안 오래 학교를 섬겨왔던 김활란 박사에게 넘겨주고, 저는 명예교장으로 선출되었습니다. 제가 교장으로 있는 동안 여러분께서 베풀어주신 모든 친절에 감사드리며, 똑같은 지원을 새 교장께 베풀어 주실 것을 부탁드립니다. 직접 찾아뵙고 말씀드릴 수 없어 이 글로 존경을 표합니다.

앨리스 R. 아펜젤러

봄철을 맞아 여러분의 건강과 행복을 기원하며 안부와 좋은 소식을 전합니다. 저의 부족함에도 불구하고 존경받는 전임자 앨리스 R. 아펜젤러 박사님의 뒤를 이어 이화대학과 이화보육학교의 교장 자리를 맡게 되었습니다. 이 직책이 저의 능력을 넘는 것 같아 두렵지만, 여러분의 큰 도움으로 많이 실수하지 않고 제 책임을 다하겠습니다. 저에게 계속 친절한 지도와 도움 주실 것을 간절히 바랍니다. 직접 찾아뵙고 인사드리지 못하고 이 편지로 대신함을 양해해 주십시오.

김활란

이것은 관습적인 형식이라고 들었습니다. 서양에서처럼 취임식이 있는 게 아니고, 공식적인 방문으로 변화를 발표했습니다. 김 박사와 저는 여러 곳을 방문했고, 저희 둘을 기리기 위해 마련된 다양한 만찬에 참석하고 있습니다. 첫 한국인 여성 교장의 자리에 도달한 중요한 기쁨을 충분하게 기념할 수 없어서 실망스러웠습니다. 하지만 최근에는 공식적인 축하행사가 열리지 않아서 이것도 포기하였습니다. 오랫동안 우리의 희망의 결실이 가장 중요하며, 그것에 대해 우리는 하나님께 감사드리며 용기를 얻습니다.

지난가을 이래로 저는 대부분의 시간과 에너지를 이 변화에 관련된 문제들에 할애하고 있습니다. 저는 우리가 선택한 후임자가 모든 관계자들에게 받아들여지고 그녀가 이 학교의 기독교 정신을 이어나갈 수 있다는 확신이 들 때까지는 저에게 전적인 책임이 있다고 느꼈습니다. 3월 17일에 확실한 답변을 듣고나서 저는 이사회에 사직서를 제출하였습니다. 감사하게도 그들이 통과시킨 아름다운 결의안으로 저에게 명예교장으로 남도록 친절하게 권유하였고, 그밖에도 셀 수 없이 많은 방법으로 여전히 나의 자리가 이화에 있다고 느껴지게 했습니다.

김활란 박사를 후계자로 삼을 수 있음이 저에게나 학교에 큰 행운입니다. 나의 사직서에서 인용합니다.

김 박사님은 훌륭한 학자, 영감을 주는 교수, 능력 있는 관리자, 신뢰받는 지도자, 이해심 많은 친구, 좋은 신자로 자신을 증명해오셨습니다. 저는 그녀가 이 임무에 최선의 능력뿐 아니라 하나님의 의지에 대한 순종을 통해 우리의 사랑하는 대학교의 가치있는 미래를 보장할 것이라고 믿습니다. 여기에 나의 사직서를 제출하며, 이화대학에 봉사할 수 있는 명예를 주셨던 여러분과 모든 분들께 감사드립니다. 후임자에게도 변함없는 충성으로 대해주실 것을 정중히 부탁드리며, 헌신과 사랑을 서약하면서 그녀와 이화대학에 하나님의 축복을 기도드립니다.

제가 캠퍼스를 떠나고 빈 자리를 김 박사님에게 넘겨주는 것이 나을 거라고 생각했었지만, 그녀가 제가 남아서 전과 같은 일을 계속하길 원한다는 것을 알고 기쁩니다. 그녀는 제가 다른 사무실로 옮기는 것조차 원하지 않았습니다. 우리는 오랫동안 함께 일을 해왔고, 서로가 없는 것을 원하지 않습니다. 이화의 명석하고 사랑받는 딸[81]과 우리 위에 계신 하나님의 선하신 손을 신뢰하면서 대학은 큰 걸음을 내딛었습니다.

곧 직접 편지 쓸 수 있기를 기대합니다.

당신의 충실한,

앨리스 R. 아펜젤러

---

81 김활란을 가리킨다.

1939년 5월 3일

이화대학
서울, 조선

친애하는 쇼[82] 박사님께

동봉하는 자료는 당신의 독자들에게 흥미거리가 되리라 생각하며, 당신이 원하시는 대로 사용하셔도 좋습니다. 저는 같은 내용을 다른 교회 신문, 여성 선교 잡지, 동창회 잡지, 그리고 개인적인 친구들에게도 보내고 있습니다.

진심을 담아서,

앨리스 R. 아펜젤러

ARA :C

---

82   윌리엄 쇼(William E. Shaw, 한국명 서위렴徐偉廉, 1890~1967)는 미국 북감리회 선교사이다. 웨슬리언 대학과 컬럼비아 대학교 대학원을 졸업하고 1921년에 내한하여 평양 광성고등보통학교를 비롯해 만주, 황해도 등지에서 전도하였다. 1938년 평양에서 동료 선교사 존 무어(John Z. Moore)와 함께 평양요한학교를 창설하여 많은 기독교 인재를 양성하였다. 1941년 선교부재산을 정리하고 마지막 선교사로 강제 귀국했다가 1947년 다시 내한하여 대전에 목자관(牧者館)을 설립하고 관장으로 재직하였다. 1950년에 한국전쟁이 일어나자 미군 군목으로 입대하였고, 미국 군종부장 베넷(Ivan L. Bennet)과 협의하여 한국군의 군종제도를 창설하였다. 그의 외아들(W. H. Shaw)도 한국전쟁에 참전하였다가 1950년 9월 서울 녹번리전투에서 전사하였다.

1939년 6월 13일

친애하는 아펜젤러 씨,

당신이 이화대학 교장에서 사임하고 당신의 자리에 김활란 씨가 선출되었음을 알리는 4월 28일 자 당신의 편지를 받았습니다. 이 기회를 놓치기 싫어 새로운 역할을 시작하는 당신에게 짧게나마 진심이 담긴 축하 인사를 보냅니다. 우리 모든 선교사들이 애쓰는 목표는 우리가 그 임무를 내려놓아야 할 때, 그 임무를 계속 수행할 수 있는 충분한 리더십을 개발하는 것입니다. 당신과 함께 일하며 쌓은 뛰어난 경험과 당신에게 임직원으로 남도록 청해 준 아량을 가진 김활란을 찾음으로 당신은 이 마지막을 아름답게 이루셨습니다.

하나님께서 당신에게 지혜와 인내 그리고 무한한 사랑을 주셔서 어떤 어려움이 있어도 이 새로운 상황을 잘 헤쳐 나가시길 바랍니다. 어려움은 부분적으로는 주관적이겠지만, 외부의 압력으로 인한 어려움이 더 많으리라 생각됩니다. 우리는 자주 당신과 친구들을 생각하며 믿음으로 기도드립니다.

진심으로,

프랭크 T. 카트라이트
부서기

1939년 8월 1일

친애하는 아펜젤러 씨,

당신이 그처럼 탁월하게 맡아오셨던 이화대학의 교장직을 사임하셨다는 내용이 담긴 편지를 받고 정말 유감스러웠습니다. 동시에 한국에서뿐 아니라 세계적으로 오랫동안 인정받아 온 지도자가 당신의 자리를 맡게 되었음을 알고 무척 기뻤습니다.

저는 김 박사님이 한국의 더 많은 감리회 지도력을 위해 탄원했던 그 밤을 결코 잊지 못할 것입니다. 위원회 회의에서 한국에 감독 거주지를 설립하기 위해 가능한 모든 것을 해보고 실패했던 경험이 있는 저는 김 박사님의 감동적인 탄원이 성공한 것이 매우 기뻤습니다.[83]

한국에서 지냈던 몇 주 동안 저는 노블 박사님 부부의 집에서 손님으로 지냈는데, 그때 만났던 친구들과 그곳에서의 일들은 오늘까지도 제 마음 속에 남아있습니다.

저는 다른 건물들이 없던 시절에 새로운 이화대학의 캠퍼스를 방문했었는데, 지금의 모습도 볼 수 있기를 바랍니다.

특별한 봉사를 해주신 당신께 깊은 감사를 드립니다.

진심을 담아 드리며,

W. E. 쇼
통신서기

---

83 김활란은 1928년 미국 캔자스시에서 열린 감리회 총회에 평신도 대표로 참석하였는데, 외국 선교사업 축소의 일환으로 조선에 주재하던 감독을 없애기로 하는 결의가 나오자, 긴급발언권을 얻어 연설함으로써 총회의 결정을 번복시켰다.

1939년 10월 1일

나의 이화 가족들에게

앨리스 R. 아펜젤러
명예교장

우리의 새로운 이화에서의 생활에 관해 제가 대학 가족들에게 편지를 쓴 것이 3년이나 되었습니다. 이제 우리의 아름다운 집은 더 이상 새 집이 아니지만 친근하고도 소중한 장소입니다. 잔디와 관목들은 푸르고 깨끗하게 관리가 되고 있으며, 모든 건물들마다 각각의 고유한 업무의 분위기로 이끕니다. 제가 1936년에 우리가 가진 것을 소중하게 여기고 사용하자고 호소했던 것이 잘 받아들여졌습니다. 우리는 이화대학이 한국에서 최고의 학교 건물을 가진 것에 기뻐할 뿐 아니라, 그것이 얼마나 잘 가꾸어져 왔는가에 대해 기뻐합니다. 우리를 에워싼 아름다움이 이화를 불렀고, 이화는 주변의 자연의 청결함, 아름다움, 질서에 감사하는 마음으로 응답했습니다.

이 기간에 캠퍼스에 건물이 하나 늘었습니다. 외국인 교사들의 숙소인데, 영어 하우스 근처의 아름다운 석조 건물이고 구조는 좀 다르지만 마감은 비슷합니다. 우리 가운데 네 명이 1년쯤 전에 그곳으로 이사했는데, 이 건물은 여섯 혹은 일곱 명의 교직원을 수용할 것입니다. 이 건물을 짓기 위한 자금은 1937년 남감리회 여성위원회와 우리의 헌신적이고 관대한 후견자인 그레이(P. H. Gray) 부인과 헨리 파이퍼(Henry Pfeiffer) 부인으로부터 왔습니다. 우리는 그곳을 롱 뷰(Long-View)라고 부르며, 처음으로 학생들의 음악 연습실로부터 떨어진 독립된 곳에서 살게 된 것에 감사했어요. 우리들은 언제라도 친구들이 원할 때 우리를 보러 와주기를 원합니다.

이화의 선교 인력은 다메론(Dameron) 씨, 메이노어(Maynor) 부인, 스토버(Stover) 씨, 그리고 트록셀(Troxel) 씨 4명을 떠나보내면서 더 고갈되었습니다. 앞의 세 사람은 미국 내에서 다른 일들을 맡게 되었고, 트록셀 씨는 노스웨스턴 대학 선교학과 교수인 소퍼(E. D. Soper) 박사와 11월에 결혼하게 되었지요. 우리는 그들을 그리워하지만 모두의 새로운 삶에 축복을 빕니다. 하지만 이화에 10년 만에 처음으로 새로운 선교사인 메리 빅 모크(Mary Vic Mauk) 씨가 왔다는 소식을 보고하게 되어 마음이 편합니다. 그녀는 송도에서 5년을 살았었는데, 가정 내 사정으로 13년 동안 미국으로 떠나있었어요. 그녀는 미국에서 소중한 경험을 쌓았는데, 우리에게 오기 위해서 앨라배마 사범대학 음악부 과장직 지위를 내려놓았지요. 그녀는 벌써 이화에서 자리를 잡았습니다. 영(Young) 씨는 올 가을에 휴가에서 돌아옵니다. 우리의 훌륭한 음악 부서의 건물이 완성된 다음에 그녀의 후계자로 행정직에 유능한 메리 킴 조(Mary Kimm Joh) 씨를 찾게 되어 기뻤습니다. 영 씨는 돌아와서 그녀가 사랑하는 부서에서 할 일을 많이 찾게 될 거예요.

1936년 11월에 저는 휴가를 떠나서 거기에서 즐겁고 유익한 시간을 즐기면서 사람들이 우리에게 베풀어 준 도움에 감사하고, 대학을 위해 새로운 친구들을 사귀려고 애썼습니다. 저는 제가 그레이 부인과 함께 지낸 그 아침을 결코 잊을 수 없을 거예요. 그녀는 1923년에 이 아름다운 캠퍼스를 우리에게 주었고, 나중에 두 번 더 기부하여 합해서 모두 60,000달러의 선물을 주었어요. 그녀와 파이퍼 씨 모두 지난 3월에 이 땅에서의 수고를 마치고 돌아갔는데, 우리는 그들의 꿈으로 이 아름다운 대학을 가능하게 했던 두 선구자들을 잃은 것이지요. 이화의 사람들은 그들의 가슴에 그레이와 파이퍼의 이름을 늘 기억할 것입니다.

  제가 떠나 있는 동안 동쪽에서는 슬프고 예상 밖의 일들이 일어났습니다. 김활란 박사님은 교장 대리로서 여러 가지의 우여곡절을 지혜와 힘으로 이끌어갔습니다. 그녀는 오랜 동안 모두에게 대학의 교장으로 가장 적합한 사람으로 인정받아 왔고, 이제 변화할 시간이 된 것 같습니다. 우리는 운이 좋게 지체하지 않고 필요한 허가를 확실하게 할 수 있었고 4월 4일에 공식적인 서류가 접수되었습니다. 이화는 그녀 자신의 딸 가운데 한 사람으로 교장을 삼을 수 있어 행운입니다. 그녀는 이곳에서뿐 아니라 세계적으로 알려진, 뛰어나고 훌륭한 지도자이며 학자이면서 우리가 자랑스럽게 우리의 친구라고 부를 수 있는 기독교인입니다.

  김 박사님과 이사회가 제게 명예교장으로 대학에 남기를 원하셨다는 것은 제게는 진심으로 큰 기쁨이었습니다. 저의 개인적인 관계는 무척 행복하고, 저의 시간은 예전처럼 바쁘게 지내고 있습니다. 김 교장님은 파이퍼 홀에 있는 저의 아름다운 사무실을 떠나지 말도록 했으므로, 제 동문 친구들은 이전에 제가 있던 곳에서 나를 계속 찾을 수 있을 것입니다.

  집에서는 할머니로서의 역할로 바쁘지만 그 속에서 누리는 기쁨과 특권도 큽니다. 제가 지금 하는 봉사가 과거에 할 수 있었던 어떤 것보다 이화에 더 큰 의미가 있기를 바랍니다.

  우리의 캠퍼스는 대충 배 모양으로 생각할 수 있는데, 그 좁아지는 끝부분과 줄기가 세상과 맞닿아 있습니다. 여기에 좋고 나쁜 소식들을 전하는 기차들로 바쁜 철도가 있습니다. 우리는 공장들과 마을들, 그리고 모든 땅에 닿는 거대한 바다로 이어지는 빛나는 강을 볼 수 있습니다. 하지만 우리의 배의 더 커다란 부분은 언덕을 넘어 하나님으로부터 오는 영원한 아름다움, 건강, 그리고 생명에 다다릅니다. 그리하여 우리의 이화는 하나님으로부터 내리는 축복의 장소이며 도움이 필요한 세상과 만나는 곳입니다.

*참고. 베이커(Baker) 씨는 이 문단의 아이디어를 아래에 적힌 아름다운 시로 구체적으로 표현했습니다.

이화 (배꽃) 캠퍼스

배처럼
누워있는 캠퍼스
그 좁은 끝은 기차길로 테두리가 되고
그 위로 달리는 기차
사람들과 물건들
그리고 먼 곳으로부터 오는 소식들.

동쪽으로
펼쳐지는 언덕,
(배의 풍성한 부분)
건강과 회복,
넓은 전망을 베풀고
부지런한 강, 마을과 도시들
배의 풍성한 열매의 맛

이곳에 언제나 꽃피는 생명, 젊음, 성숙이 있으니

길을 찾으라
회복을 가져오는 길
멀리 닿는 길.
이웃 나라.

그리고 하나,
배의 심장에서 나오는
기운 내라는 말.
모든 캠퍼스를 통해
모든 복도와 방들을 통해
이화의 모든 꿈과 비전을 통해.

캐서린 베이커

1939년 12월 17일
호놀룰루

친애하는 카트라이트(Cartwright) 박사님,

헨리가 이 편지를 미국 우편으로 보내기를 원해서 제가 이곳에서 보냅니다. 한국의 새 행정부[84]는 이전에 우리가 겪었던 것보다 훨씬 엄격한 경향을 보이고 있습니다. 감리회 학교들은 비교적 좋은 대우를 받고 있지요.

저는 집으로 가는 길에 쉬엄쉬엄 친구들을 방문하고 있습니다. 내년 이른 봄에는 동부로 운전할 예정이에요.

우리는 아펜젤러 가족들에게 곧 안식년이 허락된 것을 정말 감사하게 생각합니다. 정말 필요했거든요. 내년 봄, 우리 모두 뉴욕에서 만나게 되기를 바랍니다.

그곳의 친구들에게 진심 어린 안부를 전하며

    진심으로,

                         앨리스 R. 아펜젤러

---

[84] 1936년 8월에 부임한 제7대 총독 미나미 지로(南次郎)의 조선총독부를 가리킨다. 그는 역대 조선총독 가운데 가장 강경하고 무자비한 통치를 일삼았으며, 조선에 황국 신민화 정책을 실시하고 지원병 제도를 제창하여 무고한 조선 청년들을 전쟁터로 내몰았다. 조선어 사용을 금지하고 일본어 사용을 의무화시켰으며, 1936년 일장기 말소 사건을 구실 삼아 〈동아일보〉와 〈조선중앙일보〉를 정간시켰다. 1940년에는 모든 조선인들을 대상으로 창씨개명을 시행하여, 이를 거부하는 조선인에게는 온갖 제재를 내렸다. 내선일체(內鮮一體)를 강조하면서 한국인의 정체성을 말살시키려는 정책을 시행했다.

1939년 12월 22일
서울, 한국

1939년 이화대학에서의 크리스마스

친애하는 친구분들께

축복의 계절이 다가옴을 알리면서 우체부가 언덕을 넘어 배달해 준 90여 개의 헌 크리스마스 카드 꾸러미 가운데 여러분 것도 들어있었을까요? 그 카드들이 얼마나 큰 행복을 가져왔는지 알게 되시면 여러분들은 분명히 기쁘실 거에요. 카드는 한 장도 남지 않았고, 우리는 더 많이 필요했습니다. 특히 사랑스런 크리스마스 이야기가 담긴 여러 가지 색의 예쁜 안부 카드를 이곳에서 구한다는 건 거의 불가능하거든요. 우리는 먼저 교직원들이 각각 다섯 장의 카드를 고르도록 했어요. 그리고 나서 학생들 차례가 되었을 때, 어찌나 열심히들 카드 위로 덤벼들던지요! 더러는 제가 영어회화 시간에 크리스마스 풍습을 가르칠 때 사용했는데, 학생들이 아주 기뻐했습니다. 이화 학생들이 가르치는 주일학교에서도 많이 사용되었지요. 그리고 그 나머지는 어제 오후에 이화여자대학과 이화보육학교 직원들과 학생들이 그들보다 불우한 처지에 있는 사람들을 위해 즐거운 크리스마스를 위해 마련하는 기쁜 일에 모두 사용됐어요.

그들이 기부한 약 300엔의 거의 전부를 집조차 없는 몹시 가난한 사람들을 위해 쌀을 사는 데 썼습니다. 수백 가구들이 추위를 피하기 위해 언덕에 구멍을 파고 바닥에는 짚을 깔고 그 위에 초가지붕을 얹고 매서운 겨울을 견딥니다. 쌀, 따뜻한 옷, 몇 개의 케이크, 장난감, 그리고 여러분들의 예쁜 카드들이 이렇게 인내하며 사는 가난한 그들의 삶에 작은 한 줄기 빛이 되었던 겁니다. 거의 300여 명의 학생들과 교사들이 도심 여러 곳에 있는 지하 피난처를 방문하였고, 다른 50여 명은 병원 두 곳을 방문하여 환자들을 위해 노래를 불렀어요.

올해 제게 맡겨진 일은 캠퍼스 안에서 일하는 관리인들, 요리사들, 그리고 그들의 가족들을 위한 크리스마스 파티를 준비하는 것이었어요. 여기에는 목수들, 등록된 소방관들과 기술자들, 두 명의 야경꾼, 심부름꾼들, 전화 교환원 소녀, 협동조합의 소년, 그리고 몇몇 청소하는 여자들이 포함됩니다. 모두에게 가족들이 있었는데 파이퍼 홀의 회의실 안에 의자들이 친근하고 둥글게 배치된 것을 보며 모두들 얼마나 기뻐했는지요. 두 개의 크리스마스 트리와 그 아래 뭐가 들었는지 모르는 선물상자들이 반짝이는 많은 눈들을 사로잡았어요. 어린 아기들을 등에 업은 엄마들, 부모가 말려도 아랑곳하지 않고 환한 옷을 입고 무대의 가운데를 차지한 유아들, 학교에 다녀서 아주 얌전하게 앉을 줄 아는 조금 나이든 아이들이 교직원들과 학생들 70여 명이 주최한 파티에 왔습니다. 후반부에는 무척 사랑을 받은 프로그램이 진행되었으며, 그들이 드라마처럼 만든 연극으로 끝을 맺었어요. 그것은 추운 거리에서 여러 사람들에게 무자비하게 멸시당하는 어느 가난한 꽃 파는 어린 소녀에 관한 것이었는데, 성 니콜라스가 나타나서 그 모든 냉정한 사람들을 심판하고 가난한 아이에게 상을 주는 내용이었지요. 그 다음에 몇몇 어린이들이 공연했고, 우리의 한국인 회계사가 산타 할아버지로 나와 모든 손님들에게 선물을 나누어 주었습니다. 우리의 이 행복한 연례 행사는 케이크, 과일, 그리고 보리차로 마무리 되었습니다.

우리 위원회가 선물을 계획하려고 모였을 때 1인당 50센(미화 약 12센트) 정도로 살 수 있는 것이 너무 적다는 사실에 충격을 받았습니다. 이전에 포함했었던 따뜻한 장갑, 양말, 스카프 등 실용적인 것들은 생각도 못 하게 된 거지요. 장난감들은 그 가격에 비해 가치가 없다고 판단되어 제외되었습니다. 그리하여 이 보잘것없는 목록에는 한 학생에게 세 자루의 연필과 종이 몇 장, 어른에게는 동네에서 만든 세탁비누 한 장, 그리고 아기에게는 작은 수건 한 장씩이 있었습니다. 이것은 나중에 교사들이 더 제공한 어린이 양말, 몇 개의 작은 장난감, 약간의 실, 각 가정을 위한 성경 그림 한 장, 다메론 씨에게서 온 성경과 찬송가 열 권, 그리고 여러분들에게서 온 크리스마스 카드들로 보충이 되었습니다. 내년에는 부디 카드뿐 아니라 면이나 모직 옷감 조각, 짜투리 실들(판매용으로 만든 실뭉치가 아님), 그리고 작은 중고 장난감들을 보내주시지 않겠어요? 모든 꾸러미에는 판매용 아님이라고 적어주시고, 일 년 내 아무 때나 보내주십시오. 이것들은 그 물건들을 즐겁게 나눠주는 이화 학생들에게 크리스마스의 기쁨을 더해줄 것이고, 그것을 받는 사람들에게도 기쁨을 줄 것입니다.

 1939년의 크리스마스요? 온 세상에 평화와 친절이 거의 없고 천사들의 노래는 잊혀진 걸로 보인다고요? 이러한 비상시(평상시가 아님)에요? 경제가 엄격하게 규제되고 유쾌함과 색채가 비난받으며 크리스마스 트리를 파는 곳이 없다구요? 우리는 마침 스케이트장을 만들기 위해 청소하고 있었는데, 잘라야 했던 몇몇 소나무의 꼭대기 부분을 잘라서 예배실, 유치원, 기숙사 등에 예전처럼 장식했습니다. 지난 네 번의 아침 예배 때 우리는 라우크스(Loucks) 씨의 세련된 솜씨로 준비된 살아있는 그림을 보았습니다. 성 수태고지일, 첫 날에는 빛나는 흰 천사와 어렴풋 반짝이는 베일에 감싸인 갸냘픈 마리아가 있었어요. 다음 날 우리는 목자들(앞서 말한 심부름꾼 소년들)이 천사들 앞에 경건한 놀라움으로 절을 하는 모습을 보았습니다. 그 다음 날에는 세 명의 동방박사(세 명의 교수)들이 나왔고, 바로 어저께는 붉은 색과 파란 색의 옷을 입고 금빛의 후광에 둘린 성모 마리아가 말구유를 굽어보고 그녀를 보호하는 요셉이 그 곁에 서 있고 목자들과 동방박사들이 경배하는 장면이 있었어요. 영 씨가 어울리게 작곡한 음악과 함께 준비된 각각의 장면들은 아름다움에 찔리는 듯한 경험이었습니다. 채플에서의 주일 예배는 찬송가, 캐롤송, 심지어는 할렐루야 합창이 포함된 영광스러운 메시지가 담긴 찬양으로 한 주를 시작했습니다. 우리 모두가 일어서서 들을 때 우리 자신이 하늘과 땅의 수많은 사람들의 일부임을 느꼈고, 우리의 하나님과 그의 아들 예수 그리스도가 영원무궁하심을 인정하였습니다. 이 말은 1939년 이화대학의 크리스마스는 이전 어느 해보다 더욱 큰 의미가 있었다는 뜻입니다.

앨리스 R. 아펜젤러

1941년 2월 25일

친애하는 아펜젤러 씨,

제가 1월 14일 화요일 샌프란시스코에서 한국 방문 보고를 했을 때 그 작은 모임에 당신이 계시지 않아 실망스러웠습니다. 헨리와 그의 부인이 제가 그에게 준 인상을 당신에게 알려드릴 수 있을 겁니다.

저는 특별히 이 말씀을 드리고 싶습니다. 우리는 김활란 씨와 두 번의 좋은 만남을 가졌습니다. 어느 날에 그녀가 우리가 있었던 조선호텔로 왔고 우리는 로비에서 어떤 방해도 없이 만났어요. 그리고 우리가 서울을 떠나기 전 사우어[85] 씨 댁에서 그녀를 다시 보았지요. 그녀는 특별히 당신이 주셨던 사탕이 귀한 대접이었다며 제게 감사 인사를 드려줄 것을 부탁했습니다. 그리고 지금 이화에 있는 당신의 전임자들 사진과 비슷한 당신의 사진을 원했어요. 그녀는 그들이 어떤 종류의 사진을 원하는지 당신이 이해할 거라고 했습니다.

김활란 씨는 자신의 모든 친구들에게 어떤 편지도 쓰지 않을 거라고 전해달라고 했습니다. 그녀는 3월[86]이 끝나기 전에 협동위원회에 모든

---

85 찰스 사우어(Charles August Sauer, 한국명 사월思越, 1891~1972)는 1921년 미국 감리회 선교사로 평안북도 영변선교부에 파견되었으며, 1936년 총리원 회계로 부임하여 선교부 재산을 관리하다가 1941년 3월에 강제 귀국하였다. 1949년에 다시 한국에 파견되어 연세대학교 한국어학당 당장으로 봉직하였다. 그가 집필한 『Korean for Beginners』 등의 한국어 교재가 오랫동안 사용되었다.
86 1937년 중일전쟁을 일으키고 신사참배를 강요한 일제는 한국 기독교인들의 저항 배후에 선교사들이 있다고 판단하여 「외국인의 입국, 체재 급 퇴거에 관한 건」(1939)・「기독교에 대한 지도방침」(1940)・「외국인관계 취인・취체 규칙」(1941) 등을 통해 선교사를 비롯한 외국인들에 대한 통제와 단속을 강화하였다. 1940년 9월 일본 감리회 아베 감독도 주한 선교사에게 철수를 권고하였다. 같은 해 9월 일본・독일・이탈리아가 삼국동맹을 체결하자 10월 주한미국총영사 마쉬(O. G. Marsh)도 본국의 지시를 받아 선교사를 비롯한 가족들의 철수를 요청하였다. 이에 따라 11월에는 선교사 그 가족 189명을 비롯한 219명의 미국인들이 마리포사호(The Mariposa)로 귀국하였다. 1941년에 들어와 상황이 더욱 악화되

기부금을 보낼 것을 요청하고 있습니다. '빨리 보내세요'라고 그녀가 말했습니다. 그녀는 재단법인[87]이 승인이 난 후에 시도해 볼 것을 원하고 있습니다.

저는 이 유능한 사람의 능력과 훌륭한 정신에 다시 한번 감명을 받았습니다.

안부를 전하면서

진심을 담아,

R. E. 디펜도르퍼

행정서기

abg

자 2월에 미국 북감리회 선교 본부는 한국과 일본의 모든 선교사들에게 즉각적인 철수를 통보했다. 여기서 3월은 감리회 재산관리인 찰스 사우어가 철수하기로 정한 기한이다.

87 원문에는 'Zaidan Hojin'이라고 되어 있다. 이는 '재단법인(財團法人)'의 일본어 발음을 표기한 것이다. 선교사들이 철수한 이후 한국인 교회 대표들이 선교부 재산을 관리하기 위해 설립한 이 재단의 영어 명칭은 'Mission Zaidans'이며, 미국 선교사 4명(스나이더, 앤더슨, 무어, 사우어)과 한국 교회 대표 5명(양주삼, 김활란, 박현숙, 우상용, 이윤용)으로 구성되었다.

1941년 3월 4일
프린스 스트리트 2815번지
버클리, 캘리포니아

알 프레즈노, 캘리포니아

친애하는 친구들께,

여러분 모두에게 소식을 좀 더 빨리 보내기 위해 이 타자기를 빌려 왔습니다. 오늘은 두 번의 연설을 해야 하기 때문에 시간이 너무 빨리 지나가고 있으므로 우선 밴(Van)[88]의 편지에서 가장 중요한 부분을 인용하겠습니다.

2월 2일 서울, 에드나 밴플리트 홉스로부터

답장을 받지 못하더라도 더 이상 쓰지 말라고 부탁드릴 때까지 여러분 모두가 계속 편지를 써주세요. 하지만 부디 현재 상황에 관해서나 무언가 알아내려는 식의 질문은 하지 말아주시길 부탁드립니다. 그냥 여러분 자신과 우리가 관심 있어 하는 사람들에 대해 이야기를 해주세요. 여러분 모두가 어디에서 무엇을 하고 있는지 간절히 알고 싶습니다. 모네타(Moneta)는 경솔하게도 "당신이 이화여대에 메시지를 전달해 줄 수 있다고 알고 있어요"라고 썼습니다. 게다가 우편으로 말이죠. 여섯 달, 혹은 여덟 달 정도 떨어져 있었던 그녀와 다른 사람들은 조심해야 한다는 것을 깨닫지 못했어요. 우리는 〈크리스천 센추리〉에

---

88 에드나 밴플리트(Edna VanFleet, 1888~1985)는 미국 감리회 여선교사로 1918년 내한하였다. 토마스 홉스(Thomas Hobbs) 선교사와 결혼해서 한국을 떠날 때까지 이화여전에서 문학사와 예술사 등을 가르쳤고 앨리스가 신촌 캠퍼스 부지 매입을 위한 모금을 위해 미국에 가있을 때 당장 대리로 활동했다. 또한 1918년에서 1938년까지 이화보육학교의 교장이었다.

실린 기사 때문에 모두 걱정하고 있어요. 그 기사는 분명히 당신의 오빠가 누군가에게 보고한 내용을 바탕으로 한 것 같아요. 여기 있는 누군가가 "그는 이제 스스로 이곳에서의 문을 닫아버렸군"라고 말할 정도였어요. (모네트와 헨리, 제가 여러분을 인용한 것을 양해해 주세요. 저는 그런 기사를 〈크리스천 센추리〉에서 본 기억이 없어요. 아마 그들이 1월에 이곳에서 읽었으니 그것은 분명 12월호였을 것입니다.) 부디 제 여동생 헬렌(Helen)이 어떤 식으로든 어딘가에 인용되거나 인쇄되지 않도록 반드시 확인해 주세요.

만약 그런 정보가 여기로 돌아오면 그녀가 우리와 연락이 닿고 있다는 증거로 사용할 것이므로 그녀의 학교(이화대학교)에 대해 언급도 하지 않는 것이 좋을 것입니다. 그들은 상황을 점점 더 옥죄고 있으며 점점 더 "나치"처럼 되어가고 있습니다. 그러니 모두에게 인쇄물에 쓰는 무엇이든 각별히 주의하도록 경고해 주십시오. 여기에 언급된 이름이 그쪽 인쇄물에 실리면, 반드시 조사 대상이 될 것입니다. 그곳에 계신 여러분께서는 이 점을 분명히 인식하고 조심해 주시길 바랍니다. 우리(그녀와 헬렌)는 앞으로 꼭 필요하지 않는 한 서로 만나지 말고, 전화 통화조차 하지 않기로 결정했습니다. 지금은 심지어 전화도 도청당하고 있습니다. 우리는 여러분께서 자주 편지를 써주시길 원하지만 이곳의 상황에 대한 언급이나 질문은 말아주세요. 그저 여러분이 어떻게 지내시는지 알려주세요. 저희에 대해 걱정하지 마세요. 우리는 잘 있고 계속 조심할 거에요. 세상이 어쩌다 이렇게 되었을까요! 우리의 작은 걱정, 불안, 화재 같은 일들은 세계의 정세에 비하면 아무것도 아닌 것처럼 여겨져요. 톰(Tom)[89]은 모든 일을 훌륭하게 해냈고 우리

---

89 토마스 홉스(Thomas Hobbs, 한국명 허엽許曄, 1880~?)는 영국 출생으로 1910년 첫 번째 아내 엘렌 홉스(Beatrice Ellen Pugh Hobbs)와 내한하여 사역활동에 힘썼

에게 큰 힘이 되어줘요. 그는 역경에서도 불구하고 자신이 속한 단체가 계속 유지될 수 있도록 열심히 기반을 다지고 있으며 저는 그가 성공하고 있다고 생각합니다. 여러분과 여러분이 만나는 모든 사람에게 우리의 진정한 사랑을 보냅니다. 우리는 여러분이 몹시 그립지만 당신들이 안전하게 벗어났다는 사실에 아주 기쁩니다. 자유롭게 숨쉴 수 있다는 것은 얼마나 놀라운 일인지요. 주님께서 여러분을 축복하고 지켜주시며, 우리 모두와 함께하시기를 기도드립니다. 우리는 주님 안에서 아주 가깝습니다.

밴 톰(Van Tom) 드림

편지 앞부분에는 (물론 일본 우편을 통하지 않은 것입니다.) 감리교인들이 모두 떠났기 때문에, 그녀와 톰이 종로에 있는 성서공회 사무실에서 집을 유지하고 함께 살기로 결정했다는 내용이 있습니다. 욕실도 없고, 한국식 집이라 비좁고, 신선한 공기나 텃밭과 꽃밭 같은 공간도 전혀 없는 곳이지요. 저는 그런 결정에 너무나 걱정이 됩니다. 아마도 그들은 그냥 둘이서 집을 지키고 살고 싶었던 것 같지만 저는 라디오 편지를 통해 그곳에 살지 말도록 촉구할 것입니다. 밴은 분명히 끔찍한 병균에 옮을 것입니다.

밴의 경고가 아주 강력해서 저는 여러분 모두가 반드시 귀 기울이고 조심할 거라고 믿어요. 모든 것을 알고 싶어 하는, 친애하는 일반 대중에게도 지금은 정보보다는 하나님과 서로에 대한 믿음으로 이 시기를 헤쳐나가야 한다는 것을 보여주리라 확신합니다. 어젯밤에 제가 여기에 도착했을 때 이 편지와 함께 받은 다른 우편물에는 감리교회 여성

다. 1934년 사별 후 이화여전의 에드나 밴플리트와 재혼하였다.

회(Meth Woman)의 브리팅햄(Brittingham) 씨로부터 온 편지가 있었어요. 그녀는 제게 이화와 헬렌, 또는 인덕(Induk)[90]의 좋은 사진을 함께 보내주면서 기사를 써달라고 요청했습니다!!! 저는 그녀에게 오늘 답장을 써야 합니다.

밴이 쓴 내용이 베이커(Baker) 감독이나 디펜도르퍼(Diffendorfer) 박사가 보고한 내용과 상반된다고 느끼지 않기를 바랍니다. 그분들은 공식 초청으로 방문한 분들이고, 자유롭게 인터뷰를 했고, 모든 사람이 친절했다고 보고했습니다. 그것은 사실이에요. 정부는 그 보고서가 가능한 긍정적이길 원하니까요. 그러나 밴의 편지는 좀 더 최근의 것으로, 그곳에 있는 일반 선교사들과 헬렌, 그리고 다른 기독교 지도자들이 매일 겪는 현실을 보여주고 있어요.

사랑을 담아, 앨리스

---

90 이화학당 교사였던 박인덕(朴仁德, 1896~1980)으로 추정된다. 1941년에 덕화여숙(德和女塾)을 설립하였으나 폐교되었으며, 1961년에 인덕실업학교(인덕대학교의 전신)을 설립하였다.

1941년 3월 5일
프린스 스트리트 2815번지
버클리, 캘리포니아

프레즈노에서

디펜도르퍼 박사님께

　용기가 되는 말씀을 담은 귀한 편지에 감사드립니다. 김활란 박사가 요청한 돈에 대해 맥코넬(McConnell) 부인에게 즉시 알려주시기 바랍니다. 그녀는 현재까지의 상황을 알고 있으며, 저는 그분과 연락이 되지 않습니다. 보낼 수 있는 자금은 가능한 한 모두, 최대한 신속히 전신 송금되어야 합니다.

　동봉하는 것은 타이핑이 엉망이라 보내드리기 싫었지만, 중요한 내용이라 보냅니다. 이것은 홉스(Hobbs) 부인의 가까운 친구들을 위해 만들어진 것입니다. 김활란에 관해 그들에게 가해진 새로운 압박과 김활란에 대한 어떤 공개적인 언급도 있어서는 안 된다는 점이 특히 중요합니다. 신중하게 읽어주시고 베이커(Baker) 감독님께도 보여주시길 바랍니다. 어떻게 이 짧은 시간에 상황이 이렇게 달라졌는지 분명히 궁금해하시겠지요. 하지만 당신의 방문은 확실히 좋은 감명을 주기 위해 계획된 것입니다. 이 내용은 내부의 정보이므로, 우리 모두가 진지하게 받아들이고, 김 박사뿐 아니라 현재 한국에 있는 모든 기독교인들이 필요로 하는 보호를 확보하기 위해 최선을 다해야 합니다.

　저는 5월쯤에 뉴욕에 갈 계획이며, 그때 뵙기를 바랍니다.

　　　친애하는 당신의,

앨리스 R. 아펜젤러

1941년 3월 20일
프린스 스트리트 2815번지
버클리, 캘리포니아

친애하는 헤이즈마이어(Hasemeyer) 씨,
저는 어제 4개의 트렁크를 뉴욕의 당신 앞으로 보내드렸습니다. 한 개는 제 티켓에 표시가 되었고, 수표를 동봉합니다. 유니언 트랜스퍼가 착불로 배달할 것입니다.

나머지 3개는 화물로 보냈습니다. 제가 이곳에 너무 오래 머물러서 태평양 횡단 수하물 허용량을 받을 수 없었기 때문입니다. 부디 이 모든 비용을 벨마 메이너 부인에게 받으시고, 제가 가서 정산하겠습니다. 이 트렁크들을 맡아주셔서 감사합니다. 수화물로 보내진 것은 제가 갔을 때 열어야 하지만, 나머지 다른 것들은 다음에 어디로 보낼지 알 때까지 보관해 주시면 됩니다.

그동안의 친절에 감사드리며
    진심을 담아서,

앨리스 R. 아펜젤러

1941년 6월 6일

스캐릿 대학교[91]

내슈빌, 테네시

친애하는 친구들에게,

제가 한국을 떠난 이후로 저에 대한 소식을 듣지 못해 제가 어떻게 지내는지 궁금하실 겁니다. 여러분 가운데 더러는 제가 이곳에 온 뒤에 제게 편지를 주셨지만, 아직 답장을 받지 못하셨지요. 변명하고 싶지는 않지만, 저의 집과 평생의 직장을 떠날 수밖에 없었던 데 대한 슬픔, 이 일에 대해서 어디까지 표현해야 하는지 혹은 어디까지 침묵해야 하는지에 대한 불확실성, 그리고 막연한 미래 등이 뒤섞여 저를 어색하게 억눌렀다고 하겠습니다. 캘리포니아의 코로나에서 6주간 있었던 것이 가장 오래 머물렀던 것이었고, 그 외에는 대부분 여행과 강연으로 가득 찬 시간을 보냈습니다. 방문하는 곳마다 친구들을 만난 것이 기쁨과 위로가 되었고, 편지를 여러 통 쓰기도 했지만 충분하지는 않았습니다. 그래서 저는 제 오랜 친구인 등사기에 도움을 청하게 되었습니다!

지난 11월에 한국을 떠날 수밖에 없었던 것은 끔찍했고 저는 여전히 나쁜 꿈을 꾼 것처럼 느껴지지만, 연이어 일어나는 사건들은 우리 감리교인들에게 우리가 옳은 일을 했다고 믿게 해주었습니다. 일부 장로회 그룹을 제외한 모든 선교단체가 '안식년'이라는 명목으로 철수했지만, 처음 시행했던 사람들이 당연히 가장 많은 비난을 받았습니다. 선교사들과 연관된 한국인들에게는 긴장과 박해가 늘었고, 선교

---

91 앨리스는 1940년 한국에서 강제 귀국을 당한 뒤, 1943년까지 미국 테네시주 내슈빌에 있는 스캐릿 대학에서 교수로 봉직하였다.

사들 대부분은 외국인으로서 일본군에 잡힌 그 친구들을 도울 수 없음을 깨닫고 있습니다. 5월 28일자 〈크리스천 센추리〉는 선교사 철수에 관한 달라진 태도에 관해 보여주고 있습니다. 저는 그 사설, 「선교는 교회의 것이다」에 공감하며, 이 글이 교회가 직면한 사명에 대응하도록 돕기를 바랍니다.

이화대학에서 10명의 선교사 교수들이 철수하게 된 것은 커다란 부담이 되었지만, 이로 인해 긴장이 완화되어 한 해를 성공적으로 마쳤습니다. 심지어 졸업생들의 영어 연극도 평소와 같이 허가를 받았습니다. 비록 외국인들은 초대받지 못했지만요. 혼자서 〈가지고 갈 수 없어요(You Can't Take It with You)〉[92]를 무대에 올린, 미국에서도 교육을 받았던 그 졸업생은 그녀가 받은 모든 은혜에 대한 사랑의 봉사로 그 일을 한 것임을 알고 있습니다. 대학은 4월에 5개 학과에 450명의 여학생들이 등록하여 개강하였는데 이는 역대로 가장 많은 숫자입니다. 한국인과 일본인 교수들이 모든 일을 감당하고 있습니다. 우리는 8명의 여성 교수들이 우리가 사랑했던 롱뷰(Longview)에 거주하게 되어서 기쁘며, 작년처럼 올해도 딸기가 풍성하기를 바랍니다. 학교의 캠퍼스와 건물들이 아름답게 관리되고 있으며, 학교의 표어인 진선미(眞善美)가 용감한 총장으로부터 가장 낮은 직급의 직원에 이르기까지 모두에 의해 잘 지켜지고 있다는 소식을 들었습니다. 우리는 대학 건물이 설립되고 장비가 갖추어진 것에 감사드리며, 또한 위기가 오기 전에 새로운 총장이 취임한 것에 감사합니다. 우리는 이화가 이러한 폭풍에도 잘 버텨나가고 이전보다 더 강하고 훌륭하게 다듬어질 것을

---

92 조지 카프만(George S. Kaufman)과 모스 하트(Moss Hart)가 1936년에 쓴 코미디 연극으로, 부유하고 거만한 가족과 괴짜이지만 행복한 가족 간의 충돌을 다루며 우정과 행복의 교훈을 전하는 내용이다.

믿습니다.

우리가 대학으로 편지를 쓰거나 받을 수는 없지만, 선교 본부들이 책정한 할당금은 보내졌고 또 받아들여졌습니다. 이화대학 협동위원회는 이전과 같이 계속 도울 것입니다. 재무담당인 마스랜드(J. W. Masland) 부인의 주소지는 필라델피아, 펜실베이니아의 웨스트 브로드(N. Broad) 스트리트 6701번지이고, 그녀는 보내지는 기금이 이화대학을 위해 사용되게 할 것입니다. 우리는 이화의 친구들이 이전의 어떤 때보다 지금 더 큰 필요가 있음을 잊지 않기를 바랍니다. 한국으로 돈을 송금하는 것이 불가능해질 경우, 우리는 길이 다시 열릴 때까지 자금을 이곳에 모았다가 나중에 다시 돕도록 할 것입니다.

이곳에 돌아온 뒤 제가 누리는 가장 큰 기쁨 중 하나는 한국의 친구들, 특히 이화의 딸들과 다시 만나는 것입니다. 이화가 그들에게 어떤 의미인지를 표현하는 그들의 감사는 그들의 옛 스승에게 향하는 넘치는 친절로 나타나고, 우리는 어디에서 만나더라도 그곳은 이화의 한 부분이 됩니다. 저는 시카고와 뉴욕에서 더 많은 사람들을 만났고, 그들의 환대에 즐거웠습니다. 특히 지난주에는 프린스턴(Princeton)의 웨스트민스터 콰이어 대학(Westminster Choir College)에서 이화여자대학 학생 중 한 명의 졸업식에 참석하여 무척 자랑스러웠습니다. 그녀는 이번 달에 호놀룰루에 가서 그곳 사람들에게 음악 사역을 하게 됩니다. 몇몇 다른 사람들은 이화에서 가르치기 위해 대학원 과정을 준비하고 있는데, 지금은 돌아갈 수 없습니다. 전쟁이 우리 모두의 삶에 영향을 미치고 있고, 아직 끝나지 않았습니다.

이번 겨울 동안 태평안 연안에서 머물렀던 것은 제게 아주 유익했습니다. 훌륭한 의사들의 조언을 따르며 관절염을 관리했는데, 만약 제가 규칙을 잘 따른다면 제 건강은 괜찮을 것 같습니다. 한 분이 저에게 추위를 피해야 한다고 권고했기에 남쪽에서 일할 기회를 찾고 있어요. 제가 1938년에 방문했을 때 아주 즐거운 기억이 있는 스캐릿 대학(Scarritt College)에서 6월 10일부터 8월 17일간의 여름학기 행사 진행자가 될 첫 기회를 주었습니다. 제 계획은 아직 불확실하지만, 심장이 언제나 향하는 한국의 집으로 돌아갈 수 있을 때까지 교회학교에 머물게 되기를 원합니다. 하지만 제가 돌아가는 것이 한국의 친구들에게 도움이 될 수 있을 때까지는 돌아가지 않을 것입니다. 저는 그들의 능력, 헌신, 그리고 기독교 신앙을 믿고 염려하지 않으며, 날마다 그들을 위해 어떤 방법으로든 도우려고 애쓰고 있습니다.

한 친구가 〈런던 타임즈(The London Times)〉에 실린 밀른(A. A. Milne)—크리스토퍼 로빈(Christopher Robin)의 아버지—의 시에서 인용한 것을 보내왔습니다. 그는 어떠한 종류의 봉사라도 우리가 헌신하는 이상에 대해 다음과 같이 표현했습니다.

옛 런던의 녹슨 벽은 인간의 손으로 만든 것일 뿐,
사람이 우리를 위해 만든 것은 무너지고,
하나님이 우리에게 불어넣은 것은 서 있습니다.

과거의 화려함이 먼지로 부서진다 해도
우리는 오히려 수도원의 날들보다 더 오래 서 있을 기념비를 세웁니다.

부서진 집 위에 발을 디디고,
모두가 볼 수 있도록 자랑스러운 머리를 듭니다.
작은 거리에서 불멸의 영혼의 완전성으로.

변함없는 존경과 신뢰를 보내며
충실한 당신의 친구,

앨리스 R. 아펜젤러

1941년 8월 13일

친애하는 섀클록(Shacklock) 박사님,

최근 있었던 연설에서 당신의 훌륭한 간청에 이끌려 이 수표를 보냅니다. 어느 위원회로 보내야 하는지 기억하지 못하지만, 당신께서 적절한 사람에게 전달해 주시기를 바랍니다.

많은 감사를 드리며 훌륭한 업적에 대해 축하를 드립니다.

최근의 뉴스를 간절하게 듣고 싶습니다. 한 달 넘게 동양으로부터 한 줄의 소식도 못 들었지요. 선교 본부의 뉴스 게시판이나 혹은 동양에 있는 우리의 친구들로부터 온 어떤 소식이라도 듣게 된다면 감사하겠어요. 만일 웰치 가족이 그곳에 계시다면 그들께 이 편지를 전해 주시기 바랍니다. 그럼 저는 9월에 모두 뵙겠습니다.

진심으로,

앨리스 R. 아펜젤러

1942년 5월 8일
체스트넛 스트리트 257번지
웨스트 뉴턴, 매사추세츠

친애하는 카트라이트 박사님께

저는 블리스 와이언트[93] 부부가 내슈빌로 가고 특별히 그들이 스캐릿 대학에서 일할 가능성에 대해 큰 관심이 있어서 이에 대해 커닝햄(Cunningham) 박사와 스턴츠(Stuntz) 박사에게 편지를 썼습니다. 저는 전에 뉴욕에서 와이언트와 저녁을 한 적이 있었는데, 내가 스캐릿에 대해 말했더니 그들이 좋아했습니다.

그들은 와이언트 씨가 내슈빌에서 하는 인터뷰 비용은 지불받겠지만, 와이언트 부인의 비용은 지불되지 않을 거라고 했어요. 스캐릿 대학의 상황과 그들의 입장을 아는 바로는, 그들이 스캐릿을 방문할 때 와이언트 부인이 그녀의 남편과 함께한다면 그들이 그 일자리를 얻을 수 있는지 여부에 큰 차이가 날 거라고 믿어집니다. 네 명의 어린 자녀를 둔 가족을 고용하는 것은 부담스러울 수 있지만, 와이언트 부인은 아주 호감이 가고 음악적으로 유능한 사람이라 저는 그녀라면 남편 혼자서는 얻기 어려운 배려나 기회를 얻을 수도 있을 거라고 생각합니다. 만일 그들이 그 자리에서 함께 의논할 수 있다면 가계비를 조절하는 데에도 큰 도움이 될 것입니다. 선교 본부에서 와이언트 부인을

---

[93] 블리스 와이언트(Bliss Wiant, 1895~1975)는 중국의 고전 및 민속 멜로디를 찾아 중국어 가사와 결합하여 중국 기독교인들이 사용할 수 있는 독창적인 찬송가를 만든 선교사이자 음악가이다. 오하이오 웨슬리언 대학과 보스턴 대학에서 교육을 받고, 피바디 칼리지에서 박사학위를 받았으며, 1923년부터 1951년까지 베이징의 옌칭 대학교에서 음악부장을 역임한 이후 미국 오하이오주 여러 교회에서 음악 목사로 활동하였다.

함께 파견하기로 결정한다면 그에 따른 비용은 충분히 가치 있게 사용될 거라고 믿습니다.

저는 내일 루스 파이크(Ruth Pyke)를 만날 계획입니다.

당신의 충실한,

앨리스 R. 아펜젤러

1942년 7월 28일
스캐릿 기독교 노동자 대학
내슈빌, 테네시

친애하는 웰치(Welch) 감독님께

저의 모든 기부에 대해 감리교회가 보낸 것으로 인정받도록, 중국 구호를 위한 저의 수표 10달러를 스틸웰(Stillwell) 육군 대령 대신 당신께 보내면서 그분에게도 이 점을 알려드리겠습니다.

지난 며칠 동안 클래퍼(Clapp) 박사 부부와 함께 지냈는데, 여러분 모두에 관한 이야기가 가장 재미있었어요. 저는 올 한 해 내내 여행할 계획이라 오래지 않아 여러분을 만나게 될 것입니다. 피난민들이 돌아오고 있어서 너무 오래 떠나 있을 수는 없습니다. 헨리는 이 상황에도 불구하고 저를 보고 간곡하게 호놀룰루로 올 것을 권유해서, 어쩌면 크리스마스 이후에 갈 것 같아요. 아이다의 남편은 아프리카에서 아주 흥미로운 경험을 하고 있습니다.

가족들에게 안부를 전해 주시고, 멋진 여름을 보내시기 바랍니다.

늘 성심을 다하는,

앨리스 R. 아펜젤러

1943년 2월 18일

친애하는 아펜젤러 씨,

당신께서 우리 위원회의 해외 구호를 위해 보내주신 관대한 기부금에 위원회를 대신하여 진심으로 감사드리며, 이것이 비참한 처지에 있는 사람들을 돕는 데 큰 도움이 될 것을 확신합니다. 우리는 많은 도움의 요청을 받으며, 세계 대부분의 나라들의 상황은 절망적입니다. 그럼에도 불구하고, 많은 이들의 응답은 큰 격려가 되며, 그것으로 인해 이 거대한 세계 구호 활동에서 우리의 역할을 계속하도록 지탱해 줍니다. 당신에게 축복이 임하기를! 당신의 사랑의 선물을 받게 되는 사람들의 기쁨만큼 당신의 기쁨도 크리라는 것을 확신합니다. 필요한 증서를 동봉합니다.

　　　따뜻한 마음을 전하며,

　　　　　　　　　　　　　　　　　　　　　허버트 웰치

1949년 1월 18일
감리회 선교부
34 정동
서울, 한국

친애하는 친구분들,

여러분들은 오랫동안 기다리시면서 여러분의 우편물에 무슨 일이 생겼는지 궁금하셨겠죠. 우리는 10월에 더 이상 군사우편을 사용할 수 없음을 통지받았습니다. 대부분 편지들은 국제우편으로 안전하게 오지만, 꼼꼼하게 포장하지 않아서 틈이 보이면 검사하는 손을 거치게 됩니다. 세관 검역을 거치지 않도록 가격을 명시해 주시길 부탁드립니다.

이렇게 추운 날씨에는 따뜻한 옷과 신발 그리고 덧신들이 가장 필요합니다. 교사들과 목사들은 옷을 살 만큼 충분한 돈이 없으며, 많은 수의 졸업생들이 그런 상황에 있습니다. 아홉 명의 가족들에게 신발과 따뜻한 옷을 맞춰 입게 했을 때 크게 기뻤습니다. 그들은 교사인 남편이 병을 앓고 있는 졸업생의 가족이었습니다. 최근에 또 다른 졸업생이며 유능한 이화여고의 전직 교사가 등에 자기 아기를 업고 왔었지요. 8년 만에 저를 만나는 그녀는 마룻바닥에 눈물을 흘리며 러시아 지역으로부터 탈출하여 두 달 동안 산을 통과하며 이동했던 고된 이야기를 들려줬어요. 그녀는 남편과 다른 아이들과 서로 헤어졌다가 다시 만나게 되어 이제 아무것도 없이 새로운 삶을 시작하고 있습니다. 여러분들의 선물은 우리들이 이러한 사람들을 돕게 해줍니다.

따뜻한 옷들 이외에도 여러분들이 지금까지 보내주신 모든 것들, 바느질 도구, 실, 자수실, 학용품, 연필, 종이, 초, 비누, 수건 등이 필요합니다. 이미 사용했던 양초와 연필 등도 괜찮아요. 설탕이나 다른 가루 종류는 한번 더 싸 주세요. 그러지 않으면 종이 상자가 자주 샙니다. 말린 과일이나 섞여있는 제품도 아주 좋습니다.

제 생각에 제가 백만 장의 크리스마스 카드가 있는 것 같지만, 실은 더 많이 있어도 좋아요. 여대생들은 각자 여러 장의 카드를 받았지만, 이화여고 학생들은 하나도 없어서 더플백으로 가득 보내면서 각자 하나씩은 갖게 되기를 바라고 있지요! 여러분의 카드를 다시 한번 기다리는데, 더러는 이미 도착해서 작년에 하나도 받지 못한 시골의 졸업생에게 보내졌습니다. 그것들은 따로 포장해서 상업적 가치 없음을 표시해서 부쳐 주시기 바랍니다. 그 카드들은 영어 시간과 주일학교에서 크리스마스에 대해 가르칠 때, 그리고 장식용이나 선물로도 사용됩니다.

한국에서의 일들은 새로운 정부의 시작과 유엔을 비롯한 다른 승인과 경제적인 원조 등으로 희망적입니다. 오늘 대통령 부인인 리 부인[94]은 우리 집에서 점심식사를 한 후에 쿠퍼[95] 씨가 이끌었던 북쪽에서 온 100명 이상의 여성 기도 모임에 참석하셨어요. 모든 진실한 기독교인들은 아무리 평범해 보이더라도, 공산주의라는 거대한 위협에 맞서는 든든한 방패입니다. 중국 전체가 불타고 있는 상황에서 우리는 여기가 안전하다고 느끼지 못하지만, 우리는 한국인들이 1948년의 위대한

---

94 대한민국 초대 대통령 이승만의 아내 프란체스카 리(Francesca Donner Rhee, 1900~1992) 여사를 말한다.
95 케이트 쿠퍼(Kate E. Cooper, 한국명 거포계巨布計, 1886~1978)는 웨슬리언 대학과 스칼렛 신학교를 졸업하고 1908년 남감리회 해외여선교회에서 한국 선교사로 파송을 받았다. 원산선교부에 부임하여 보혜여자관 사업을 맡아 여성을 위한 선교, 교육, 계몽사업에 헌신했다. 1940년 11월에 강제 귀국되었다가 1947년 다시 내한하였으며, 그해 10월 5일 공산정치를 피해 남한으로 피난 온 여성들을 모아 구국 기도단을 만들었다. 이후 감리교신학교, 대전감리교신학교에서 강의하였다.

토대 위에 세워지길 바랍니다.

  9월 21일에 발목의 뼈 두 개가 골절되어 가을 내내 누워 있었는데, 지금 조금씩 나아지고 있어요. 저를 찾는 방문객들이 많았고, 편지들을 많이 썼지만 아직도 더 쓸 게 많아요. 날마다 흥미있는 일들이 많았고, 시간을 많이 낭비한 것 같지는 않아요. 연료 절감을 위한 긴 겨울 방학은 2월 15일에 끝나고, 우리는 여름 동안 빠진 수업을 메꾸게 될 겁니다. 김활란 박사는 미국에 있는데, 우리 과학관 건물의 계약이 이뤄졌습니다. 3월의 개강과 함께 캠퍼스의 새 삶이 시작될 거에요. 이런 날들을 살아가기 위한 힘과 지혜가 필요하고, 이를 위한 여러분의 기도를 기대합니다.

  충실한 당신의, 앨리스 R. 아펜젤러

                                앨리스 R. 아펜젤러

1949년 7월 31일

감리회 선교부, 34 정동
서울, 한국

Civ Emp US Army CIE GHQ SCAP

APO 500

샌프랜시스코 경유

친애하는 커[96] 씨,

이 편지는 특별히 조 씨의 땅에 관한 것이며, 실제로 그분께 보내는 내용입니다. 저는 이 중요한 문서를 섀클록 박사님을 통해 보내며, 그는 이 편지를 어떤 선교사들을 통해 당신에게 전할 것입니다. 저는 같은 방법으로 손으로 직접 전달된 회답을 받고 싶습니다. 섀클록 박사님은 이곳으로 돌아오지 않지만, 우리 K-3 가운데 일부가 일본으로 갔다가 3주 안으로 돌아옵니다. 당신께서 아오야마에서 문의하시면 누군가 그 편지를 제게 가져올 것입니다.

저는 이것에 대해 조 씨에게 편지 쓰는 것을 게을리했고, 자주 쓰고 싶었지만 무엇에 써야 할지 몰라 어제서야 겨우 이 서류들을 끝냈습니다. 2월에 제가 귀국한 직후, 원주에 사시면서 감리회의 춘천 구역을 맡으신 찰스 스톡스[97] 박사님께 춘천의 땅을 방문할 것과 보고를 부탁

---

96 윌리엄 커(William C. Kerrs) 선교사를 가리킨다.
97 찰스 스톡스(Charles David Stokes, 한국명 도익서都益瑞, 1915~1998)는 미국 남감리회 한국 선교사였던 메리언 스톡스(Marion B. Stokes)의 넷째 아들로, 애즈베리 신학교와 예일 대학교 대학원 박사과정을 마치고 1940년 1월 한국 선교사로 임명되었다. 서울에 머물면서 한국어 공부를 시작했으나, 태평양전쟁이 일어나자 선교사 철수계획에 따라 몇 달 만에 미국으로 돌아갔다. 1947년 한국 감리교회사에 관한 논문 「History of Methodist Missions Korea」로 박사학위를 받고 다시 내한하여 한글 공부를 하는 한편, 월남한 사람들을 돌보면서 1950년 한국전쟁 직전까지 원주에서 선교사업을 펼쳤다. 한국전쟁 중에는 피난민 수송과 구호사업에 힘

드렸고, 그분은 그렇게 하셨습니다. 우리는 그들의 영토에 속한 대략 277,320평에 달하는 전체 부지를 새로 연합된 한국의 감리교회(대한감리회)에 양도할 계획입니다. (옛 교회 경계선이 더 이상 있진 않지만, 전통적으로는 여전히 존재합니다.)

저는 곧 구자옥(Koo Chaok)[98] 도지사와 의논했고, 그는 많은 시간을 들여 은행 등 여러 가지 사항을 확인했어요. 저는 루츠(Luts) 씨와 윌리암스(Williams) 씨와도 이야기를 했지만, 주로 YWCA의 박 에스더[99] (그녀는 호놀룰루 출신으로 우리와 함께 살고있어요), 구 씨, 변호사 임철호[100] 씨 등과 함께 일을 했습니다. 그는 YWCA의 변호사였으며 현재는 이승만 대통령을 위해 일하고, 그의 사무실은 대통령 관저 안에 있습니다. 우리는 그가 아주 훌륭하고 믿을 만한 사람이라고 생각되며, 여기 제가 동봉하는 것은 그가 준비한 보고서와 서류입니다.

그 사람들 가운데 제가 가장 한가한 사람 같지만, 5월 26일에 구자옥 도지사가 우리를 그의 차로 영등포와 양주의 부지에 데려갔을 때 참석할 수 없었습니다. 영등포 혹은 노량진은 5,820평이며, 현재는 아무것

을 쏟았고 전쟁고아 구제를 위해 1952년 3월 충북 음성에 아동보호시설 음성향애원을 개원하였다. 안식년을 마치고 1954년 1월 대전에 도착하여 농촌교역자 양성을 위한 감리교대전신학교를 설립하였는데, 현재 목원대학교로 발전하였다.
98 구자옥(具滋玉) 지사가 1946년부터 1950년까지 경기도 지사로 근무하였다.
99 박 에스더(Esther Park, 1902~2001)는 평남 강서에서 태어나 1살 때 가족과 함께 하와이로 이민갔으며, 호놀룰루 대학을 졸업한 뒤 미국 YWCA연합회 직원으로 취업하였다. 1947년 대한 YWCA 고문총무로 임명받아 한국으로 파견근무를 나와서 여성 직업훈련, 지도력 양성교육, 해외파견 교육에 앞장섰다. 한국전쟁 와중인 1952년에는 미국 YWCA로부터 긴급 사업비를 지원받아 재건 및 구호 활동을 전개했다. 1964년 이화여대에서 명예 문학 박사학위를 받았다.
100 임철호(任哲鎬, 1905~1990)는 법조인 출신으로 제4대 국회의원과 농림부장관을 지낸 정치인이다. 일제강점기에 메이지 대학을 졸업하고 고등문관시험에 합격하여 변호사가 되었으며, 광복 후 초대 대통령 이승만의 비서관이 되어 정계에 입문하였다. 제4대 국회부의장을 지냈으나, 4·19 혁명 이후 지탄의 대상이 되어 수감되었다.

도 없지만 잠재적으로 가장 가치 있어 보입니다. 그곳은 더 이상 조 씨 할아버지 시절의 과수원이 아니며, 나무는 한 그루도 없이 그냥 흙만 있었습니다. 하지만 때가 되면 가치 있는 땅이 될지도 모르지요.

그다음에 우리는 양주로 갔습니다. 동문 밖에 도착하기 전에 왼쪽으로 돌아 왕릉으로 가는 아름다운 계곡을 따라 흐르는 시냇물을 끼고 갔지요. 정확히 얼마나 멀리 가야 하는지 몰랐는데, 우리의 왼쪽에 언덕을 보면서 특별히 맘에 드는 장소에 도착했을 때 "이곳을 당신들의 YWCA 캠프로 드리겠습니다"라고 말했습니다. 그것이 바로 그들이 원하는 거였어요. 우리는 계속 갔으나, 바로 그곳으로 돌아와야 했습니다! 저는 그들에게 언덕 전체가 아니라 그 가운데 일부만 '주었고', 그곳은 아름다운 캠프장이 될 거에요. 제게는 YMCA보다 YWCA에게 이 장소가 더 필요하다고 믿어집니다. 왜냐하면 YMCA는 역사가 훨씬 오래 되었고 많은 재산도 소유하고 있지만, YWCA는 아무것도 없거든요. 이 부지의 면적은 277,320평입니다.

우리는 서울 익선동에 있는 집은 방문하지 않았습니다. 우리는 처음에 그곳을 그냥 놔둔 채, 친척이든 누구든 그곳에 살고 있는 사람들을 부추기지 않으려고 생각했어요. 하지만 임 씨는 그곳을 다른 것들과 함께 양도하는 게 나을 거라고 생각하기에, 우리는 조 씨가 이 집에 대해 어떻게 하길 원하는지 알고 싶습니다.

양주에는 묘지 부지도 있는데 그게 어디에 등록되어 있는지요? 은행에 등록되지는 않은 것 같습니다.

제가 이해하는 새로운 토지법에 따르면 쌀농사를 짓는 논이나 밭의 교환은 금지되었지만, 숲은 가능합니다. 하지만 아마도 교회나 YWCA 등의 공식적으로 등록된 기관에게는 양도할 수 있습니다. 조 씨가 이 모든 서류들을 읽으면 저보다 훨씬 잘 이해할 겁니다. 한국 감리교회와 YWCA는 모두 법인으로 설립되어 있으며, 현재는 재단법인으로 불립니다.

구 씨는 경기도에 있는 그의 4H 클럽에 무언가를 주길 원하지만, 그들은 등록이 되어 있지 않아서 불가능합니다. 그렇기 때문에 저는 춘천의 모든 땅을 한국 감리교회에게 주고 양주의 부지를 YWCA에게 기부할 것을 제안합니다. 은행에 있는 현금은 등록, 변호사 등의 비용으로 쓰여야 하고, 나머지는 YWCA로 가면 됩니다.

이 서류상에 조 씨의 서명이 필요한 모든 곳에 연필로 동그라미 표시가 되었으며, 조 씨가 하나도 놓치지 않도록 아주 세심하게 확인해 주시기 바랍니다. 어떤 곳은 두 장에 걸쳐 있는데, 하나로 봉해야 합니다.

만약에 조 씨가 그 땅을 다른 곳에 양도하기를 선호한다면 아주 솔직하게 저에게 말씀해주기를 바랍니다. 지금 이 나라의 상태가 안전하지 않기 때문에 이 모든 절차를 빠른 시일 내에 마쳐야 한다고 들었습니다. 그래서 저는 그분이 이 문제에 최선을 다해 신경을 써서 학생들이 방학을 끝내고 돌아오면 이 서류를 제게 돌려주실 수 있기를 원합니다.

저는 이따금 조 씨 부부와 그들의 사랑스런 가족들에 대해 생각하면서 그들을 만나게 된 것을 아주 기뻐합니다. 조 씨 부인이 보내주신 칼슘 덕분에 아주 피곤하지 않는 한, 저는 이제 더 이상 절지 않고 이전처럼 자유롭게 걸을 수 있어요.

모두에게 안부를 전해 주세요.

  당신의 충실한,

앨리스 R. 아펜젤러

1949년 11월 4일

친애하는 아펜젤러 씨,

쇼(W. E. Shaw) 목사와 저는 한국의 재산에 관한 기록을 살펴보고 있습니다. 필요한 대부분의 자료는 1946년에 양주삼에 의해 작성된 보고서에서 가져온 것입니다.[101] 그런데 우리는 그 서류 위에 구입일, 사용 목적, 건물 비용 등을 포함한 재산의 역사를 적을 수 있는 빈 공간을 보았습니다. 쇼 씨의 생각에는 우리의 큰 재산에 대해 이러한 역사적인 기록을 적는 것이 좋을 거라고 보았습니다. 양주삼의 보고서는 단지 대부분의 재산이 여전히 우리 부서 중 하나의 소유로 되어있고, 다른 재산은 지방단체가 소유하고 있음만을 밝히고 있습니다. 이 보고서에는 연희대학과 이화대학처럼 대부분의 큰 규모의 재산은 생략되었습니다. 다만 이화고등학교, 배재고등학교와 연결된 몇몇 건물들이 기록되었지요. 하지만 우리는 토지와 건물들이 별도로 구입되었다는 자세한 내용 없이 이러한 재산에 대한 정보를 포함시켰습니다.

쇼 씨는 당신이 서울에 있는 여성 부서와 외국 선교 부서가 각각 사용하고 있는 소유지에 관한 이야기들을 제게 들려줄 수 있는 가장 적합한 분이라고 제안했습니다. 그는 특별히 그레이 하우스[102], 이화고등학교, 이화대학교, 그리고 배재고등학교를 언급했지요. 그러나 딱 이 재산들에만 제한하실 필요는 없습니다. 저는 채핀[103] 부인에게 신학교

---

101 양주삼은 감리회 총리원의 총리사로 1941년에 내한 선교사들이 일제에 의해 강제로 귀국당한 뒤에 선교부 재산을 관리하였다.
102 그레이 하우스는 독신 여선교사 사택이다. 정동 덕수궁 옆에 있던 언더우드 선교사의 집(종로구 정동 13-1번지)을 1902년 덕수궁에서 구입하였다가 1910년 감리회 여선교부에서 다시 구입하여 양옥으로 짓고 그레이 하우스라는 이름으로 사용하였는데, 1977년 예원여중 운동장이 되면서 없어졌다.
103 안나 채핀(Anna B. Chaffin, 1883~1977)은 1920년 미 남북감리교단이 연합하여

에 관해 이야기해 줄 것을 요청했어요. 너무 자세한 내용이 포함되지 않은 연희대학교의 개요 정도면 좋겠습니다.

혹시나 이런 정보가 있을까 해서 여성 부서의 기록들을 살펴봤지만 아무것도 찾을 수 없었어요. 어딘가 금고 같은 곳에 문서가 남아있다면 도움이 될 테지만, 혹 있다 하더라도 찾을 수 없을 거에요.

그렇기에 시간 나실 때 (선교사들에게 그런 종류의 시간이 많지 않다는 것을 알고 있습니다) 그 자료들을 준비해서 보내주신다면 정말 고맙겠습니다. 저는 이 자료 없이 우리 파일에 기록을 작성하면서, 나중에라도 자료가 도착하면 더할 수 있도록 준비하겠습니다. 그래서 이 기록이 나중에 이 소유지에 관한 의문이 제시될 때 역사적으로나 사용에 있어서 더 완벽해질 것입니다.

저는 이 사무실에 참고용으로 보관되어 있는 각각의 해외 선교 부서와 여성 부서의 재산 기록을 살펴보고 있습니다. 즉 오래된 기록들을 시대에 뒤쳐져 있어 새롭게 수정한다는 뜻이지요.

우리가 그 서류의 앞 부분을 어떻게 작성했는지 보여드리기 위해 그레이 하우스에 관한 기록의 사본을 보냅니다. 뒷면에 보이는 재산의 역사 아래에 우리가 어떤 도움이 필요할지 적혀 있습니다.

당신과 당신의 하시는 일에 행운을 빕니다.

진심을 담아,

E. M. 모펫

EMM/cmw

설립한 감리교협성여자신학교의 초대 교장과 남녀공학이 된 협성신학교의 초대 부교장을 역임하면서 여성 신학교육의 초석을 놓았다. 1940년 강제 귀국했다가 광복 이후 다시 한국으로 돌아와 이화여대 교수, 이화학원 이사장으로 봉직했다.

1949년 11월 12일
감리회 선교부
34 정동
서울, 한국

친애하는 친구들에게,

이 편지는 감리회 선교 본부를 통해 제가 보내는 네 번째 편지입니다. 1948년 6월부터 여러분으로부터 많은 편지를 받았는데, 정말 감사드립니다. 진정한 답장은 아직 아니지만, 아무것도 없는 것보다는 낫기를 바랍니다. 저는 여전히 답을 쓰려고 기대합니다.

제가 4월에 보낸 편지에서 대천 해변에 선교회가 직원들을 위해 지은 여름 캠프장에 대해 언급했었지요. 3개월 전에 단지 종이 위에만 있었는데, 막상 그곳에 실제로 있다는 것이 기적과도 같습니다. 우리가 사랑하는 소래 바다와 비슷한데, 소나무로 뒤덮인 언덕이 평평하고 단단한 모래 해안으로 이어지며 섬들이 보석처럼 박힌 해안 너머로 노을이 바라보이지요. 선교사들이 운영하는 숙박시설은 편안했고, 자주 만나지 못하는 선교사들과의 친교는 좋았어요. 저는 그곳에서 2주 동안 하루에 두 번씩 수영을 하고 자연과 자유를 즐기며 행복하게 지냈어요.

우리가 바다에서 돌아왔던 날 김활란 박사가 미국에서 돌아왔어요. 그녀는 떠나있던 1년간 너무 많은 일들이 일어나서 그 어느 때보다 일에 적응하기가 더 어렵다고 말했어요. 그녀는 아직 업무가 완전히 능숙하지는 않지만 많이 좋아지고 있어요. 모든 사람들이 그녀가 무사한 것에 안심을 표했고, 나라를 위한 그녀의 봉사에 감사했어요. 많은 사람이 그녀가 10월 15일에 스미스 대학에서 있었던 명예학위를 받으라는 초청을 거절했음을 알지 못합니다. 그녀는 루스벨트(Roosevelt) 대통령 부인을 비롯한 다른 훌륭한 여성들과 함께 초청을 받았지만, 이화여대에서의 업무를 계속하기 위해 거절했습니다. 그녀는 스스로 이 말을 하기에는 너무 겸손합니다. 하지만 저는 미국으로부터 이 소식을 들었어요. 무장한 경호원이 그녀를 밤낮으로 따라다니며 그녀의 사무실 밖에 그런 사람들이 보이는 것이 이상하고 불안합니다. 우리는 그녀를 비롯한 다른 기독교 민주주의 지도자들의 생명을 위협하는 사람들이 좌절되기를 기도합니다. 언더우드 박사 부인의 피살사건이 이런 일이 일어날 수 있음을 우리에게 절실하게 알게 해줬습니다.

바닷가에서 저는 헬렌 로서(Helen Rosser)라는 훌륭한 공중 보건 간호사와 함께 방을 썼는데, 그녀는 5월과 6월 사이에 소련의 국경 근처인 개성에서 전투를 겪었습니다. 그녀가 타고 있던 차가 충돌했고, 총알이 선교사 구역에 떨어졌습니다. 대부분의 부유한 한국인들은 그들의 재산을 도시로부터 옮겼습니다. 선교사들은 여름 휴가를 떠나도록 명령받았으나 학교가 시작되기 전에 모두 돌아왔지요. 이제 그곳은 조용하고 사람들을 위해 봉사할 기회는 그 어느 때보다 많이 있어요.

여러분이 아시는 것처럼 공산주의자들이 남한을 장악하기 위해 여러 날짜를 정해놨지만, 우리는 여전히 이곳에 있습니다! 소래 남쪽에 있는 옹진반도에서 심각한 전투가 일어나고 있지만 국군이 승리하고 있는 중입니다. 그들의 미군 고문 장교들은 한국군을 높이 평가하고 있지요. 물론 중국에서 승리를 거둔 공산당들이 우리의 상태를 위협하고 있습니다. 하지만 우리는 미국이 그리스에서와 마찬가지로 한국 안에서도 승리하게 될 것을 소망합니다. 자금 부족으로 ECA의 직원을 감소하게 된 것을 유감스럽게 생각합니다. 지금은 후퇴할 때가 아니라 앞으로 전진해야 할 때입니다!

저는 10월에 있었던 두 사건으로 인해 깊은 뿌리와 진심에서 우러

나오는 봉사의 가치에 대해 관심을 기울이게 되었습니다. 20일에 정동 교회에서 조만수 씨의 장례식이 있었습니다. 그는 40년 동안 이화학당에서 일해 왔던 선교사 교장들 페인[104], 프라이, 파커, 월터, 아펜젤러, 밴플리트의 오른팔이었습니다. 그가 페인 선생을 돕기 위해 왔을 때, 그는 한국의 보통 교육을 받은 18세 소년이었습니다. 성실하고 신뢰할 수 있었으며, 근면해서 영어와 회계를 배워 일의 감독자, 자금 관리인, 조언자이자 모두의 친구로서 믿을 만한 사람이 되었습니다. 그는 제 아버지께 세례를 받았고 기쁨으로 성장하는 기독교인이자 교회의 일꾼으로 평생을 살았습니다. 1897년에는 학교의 '큰 소녀들' 중 한 명인 아름다운 김루시와 결혼을 했지요. 그가 죽은 다음 조부인은 제게 주례목사인 헨리 G. 아펜젤러와 페인 선생, 프라이 선생이 증인이 되었던 그녀의 결혼증서를 보여줬어요. 그녀는 그것을 지금까지 잘 간직하고 있었던 거지요. 저도 분명히 증인이 될 수 있었을 거에요, 열두 살 나이에도 저는 제 주위에 있었던 일들을 별로 놓치지 않았거든요! 그들의 가정생활은 기독교인 가정의 가치를 증명해 왔습니다. 42명의 자손들이, 줄지어 서서 "내 주 되신 주를 늘 사랑하며" 찬송을 부르는 이화의 소녀들 사이로 옛 이화학당을 출발해서 아주 천천히 지나가는 영구차를 뒤따라갔습니다. 그를 사랑했던 정동교회와 우리

---

[104] 조세핀 페인(Josephine Ophellia Paine, 한국명 폐인陛仁, 1896~1909)은 미국 감리교회 여선교사로 1892년 내한하여, 1893년 9월 로드웨일러의 후임으로 제3대 이화학당 당장으로 취임하였다. 15년간 봉직하면서 체조를 교과과정에 설치하여 직접 지도하였고, 1896년 가사과(家事科)를 설치하였으며, 을사조약으로 인해 민족이 비운에 젖었을 때 학교에서 기도회를 열도록 해 신앙으로 민족운동을 지원하였다. 1907년 이화학당 당장직을 프라이에게 넘겨주고 제물포에 거주하면서 지방순회 전도 및 평양, 서울 지역의 기독교학교 관리의 책임을 졌다. 해주, 평양에 이르는 광범위한 지역을 순회하며 전도와 교육에 종사하던 중 콜레라에 걸려 1909년 9월 25일 해주에서 순직하였다. 그의 유해는 양화진 외국묘지에 안장되었다.

모두는 그의 모습을 그리워했지만, 우리는 주님의 기쁨 안으로 들어간 충성스러운 일꾼의 죽음을 슬퍼할 수만은 없었습니다.

또 다른 하나는 이틀 후에 같은 장소에서 있었습니다. 이화중학교 학생처장 함명학 여사의 20년의 봉사를 기리기 위해 교회가 가득 차게 모였었습니다. 45세의 당당한 그녀는 과거와 현재의 수백 명의 이화의 학생들로부터 찬사를 받는 여왕처럼 보였지요. 저는 프라이 선생이 특별한 장면을 보여주기 위해 베란다로 불러냈던 1915년의 어떤 날을 기억했습니다. 거기에는 학교에 오기 위해 강릉에서 200마일을 걸어왔던 다섯 명의 어린 소녀들이 있었고, 그들의 아버지들이 '지게'로 짐을 지고 왔습니다. 기독교인이 아니라면 어떤 한국 남자도 작은 딸을 위해 이런 일을 하지 않았을 겁니다! 명학 여사가 알기로 그녀의 부모는 아직 생존하지만 그들은 북한에 있습니다. 그녀의 아버지는 평신도 설교자로 그의 가정집에서 예배를 인도했는데 그 집은 소련에 의해 몰수되었지요. 그 이후의 소식은 모릅니다.

이러한 일들은 제가 좋아하는 덴마크의 민요를 기억나게 했습니다.

그 까닭은 잃을 수도 머무를 수도 없어요.
하나님께서 정해놓으신 길을 따라가는 거지요.
그것은 벽이나 탑을 의지하지 않아요.
하지만 씨앗들은 천천히 자라서 꽃이 됩니다.

그러니 폭풍에도 더 이상 당황하지 말아요.
완전히 자라난 씨앗들이 뿌려졌을 테니까요.
혹시라도 그 나무가 그 힘에 부숴질지라도
이제 수천 개의 씨앗들이 뿌려질 테니 무슨 문제가 될까요!

우리를 방문한 행정비서 빌링스리(Billingsley) 씨가 '우리 고참들은 5년 임기 말에 은퇴를 해야만 한다'고 알려줬지요. 그래서 제 은퇴 날짜는 1951년 12월 20일입니다. 제 건강은 양호하고, 하루 13시간 강의하고 20개가 넘는 위원회에서 일하며, 제 인맥이 자라날수록 더욱 흥미가 넘칩니다. 크리스마스 이브에는 언더우드 가족의 50번째 크리스마스 저녁 식사에 참석하려고 합니다. 그들은 용감하게 그들만의 전통적인 대접을 계속하고 있지요. 사랑스런 조앤(Joan)은 테이블 끝의 어머니 에델[105]의 자리에 대신 앉아 모든 것이 관습대로 잘 지켜졌는지 살피고 있었습니다. 저의 마음은 여러 곳에 계신 저의 친구분들께 향할 것입니다. 우리 함께 아기 예수님께 우리의 헌신과 참되신 그의 길을 따르는 우리의 믿음을 새롭게 합시다.

크리스마스의 소망을 함께 보내며,

충실한 마음으로,

앨리스 R. 아펜젤러

---

[105] 에델 언더우드(Ethel Van Wagoner Underwood, 한국명 태요한, 1888~1949)는 연희전문학교를 설립한 호러스 G. 언더우드의 며느리이자 호러스 H. 언더우드(Horace Horton Underwood, 한국명 원한경, 1890~1951)의 아내이다. 1912년 미장로회 선교부 추천으로 서울외국인학교에 파송된 첫 교사이며, 초대 교장을 역임하였다. 1945년 광복 후에는 미군 구호물자를 배급하는 구제사업을 하였고, 1948년 8월 9일 사회사업 재단법인인 기독교절제소녀관(현 연세사회복지관)을 설립하였다. 1949년 3월 17일 자택(현 연세대학교 언더우드가 기념관)에서 교수부인회 모임을 주재하던 중 괴한의 총탄에 맞고 사망하였으며, 현재 양화진 외국인선교사 묘원에 안치되어 있다.

제2부

그리피스와 주고받은 편지

제2부에 번역·수록된 자료의 소장처와 소속 컬렉션은 다음과 같다.

- Rutgers University Libraries. Special Collections and University Archives (컬렉션:
  William Elliot Griffis Collection, MC 1015)

해제

1. 자료 소개

- 편지의 발신자 1
  앨리스 아펜젤러의 어머니, 엘라(엘렌) 닷지 아펜젤러(Ella Dodge Appenzeller, 1854~1915)

엘라 아펜젤러는 1854년 뉴욕주 베를린에서 태어나 1884년 12월 헨리 G. 아펜젤러(Henry Gerhard Appenzeller, 1858~1902)와 결혼했다. 결혼한 지 4개월 후 한국으로 출발했으며 항해하는 동안 임신한 몸으로 많은 어려움을 겪었다. 1885년 4월 부활절에 한국에 도착했고 그해 7월에 정동에 정착하여 12월에 첫째 딸 앨리스를 낳았다. 이후 헨리(1889년 한국에서 출생), 아이다(1891년 한국에서 출생), 메리(1893년 미국 랭커스터에서 출생)를 키우며 남편의 사역을 도왔다. 1902년 남편이 불의의 선박사고로 숨진 이후에는 홀로 4명의 자녀를 키워야 했다. 자녀 모두에게 고등교육을 받게 하여 선교 사역의 후계자로 만들기까지, 엘라는 아버지 회사에서 일하는 한편 랭커스터 감리교회를 섬기며 지역 교회의 성도들, 특히 젊은 여성들에게 한국 선교의 필요성을 알렸다. 편지의 내용을 통해, 헨리 아펜젤러 사후에 그들이 실제로 경제적인 어려움을 겪었다는 사실도 확인할 수 있다.

비록 엘라는 자녀들의 결혼을 보지 못하고 1915년 61세의 나이로 소천했지만 그의 기도와 가르침 아래 성장한 자녀들은 모두 한국 선교에 헌신하였다. 앨리스는 이화학당의 6대 당장이 되어 교육자로서 선교를 감당했고 아들 헨리는 배재학당에서 인재를 양성했으며, 막내 딸 메리 또한 한국에서 선교사로 사역했다.

- 편지의 발신자 2
  앨리스 레베카 아펜젤러(Alice Rebecca Apenzeller, 1885~1950)

앨리스 아펜젤러는 1885년 11월 9일 미국 북감리회 최초의 조선(이하 한국이라 함) 선교사 헨리 G. 아펜젤러와 그의 아내 엘라 D. 아펜젤러 슬하 사남매 중 첫째 딸로, 서울 정동에서 출생했다. 한국에서 태어난 첫 번째 서양인 아기였고 한국 최초의 유아 세례자이다. 1900년 부모의 안식년으로 미국에 건너가기까지 한국 아이들과 함께 놀고 공부하며 말과 문화를 자연스럽게 익혔다.

앨리스는 미국 펜실베이니아주 랭커스터에 소재한 쉬펜여자고등학교를 졸업했다. 그러던 1902년 6월 11일 아버지 헨리 아펜젤러의 안타까운 순직 소식을 듣게 되었다. 1909년 웰슬리 대학을 졸업한 후에는 1914년까지 모교인 쉬펜에서 학생들을 가르쳤다.

한국 땅에서 여성교육에 대한 아펜젤러 부부의 헌신과 열정은 앨리스에게 그대로 전수되었다. 앨리스는 한때 YMCA에서 성경과 한국에 대해 공부하는 반을 운영하기도 했다. 1915년 북감리회 선교사로 내한하여 이화학당 교사로 사역하던 중 1916년 어머니 엘라 아펜젤러의 부음을 듣게 된다. 이후 이화여중 부교장을 거쳐 1920년 이화학당 당장 서리가 된 앨리스는 1922년 컬럼비아 대학교 사범대학원에서 교육학 석사학위를 받았고 같은 해 이화학당 제6대 당장으로 취임하였다. 이화유치원 및 보육학교 교장도 겸임했다. 1925년에는 조선총독부로부터 이화여자전문학교 인가를 승인받고 초대 교장에 취임했다. 이로써 이화학당은 이화여자전문학교로 독립해 오늘날과 같은 4년제 대학의 면모를 갖추게 되었다. 더 많은 학생들이 교사 자격증을 갖고 사회에 진출할 수 있게 되었고 앨리스는 졸업생들의 미국 유학을 적극적으로 돕고 추진하였다. 그들이 스스로 학교를 이끌어갈 수 있도록 준비시키기 위해서였다. 학생 수가 점점 증가하자, 수많은 어려움에도 불굴의 의지로 미국 각지를 다니며 새로운 캠퍼스 마련을 위한 기금 모금 활동을 펼쳤다. 1932년에는 기독교조선감리회에서 목사 안수를 받았고 1935년 학교를 신촌캠퍼스로 이전했다. 현재 이화여자대학교 신촌캠퍼스의 초석을 놓은 것이다.

1937년에는 보스턴 대학에서 명예 교육학 박사학위를 취득했다. 이후 1940년 일제에 의해 강제 추방되어 미국으로 귀국했다. 귀국을 앞두고 1940년에 쓴 편지에서 그는 "가슴이 찢어지고 하늘이 무너지는 것 같다"는 말로 한국을 떠나게 된 심경을 표현했다. 미국 본토에서는 테네시에서 잠시 교수로 사역했을 뿐 한국과 조금이라도 가까운 곳에 머물고자 1943년에는 동생 헨리와 함께 하와이 호놀룰루 제일교회에서 사역하였다. 앨리스는 하와이에서도 한국인을 위한 선교 사업 등의 활동을 이어나갔다. 1946년 한국에 재입국한 그는 이화여대 명예총장으로 추대되었고, 이후에도 형편이 어려운 학생들의 학비를 지원하고 직접 가르치는 등 교육과 선교의 현장을 지켰다. 1950년 2월 20일, 채플에서 설교 도중 뇌일혈로 소천하였다. 정동제일교회에서 사회장으로 장례식이 엄수된 후 양화진 외국인 선교사묘원에 안장되었다.

- 편지의 수신자
  윌리엄 엘리엇 그리피스(William Eliott Griffis)

윌리엄 그리피스는 미국의 유명한 동양학자이자, 작가, 목회자였다. 1843년 9월 17일 펜실베이니아주 필라델피아에서 존 L. 그리피스

(John Limeburner Griffis)와 애나 M. 그리피스(Anna Maria (Hess) Griffis) 의 일곱 자녀 중 넷째로 태어났다. 스무 살에 미국 남북 전쟁에 참전했고 전후에는 럿거스 대학을 졸업한 후 뉴브런즈윅 신학교에서 공부했다. 1870년 일본으로 간 그는 약 4년 동안 동양학을 연구했으며 현 도쿄대학의 전신인 가이세이 각코(Kaisei Gakko)에서 화학과 물리학을 가르쳤다. 1874년 귀국 후 유니온 신학교에서 신학 공부를 하던 중 1876년 첫 저서인『천황의 제국(Micado's Empire)』을 출간했다. 일본을 연구하던 중 한국에 대해서도 관심을 갖게 되어 1882년『은자의 나라, 한국(Corea, The Hermit Nation)』을 출간했다. 1883년에는 미국을 방문 중이던 보빙사 민영익 등과 만나 기독교 문제에 대해 논의하기도 했다. 1884년 유니온 대학과 럿거스 대학에서 박사학위를 받은 후 잠시 목회자로 사역하다가 1900년대부터는 주로 저술가와 강연자로 활동하였다. 1900년에는 영국 왕립아시아학회 한국지부 학회원이 되었고, 1907년과 1926년 일본으로부터 두 차례 훈장을 받았다. 1912년에는 헨리 G. 아펜젤러의 전기인『한국 근대의 선구자(A Modern Pioneer in Korea : The Life Story of Henry G. Appenzeller)』를 출간했다. 영국 왕립학회의 한국 담당 위원이기도 했던 그의 수많은 저서 가운데,『은자의 나라 한국』은 한국의 역사와 문화를 서양에 알린 최초의 영문 저술로 평가받는다. 한국을 보는 시각이 다소 왜곡되고 일제 식민주의를 옹호하는 듯한 표현도 있지만 고대 한국의 우월성을 주장하고 임나일본부설과 정한론을 비판하기도 하였다. 한국에 방문한 적도 없으면서 한국 전문가인 것처럼 행세한다는 비난도 받았지만 그의 책은 한국을 서양, 특히 미국과 영국에 알리는 매개체가 되었고, 이 책을 읽은 아펜젤러와 언더우드는 각기 감리회와 장로회 최초의 선교사로 1885년 부활절에 한국에 도착하였다. 그리피스는 1927년 일본에 방문하면서 한

국에도 잠시 방문하였다. 그는 1928년 2월 5일 미국 플로리다에서 소천했다.

2. 아펜젤러가(家)와 그리피스의 만남

앨리스의 아버지 헨리 아펜젤러는 그리피스가 1882년에 쓴 『은자의 나라, 한국』을 읽고 한국에 선교사로 나갈 것을 결심했다고 전해진다. 그가 생전에 실제로 그리피스를 만났었는지에 대해서는 더 많은 연구가 필요하지만, 그들이 편지로 서로 연락을 주고받았다는 사실은 그의 책을 통해 알 수 있다. 아펜젤러의 비극적인 사후에 그의 관한 전기를 쓰는 과정에서 그리피스는 아펜젤러 가족들과 친분을 쌓은 것으로 보인다.

앨리스 아펜젤러의 편지를 보면 그리피스가 그녀의 아버지 헨리 아펜젤러 사후에도 그의 가족들과 친밀한 관계를 유지했음을 알 수 있다. 실제로 그는 앨리스와 아펜젤러 부인 외에 다른 자녀들과도 편지를 주고받았다. 그가 쓴 아펜젤러의 전기에서 그는 아펜젤러를 "편지를 주고받았던 나의 친구"(p. 14)라고 소개한다. 그가 이 책의 헌사에 앨리스를 "빛나는 아침의 땅에서 태어난 첫번째 미국인이자 크리스천인 충성스런 딸"이라고 쓴 것을 보면 두 사람의 관계가 매우 특별했음을 알 수 있다. 또한 앨리스는 자신의 어머니와 함께 그에게 책에 대한 많은 자료를 제공(p. 8)한 사실도 보인다. 편지를 읽어보면 앨리스가 그리피스를 아버지처럼 따르며 깊은 유대감을 가졌음을 엿볼 수 있다. 두 가족은 서로를 자주 방문하였으며 서신 교환을 통해 오랜 시간 동안 친밀한 관계를 유지했다.

3. 편지의 내용

- 엘렌 아펜젤러의 편지(1912~1913)

1912년 2월 13일
그리피스의 산들라우 방문 관련 소식. 이타카 사진에 대한 소감. 헨리의 일정. 그리피스 부인과 랭커스터에 대한 언급.

1912년 3월 4일
랭커스터의 강풍과 그리피스의 도착 소식. 책에 대한 감사. 사진 동봉. 편지를 쓰지 못한 이유에 대한 변명. 앨리스의 근황.

1912년 3월 24일
방학 중 자녀들의 방문 소식. 여름 여행 계획. 그리피스 누이의 쾌유 기원. 사진에 대한 소감. 앞으로의 계획.

1912년 3월 26일
보내 준 책에 대한 감사와 독서 근황. 날씨 언급. 헨리의 소식.

1912년 4월
타이타닉 침몰 사건에 대한 감정. 자녀들의 근황. 메리의 학교 입학 문제. 헨리의 결혼에 대한 기대감 표시.

1912년 4월 28일
그동안 수신한 편지들에 대한 언급. 자녀들의 근황. 무사히 한국에 도착한 선교사들의 소식. 메리를 도와준 것에 대한 감사. 아이다와 그리피스의 만남에 대한 언급.

1913년 1월 14일
자녀들의 건강과 회복에 대한 근황. 책에 대한 노스 박사의 찬사를 전달할 거라는 기대감 표시. 동료의 배신에 대한 이야기. 집을 떠나기 싫어하는 자녀들의 소식. 방문 요청.

- 앨리스 아펜젤러의 편지(1911~1927)

1911년 7월 27일
그리피스의 앞선 방문의 추억. 8월 방문에 대한 기대.

1911년 8월 31일
봉와직염 감염 소식. 그리피스의 손자 탄생 축하와 사진에 대한 소감. 아버지 아펜젤러의 사진 전달. 아버지 저술에 도움이 되는 정보 전달. 그리피스의 한국 관련 신간에 대한 기대감 표시. 헨리가 목회자가 되기로 했다는 소식. 그리피스 부인의 방문을 소망.

1912년 1월 17일
그리피스 부부의 방문에 대한 기대. 일정 조율을 위한 기차 시간 및 관련 소식 요청.

1912년 1월 21일
앨리스의 교회에서 열리는 연합부흥집회에 대한 내용.

1912년 3월 4일
그리피스의 지난 방문에 대한 회상. 신간에 대한 기대. 선교에 대한 도전 의사. 필라델피아 방문, 치과 진료, 헨리의 뉴욕 방문과 아이다의 시험 등에 대한 이야기. 아펜젤러 전기에 자신의 이름이 헌정되는 것에 대한 소회. 중국의 신해혁명에 대한 염려.

1912년 5월 19일
그리피스에 대한 감사. 메리의 노스필드 방문에 대한 기대감 표시. 아펜젤러 전기의 완성 소식. 그리피스 큰아들의 결혼식을 비롯한 각종 결혼 소식. 어머니 엘라 아펜젤러의 생일, 헨리의 프린스턴 졸업, 이글스 미어 콘퍼런스 등 기념일과 행사 소식. 여행 시간표와 비용 언급. 자신과 동생들의 근황.

1912년 6월 2일

클리프톤 스프링스 콘퍼런스 관련 소식. 뉴잉글랜드 여행 계획, 아이다의 프린스턴 일정. 헨리의 졸업식 이후 가족들의 일정.

1912년 6월 15일

초대에 대한 감사 인사. 초대에 응하지 못할 가능성 언급. 그리피스 가문의 결혼식에 대한 기대. 헨리의 졸업식 참석 소감.

1912년 6월 25일

중국 관련 서적에 대한 감사. 결혼식 사진에 대한 소감. 다음 방문에 대한 기대. 가족들의 근황. 아펜젤러 전기에 대한 의견. 이글스 미어 콘퍼런스 후기와 제시 윌슨과의 우정 이야기.

1912년 7월 24일

그리피스가 보낸 아펜젤러의 사진을 비롯한 선물에 대한 기쁨과 감사 표현. 잘못 보내진 물건에 대한 반송 요청. 그리피스 부인에게 보낸 선물에 대한 언급. 자신과 가족들의 일상.

1912년 8월 11일

이카타 방문 계획 언급. 아이다의 로체스터 방문에 대한 염려. 그리피스의 방문에 대한 감사. 신간이 한국에 불러올 반향에 대한 기대.

1912년 8월 18일

네파원 캠프에서의 휴가에 대한 이야기. 열차 시간표 요청. 아이다와 함께하는 이타카 방문에 대한 기대.

1912년 9월 3일

이타카에서의 환대에 대한 감사. 메리의 웰슬리 대학 기숙사 입소 소식. 그리피스의 재정 지원과 존의 선물에 대한 감사.

1912년 9월 15일

그리피스의 생일 축하. 보내준 책 홍보물에 대한 감사. 이승만의 방문, 공연 준비, 논문 작성 등에 대한 이야기. 가족들의 근황. 어머니의 이타카 방문 계획.

1912년 10월 15일

잘못 보내진 물건을 반송받기 위한 우표 동봉. 동생들의 근황.

1912년 11월 9일

생일 축하와 선물에 대한 감사. 윌슨 대통령 당선에 대한 소감과 당시 랭커스터의 인파에 대한 이야기. 집과 학교, 교회의 근황.

1912년 12월 29일

사진과 성탄 선물에 대한 감사. 아이다와 메리가 아팠던 소식. 성탄절과 송년회에 대한 이야기. 상연 준비 중인 연극에 대한 기대. 동생들의 일상. 프로비던스 여행 소회.

1913년 2월 18일

지난 방문의 추억. 자신과 가족들의 근황. 메릴의 방문과 제임스 리 카프만과 에델 코크란의 결혼 예정 소식. 작성 중인 논문 언급.

1913년 3월 12일

책과 편지에 대한 감사. 논문으로 지친 일상과 가족들의 근황. 어머니의 독감으로 방문을 미뤄줄 것을 부탁. 단테와 한국 관련 서적들에 대한 정보 요청.

1913년 4월 24일

학교 학생회장이 된 아이다와 다른 동생들의 근황. 메릴의 방문. 부활절 모금 활동이야기. 방문 요청. 선물에 대한 감사. 웰슬리를 비롯한 방문 계획. 캘리포니아-일본 상황에 대한 관심 표현.

1918년 9월 17일

그리피스의 75번째 생일 축하. 헨리의 결혼식에 대한 묘사와 소회. 언더우드의 전기 출간 소식. 아이다의 약혼 소식과 동생들의 근황.

행실이 나쁜 혼혈 소녀와의 일화. 러시아의 상황에 대한 관심 표명. 한국 주재 선교사들의 활동 내용. 정기 구독하는 잡지들 이야기와 그리피스가 보내준 간행물에 대한 감사.

1920년 10월 11일

랭커스터 도착 소식과 그간의 방문지에 대한 이야기. 어머니의 묘지를 비롯한 고향 방문에 대한 소회. 큰아버지 제이콥의 사망 소식. 순회 모금 이야기. 동생 자매들의 근황. 미국에서의 향후 일정.

1920년 10월 14일

인턴십 중인 근황. 메리를 만나달라는 요청. 한국에서 온 헨리의 소식.

1921년 2월 2일

그리피스 내외의 방문 요청. 대학원 생활에 관한 이야기.

1921년 3월 14일

한국의 자연과 사람을 아름답게 노래한 시.

1922년 3월 13일

한국으로 돌아가는 선상에서의 일화들. 베티와 요코하마에서 헤어진 이야기. 배에서 만난 여러 인사들에 대한 언급. 호놀룰루에서의 휴식을 비롯한 배에서의 추억.

1924년 8월 3일

원산에서 휴가 중인 근황. 향후 이화에서의 일정과 이전의 바빴던 일상에 대한 언급. 그리피스의 사랑과 배려에 대한 감사. 그리피스와 가족들의 근황에 대한 관심 표현. 베티의 근황. 이화학교의 성과. 이민제한법과 관세 등에 대한 염려. 동생들과 그 가족의 근황. 동료 관계에 있어 어려움을 겪는 내용에 대한 긴 추신.

1925년 7월 19일

휴가 중인 근황. 에드나 밴플리트의 부친상 소식. 중국 방문 계획 취소와 중국의 상황에 대한 이야기. 그리피스가 보내준 카드에 대한 언급. 헨리의 사역 활동과 조카들의 근황. 한국에서의 성탄절 풍경. 이모 메릴의 사망 소식. 자신의 근황과 사역에 대한 생각. 학교에서 있었던 각종 어려움에 대한 이야기. 앨리스 김의 결혼식 일화.

1926년 12월 3일

그리피스의 방한을 기대. 방문 관련 일정 요청.

1927년 1월 6일

그리피스의 방한 일정에 대한 조언. 그리피스의 방문에 대한 기대감 표현. 아름다운 한국의 5월을 묘사. 메리 가족의 복귀 예정 소식.

1927년 3월 6일

그리피스의 여행 일정 건의. 일본에서 한국까지 여행 방법 소개.

연도 미상, 8월 25일

식당에서 일하는 근황. 그리피스의 딸을 만나기를 희망. 합창단 오디션 합격 소식과 관련 일상. 동생들과 베티의 근황. 아이다가 기차를 놓친 이야기.

4. 편지로 만나는 앨리스 아펜젤러

앨리스 아펜젤러는 상당히 외향적인 사람이었다. 수영, 테니스, 카누, 캡틴볼 등을 즐겼으며, 많은 친구들을 두었고, 자정에서 새벽 1시 사이의 뉴욕을 걸어다닐 수 있는 담력의 소유자였다. 사람을 만나는 데에 거리낌이 없었던 앨리스의 활발한 성격은 다양한 파티와 행사에 참석하고, 여러 사람 앞에서 연설하고 모금 활동을 하며, 한국에서 수많은 방문객을 대접했던 내용을 통해서도 확인할 수 있다. 편지에서 그는 스스로를 사교적이라고 표현하고 있으며, 식당에서 일하며 공부했던 일화에서도 그의 적극적인 모습이 드러난다.

앨리스는 지적인 사람이기도 했다. 문학 수업의 논문을 쓰고, 프랑스어 등 외국어를 가르쳤으며 연극과 합창단을 지휘하고 직접 노래하기도 했다. 당대 지식인들의 강연회를 즐겨듣기도 했으며, 아고라 학회의 회원이었다. 대학 진학을 원하는 학생들을 위한 입학설명회도 개최했으며 평소에 다양한 책과 잡지의 독서를 즐겼다.

그의 예술적이고 감성적인 모습도 엿볼 수 있는데, 합창단을 이끌 만한 노래 실력을 가졌으며 특히 모금을 마치고 한국으로 돌아가는 배에서 피아노를 치고 노래를 부르기도 했다. 27살의 나이에 세월의 흐름과 인생을 시화할 줄 알았고(1912년 11월 9일 자), 날씨와 자연에 대한 시적인 표현(1918년 9월 17일 자)도 돋보인다. 그리고 불쌍한 아이들을 위한 모금 활동에 적극적이었던 것에서는 따뜻한 인성을 가졌음이 드러난다.

아펜젤러 가족은 아버지인 헨리 아펜젤러의 사후에 사고에 대한 보상을 받지 못해 재정적인 어려움을 겪었는데, 실제로 아들 헨리는 학업을 계속하기 위해 일을 병행해야 했다. 편지를 보면 그리피스 박사가 그런 아펜젤러 가족에게 일정한 재정적 도움을 주었다고 볼 수 있다. 이러한 상황에서 앨리스는 집안의 장녀로서의 역할을 다했다. 그는 어머니와 동생들의 소소한 근황과 바람을 편지에 전했으며, 어머니 사후에는 동생들을 돌봤고, 결혼으로 가정을 꾸리는 것을 지원했으며 언제나 그들의 안전을 바랐다. 동생들에게 자식이 생기면서는 조카들에 대한 사랑이 편지 곳곳에서 보인다.

편지에는 선교사로서 앨리스의 진솔한 고민도 엿볼 수 있다. 선교 활동에 열매가 없는 것 같다는 고민(1918년 9월 17일 자), 선교지에서의 인간 관계와 여러 문제에 질려서 중국으로 여행을 떠나고 싶다는 마음(1925년 7월 19일 자), 사람들의 열정을 꺾지 않으면서도 성경에 더욱 입각한 성탄절 행사를 개최하고 싶은 마음(1925년 7월 19일 자), 더 많은 교인들이 복음을 알기를 바라는 마음(1925년 7월 19일 자), 선교지에서의 갈등과 문제로 떠나고 싶지만 그렇지 못하는 상황에 대한 안타까움(1925년 7월 19일 자) 등은 그가 얼마나 선교 사역에 진심을 다했는지 알 수 있는 부분이다.

더욱이 앨리스는 교육자이자 행정가로서 학교와 학생들에 대한 깊은 관심과 자긍심을 지녔는데, 그의 편지에서 이러한 관심과 사랑을 확인할 수 있다.

5. 편지의 역사적 가치

앨리스가 주고받았던 편지는 당시의 문화와 사회상을 확인할 수 있다는 점에서 역사적 사료로서 가치가 있다. 편지에는 당시에 미국에서 유명했던 인물들을 비롯해 저명한 지식인과 책, 잡지의 이름이 등장한다. 다음은 편지에서 확인한 당대의 시대상을 정리한 것이다.

- 인터넷이나 텔레비전, 라디오와 같은 통신 수단이 없던 시대에 우편 시스템은 매우 중요한 연락 수단이었음.
- 사진이나 작은 기념품들을 소포로 주고받았음.
- 주요 교통 수단으로 마차나 기차를 이용했고, 기차 시간표는 이동에 있어 중요한 정보였음.
- 1912년 9월의 기차 시간표와 430마일 기차 여행의 표값은 8달러 60센트였다는 사실.
- 1910년대 미국에서는 무성영화, 콘서트, 낭독회, 강연회, 오페

라, 전시회 관람 등의 문화생활을 함.
- 1910년대에는 집에서 직접 옷을 만들거나 수선함.
- 재봉사와 도배공의 역할이 중요했음.
- 학생들은 방학이 시작되면 집으로 돌아갔음.
- 1920년대에 들어서면서 자동차가 많이 보급되었음.
- 1920년대에는 다양한 스포츠를 즐겼음.
- 선교사들이 안식년을 맞아 고국을 방문할 때는 유럽을 통해 대서양을 건너갔고, 한국으로 돌아올 때는 태평양을 건너는 배를 타고 일본을 거쳐 왔음.
- 선교사들은 황해도 소래포구와 강원도 원산을 그들의 휴양지로 이용함.
- 1921년 당시 서울에서 원산까지 기차로 7시간이 걸렸고 양질의 서비스가 제공됨.
- 1921년 당시 한국에는 아직 라디오가 보급되지 않음.
- 한국에 콜레라와 장티푸스가 만연했음.
- 1927년 당시 샌프랜시스코에서 요코하마까지 배로 이동하는 데 대략 12일이 걸림.
- 1927년 당시 수원에서 서울 정동까지 열차로 이동하는 데 대략 1시간이 걸림.

편지에는 또한 역사적 사건에 대한 내용도 자주 언급된다. 이를 통해 당시 사람들의 사회 인식과 세계관을 간접적으로 읽어낼 수 있다.
앨리스는 1911년 발생한 중국의 신해혁명을 언급하며 상황에 대한 염려(1912년 3월 4일 자)를 드러냈고 같은 해에 일어난 105인 사건으로 미국으로 도피한 이승만을 방문(1912년 9월 15일 자)하기도 했다. 한국과 아시아의 상황뿐 아니라 앨리스는 국제 정세에도 주목하고 있었는데, 1912년 윌슨의 대통령 당선과 랭커스터의 축하 인파(1912년 11월 9일 자)에 대한 내용도 확인할 수 있다. 1913년에는 그리피스에게 아시아인의 이민을 반대하는 목소리에 대한 견해를 물었고(1913년 4월 24일 자) 1918년 7월 러시아 혁명 중 일어난 체코군단의 블라디보스토크 점령과 선교사들의 적십자 활동 자원(1918년 9월 17일 자)에 대한 내용도 보인다. 1921년 3월에는 한국으로 돌아가는 배에서 베이징에서 개최되는 기독학생연맹회의 참석차 탑승한 로버트 와일더를 만나기도 했다. 로버트 와일더는 학생자원운동의 창립자 중 한 명이었다.

앨리스는 편지에서 1920년대 미국에서 일어난 아시아인에 대한 이민 규제와 반이민 정서 그리고 아시아인과 인종 간 결혼에 대한 그리피스의 의견을 묻기도 했다. 미국에서 1964년에야 인종 간 결혼이 법적으로 인정되었음을 감안하면 앨리스는 시대에 비해 상당히 앞선 생각을 갖고 있었음을 알 수 있다. 한편으로 앨리스는 1925년 중국에서 발생한 5·10운동의 원인이 중국에 수십 년 동안 행해온 서양 열강의 부당한 행위에 있다고 보기도 했다.

| 엘렌 아펜젤러의 편지

1912년 2월 13일
러빈 스트리트 730번지
랭커스터, 펜실베이니아

친애하는 그리피스 박사님,

예, 맞아요. '아펜젤러 호텔'은 언제나 열려 있고, 다시 만나서 더 많은 이야기를 나눌 수 있기를 진심으로 바랍니다.

오늘 산들라우(Sandulau)[1]에서 온 소식을 들었어요. 그들은 박사님의 방문에 매우 만족해했답니다. 이디스(Edith)는 박사님과 프랜시스(Frances)가 금방 친해졌다고 했어요. 그 가족의 마음을 얻는 쉬운 길이었죠. 또한 [Douglas] 목사님께서 박사님이 이 일에 미국에서 가장 적합한 분이라고 말씀하셨다고 합니다.

앨리스와 저는 모든 질문에 대한 답을 준비해 놓을게요. 저희는 이타카(Ithaca)[2]의 아름다운 사진을 보며 즐거워했답니다. 여름에는 얼마나 멋진 곳일런지 궁금하네요.

헨리[3]는 금요일에 다시 집에 와서 주일까지 머물 거예요. 박사님께

---

1 정확히 어디를 가리키는지 알 수 없다. 앨리스의 편지에도 이 이름이 등장하는 것으로 보아 친지나 친구 또는 그들이 사는 곳의 지명으로 보인다.
2 뉴욕주의 도시. 코넬 대학이 이곳에 위치해 있다. 그리피스는 1884년 유니언 칼리지에서 신학 박사학위를 받았고 그 후 1893년부터 1903년까지 이타카에 있는 First Congregational Church의 목사로 봉직하였다. 그리피스는 60세가 되던 1903년에 목회를 사임하고 이곳에서 저술에만 전념하였다.
3 헨리 D. 아펜젤러(Henry Dodge Appenzeller, 1889~1953)는 헨리 G. 아펜젤러 선교사의 아들이자 앨리스의 남동생이다. 배재학당의 교장을 지냈으며 누나 앨리스와 마찬가지로 한국 선교에 헌신했다. 한국에서 태어나 뉴욕에서 사망했지만 그

서도 그가 보고 싶으실 거라고 생각해요.

사모님이 필라델피아와 랭커스터 방문 이후에도 아무 문제가 없으셨기를 바라요. 저희는 이번에 날씨 때문에 사과라도 드려야 할 것 같았어요. 올해는 펜실베이니아의 날씨가 정말 엉망이네요. 오늘 저녁 신문에서 마리에타(Marietta) 지역의 서스퀘해나(Susquehanna) 강[4]의 얼음 두께가 31인치나 된다고 읽었어요. 7월에 꼭 저희를 찾아와 주세요. 그때에는 죄송함을 만회할 수 있도록 할게요! 앨리스는 수업이 있어서 제가 대신 편지를 씁니다.

사모님과 가족 여러분께 진심 어린 안부를 전합니다.

    당신의 진실한,

                            엘렌 아펜젤러

의 유언대로 유해는 한국의 양화진 외국인 선교사 묘원에 안장되었다.
4 미국 동북부를 흐르는 주요 하천으로, 뉴욕주에서 발원해 펜실베이니아와 메릴랜드를 지나 체서피크 만으로 유입된다.

1912년 3월 4일

러빈 스트리트 730번지
랭커스터, 펜실베이니아

책은 앨리스가 집에 없었던 토요일에서 일요일 사이에 도착했어요. 박사님이 무사히 목적지에 도착하셨다는 소식을 듣고 정말 안심이 되었어요. 출발할 때 시속 96마일의 강풍이 불어서 꽤 걱정을 했었거든요. 박사님이 역에 도착했을 즈음 남쪽 창문을 강타하는 비바람이 몰아쳤고 바람이 집의 기초를 뒤흔들려고 했지만 오래된 랭커스터는 그런 것쯤에는 끄떡이 없었어요. 하지만 기차가 무사했을지는 확신할 수 없었기 때문에, 아무 일도 없었다는 소식에 안심했습니다.

주일에 메리[5]와 단 둘이 있을때 그 책을 읽었습니다. 보내주셔서 정말 감사합니다. 항상 소중히 여기며 즐겁게 읽을 것 같아요. 즐겁고 유익한 책이라고 생각이 드네요.

앨리스와 저는 「욥기」에서 인용된 구절을 보고 크게 웃었어요.

저희는 와참(Watcham) 박사님께 약속한 대로 저녁 예배에 갔지만, 좌석이 없어서 들어갈 수 없었어요, 그래서 대신 머지(Mudge) 박사님의 설교를 들으러 갔답니다. 학교의 수업이 끝나는 여름이 되어 사모님과 함께할 특별한 시간을 고대합니다.

오래된 것들을 좋아하신다면 흥미로운 것들이 많을 거예요.

원하셨던 사진들과 함께 베개 끝부분의 사진 몇 장도 보내드립니다. (누가 그것을 잃어버렸는지 모르겠네요.)

---

5 메리 아펜젤러(Mary Ella (Appenzeller) Lacy, 1893~1965)는 아펜젤러 선교사의 막내 딸이자 앨리스의 막내 여동생이다. 감리회 선교사인 존 레이시(John Veere Lacy, 1896~1965)와 결혼하고 한국 선교에 헌신했다. 슬하에 2남 2녀를 두었다.

저는 정말로 박사님의 편지에 답하려고 했습니다. 아니, 사실은 바로 그 책에 대해 감사하다고 말하려고 했습니다. 하지만 주일 동안 책에 너무 빠져 버렸어요. 저녁에 일찍 집에 돌아온 앨리스는 할 말이 참 많았답니다.

지난주는 정말 바쁜 한 주였고, 앨리스는 "주일까지 기다렸다가 함께 편지를 쓰자"고 말했어요. 하지만 저희 집이 정리가 안 되어 있는 상태에서 그런 계획을 세워도 소용이 없죠. 몇 명의 쉬펜학교(Shippen School) 선생님들이 와서 저녁 시간까지 함께 있었어요.

첫 페이지 왼쪽 상단 여백에 손 글씨로 작성됨

사모님께서 너무 많은 일을 하고 계시다는 소식에 마음이 아픕니다. 제가 도울 수 있으면 좋겠어요. 따뜻한 안부를 전하며,

　　당신의 신실한,

엘렌 아펜젤러

1912년 3월 24일
랭커스터, 펜실베이니아

친애하는 그리피스 박사님,

친절한 편지에 감사를 드립니다. 너무 늦게 감사의 말씀을 드리는 것을 죄송하게 생각합니다.

아이다[6]는 이번 금요일에 집에 오지만 우리는 다음 주 내내 재봉사를 고용해 놓았고, 8일 월요일에는 메리의 생일이라 작은 깜짝 파티를 계획하고 있답니다. 아이다는 오후 6시에 떠날 예정입니다.

이번 방학은 너무 짧아서 계획표를 짜는 게 별 의미가 없는 것 같아요. 박사님의 초대에 감사드리며, 기회가 되면 그 초대에 응할 수 있기를 바랍니다. 하지만 이번에는 불가능할 것 같아 염려가 됩니다.

내년 여름에 저희가 프린스턴에서 돌아오면 사모님과 박사님을 뵙기를 바랍니다.

저희는 올해 6월에 여행을 갈 예정이에요. 앨리스는 웰슬리 대학(Wellesley College)에 가서 세 번째 모임에 참석하고, 헨리는 집 근처에서 일을 구할 수 있다면 집에서 개인 교습을 할 계획입니다. 하지만 그건 확실하지 않습니다. 어쨌든 우리 다섯 명[7]이 다 함께할 것 같아요.

저희는 프린스턴 방문을 위한 큰 계획에 저희의 힘을 다 쓸 것 같아서, 이타카의 매력을 감상하는 것은 다음 기회로 미뤄야 할 것 같아요.

박사님 누이[8]의 건강이 좋지 않다는 소식을 듣게 되어 유감입니다.

---

6 아이다 아펜젤러(Ida Hannah (Appenzeller) Crom, 1891~1955)는 헨리 G. 아펜젤러의 셋째 자녀이자 둘째 딸이다.
7 엘라 자신과 앨리스, 헨리, 아이다, 메리 네 명의 자식들을 말한다.
8 그리피스의 큰누나인 마가렛 그리피스(Margaret Clark Griffis, 1838~1913)를 말하는 것으로 보인다.

이 어려운 상황이 지나가기를 바랍니다.

겨울은 원래 그런 계절이니까 겨울이 지나면 분명히 나아지실 것입니다. 박사님의 방문은 정말 즐거웠어요. 다음 번에는 더 따뜻하게 환대해 드릴 수 있을것 같아요. 보내주신 모든 것들, '멋진' 파티들부터 시작해서 훌륭한 분들과 가까이 지낼 수 있어서 감사합니다. 그래서 만족하고 있습니다.

식탁에서 어떻게 하셨길래 두 여성이 그렇게 겸손하게 눈을 감도록 했는지 묻고 싶어요. 정말 안 좋아 보이네요. 그래도 꼭 가지고 있어야 할 사진입니다. 앨리스는 선생님들에게 사진을 보여주려고 꺼냈어요.

다음 주에는 해마다 이맘때쯤 그렇듯이 산더미처럼 밀린 바느질을 하는 바느질 대작전을 할 계획이어서, 아마 6월까지는 사진을 꺼내지 못할 것 같네요. 다행히도 저는 바느질을 매우 좋아합니다. 집 청소는 좋아하지 않는데 그건 생각하지 않기로 했답니다.

박사님이 사전 통보 없이 오실 수 있다면 저희는 무척 반가울 것 같아요. 하지만 책에 대해서는 걱정하지 않으셔도 됩니다. 두 분의 수고가 꼭 보상을 받기를 바라요. 저는 꼭 그렇게 될 것이라고 믿습니다.

박사님께 전해 주세요. 초대장에서 '블론디 잭(Blonde Jack)'[9]을 빼셔서 너무 기분이 나쁘다고요. 그래서 초대를 받아들일 수 없습니다.

따뜻한 안부를 전하며,

4페이지 여백에 작성됨

　　진심을 담아 드립니다.

　　　　　　　　　　　　　　　　　　　　앨렌 아펜젤러

---

[9] 정확히 누구를 지칭하는 것인지 알 수 없으나, 앨리스의 1912년 9월 15일 자 편지에 등장하는 잭(Jack)과 동일인인 것으로 추정된다.

1912년 3월 26일
랭커스터, 펜실베이니아

친애하는 그리피스 박사님,

어제 아침 두 권의 『세계 선교(World Wide Missions)』 책을 받았습니다. 저는 단번에 박사님의 기고문을 읽었고 하루 종일 아무것도 하지 않고 보냈는데 정말 좋았어요!

저는 그 책을 히클리(Hickley) 씨에게 읽으시라고 드렸어요. 개인적인 관심을 떠나서도 내용이 아름답게 쓰였다고 말씀하셨답니다. 저도 그렇게 생각하며 얼마나 기쁜지 말로 표현할 수 없답니다.

한 권은 주변의 친한 친구들이 돌려 읽고 있어요. 다음 차례는 부활절까지 살 수 없을 거라고 확신하면서도 책에 매우 관심을 보이는 노부인이에요. 아마도 책을 사기 위해 좀 더 오래 사실 수 있을 것 같아요.

저는 실라스(Silas) [Leafsham]¹⁰를 읽고 있답니다. 그 책을 좀 더 일찍 읽지 못한 것이 얼마나 아쉬운지 모릅니다!

저는 가족을 위해 독서를 해야 하고 편지를 써야 한답니다. 왜냐하면 가족 중 저 혼자만 한가한 사람인 것 같거든요.

이곳은 지금 날씨가 정말 아름다워요. 4월 중순쯤이면 나뭇잎이 돋아날 거예요. 솜털 버들은 이미 오래전에 나왔어요.

헨리는 토요일에 극예술협회와 함께 뉴욕에 있을 거예요. 아마도 프린스턴 클럽에서 있을 텐데, 일주일 후에는 그들과 함께 시카고에 있을 것이고 버팔로(Buffalo)에서도 공연할 예정이라고 알고 있습니다.

엘렌 아펜젤러

---

10 윌리엄 호웰스(William Dean Howells)의 사실주의 소설 『The Rise of Silas Lapham』(1885)를 가리키는 것으로 추정된다.

1912년 4월
웨스트 러빈 스트리트 730번지
랭커스터, 펜실베이니아

저의 친애하는 그리피스 박사님,

저희는 언제나 박사님의 소식을 듣는 게 참 좋습니다. 무엇보다도 슬픈 짧은 메시지에 깊은 감동을 받았습니다.

얼마나 끔찍한 재앙[11]인지요! 작은 일이 저 멀리 뒤로 밀려나 버렸네요. 이런 때에는 모두가 슬픔으로 고통스러워하는 것이 당연해요.

오레이(O'rey) 씨가 3월 20일 시베리아 횡단 철도편으로 한국을 떠났는데, 지금쯤은 이곳에 도착했어야 합니다. 저는 그녀가 그 증기선[12]에 타지 않았기를 바라고 그녀의 가족이 그녀를 구할 수 있기를 바랍니다.

[Suafende]는 소식을 기다리고 있는 사람들에게 알려줄 것입니다. 우리는 자세한 내용을 알기 위해 한 달 동안 기다렸습니다. 바다가 죽음의 동반자가 되다니요!

저는 스테드(Stead) 씨[13]와 같은 위대하고 훌륭한 남성들이 별로 중요한 존재도 아닌 일부 여성들을 위해 희생되어야 했다는 것이 참 안타깝습니다. 어떤 사람들은 분명히 그렇게 생각할 수도 있을 거예요. 매우 용감한 희생이지만 너무 마음이 아픕니다.

저희는 모두 잘 지내고 있으며 매일 바쁘게 지내고 있답니다. 학교

---

11 1912년 4월에 일어난 호화 여객선 타이타닉호의 침몰 사건을 말하는 것으로 보인다.
12 타이타닉호를 의미하는 것으로 추정된다.
13 윌리엄 스테드(William Thomas Stead, 1849~1912)는 영국의 저명한 언론인이자 저술가로 1912년 타이타닉호 침몰 사건 때에 희생되었다.

는 이번 월요일에 개강했습니다.

아이다는 박사님이 다녀가신 이후로 친구를 몇 명 더 사귀었고, 부활절을 맞아 집에 오기 전에 〔판독불가〕만들었습니다. 오늘 앨리스는 매우 기뻐하고 있습니다. 우리의 역할은 그녀의 등에 옷을 입히는 것인데 그게 쉬운 일은 아니에요. 그 애가 집에 있을 때에 4벌의 드레스를 만들었습니다.

헨리는 마지막 삼각형 부분이 지금까지 해본 것 중 가장 재미있었다고 생각합니다.

저희는 박사님이 기다리고 있는 〔판독불가〕가 타이타닉호에 탑승하지 않았다는 사실에 기쁩니다. 박사님이 기뻐하실 일 하나를 말씀드릴게요. 바로 부탁드릴 일이 하나 있는데요. 저는 노스필드 신학교[14]의 학장을 자처하는 사람이 보낸 타자기로 쓴 편지를 받았는데 서명이 없었습니다. 내용은 그들이 메리의 기록을 자세히 살펴본 결과 건강이 좋지 않아 학업이 부진했고, 그녀의 건강을 지켜보기 위해 1년 동안 집에 두는 것이 좋겠다는 것입니다.

메리는 16개월 때 아파서 학교에 늦게 입학하게 되었어요. 그래서 8살 하고도 6개월 정도가 되었을 때 입학했죠. 그 후로는 계속 학교를 다녔습니다. 올해는 그 애가 좀 더 편히 지낼 수 있도록 하는 데 신경을 쓰고 있답니다. 왜냐하면 앨리스가 메리는 노스필드(Northfield)에서 2년 동안 지내는 것이 그 애에게 정말 좋을 것이라고 생각했기 때문입니다. 그때는 그랬어도 어쨌든 지금 그 애는 분명 환자가 아닙니다. 저희 주치의는 메리가 웰슬리에 입학한 아이다처럼 건강 상태가 좋다고

---

14 노스필드 신학교(Northfield Seminary)는 드와이트 무디(Dwight Lyman Moody)가 1879년 미국 매사추세츠주 노스필드에 설립한 여성신학교이다. 현재 학교 명칭은 'Northfield Mount Hermon School'로 남녀공학이다. (Northfield Seminary, nmhschool.org)

하면서 서명이 없는 편지에 대해 건강 증명서를 보내는 것도 괜찮을 것 같다고 하네요. 다른 사람들이 다 받는 혜택을 메리만 받지 못하는 것은 정말 안타까운 일입니다. 1년을 기다리는 것은 어리석은 일이 될 거예요. 제가 가진 돈으로는 다른 학교로 보내는 것도 불가능합니다. 학생의 자격에 대한 무디[15] 씨의 이야기를 자세히 읽어본 후에 제가 내린 결론은, 우리 메리야말로 바로 그가 말하는 학생이라는 것입니다.

워터맨(Waterman) 씨는 메리가 시몬스[16]에 가게 된다면 라틴어를 너무 많이 배워서 아마 다른 과목에서는 앞서가게 될 거라고 말합니다. 그래서 내년은 메리에게 쉬운 한 해가 될 것이라고 하네요.

우리는 메리를 여기 두기보다는 그곳에 보내고 싶습니다. 왜냐하면 그곳은 모든 면에서 이상적인 곳이기 때문입니다. 그 애는 자신을 찾을 수 있어야 합니다. 여기서 그 애는 우리 모두에게 아직 어린아이이고 박사님도 그렇게 대하셨잖아요. 잘못된 거예요. 왜냐하면 비록 마음으로는 그 애가 아직 16살이라고 말하고 싶지만, 이제는 19살이기 때문입니다. 그 애는 '팻시(Patsy)처럼 내가 허송세월을 보낸 것은 모두 그들 때문이야'라고 생각하는 것 같아요. 하지만 그 애는 바보도 아니고 환자도 아니랍니다. 우리 중 누구보다도 좋아하는 음식도 많고 가르쳐 주지 않은 것도 알아서 저를 놀라게 하는 아이이지요.

저는 앨리스에게는 신경을 많이 썼다고 말할 수 있습니다. 하지만 우리 모두는 메리가 다 자라기까지 그녀를 심각하게 대하지 않았습니다. 벌링거(Ballinger) 박사는 메리를 위한 조언을 부탁하는 것이 좋은 생각이었다고 했습니다. 작가의 서명이 있는 부활절 메시지를 감사히

---

15 드와이트 무디(Dwight Lyman Moody, 1837~1899)는 미국의 유명한 복음 전도자이자 평신도 설교가이다.
16 1899년에 설립된 매사추세츠주에 위치한 시몬스 대학(Simmons University)을 가리킨다.

받았습니다. 그 메시지는 제가 꼭 필요로 할 때 도착했고 제게 큰 도움이 되었답니다.

우리는 박사님이 영어로 작업을 하느라 많은 시간을 뉴욕에 계신다고 생각합니다. 그 덕분에 사모님은 바느질과 집안 청소를 할 시간이 생기셨겠네요.

두 분이 결혼식[17]에 가신다니 정말 기쁩니다.

제 아이들 중 제일 먼저 결혼할 사람은 헨리일 것 같아요. 그 애도 저희처럼 생각하는 것 같아요. 캐서린(Katherine)은 휴가가 연장되어 헨리가 여행에서 돌아왔을 때 여전히 집에 있었답니다. 헨리에게는 아직 희망이 있습니다.[18]

왼쪽 여백에 작성됨

가족 모두에게 저희의 가장 따뜻한 안부를 전합니다.
     진심을 담아서,

앨렌 D. 아펜젤러

---

17 1912년은 그리피스의 큰아들인 스탠튼 그리피스(Stanton Griffis, 1887~1974)가 첫 번째 부인 도로시 닉슨(Dorothea Nixon)과 결혼한 해이다.
18 편지의 내용으로 볼 때 헨리는 루스 노블(Ruth Emily Nobel, 1894~1986)과 결혼하기 전 캐서린(Katherine)이라는 여성과 사귀었던 것으로 보인다. 안타깝게도 헨리는 어머니 엘라가 사망한 이후인 1918년 루스 노블과 결혼했다.

1912년 4월 28일
웨스트 러빈 스트리트 730번지
랭커스터, 펜실베이니아

친애하는 그리피스 박사님께

우리는 원고가 인쇄될 것이라는 박사님의 엽서를 받았을때 매우 기뻤지만 그리 놀라지는 않았습니다.

소식을 듣자마자 곧바로 편지를 쓰고 싶었지만 같은 우편으로 다른 흥미로운 편지들이 함께 도착하는 바람에 해야 할 일들을 그만 잊어버리고는 하루 종일 구름 위를 걷는 기분이었어요. 그중 하나는 맥두걸(McDougal)[19] 교수님으로부터 받은 편지였어요. 아이다가 웰슬리에서 학생회의 비서로 선출되었다는 내용이었어요. 웰슬리에서는 상당한 의미를 가진 자리인 것 같습니다. 그 애가 겸손하게 임무를 수행하리라 믿어요.

트라이앵글 클럽[20] 활동을 마친 헨리가 집으로 돌아왔어요. 그는 어제 오후와 저녁에 [Bdnell] 셰퍼드(Shafford)[21]에서 시간을 보낸 후 집에 오는 마지막 야간 열차를 놓친 것 같네요. 가족들은 그가 1시 34분에 도착할 것으로 예상하고 새벽 2시가 넘어서까지 기다렸답니다.

지난번에 헨리가 집에 왔을 때는 박사님이 여기 계셨었는데 이번엔 그러지 못해 아쉽습니다. 마치 오래전처럼 느껴지네요. 헨리에 따르면

---

19 웰슬리 대학의 음악과 교수 해밀턴 맥두걸.
20 트라이앵글 클럽(The Princeton Triangle Club)은 1891년 창설된 프린스턴 대학의 유명 학생 극단이다. 미국에서 가장 오래된 대학 뮤지컬 극단 중 하나로 학생들이 직접 각본을 쓰고 뮤지컬 코미디를 제작하고 공연했다. (The Princeton Triangle Club, triangleshow.com)
21 원문 표기가 불분명하여 정확히 어디를 지칭하는지 알 수 없다.

몇몇 소년들이 『리뷰 오브 더 월드(Review of the World)』[22]에 대해 [판독 불가]했다고 합니다. 그들은 그 글이 훌륭하다고 생각한다고 하네요.

어제 저는 노블[23] 씨 부부와 네 명의 자녀, 그리고 [O'rey] 씨가 모두 한국을 떠나 타이타닉호에 탑승할 예정이었으나 [O'rey] 씨의 여행 가방이 시베리아에서 분실되는 바람에 탑승하지 못했다는 사실을 알게 되었습니다.

그들은 19일에 모리타니호(the Mauritania)[24]를 타고 도착했습니다. 로트와일러[25] 씨는 편지에서 이렇게 썼습니다. "하나님께서 인간의 일들에 간섭하지 않는다고 말하지 마세요." 존 R. 모트[26] 역시 타이타닉호를 탈 예정이었으나 동행할 예정이었던 사람의 아내가 병에 걸리는 바람에 탑승하지 못했답니다.

메리를 도와주셔서 정말 감사합니다. 만약 가능하다면 그 애는 의심할 여지 없이 입학할 수 있을 것입니다. 만약 올해에 안 된다면 아마도 아예 기회가 없을 것입니다. 저는 메리를 여기 두고 싶지만 떠나는 것이 그 애에게 더 좋겠지요.

저희는 모두 매우 바쁘고 행복하게 지내고 있습니다. 하루가 너무

---

22 1878년부터 〈The Missionary Review〉라는 이름으로 정기 간행된 세계 선교 관련 잡지로, 1888년에 〈The Missionary Review of the World〉로 이름을 바꾸어 1939년까지 간행되었다. (The Online Books Page, onlinebooks.library.upenn.edu)
23 윌리엄 노블(William Arthur Noble, 1866~1945)은 미북감리회 출신의 선교사이다. 한국의 평양과 서울에서 1892년부터 1934년까지 사역하였다. 그의 딸 루스 노블이 헨리 G. 아펜젤러와 결혼해서 한국에서 선교 활동을 하였다.
24 1906년 건조되어 1935년에 폐기된 큐나드사의 여객선.
25 루이자 로트와일러(Louisa C. Rothweiler, 1853~1921)는 미국 감리회에서 파송받아 1887년 내한한 여성교육의 선구자이다. 이화학당의 제2대 당장을 지내고 1899년 귀국할 때까지 한국 문화를 존중하며 복음을 전하는 선교를 실천하였다.
26 존 모트(John R. Mott, 1865~1955)는 미국의 기독교 교육자이자 선교 활동가이다. 그는 실제로 1912년 타이타닉호 무료 탑승권을 선물받았지만 거절하고 더 낮은 등급의 배에 탑승하였다.

짧아서 24시간이 아닌 그 세 배인 76시간 정도 되었으면 좋겠다고 생각해요. 적어도 저에게는 그만큼의 시간이 필요합니다.

앨리스는 5월 18일에 킬보른[27]의 결혼식에 참석할 계획입니다. 헨리의 졸업식은 우리 학교가 끝난 후에 있습니다. 그는 아버지가 돌아가신 날로부터 정확히 10년만에 졸업하게 됩니다. 졸업 선물로 책[28]을 받을 수 있을지 모르겠네요. 만약 책이 제 시간에 출판된다면 첫 번째 책을 졸업 선물로 받을 거예요.

저와 메리는 헨리의 졸업식이 끝난 다음 이곳 프린스턴에서 집으로 돌아갈 것 같습니다. 하지만 앨리스는 YWCA 본부에서 대학 예비학교에 재학 중인 여학생들을 위한 5일간의 콘퍼런스를 돕는 일에 초대받았습니다. 이 행사는 펜실베이니아주 이글스 미어(Eagle's Mere)에서 열리며 제시 윌슨(Jessie Wilson)[29]이 이끌 것입니다. 이 행사 때문에 웰슬리에서의 시간이 일부 영향을 받겠지만, 클래스 만찬과 마지막 며칠의 행사에는 참여할 수 있어요. 정말 신나는 일이지요. 잭(Jack)과 저는 이 편지와 아이다의 편지를 들고 역으로 가고 있답니다. 박사님이 아이다를 만나셨다는 소식을 듣기를 바랍니다. 저는 아이다에게 박사님께서 보스턴에 계실 거라고 썼습니다. 그 아이를 만나려면 전화나 편지를 하셔야 할 거예요. 그렇지 않으면 찾기가 매우 어려울 것이거든요. 박사님이 옛집에서 행복한 한 주를 보내시기를 바랍니다. 저희 모두의 친절한 안부를 전합니다.

  박사님의 신실한 친구,

            앨렌 D. 아펜젤러

---

27 그레이스 킬보른(Grace Kilbourne Kerr, 1887~1985)을 가리킨다. 미국 북장로회 소속 내한 선교사 윌리엄 커(William Campbell Kerr, 한국명 공위량)과 결혼했다.
28 그리피스가 저술한 아펜젤러의 전기.
29 제1부의 각주 1 참조.

1913년 1월 14일
웨스트 러빈 스트리트 730번지
랭커스터, 펜실베이니아

친애하는 그리피스 사모님께

바쁜 병원 업무 때문에 부인의 멋진 사진을 제대로 감상할 시간이 없었답니다. 정말 멋진 사진을 가지게 되어 기쁩니다.

저는 우리가 일을 잘 마치면 뭔가 일어날 것 같은 예감이나 미신적인 느낌이 있었습니다. 그때 아이다가 집에 두 명의 늙은 하녀들이 살고 있는 것 같다고 말했어요.

아이다는 정말 우리의 간담을 서늘하게 했어요. 농담이 아니라 그녀는 거의 폐렴에 걸릴 뻔했었거든요. 저는 아이다를 돌보기 위해 친구들도 만나지 않았죠. 작은 [판독불가]은 뒷전이었어요.

24일에 아이다는 처음으로 일어났고 그때부터 차츰 회복되기 시작했어요. 앨리스는 온갖 감기 증상에 시달리며 집에서 몇 주 동안 누워 있었답니다. 메리는 성탄절 파티에 4번 참석한 후에 [판독불가] 단계에 이르렀고 그 결과 아직 여기에 있답니다. 발이 나아서 목발도 버렸어요. 그 애가 온전히 회복되어 학교로 돌아갈 날을 기다립니다.

간호사 역할을 하느라 조금 지쳐 있어서 이쪽 직업에 관심을 가질 일은 없겠지요. 어제 우리 교단 선교 본부의 새로운 책임자인 메이슨 노스[30] 박사로부터 멋진 편지를 받았어요. 편지에는 책에 대한 찬사도 있었는데 부인께서 오시면 그 편지를 보여드리겠습니다.

---

30 프랭크 메이슨 노스(Frank Mason North, 1850~1935)는 미국 감리회 목회자이자 사회 활동가, 시인이다. 1912년에 해외선교부의 책임자가 되었다. (The New York Anual Conference, nyac.com)

레일리(Leillie)는 성격대로 우리를 배신했지만 저희는 신경 쓰지 않습니다. 만약 그를 잘 모르신다면 박사님은 아실 거예요. 박사님께 물어 보세요.

아이들이 떠날 때 그들의 얼굴이 얼마나 길게 늘어났는지를 보셨어야 해요. 떠나기 싫어했던 헨리의 얼굴은 약 1미터 정도였고, 아이다의 얼굴은 그보다는 조금 더 짧았어요.[31] 이번처럼 아이들이 떠나기 싫어했던 적이 없었던 것 같아요.

우리는 부인께서

이어서 첫 페이지 여백에 작성됨

이타카에서 잘 지내고 계시길 바랍니다. 이곳 날씨에 대해서는 할 말이 없네요. 저는 여름에는 강한 것 같아요. 제가 음식에 대한 상식을 가진 것에 대해 주님께 감사드려요. 이번 주가 지나면 저희를 만나러 오세요. 정말 많은 사람들과 보내게 될 거예요.

    따뜻한 안부를 전하며,

엘렌 닷지 아펜젤러

---

31 얼굴의 길이를 언급하는 것은, 낙담한 얼굴, 풀 죽은 표정을 의미하는 영어 표현 'long face'를 이용한 농담이다.

앨리스 아펜젤러의 편지

1911년 7월 27일
베를린, 뉴욕

친애하는 그리피스 박사님,

우리를 만나러 오신다니 정말 기쁩니다. 8월이 정말 기다려집니다.

만약 그때 저희 집에 남는 방이 없다면 마을에 있는 호텔에서 쉬실 수 있어요. 하지만 저희와 함께 묵으셨으면 좋겠어요. 박사님은 저희에게 가족과 같은 분이니까요.

박사님이 떠나신 후 이곳의 삶은 지루합니다. 왜냐하면 여기 계셨을 때 참 재미있었거든요. 하지만 아이다는 기차 역에 박사님을 마중나갈 때 데려다달라고 농부 아저씨를 조금씩 설득하는 중이었는데, 오늘 아침 드디어 그 아저씨를 졸라 마을까지 가는 데 성공했답니다!

우리는 박사님과 함께 보냈던 즐거웠던 날들에 대해 정말 많은 얘기를 나눴고, 그럴수록 돌아가신 제 아버지에 대한 더 많은 추억들이 마음속에 떠오르고 있습니다. 우리 모두의 따뜻한 안부를 전해드리며.

진심을 담아,

앨리스 R. 아펜젤러

1911년 8월 31일
베를린, 뉴욕

친애하는 그리피스 박사님,

우선 읽기 힘든 저의 글씨체와, 박사님의 친절한 편지에 바로 답장을 보내지 못한 것에 대해 사과드립니다. 제 왼쪽 손가락에 염증[32]이 생겼는데 이게 지난 일주일 동안 더 심해졌어요. 많이 힘들었는데 큰 고비는 지났기를 바랍니다. 한편으로는 박사님에게 일어난 슬픈 일과 기쁜 일에 대해서도 생각해 보았습니다. 할아버지의 이름을 물려받은 손자의 탄생에 얼마나 기쁘셨을지요! 그리고 얼마나 보고 싶으실까요! 저희들 또한 함께 기뻐하며 진심으로 축하드립니다. 그리고 바쁘신 와중에도 저희에게 소식을 전해주신 배려에 대해 감사드려요. 어제는 가장 깜짝 놀랄 만한 선물인 사진이 도착했네요. 두 사진 다 멋지지만 둘 중 하나를 선택한다면 정면 사진이 더 좋은 것 같아요.

박사님이 원하시는 아버지의 사진을 보내드리겠습니다. 지금 생각으로는 좋아하실 만한 사진이 두어 장 되는 것 같아요. 말씀하신 다른 용건에 대해서는 펜실베이니아주 수더튼(Souderton)[33]의 오래된 농장에 사시는 아버지의 형님이신 저희 큰아버지[34]께서 도와주실 수 있을 거예요. 큰아버지는 저희 아버지가 어릴 적에 아버지를 지도하셨던 개혁파 목사님들에 대해 말씀해 주실 수 있을 것입니다. 랭커스터 교회의

---

32 원문에 'Felon'이라고 되어 있다. Felon(봉와직염)은 손가락 끝이나 주변에 생기는 고름을 동반한 심각한 감염을 의미한다. (질병관리청 국가건강정보포털, health.kdca.co.kr)
33 미국 펜실베이니아주 벅스카운티에 위치한 작은 마을로 아펜젤러의 생가가 있는 곳이다. 이곳은 농업 중심지로 독일계 미국인들이 많이 거주한다.
34 원문에는 'uncle'이라고 되어 있지만, 아버지의 형님이라는 설명이 나오므로 큰아버지로 번역한다.

감리회 목회자는 스미스[35] 목사님이셨습니다. 아직 살아계시고, 은퇴 후 필라델피아 지방회 어딘가에 거주하는 것 같아요. 어머니는 그분이 오션 그로브(Ocean Grove)[36]에 사신다고 생각하십니다. 후임으로는 부모님의 결혼을 주선하시고 1902년 6월 추도식에서 추도사를 하신 신학 박사 새철[37] 목사님이 부임하셨습니다. 그분은 지금 펜실베이니아주 컬럼비아에 살고 계십니다. 참 훌륭한 분이고, 우리의 좋은 친구이기도 합니다. 컬럼비아는 랭커스터에서 2마일밖에 안 되니까 아마 여기 오시면 만나실 수 있을 거예요.

아펜젤러 가문이 대가족이라는 사실은 들어서 알고 있지만, 오랫동안 멀리서 살았기 때문에 저는 한 번도 만나지 못한 분들이 많답니다. 필라델피아 인근에 사는 사람들은 매년마다 한 번 모임이 있습니다. 큰아버지께서 그에 대한 모든 것을 이야기해 주실 수 있어요.[38] 어릴 적 저희는 비슷한 사람이라고는 우리밖에 없는 곳에서 살았고, 우리 집은 우리만이 유일한 존재라고 느껴질 만큼 수많은 호기심의 대상이었지요! 다른 사람들의 소식을 듣는 것은 정말 반가운 일이랍니다. 아마도 스위스에서는 매우 흔한 이름이겠지요.[39]

저희 모두 아이다의 『호랑이(Tiger)』를 좋아합니다.[40] 이야기가 매력

---

35 새뮤얼 스미스(Samuel Henry Clay Smith, 1828~1915) 목사는 필라델피아에서 사역했던 감리회 목회자로, 1868년 연합감리회 펜실베이니아 연회에 부임하였다. (Rutgers University, rutgers.edu)
36 뉴저지주에 있는 지명.
37 제임스 T. 새철(James T. Satchell)은 펜실베이니아주 랭커스터의 감리회 목회자였다.
38 그리피스가 아펜젤러의 전기를 집필 중이었기에 그에 대한 정보와 사진이 필요했던 것으로 보인다.
39 아펜젤러라는 성은 스위스 동북부의 아펜젤(Appenzell)이라는 지역에서 유래했다고 알려졌다. 실제로 앨리스의 아버지 헨리 G. 아펜젤러의 고조부는 독일과 스위스 혈통의 이민자였다.
40 그리피스가 저술한 『The Unmannerly Tiger, and Other Korean Tales』(1911, N.Y.:

적일 뿐만 아니라 깊은 한국적인 분위기와 색감을 풍기는 작품입니다. 진심으로 축하드려요! 집으로 돌아가는 대로 새로 나온 『은자의 나라 한국(Corea, the Hermit Nation)』[41]을 꼭 구해 봐야겠어요.

박사님이 떠나신 바로 그날 아침 우리는 헨리에게서 아주 반가운 편지를 받았답니다. 수많은 고민과 갈등 끝에 그는 목회자의 길을 걷기로 했답니다. 바로 한국에서요! 저는 헨리야말로 아버지의 대를 이어 사역할 가장 적합한 사람이라고 믿습니다. 박사님도 동의하시리라 믿어요. 아니, 독일어로 말하면 'Mit Freude'[42]라고 해야 할까요?

사모님[43]의 따뜻한 말씀에 감사한다고 전해주세요. 사모님을 곧 만나뵙기를 소망합니다. 혹시 이번 겨울에 사모님이 랭커스터에 오실 수 있을까요? 편지를 계속 주고받으며 소식을 전하다 보면 박사님의 방문에 대한 확신을 더욱 갖게 될 것 같아요. 늘 변함없이 진심에서 우러나는 우리의 따뜻한 안부를 박사님과 가족에게 전합니다.

당신의 신실한,

앨리스 R. 아펜젤러

Thomas Y. Cromwell Company)를 말한다.
41 『은자의 나라 한국(Corea, the Hermit Nation)』(1882)은 그리피스가 조선의 역사와 문화에 대해 영문으로 저술하여 미국과 영국에서 발간한 책이다. 1911년까지 9판이 발행되었다. 일본 제국주의의 한국 지배를 합리화하는 왜곡된 기술이 보이지만, 한국의 역사와 문화를 서양에 알린 최초의 영문저술이라는 의미가 있다. (한국민족문화대백과사전, encykorea.aks.ac.kr/Article/E0076745)
42 독일어로 '함께 기뻐한다'라는 뜻이다.
43 사라 킹(Sarah Frances King, 1868~1959)은 그리피스의 두 번째 아내이다. 그리피스는 첫 번째 부인 캐서린 스탠턴(Katherine Lyra Stanton, 1859~1898)의 사망 후 1900년 사라와 재혼하였다.

1912년 1월 17일
랭커스터, 펜실베이니아

    친애하는 그리피스 박사님,

    곧 뵙게 될 것을 생각하니 정말 기쁩니다. 날씨가 좀 더 따뜻해져서 편안한 시간을 보내실 수 있으면 좋겠어요. 조금 더 이곳에 계실수 있도록 금요일 저녁에 오셨으면 합니다. 다시 뵐 것을, 무엇보다도 사모님을 만날 수 있다고 생각하니 정말 기쁩니다.

    수더튼에 계시는 제이콥[44] 큰아버지가 박사님이 이번 여행 중에 그곳을 방문할 거라고 알려주셨어요. 그곳에서 정말 많은 정보를 얻으실 수 있을 거예요. 그의 가족들은 박사님을 정말 환영할 거예요. 하지만 어머니께서는 그곳이 대부분의 시골 집들처럼 침실에 난방이 거의 혹은 아예 안 되거나, 침대가 편안하지 않을 수 있으니 밤을 그곳에서 지내지 않으시는 것이 좋겠다고 하십니다. 무슨 뜻인지 아시지요? 저희 때문에 폐렴에 걸리시면 안 되니까요!

    어제는 제 급우이자 가까운 친구 중 한 명이 저희를 방문했답니다. 친구들의 방문은 가장 큰 기쁨 중의 하나입니다. 저희는 그 원고에 대한 소식을 듣게 될 날을 고대하며, 박사님이 그것을 쓰고 계신다는 것이 거의 믿기지 않아요.[45]

    기차편과 오시는 날짜에 대한 소식을 알려주세요. 또한 이곳에 오시는 길이 행복한 여행이 되길 바랍니다.

---

44   제이콥 아펜젤러(Jacob Gerhart Appenzeller, 1856~1920)는 헨리 G. 아펜젤러의 형이자 앨리스의 큰아버지이다.
45   여기서 말하는 원고는 그리피스가 저술한 아펜젤러의 전기 『한국 근대의 선구자』와 , 『Mighty England: the Story of the English People』, 『The Call of Jesus to Joy』, 『Belgium, the Land of Art』를 말한다. 모두 1912년에 출간되었다.

우리 모두의 진심 가득한 따뜻한 안부를 전해드립니다.

박사님의 신실한 친구,

앨리스 R. 아펜젤러

1912년 1월 21일
랭커스터, 펜실베이니아

친애하는 그리피스 박사님,

지난번 편지에서 저희 교회의 상황에 대해 제대로 말씀드린다는 걸 깜빡 잊어버렸어요.

목회학 박사이신 존 워처른(John Watchorn)[46] 목사님이 저희 담임 목사님이십니다. 박사님이 도와주신다면 아마 매우 고마워하실 거예요. 저희 마을에 있는 4개의 미국 감리교회가 부흥회를 열고 있어요! 진짜에요. 4주 동안 연합부흥회를 하는데, 한 주에 한 교회씩 돌아가면서 한답니다. 다음 주일이 첫날인데, 저희 교회에서 열려요.[47] 그래서 아시다시피 미리 준비를 해야 하지요. 박사님이 부흥회를 좋아하시는지는 잘 모르겠지만, 이곳에 오시면 부흥회를 보실 수 있어요. 진심에서 우러나오는 저희 모두의 안부를 전해드려요.

박사님의 신실한 친구,

앨리스 R. 아펜젤러

---

46 펜실베이니아 감리회 연회의 감독을 지낸 존 워처른(John Watchorn)을 말하는 듯 하다.
47 First United Methodist Church of Lancaster로 추정된다. 이 교회는 지금도 해마다 아펜젤러 주간 행사를 통해 아펜젤러 가족의 사역을 기념하고 있다. (engagedfirst.org/about/appenzeller)

1912년 3월 4일
랭커스터, 펜실베이니아

사랑하는 그리피스 박사님께

우리 가족 사이에는 이제 이렇게 말하는 것이 유행어가 되었어요. 누군가가 불평을 하면 다른 사람이 이렇게 말한답니다. '네가 만약 그리피스 박사님이었다면 일을 잘 해결하고 여유를 만끽할 수 있었을 텐데'라고요.

박사님이 우리 가족에게 얼마나 의미 있는 분인지 아시겠지요? 박사님의 지난 방문과 그 '기행'[48]—고전적인 표현을 빌리자면—은 엄청나게 재미있었어요. 영화는 여전히 상영되고 있는데 저는 〈단 지파 사람들(the Danites)〉[49]이 어떻게 끝났는지 모른다는 게 너무 아쉬워요. 박사님이 오신다면 엄마가 메리와 함께 이에 대해 얘기해 주실 거예요.

우리는 모두 박사님의 찬송[50]을 매우 좋아하고 즐겨 부르며, 수집한답니다. 저는 아직 『존 챔버스(John Chambers)』[51]를 읽지 못했지만 곧 읽는 기쁨을 누리고 싶어요. 그에 대한 박사님의 기억은 특별히 흥미로울 것 같아요. 우리는 호웰스[52]와의 저녁 식사에서 깊은 감명을 받았고, 언젠가 그 모든 이야기를 듣게 되기를 바라요. 또한 뉴욕에서는 여

---

48 원문에는 'bats'라고 되어 있다. 기발하거나 엉뚱한 행동을 나타낼 때 1910년대에 관용적으로 쓰인 표현으로 보인다.
49 1912년에 프랜시스 보그스(Francis Boggs)가 연출하고 맥키 랭킨(McKee Rankin)이 극본을 쓴 무성영화. (IMDb, imdb.com)
50 그리피스는 일본어 찬송가를 수집했다.
51 20세기 초에 출간된 그리피스의 책으로 19세기 필라델피아의 유명한 복음전도자인 존 챔버스(John Chambers)의 일대기를 담고 있다.
52 윌리엄 호웰스(William Dean Howells, 1837~1920)는 미국의 유명 문학 평론가이자 소설가, 극작가이다. 그가 〈Harper's New Monthly Magazine and The North American Review〉에 기고한 글들은 미국의 많은 작가들에게 큰 영향을 끼쳤다.

기보다 더 예의 바른 청중들을 만나기를 바랍니다.

여러 가지 좋지 못한 상황으로 저희의 작은 전시회는 경제적으로는 성공하지 못했지만, 노력한 만큼의 보상은 받았다고 생각해요. 또한 선교적 성향이 강하지 않아서 처음엔 우리를 인정하지 않았던 자매들의 호응을 얻게 되었답니다. 이번 짧은 필라델피아 여행은 저에게 꼭 필요했던 것이었거든요. 열차를 타고 가서 도시의 생동감을 느낄 수 있어서 정말 기뻤답니다. 제가 묵었던 곳의 안주인은 매 순간마다 제가 기뻐할 만한 것들을 준비해 주었습니다. 금요일 저녁에는 대학 연장 프로그램에서 다러크의 〈베니스의 상인(The Merchant of Venice)〉[53] 낭독을 들었어요. 토요일에는 거리를 걸으면서 관광도 하고 쇼핑도 했지요. 저녁에는 아름다운 리골레토(Rigoletto)[54]를 들었답니다. 하지만 저에게 가장 큰 선물은 대학에서 스피어[55] 박사의 강연을 들을 수 있었던 것이었어요. 그분은 언제나 저에게 많은 영감을 주시는 분이시거든요. 집에 돌아오는 게 정말로 싫었는데, 무엇보다도 겨우 주일 저녁에 돌아왔다는 게 너무 싫었답니다! 그 이후로 저는 혼잡한 등교길을 지나고 정리하는 데 큰 용기를 얻게 되었습니다. 이제는 마음의 여유가 좀 생겼어요. 토요일에는 치과에서 거의 대부분의 시간을 보냈고, 저녁에는 성대한 만찬에 참석했답니다. 제가 계속했더라면 아마도 더 빨리 일할 수 있었을 거예요!

헨리와 아이다는 언제나 그렇듯이 생기발랄합니다. 헨리는 일요일

---

53 영국의 극작가 윌리엄 셰익스피어(William Shakespeare)의 1690년 작품. 마셜 다러크(Marshall Darrach)는 당대 미국에서 셰익스피어 작품을 연기하는 유명한 배우 중 하나였다.
54 이탈리아 작곡가 주세페 베르디(Giuseppe F.F. Verdi)의 오페라. 1851년 베네치아에서 초연되었다.
55 로버트 엘리엇 스피어(Robert Elliott Speer, 1867~1947)는 장로회 선교사로 페르시아, 인도, 중국, 한국, 일본 등지를 방문했고 활발한 순회 선교 활동을 펼쳤다.

에 뉴욕을 방문해서 친구도 만나고 [Auberle] 신학교 동문들과 오찬도 함께했답니다. 친구들에게 학교에 가려고 뉴욕에 가는 것이 아니라고 말했음에도 불구하고 친구들은 매우 따뜻하게 그를 맞아주었습니다. 아이다는 시험을 잘 보았습니다.

오실 때 교정본을 가져오실 건가요? 저는 마지막 부분이 책의 가치를 높여줄 것이라고 생각합니다. 책의 앞부분에 언급된 첫째 아이의 이름을 설마 밝히실 건가요? 그러실 거예요? 저는 주목받을 자격이 없다고 생각합니다.[56]

중국의 상황[57]이 걱정스럽지 않나요? 티엔티엔(TienTien)[58]에 특별한 친구들이 있어서 최근 들려오는 소식 때문에 불안합니다.

사모님께 안부 전해주세요. 진심 어린 마음을 담아,

당신의 신실한,

앨리스 R. 아펜젤러

---

56 그리피스가 저술한 아펜젤러의 전기에서 그리피스는 책 서두에 "빛나는 아침의 나라에서 태어난 첫 번째 미국인 기독교인 아이인 충성스런 딸 앨리스 레베카에게"라고 썼다.
57 1911년 중국의 신해혁명 이후 청나라 왕조가 무너지고 쑨원(1866~1925)과 그의 추종자들에 의해 중화민국이 탄생했다.
58 중국 북부 발해만 연안에 위치한 직할시인 톈진(Tianjin)을 말한다.

1912년 5월 19일
노스 라임 스트리트 730번지
랭커스터, 펜실베이니아

친애하는 그리피스 박사님,

제가 마지막 편지를 쓴 이후 시간이 정말 쏜살같이 지나갔어요. 오랜 시간이 지난 건 알지만 다른 식구들이 박사님에 대해서 들었기 때문에 결코 한국과 아펜젤러 가족들에 대해서 잊지 않으실 것이라고 생각합니다. 박사님은 언제나 저희에게 친절하셨고 지금도 매우 친절하시지요. 말로 표현할 수 없는 감사를 드립니다. 메리는 가을에 노스필드에 갈 것을 매우 기쁜 마음으로 기다린답니다. 박사님 덕분입니다. 그리고 책에 대한 성공적인 평가는 우리를 매우 기쁘게 한답니다. 물론이죠. 언제 그 (책에 관심 있는 사람들의) 목록이 필요한지 알려주세요. 관심 있는 친척들의 목록을 제이콥 큰아버지에게 부탁해 보내게 할까요? 아니면 제가 할까요?

지난번 방문하신 이후 긴 시간이 지난 것 같지만 7월까지는 일이 너무 많아서 시간이 빨리 지날 것 같아요. 가족의 결혼식[59]이 언제인가요? 7월 22일은 어머니의 생신이랍니다.[60] 그때 박사님과 사모님을 다 뵐 수 있으면 좋겠어요.

메리는 그레이스 킬보른의 결혼식에 대해 얘기합니다. 저는 보내주신 스크랩을 흥미롭게 보았답니다. 정말 아름다운 결혼식이었지요. 품격이 있었고, 과장되거나 딱딱하지 않았습니다. 친구들과 즐겁게 이야기 나눌 수 있어서 좋았고 여행 전체가 정말 즐거웠습니다. 겨울 내내

---

59 1912년은 그리피스의 큰 아들인 스탠턴 그리피스(Stanton Griffis, 1887~1974)가 첫 번째 아내인 도로시 닉슨(Dorothea Nixon)과 결혼한 해이다.
60 앨리스의 어머니 엘라 아펜젤러는 1854년 7월 22일 생이다.

랭커스터를 거의 떠나지 않았기 때문에 더욱더 특별했답니다.

이번 주에 재봉사와 한차례 다툼이 있은 후, 사촌 결혼식, 학교 종강, 그리고 프린스턴의 일정까지 겹쳤습니다. 저희는 그곳에 8일에서 11일까지만 있을 수 있을 것 같아요. 헨리는 아버지께서 소천(召天)하신 지 10주기가 되는 날[61] 졸업을 한답니다. 그 후에는 12일에서 14일까지 이글스 미어 콘퍼런스(Eaglesmere conference)가 있습니다. 가능하다면 19일에 끝나는 졸업식 축제 마지막 날, 웰슬리에 정말로 가고 싶어요. 만약 주일 오후에 이글스 미어를 출발하면 보스턴에 월요일 오전에 도착할 수 있을까요? 저는 빙햄턴(Binghamton)에 가려고 하는데 침대차를 타는 것도 고려 중이랍니다. 그 지역의 시간표를 보내주실 수 있나요? 여기 역무원에게서는 아무 도움도 받을 수가 없네요. 빙햄턴에서 보스턴까지 가는 비용도 얼마인지 알고 싶어요. 만약 여기서 가는 것보다 훨씬 비싸다면 그만두려고 합니다.

저는 매일 방과 후에 사람들이 브린 마[62] 시험을 잘 치르도록 돕고 있답니다. 제가 원하는 대로든 아니든 하루하루가 정신없이 지나가고 있네요. 헨리는 졸업 날짜가 얼마 남지 않았고, 아이다는 내년에 졸업할 예정이랍니다.

너무 피곤해서 오늘은 그만 써야 할 것 같아요. 7월에 곧 만나뵙기를 바라요!

어느 때보다 신실한 사랑을 전하며,

앨리스 R. 아펜젤러

---

61 아펜젤러 선교사는 1902년 6월 11일 목포에서 열린 성경번역위원회에 참석하기 위해 일본 증기선 구마가와호를 타고 가던 중 군산 앞바다 어청도 인근의 해역에서 선박 충돌 사고로 순직했다.
62 브린 마 대학(Bryn Mawer College)을 말한다. 펜실베이니아주 브린 마(Bryn Mawr)에 위치한 여자사립대학이다.

1912년 6월 2일
랭커스터, 펜실베이니아

친애하는 그리피스 박사님,

지금 클리프톤 스프링스(Clifton Springs)에서 열린 콘퍼런스에 참석하고 계시지요? 박사님께도 좋은 시간일 뿐 아니라 콘퍼런스 측도 박사님의 참석을 매우 좋아할 것 같아요. 제 친구들이 참석했는지 모르겠지만, 어쩌면 몇 명은 참석했을 것 같아요. 곧 소식을 듣게 되겠지요. 7월에 이곳에서 일주일 정도 머무르시게 되면 박사님과 사모님을 통해 콘퍼런스에서 있었던 일들을 들을 수 있겠지요. 부디 날씨가 좋기를 바랍니다.

이글스 미어에서 보스턴까지 가는 열차의 문제점에 대해서 알려주셔서 감사해요. 저는 뉴잉글랜드(New England) 여행을 마지막까지 미루지 않기로 결심했어요. 가고는 싶지만 잘하는 결정인지는 모르겠어요. 모든 일정이 짧은 시간에 몰려있는 것 같아서요! 저는 이타카, 베를린, 스프링필드(Springfield), 홀리오크(Holyoke) 등 제가 들르고 싶은 모든 곳을 그냥 스쳐가는 것보다 조금이라도 즐기며 머물 수 있었으면 좋겠어요.

저희 계획은 아직까지는 괜찮은 것 같아요. 아이다는 자기가 사랑하는 오빠의 졸업식에 참석하기 위해 프린스턴에 올 예정입니다. 아이다는 토요일 아침부터 6월 11일 졸업식 아침까지 예일대 경기를 관람하고, 트라이앵글 클럽의 공연[63]을 보는 등 할 수 있는 모든 걸 할 것입니다. 헨리가 아버지의 10주기인 날 졸업하게 된 것이 우연의 일치일까

---

63 프린스턴 대학의 트라이앵글 클럽은 학생들이 직접 극본을 쓰고 작곡을 하여 무대를 꾸미는 방식으로 전통적으로 연례 공연을 하였다.

요? 졸업식 후에 우리는 모두 흩어질 것입니다. 어머니는 헨리가 프린스턴을 떠날 준비가 될 때까지 이스트 오렌지(East Orange)에 있는 친구 집에 계실 것입니다. 그 후에 두 사람은 수더튼에서 며칠을 머물 것입니다. 아이다는 대학으로 돌아가고, 메리는 저와 함께 콘퍼런스에 참석할 계획이에요. 특별히 이 콘퍼런스가 기대되는 이유는 쉬펜학교 대표단이 방문하여 참석한 소녀들과 좋은 시간을 보낼 것이기 때문이에요. 내년에 교사가 될 1911년 바자[64] 졸업생이 그들을 돌봐줄 거예요. 정말 멋진 일이지요!

아서 닷지와 메리언 코크란[65]이 어제 아침 결혼을 했어요. 가족들만 참석한 조촐한 자리였어요. 아서의 두 형제들과 그 부인들, 그리고 그의 어머니가 주중에 와서 결혼식에 참석을 했지요. 아서의 어머니[66]는 우리와 함께 머물고 계세요. 금요일 저녁에 메리언은 친척들을 위한 비공식적인 환영연을 마련했어요. 결혼식은 감리교회에서 열렸는데, 참석자는 두 명뿐이었어요. 하지만 어색하지도 복잡하지도 않았던 아주 멋진 결혼식이었다고 생각해요. 버팔로에 사는 레온 닷지(Leon Dodge)[67]는 올즈 모터 웍스(Olds Motor Works)[68]와 연관 있는 일을 하는

64　바자 대학(Vassar College)은 1861년에 설립된 뉴욕주에 위치한 대학교로 매우 엄격한 입학 심사과정을 거쳐 학생을 선발하는 기숙사를 갖추었다. 초기에는 여자학교였지만 1969년에 남녀공학으로 바뀌었다.
65　아서 닷지(Arthur Dodge, 1882~1969)와 메리언 코크란(Marion Frances Cochran, 1888~1974)은 1912년 결혼했다. 아서는 앨리스의 외사촌이다.
66　애나벨 닷지(Annabel Stuart Annie Smart Dodge, 1854~1933)는 앨리스의 외숙모이다. 앨리스의 외삼촌인 바이런 닷지(Byron Griswold Dodge)의 아내이다.
67　앨리스의 외사촌. 아서 닷지의 형제이며 랭커스터에 있었던 Safety Buggy Company의 매니저였다. (Lancaster Local History Nuggets: Safety Buggy Company)
68　제너럴 모터스가 생산한 자동차 브랜드의 옛 이름으로 1897년에서 2004년까지 자동차를 생산한 회사. 1897년에 Old Motor Vehicle이란 이름으로 창설되어 1899년에서 1942년까지 Olds Motor Works라고 불렸다가 Oldsmobile로 개칭했고 2004년 단종되었다.

데 7인승의 큰 자동차를 몰고 왔어요. 운전사를 포함해서 가족 모두를 데려왔는데, 삼촌은 레온과 함께 돌아갔어요. 그 차를 보는 것은 멋진 경험이었고, 우리 모두 드라이브를 만끽할 수 있었어요.

우리는 사모님의 인디언 전설을 아주 재밌게 읽었고, 더 많은 이야기를 써주시길 바란답니다. 저는 코넬 베스퍼 프로그램(Cornell Vesper programs)[69] 보는 것을 좋아하는데, 매우 아름답고 최고의 서비스를 제공하는 꼭 봐야 될 프로그램이에요! 저는 주일 오후 뒷좌석에 앉아 음악을 들으면서 잠에 빠져드는 걸 좋아한답니다! 아마 박사님이 대학에서 보낼 주일이 한두 번밖에 남지 않았지요?

박사님의 신간은 모든 이가 신앙생활의 즐거움을 강조할 필요가 있다는 점을 분명히 보여줍니다. 저는 이글스 미어에 함께 가려는 소녀들과 함께 그 점에 관해 깊은 대화를 나누곤 했답니다. 그들은 성경 수업을 두려워하고 있어요. 박사님께 남성 콘퍼런스 안내서에 대해 감사드리지 않았다는 것이 생각났어요!. 매우 흥미롭네요. 훌륭한 강사들의 강연을 들을 수 있기를 바랍니다. 분명히 그런 기회가 있겠지요.

저희의 고민을 털어놓느라 박사님의 시간을 많이 빼앗았네요. 죄송해요. 하지만 박사님은 언제나 소중한 사람들의 생각을 들어주시는 친절하신 분이세요. 박사님의 결혼식에 대해 듣고 싶어요. 저희의 진심 어린 사랑을 두 분께 전하며,

      박사님의 신실한 친구,

                      앨리스 R. 아펜젤러

---

[69] 코넬 대학에서 매주 주일 오후에 열린 예배로, 강연과 음악으로 구성되어 있었다.

1912년 6월 15일

크레스트몬트(Crestmont) 여관
이글스 미어, 펜실베이니아

친애하는 그리피스 부인께

  아이다와 저를 초대하는 편지를 보내주시다니 정말 친절하시네요. 저희 둘 다 간절히 사모님을 만나기를 원하고 있답니다. 혹시 이번에 못 뵐까봐 매우 걱정하고 있어요. 아시다시피 여기서 성경 수업이 있지만 랭커스터에서 온 소녀들을 제가 도와줘야 할 거라고 생각하지 않았어요. 하지만 제가 요청했던 두 사람이 올 수 없었기에 제가 그들을 돌봐줘야 한답니다. 제 임무는 그뿐만 아니라 그들이 집에 무사히 돌아갈 수 있도록 이타카와 정반대 방향으로 그 아이들을 데려다 줘야 해요. 여러분을 보러 달려가고 싶은 유혹이 너무 강하지만, 볼 수 있을 가능성은 매우 적답니다. 아직 아이다의 계획을 듣지는 못했는데, 곧 사모님께 편지를 쓸 거예요.

  저는 사모님의 편지와 어제 도착한 그리피스 박사님의 편지를 아주 재미있게 읽었답니다. 책도 너무 좋은데 곧 읽으려고 합니다. 아마도 손님들과 행사들 때문에 매우 바쁜 시간을 보내고 계시겠지요. 멋진 결혼식이 되기를 바랍니다. 가족 중에 처음 결혼하는 사람이 있는 것은 매우 감격적인 일임에 틀림없겠지요. 방금 생각난 건데, 이번이 첫 번째가 아니군요![70] 이제 꽤 익숙해지셨겠네요.

  프린스턴에서 열리는 모든 경기와, 음악회, 강연, 그리고 이런 행사

---

70 그리피스의 세 자녀 중 큰딸인 릴리언 그리피스(Lillian Eyre Kevah Griffis)는 1908년에, 큰아들인 스탠턴 그리피스(Stanton Griffis)는 1912년에 결혼을 했다. 본문의 내용은 스탠턴의 결혼식을 뜻한다.

들을 가능케 하는 정신은 정말 훌륭합니다. 우리는 모두 함께 앉아서 헨리가 그 한 부분이 되는 것을 자랑스럽게 지켜보았답니다. 지금 어머니는 헨리와 함께 집에 계시고, 메리는 이곳에 저와 함께 있습니다. 여기서 멈춰야겠네요. 다음에 또 쓸게요. 사모님의 친절에 감사드리며 우리의 진실한 사랑과 안부를 전합니다.

    진실한 마음을 담아,

앨리스 R. 아펜젤러

1912년 6월 25일
랭커스터, 펜실베이니아

그리피스 박사님께

두 가지 일에 대해 박사님께 진심으로 감사를 드려야겠어요. 첫 번째는 항상 저를 기쁘게 하는, 최근에 보내주신 여러 통의 편지들에 대해서이고, 두 번째는 중국에 관한 책을 보내주신 것에 대해서입니다. 고맙습니다. 저는 지금 아서 J. 브라운[71]의 『중국 혁명(Chinese Revolution)』이라는 책을 읽고 있거든요. 아이다와 함께 그리피스 가족과 맥칼리(McCallie) 가족[72]의 사진을 보았는데 정말 기뻤어요. 하지만 저는 학생 대표단을 도와야 했고 재정이 얼마 남지 않았기 때문에 아이다와 함께 집으로 돌아와야 했어요. 이번에 오실 때 일정을 길게 잡으셔서 못다한 얘기를 들려주세요. 제가 깜빡했는데 정확한 날짜를 다시 한번 알려주세요.

저희 가족은 또 한 번 재회의 기쁨을 누리고 있답니다. 메리는 7월에 오션 그로브(Ocean Grove)에 보름 동안 방문할 예정이고, 아이다는 펜실베이니아주 캔턴(Canton)에서 열리는 YMCA 캠프에서 지도자로 섬길 거예요. 헨리의 근황은 동봉한 신문 기사를 보면 아실 수 있을 거예요. 저는 나중에 과외를 할 계획이랍니다. 저희 가족 중 어머니만 유일하게 한가한 분이시네요!

결혼식의 모든 일정이 잘 끝났다니 정말 다행이에요. 저는 책의 매

71　아서 브라운(Arthur Judson Brown, 1856~1963)은 미 장로회 목사이자 작가이다. 20세기 초반 에큐메니칼운동과 세계 선교운동의 흐름에 있어서 중요한 역할을 하였다. 저서로는 『The Mastery of the Far East』, 『Chinese Revolution』 등이 있다.
72　그리피스의 딸 릴리언 그리피스(Lillian Eyre Kevah Griffis)의 첫 번째 남편 에드워드 맥칼리(Edward Lee McCallie, 1884~1960)와 그의 가족들을 가리키는 것으로 보인다.

우 훌륭한 후기가 될 "성령의 바람(Wind of the Spirit)"[73]으로 돌아갑니다. 책의 마지막 장을 시로 쓰신다니 정말 멋지네요.

학생들이 이글스 미어를 너무 좋아해서 일정보다 하루 더 머물렀답니다. 이 콘퍼런스는 제게 잊을 수 없는 멋진 추억이 될 거예요. 왜냐하면 제시 윌슨(Jessie Wilson)과 많은 시간을 함께 보냈거든요. 1908년에 우리가 처음 만났을 때보다 더 좋은 시간이었답니다. 그녀는 매우 훌륭한 친구예요. 그녀의 아버지가 이번 주에 꼭 대통령 후보가 되었으면 좋겠어요. 헨리는 볼티모어(Baltimore)에서 응원할 수 없어서 굉장히 아쉬워하고 있어요. 이만 써야겠어요.

언제나 진심 어린 사랑을 담아서,

앨리스 R. 아펜젤러

---

[73] 그리피스가 저술한 아펜젤러의 전기 27장에 등장하는 후기의 제목이다. 실제로 시로 쓰여졌다.

1912년 7월 24일
랭커스터, 펜실베이니아

친애하는 그리피스 박사님께

저희는 박사님께서 랭커스터를 떠나신 후 보내주신 많은 물건들을 즐기고 있답니다. 아펜젤(Appenzell) 사진들은 정말 큰 기쁨이에요. 그렇죠? 우리는 모두 고향의 산으로 돌아가고 싶은 마음으로 들떠 있습니다. 그곳에 가야 비로소 집에 온 듯한 느낌이 들 테니까요. 그저 바라보는 것만으로도 즐거울 거라 생각했는데, 그 사진 중 하나를 주신다고 해서 얼마나 기뻤는지 상상도 못하실 거예요. 메리는 곧 박사님 뵙기를 기대하고 있으며, 저희 또한 마찬가지랍니다.

제가 박사님의 이름을 비롯해 많은 이름을 적은 수첩을 받으셨을 거라 생각해요. 어떤 주소들은 정확하지 않아서 수정이 필요한데, 저에게 다시 돌려 주실 수 있으신지요. 부탁드려요.

사모님은 저희가 찍은 멋진 사진 여러 장과 흰색 실크 장갑이 든 작은 소포를 곧 받으실 거예요. 너무 늦지 않았기를 바라고, 빨리 보내드리지 못해서 죄송해요.

지난 한 주 동안은 비가 내리는 시원한 날씨였어요. 헨리는 이틀을 쉬었지요. 박사님이 떠나신 다음 날 저녁은 엄청 더웠는데, 이 더위를 경험하지 않으신 것이 정말 다행이에요. 물론 계신 동안도 썩 좋은 날씨는 아니었지만요. 이제야말로 어느 정도 더운 날씨를 견딜 준비가 되었어요.

아이다는 토요일에 캠프에 참석해요. 저 또한 우리가 이타카로 가기 전에 거기서 며칠을 보낼 생각이에요. 저희는 학수고대하고 있지만, 만약 어떤 이유로든 우리가 가지 않는 것이 나을 거라고 생각하신다면 꼭 말씀해 주세요. 저는 매일 아침 한두 시간 동안 한 학생에게 프랑스어를 가르친답니다. 메리는 검게 그을려서 여행에서 돌아왔어요. 그녀의 학교는 9월 4일에 개학이에요! 저희 가족은 롱 파크(long Park)[74]에서 어머니의 생신을 축하하는 저녁 식사를 했답니다. 한 주에 두 번 소풍을 갈 예정인데, 아마도 소풍의 계절이 온 것 같아요. 위의 단락은 제가 대학에서 배운 통일성, 강조, 일관성의 모든 법칙을 어기고 있지 않나요?

박사님이 만나셨던 제 친구들은 그 만남을 아주 행복한 특권으로 기억하고 있어요. 많은 친구들이 그렇게 말한답니다. 저희 가족 모두는 두 분이 행복한 여름을 보내시길 바랍니다. 다시 한번 보내주신 흥미로운 물건들로 인해 감사드려요.

    신실한 마음으로,

앨리스 R. 아펜젤러

---

74 미국 펜실베이니아주 랭커스터에 위치한 공원.

1912년 8월 11일
랭커스터, 펜실베이니아

그리피스 사모님께

　박사님께서 아이다와 제가 언제 이타카에 가기를 원하는지 말씀하셨을 거라 생각해요. 하지만 먼저 사모님의 친절한 편지에 대해서 답장을 드려야 한다고 생각했어요. 저희는 사모님의 진심 어린 환대에 다시 한번 감사드립니다. 저희는 그 시간이 빨리 오기를 눈이 빠져라 기다립니다. 당신과 함께할 그날들은 저희에게 큰 기쁨이 될거예요. 캔턴에서도 편지를 보내겠습니다만, 현재까지로는 26일 월요일에 도착해서 토요일 아침까지 머물 수 있을 것 같아요. 그때쯤이면 충분한 시간을 함께 보냈다고 느끼실 것 같아요. 어쨌든, 소중한 시간을 빼앗는 것 같아 죄송한 마음이 듭니다.

　아이다는 가족을 정말로 보고 싶어 하는 것 같아요. 불쌍하지요. 그래서 저는 금요일에 캠프에 가려고 한답니다. 단 며칠만 저와 함께 있을 거예요. 저는 그녀가 이타카에 가기 전에 로체스터(Rochester)에 있는 룸메이트를 방문하는 것이 염려가 됩니다. 사치처럼 보이긴 하지만, 에디스(Eddith)[75]는 왜 자신의 초대가 여러 번 받아들여지지 않는지 이해하지 못하고, 아마도 아이다는 오랫동안 로체스터 인근에는 다시 가지 않을 것 같아요. 왜냐하면 그 지역은 저희에게 낯선 새로운 곳이거든요. 물론 새로운 장소를 방문하는 것을 좋아하지만요!

　박사님의 짧은 방문은 저희에게 새로운 힘과 영감을 주었어요. 어머니께서는 박사님께서 오시는 것이 우리가 가는 것만큼 좋다고 말씀하

75　다른 편지에도 등장하는 '이디스(Edith)'의 표기 오류인지, 그와는 다른 사람을 지칭하는 것인지는 알 수 없다.

십니다. 주신 책에 대해 감사하는 것이 우리에게는 매우 서툴지만, 진심으로 감사드립니다. 책이 우리 한국에 대한 관심을 불러일으킬 것을 확신합니다.

  두 분께 사랑을 전하며 그곳 날씨가 이곳보다 더 화창하기를 바랍니다.

    당신의 신실한,

앨리스 R. 아펜젤러

1912년 8월 18일
캠프 네파윈(Nepahwin)[76]
펜실베이니아

친애하는 그리피스 박사님,

저는 아이다와 함께 제가 좋아하는 작은 산들을 누비며 행복한 시간을 보내고 있답니다. 우리는 함께 걷기도 하고 테니스도 치고 작은 호수에서 카누도 탔습니다. 하지만 아직도 해보지 않은 것들이 많아요. 여기에 있을 수 있는 것이 정말 감사하답니다.

엘마이라(Elmira)[77]에서 이타카까지의 열차는 어떤가요? 보내주신 시간표에 따르면 리하이 밸리(Lehigh Valley)[78]에는 엘마이라에서 이타카까지 하루에 한 번만 기차가 있고 그 기차는 3시 30분에 출발합니다. 다른 기차가 있을 것 같아요. 왜냐하면 박사님이 랭커스터를 떠나신 다음 날 집에 도착할 것이라고 말씀하신 것을 기억하기 때문입니다. 여기서 엘마이라까지 가는 기차는 하루에 두 번만 있고 제가 탈 기차는 오전 10시쯤 도착합니다. 여기서는 리하이 밸리의 시간표를 구할 수가 없는데 죄송하지만 다른 시간표를 보내주실 수 있는 지요? 만약 번거로우시다면, 제가 직접 엘마이라로 가서 가능한 편을 알아보겠습니다.

아이다의 피부는 베리(berry)처럼 구릿빛이고 순무처럼 빨개요. 건강해 보였어요. 그 애는 목요일에 로체스터에 가서 대학 친구 한 명과 룸메이트와 즐거운 시간을 보낼 생각이에요. 저희 둘 다 이타카에 갈 날

---

76 미국 펜실베이니아주 캔턴에 위치해 있던 캠프장으로 현재는 세인트 로렌스 대학(St. Lawrence University)의 경내에 있다.
77 미국 뉴욕주 셔먼군의 도시.
78 리하이 강 유역을 따라 형성된, 펜실베이니아 동부의 도시 지역.

을 기다립니다.

보스턴에서 즐거운 시간을 보내시길 바라고, 특별히 사모님께서 친지들과 좋은 시간을 가지시길 바랍니다. 사랑의 안부를 사모님께 전해 주세요. 열차 시간표에 대해 감사드려요.

신실한 당신의 친구,

앨리스 R. 아펜젤러

1912년 9월 3일
랭커스터, 펜실베이니아

친애하는 그리피스 사모님께

박사님과 기억에 남을 만한 시간을 보내고 돌아가는 길은 모험의 연속이었답니다. 저희에게 베풀어 주신 환대에 깊이 감사드려요. 박사님 댁에서 보낸 시간은 정말 행복했어요. 마지막 날에 저희가 너무 슬퍼했던 것이 죄송해요. 사람들이 우울해하는 것을 보는 것은 정말 힘든 일이지요. 박사님 말씀처럼 월요일에는 정말 최고로 슬펐는데, 지금은 훨씬 나아졌어요.

아셨는지 모르겠지만 기차가 도중에 4시간이나 지연되었답니다. 이유는 잘 모르겠고, 알렌타운(Allentown)에 9시가 다 되어서야 도착했어요. 가족들은 우리를 기다리다 지쳐서, 도착했을 땐 전혀 놀라지도 않더군요. 하지만 이제는 괜찮아졌답니다.

메리는 오늘 아침 6시에 어머니와 함께 뉴욕에 갔어요. 거기서 존스(Jones) 가족과 내일 저녁까지 머물 예정이랍니다. 불쌍한 메리는 꽤 많이 울었어요. 그래서 우리는 그녀가 처음에 힘든 시간을 보낼까 봐 걱정하고 있어요. 그녀는 새로 지은 멋진 헬렌 굴드 홀(Hellen Gould Hall)[79]에서 마가렛(Margaret)과 함께 지내고 있어요. 그리피스 박사님께 메리의 주소가 굴드 홀 E. 화이트필드라고 알려주세요.[80]

어머니의 수표와 남은 마일리지를 동봉합니다. 수표의 액수는 맞을 거예요. 박사님이 현금으로 제게 주신 10달러중 430마일을 가는 데

---

79 웰슬리 대학의 기숙사 이름으로 미국의 자선 사업가이자 여성 운동가인 헬렌 셰퍼드(Helen Miller Gould Shepard, 1868~1938)를 기리기 위해 이름 붙여졌다.
80 편지의 내용으로 보아 앨리스의 막냇동생 메리는 언니가 다녔던 웰슬리 대학을 다닌 것으로 보인다.

든 돈이 8달러 60센트거든요. 저희를 도와주셔서 정말 감사합니다.

존[81]에게 그의 선물이 어제 아침 내내 우리에게 큰 위로를 주었다고 전해주세요. 아침 식사 장소가 정말 끔찍해서 거의 먹을 수 없었고, 집에 돌아올 때까지 점심도 못 먹었거든요! 우리는 그를 축복하는 기도를 드렸고 여러분이 우리에게 베풀어 주신 것에 대해 많은 이야기를 나누었어요. 모두에게 사랑을 전하며, 이타카에도 특별한 사랑을 보냅니다.

진심으로 저희의 특별한 인사를 전합니다.

당신의 진실한 친구,

앨리스 R. 아펜젤러

---

81 그리피스의 아들 존 그리피스(John Elliot Griffis)이다.

1912년 9월 15일
랭커스터, 펜실베이니아

왼쪽 상단 여백에 작성됨

마사[82]와 존에게 칭찬의 말과 함께 사진들을 주세요.

그리피스 박사님께

이타카에서 박사님을 방문한 게 벌써 오랜 시간이 지난 것처럼 느껴지네요. 진작에 소식을 전했어야 했는데, 생신 축하 편지를 쓸 때까지 기다리다 보니 그렇게 되었네요. 부디 박사님께 좋은 일들이 가득한 행복한 생신을 보내시길 바라요. 또한 앞으로 더 많은 행복한 생일들을 보내시길 바랍니다. 박사님이 다른 사람들에게 부어주신 축복이 박사님께 고스란히 돌아올 것을 믿어요. 어느 때보다 최고의 한 해가 되길 바랍니다!

보내주신 책 홍보물은 매우 매력적이어서 저는 그것을 다른 사람들에게 나눠주고 있습니다. 며칠 전에 도착한 다른 편지들도 모두 감사히 받았어요. 그 편지들을 읽었을 때 매우 기뻤습니다. 왜냐하면 책이 사람들의 마음을 사로잡고 있다는 것을 확인할 수 있었기 때문이에요. 저희 모두는 박사님이 어머니에게 보내신 편지에서 요청하신 것들을 기억하고 있답니다. 저는 처음부터 느낄 수 있었어요. 이 책이 사랑과 봉사의 마음으로 쓰여졌다는 것과 그 목적대로의 역할을 할 것이라는 것을요. 부디 지속적인 영향력을 끼치는 훌륭한 책이 되길 바랍니다!

최근의 가족 사진은 어떻게 생각하세요? 물론 좋긴 하지만 마가렛

---

82 그리피스의 누이 마사 그리피스(Martha Griffis)이다.

과 어린 캐서린[83]도 함께였다면 더 좋았을 텐데요. 그 둘에게 특별한 사랑을 전해주세요. 그리고 캐서린에게는 잭이 사랑을 보내며 언젠가 그를 보러오기를 바란다고 전해주세요. 아마도 내년 여름쯤에 오면 좋겠다고요. 그는 여행을 좋아해서 우리가 허락한다면 차카누가(Chakanooga)[84]행 열차에 바로 올라탈 거예요.

박사님이 흥미로워하실 몇 가지 기타 소식을 전합니다. 이(Rhee) 박사가 지난 일요일에 저희와 함께 지냈어요. 그는 완벽한 신사이자 훌륭한 연설가이며 가장 재미있는 손님이었어요. 그는 뉴저지주 캠든(Camden)에 있는 YMCA에 있는데 박사님이 그의 이야기를 들으면 매우 흥미로워하실 것 같아요. 박사님이라면 이 고통스러운 현실에 도움을 주실 수 있을 거라 믿어요.[85] 두 분이 꼭 만났으면 좋겠어요.

저는 〈왕의 전령들(King's Heralds)〉이라는 작은 공연을 준비하고 있음을 알려드려요. 일주일에 여러 번 연습을 하는데, 공연이 전부 끝나면 기쁠 것 같아요. 그리고 제가 듣고 있는 문학 수업에서 발표할 논문을 준비하고 있는데, 주제는 빅토리아 시대의 지적 및 종교적 생활이랍니다. 겨울 동안 빅토리아 시대 신문을 공부할 예정이라 배경 공부 차원에서 쓸 예정이에요. 아직 많이 쓰지는 못했지만, 아이다가 떠난 후엔 더 많은 시간을 논문 쓰는 데 보낼 수 있을 것 같아요.

방금 그 노래가 나왔어요. '아이다가 떠나면(when Ida is gone)'이요. 물론 그녀가 떠나길 바라는 건 아니지만 지난 일주일 동안 엄청난 양의 옷 만들기와 쇼핑 때문에 엄청 바쁘고 분주했거든요. 어젯밤에는

---

83 그리피스의 외손녀 캐서린 그리피스(Katharine Griffis McCallie Johnson(1908~1996)를 가리키는 것으로 보인다.
84 미국 테네시주에 위치한 도시 채터누가(Chattanooga)의 철자 오류로 보인다.
85 105인사건으로 일제로부터 기독교인사이자 반일인사로 지목된 이승만은 미국 선교사들의 도움으로 출국하여 체포를 모면하였다. (한국민족문화대백과사전, encykorea.aks.ac.kr/Article/E0044938)

그녀의 학급 친구 한 명이 잠시 방문하기도 했어요. 아이다는 화요일에 떠날 예정인데, 예쁜 새 옷들을 잔뜩 가지고 기분 좋게 갈 것 같아요. 헨리도 다음 주에 떠나지만, 남자아이여서 떠날 준비를 하는 데 큰 어려움은 없어요.

메리의 편지를 보면 이전처럼 향수병을 겪고 있는 것 같지는 않아요. 그녀의 향수병은 눈물을 흘리는 것이 아니라 아이다처럼 까칠한 태도로 나타나요. 하지만 점점 적응해 가고 있고, 열정을 보이기 시작했어요.

만약 박사님이 괜찮으시다면 추워지기 전에 어머니를 이타카로 보내드릴 수 있을 것 같아요. 올해 어머니가 휴가를 전혀 못 가셨으니 꼭 다녀오셨으면 해요. 어머니가 떠나 계신 그 주일에 저도 웰슬리에 잠깐 다녀올까 해요. 더 오래 미룰 수가 없을 것 같거든요!

[Kreem] 부인에게 제 안부를 전해달라고 존에게 말해주세요. 그분의 친절 덕분에 당신과 함께 즐거운 시간을 보낼 수 있었어요. 가족 한 분 한 분께도 제 안부를 전해주시고 사진을 보여주세요. 사모님과 우리 다정한 아버지께 사랑과 함께 최고의 생일 축하 인사를 보냅니다.

어느 때보다 더 신실한 마음을 담아,

앨리스 R. 아펜젤러

1912년 10월 6일
랭커스터, 펜실베이니아

왼쪽 상단 여백에 작성됨

어머니께서 곧 편지를 쓰실 거예요. 아이들에게 편지 쓸 때를 빼고는 잠시도 가만히 안 계시거든요. 어머니는 편지를 무척이나 소중히 여기신답니다.

친애하는 그리피스 박사님,
'천사 아이다'의 가운을 위한 우표를 동봉합니다. 그것들을 두고 와서 부끄럽고, 폐를 끼쳐드려 정말 죄송해요. 저희를 환대해 주신 분께도 사과를 전해 주세요. 동봉한 우표를 아펜젤러 가족을 위해 사용해 주세요!

우선 가족 구성원들의 이야기를 전하려고 해요. 헨리는 드루(Drew) 대학으로 가는 길에 프린스턴에서 친구들과 하룻밤을 보냈어요. 그는 새로운 학교가 마음에 들었고, 벌써 그곳의 생활에 잘 적응한 것 같아요. 건강한 것 같고, 일도 많이 하고 놀기도 많이 하는 것 같아요. 그는 돈을 벌기 위해 할 수 있는 일은 뭐든지 하고 있어요. 첫 번째 일은 티플[86] 가족이 총장 관저로 이사하는 것을 돕는 일이었어요. 청소와 페인트 칠하는 일 등을 했답니다.

아이다는 성공적인 대학 생활을 하고 있답니다. 우리는 그녀의 대학 생활에 대해 더 이상 외부에 말하지 않기로 했어요. 왜냐하면 사람들이 지겨워할 테니까요. 하지만 박사님은 다른 사람들보다 너그럽

---

[86] 드루 대학교의 제5대 총장인 에즈라 티플(Ezra Squier Tipple, 1861~1931)을 말하는 것으로 1912년에서 1929년까지 총장을 지냈다.

게 들어주시지요. 아이다는 11월경 웰스 칼리지(Wells College)[87]에서 열리는 학생 자치회의에서 웰슬리 대학을 대표하여 학생회장과 동행하여 참석하는 자리에 선출됐어요. 거기가 박사님 계신 곳에서 멀지 않은 곳이지요? 그리고 그녀는 성가대의 부지휘자로 임명되었는데, 음악 감독님에 따르면 아이다가 '선배'인 저의 길을 따르고 있다고 하더군요. 이것은 그녀가 내년에 성가대 지휘자가 될 것임을 의미해요. 그녀는 스물한 살 생일을 맞은 어젯밤에 셰익스피어 학회(Shakespeare Society)의 회원이 되었어요. 가장 오래되고 잘 알려진 여섯 개의 학회 중 하나지요. 제가 가입했었던 아고라(Agora) 학회에 들어가지 못한 것이 조금 아쉽긴 하지만 꼭 저처럼 해야 될 필요는 없으니까요.

메리는 백과사전을 너무 좋아하고 만족하고 있어요. 어머니께서는 박사님의 물품들을 관리할 사람을 두는 것이 좋겠다고 생각하세요. 이번 선물은 분에 넘치도록 후한 것이었어요. 저희는 박사님이 보내주신 물건들과 베푸신 수많은 친절에 깊이 감사드려요.

웰슬리 동창회는 랭커스터를 비롯해 해리스버그(Harrisburg)와 리딩(Reading)[88]에서 온 사람들로 구성되어 있답니다. 해리스버그 출신이라는 것을 빼면 회장에 대해서 아는 것이 없어요. 여기에 대한 농담은 이제 그만해야 할 것 같아요. 농담 그 이상도 아니니까요. 그것에 대해서는 더 이상 아무 말도 하지 마세요.

어떻게 지내고 계세요? 온기가 가득한 집안은 여전히 손님들로 가득한가요? 어머니는 이번 가을에 이타카에 가시는 것을 포기하셨어요. 그러니 더 이상 걱정하지 마시라고 사모님께 전해주세요. 만약 이타카에서 천사같은 방문자분들[89]이 일요일까지 오시지 않는다면 저는

---

87 미국 뉴욕주 오로라에 위치한 1868년에 설립된 대학.
88 미국 펜실베니아주 남부에 있는 도시.

웰슬리에, 어머니는 수더튼(Souderton)에 가려고 합니다. 하지만 두 분이 꼭 오셨으면 좋겠어요. 저희는 언제나 갈 수 있으니까요.

재미있는 것이 하나 생겼어요. 바로 복도에 있는 벽난로인데요, 허블리(Hubley) 가문의 유서 깊은 벽난로용 쇠창살과 불에 태울 울타리 판자들이 잔뜩 쌓여 있답니다. 저희는 두 번의 잔치를 이미 치렀고요. 두 분이 오신다면 분명 또 한 번의 파티를 난로 주변에서 열어야겠지요.

현재 이곳에서는 기독교여자절제회(Women's Christian Temperance Union)[90]의 주 대회가 열리고 있답니다. 저희 쪽에서는 두 명의 훌륭한 회원들이 대표로 참석했는데, 5일이 아닌 단 하룻 저녁만 지내고 왔어요. 그래서 주일은 한가하답니다. 저희는 참으로 운이 좋다고 생각합니다. 물론 "편견 없는 환대"를 원하지만 우리의 손님은 우리가 고르고 싶거든요. 저희는 금요일 저녁에 메리맥(Merrimac)으로 유명한 R. P. 홉슨(Hobson)[91]의 강연을 들었습니다. 그에 대해 들으셨을지 모르지만, 달변가이자 자신의 분야에 관한 한 정말 뛰어난 연설가이지요. 오늘 저녁 교회에서 한 연사의 강연이 있습니다.

〈왕의 전령들(King's Heralds)〉 연극 파티에는 참석자가 많지 않아서 실망한 불쌍한 아이들이 열심히 준비한 몇 안 되는 일본에 관한 장면들을 텅 빈 객석 앞에서 연기해야 했답니다. 정말 열심히 후원금을 요

---

89 그리피스 박사 내외를 말함.
90 세계기독교여자절제회(W.C.T.U., Women's Christian Temperance Union)는 "하나님과 가정과 나라를 위하여"라는 목표를 가지고 "금주, 금연, 순결, 평화, 절제, 봉사"의 실천을 삶에서 온전히 이루어가는 여성들의 단체로 "하얀 리본"을 상징으로 하며 9월 28일을 세계기도일로 정해 회원국이 함께 기도하고 있다. (대한기독교여자절제회, kwctu.org)
91 리치먼드 홉슨(Richmond Pearson Hobson, 1870~1937)은 알라바마주를 대표하는 하원의원으로, 미 해군 소장을 지냈다. 스페인과의 전쟁 중에 스페인 해군 함대를 봉쇄하기 위해 병참선 메리맥(Merrimac)을 장애물로 침몰시키는 데 성공한 것으로 알려져 있다. 후에는 금주법의 지지자로 활동했다.

청한 덕분에 20달러를 보낼 수 있을 것 같아요. 하지만 실망을 금할 수는 없네요.

저는 남는 시간을 모두 문학 논문을 쓰는 데 사용하고 있는데, 목요일에 책을 다 읽었어요. 읽기를 마쳤으니 내일부터는 글쓰기를 시작할 예정이에요.

이번 주에는 우리 카운티 역사상 가장 큰 규모의 박람회가 열렸답니다. 가지는 않았지만 정말 재미있었다고 들었어요.

이제 그만 써야 할 것 같아요. 랭커스터에 오실 수 있기를 진심으로 바랍니다. 저와 어머니는 잘 지내고 있으며 친구들을 만나서 정말 기쁘답니다. 모든 분들에게 사랑을 전하며 특별히 사모님이 쉬는 시간을 가지셨기를 바랍니다.

  어느 때보다 신실한 당신의,

앨리스 R. 아펜젤러

1912년 11월 9일

노스 라임 스트리트 730번지

상단 여백에 작성됨

오래전에 보냈어야 할 이 편지를 동봉합니다. 감사합니다.

친애하는 그리피스 박사님,

오늘 아침 박사님의 따뜻한 생일 축하 편지와 함께 우아하고 정교하게 디자인된 책을 잘 받았습니다. 두 선물 모두 감사드리고 곧 『가시밭의 백합화(The Lily Among Thorns)』[92]를 읽고 공부할 수 있기를 바랍니다. 요즘 생일은 더 이상 예전처럼 기쁨으로 가득한 날은 아니지만, 그래도 오늘은 즐거운 하루였습니다. 친구들이 매우 친절하게 대해 주었고, 어머니와 저는 연극 〈하인(The Servant in the House)〉[93] 티켓을 선물받아 오늘 저녁에 보러 갈 예정입니다. 쌓여가는 세월의 무게에 대해 오늘 달력에서 발견한 브라우닝(Browning)[94]의 인용구가 저를 위로해 줍니다.

나와 함께 늙어갑시다!
가장 좋은 날은 아직 오지 않았으니,
인생 초반은, 나중을 위해 만들어진 것:

---

92 그리피스가 1890년에 출간한 아가서 성경 공부 안내서.
93 극작가 찰스 케네디(Charles Rann Kennedy)가 1908년에 발표한 희곡으로, 예수 그리스도를 상징하는 한 하인이 영국의 한 성직자 집안에 들어오면서 벌어지는 이야기를 다루었다.
94 로버트 브라우닝(Robert Browning, 1812~1889)은 영국의 시인이자 극작가이다. 알프레드 테니슨(Alfred Tennyson)과 함께 빅토리아 시대를 대표하는 시인이다.

우리의 시간은 주님의 손 안에 있네.
주께서 말씀하시길, 전체는 나의 계획이라.
젊은 시절에는 반밖에 보여지지 않을 뿐,
하나님을 믿어라, 전체를 보라, 그리고 두려워 말라.[95]

아마 박사님도 아시는 구절이지요.
지난번에 박사님께 불쾌한 인상을 남긴 것은 아닌지 걱정이 됩니다. 저희가 도덕군자인 척한다거나 불친절하다고 생각하지 않으셨으면 좋겠어요. 저희가 바라는 모습이 아니랍니다. 고담(Gotham)[96]에서 온 소식은 정말 흥미진진했어요. 혹시 우드로 윌슨(Woodrow Wilson)의 대선[97]을 도우셨나요? 정말 대단한 승리였죠! 모두가 기뻐하는 것 같아요. 그는 많은 사람들에게 최선의 선택이었고, 대부분의 사람들에게 차선이었죠. 저희 또한 무척 기쁘답니다. 선거일 밤에 저희 중 많은 사람이 랭커스터 시내에 나갔는데, 그날처럼 그렇게 엄청난 인파를 보고 함성을 들은 적이 없었답니다. 지난 주일 이후로 헨리에게서는 소식이 없네요. 아마도 너무 흥분해서 편지를 쓸 겨를이 없었겠죠. 마찬가지로 지금쯤 메리와 함께 노스필드(Northfield)에 있을 것 같은 아이다에게서도 간단한 메모 외에는 소식을 듣지 못했어요. 우리 가족에게 이번 가을은 참으로 흥미진진한 시간이었지요.

우리는 지금 도배하느라 극심한 불편을 겪고 있답니다. 어머니는 위층에 약간의 페인트 칠을 하셨는데, 어제와 오늘 벽지를 제거하는 사

---

95 영국 시인 로버트 브리우닝(Robert Browning)이 12세기의 유대인 시인이자 학자 중 한 명인 랍비 아브라함 이븐 에즈라(Abraham ibn Ezra)에 대해 쓴 시 「Rabbi ben Ezra」의 일부이다. (Poetry Foundation, poetryfoundation.org)
96 1800년대 뉴욕시의 별명이 Gotham City였다.
97 윌슨은 미국의 제28대 대통령으로 당선되었다.

람이 와서 복도의 벽지를 다 벗겨 놓았더니 얼마나 휑하게 보이는지요. 복도, 응접실, 거실을 새롭게 단장하려고 하는데, 아마 이 작업은 일주일 이상 걸릴 것 같아요. 그 후에는 페인트공과 재봉사가 동시에 와서 또 일주일 동안 머물 거예요. 모든 작업이 끝나면 저는 추수감사절 휴가를 보내기 위해 프로비던스(Providence)에 갈 계획이랍니다. 곧 성탄절이 다가오면 온 세상이 떠들썩하겠지요. 애들이 집에 올 때쯤이면 모든 정리가 끝나고 '대청소'도 마쳤으면 좋겠는데, 그 전에 마치기란 힘들 것 같아요.

　프라이(Frey)[98] 선생이 어제 온 집안이 어수선한 중에 갑자기 찾아왔는데, 그다지 마음에 들지 않았는지 하루 이상 머물지는 않았어요. 그래도 즐거운 시간을 보냈고, 다시 오겠다고 약속했답니다.

　학교와 교회의 일은 평소처럼 잘 진행되고 있고, 저는 또 다시 치과 치료를 받고 있는데 도무지 끝이 보이지 않는 것 같아요. 박사님이 오시면 제 생일 책에 꼭 사인해 주셨으면 해요. 우리 집이 깨끗하게 정돈되면 곧 박사님 내외분을 만날 수 있기를 바랍니다. 우리가 곧 예쁘고 아늑한 집에서 함께 지낼 수 있을 것을 생각하니 지금의 어려움도 이겨낼 수 있는 것 같아요.

　프로비던스에 가는 것도 기대가 됩니다. 왜냐하면 두 명의 좋은 대학 동기들과 워즈워스[99] 가족과 함께 나흘 동안 행복하게 보낼 예정이거든요.

　학교에서는 파티와 캡틴볼(captain-ball)[100] 경기도 자주 열리고 있어

98　제1부의 각주 29 참조.
99　아펜젤러의 친구이자 동창생인 워즈워스(J. S. Wadsworth)를 가리키는 것으로 보인다. 그는 한국 선교사로 지원하였으나 개인 사정으로 내한하지 못하였다. 후에 감리회 선교사가 되었다. (『The History of Protestant Missions in Korea: 1832-1910』 by Lak-Geoon George Paik, Yonsei University Press)
100　19세기에서 20세기 초에 인기 있었던 단체 스포츠 게임. 두 팀 중 각 팀의 캡틴에

요. 제 일 또한 부담 없고 재미있답니다.

이제 주일학교 수업 준비를 해야겠네요. 박사님과 사모님께 사랑을 전하며, 어머니와 함께 따뜻한 인사를 전합니다.

어느 때보다 더 신실한 당신의,

앨리스 R. 아펜젤러

게 공을 먼저 전달하는 팀이 우승하는 스포츠로, 네트볼이나 핸드볼과 비슷하다.

1912년 12월 29일
노스 라임 스트리트 730번지
랭커스터, 펜실베이니아

상단 여백에 작성됨

사모님의 사진이 그리 좋은 상태는 아니지만 그래도 사진을 받을 수 있어서 기뻐요.

사랑하는 친구들에게

저는 사랑하는 친구들에게라는 표현이 적절하지 않은 표현이라는 것을 잘 알고 있습니다. 그럼에도 불구하고 두 분은 저에게 가장 좋은 의미에서 바로 좋은 그런 존재이기에 저는 그런디(Grundy) 씨의 반대에도 불구하고 이 표현을 사용하려 합니다! 저는 두 분이 성탄절에 그 정교한 장미와 은빛 별을 제게 보내주셨다고 생각하고 이렇게 편지를 씁니다. 그것은 그 자체로도 아름다운 물건이지만, 두 분의 너그러운 손길이 더해져 더욱 소중한 값진 보물이 되었습니다. 저는 지금도 그것을 착용하고 있으며 아마 계속 착용할 것 같아요. 우리 모두는 두 분이 우리에게 너무 많은 것을 주시는 것에 단호할 필요가 있다고 생각합니다! 이 편지는 화내는 편지에요! 저희들에게 선물을 보내시지 않았어야 해요! 하지만 분명히 말씀드릴 것은 그 선물은 우리에게 큰 의미가 있다는 것입니다. 무엇보다도 그 선물들에 담긴 두 분의 마음이 저희에겐 가장 소중하답니다.

최고의 성탄절을 보내셨기를 바랍니다. 두 분께서도 저희처럼 아름다운 눈보라도 보고, 때마침 찾아온 그 찬란하게 맑았던 이틀을 즐기셨기를 또한 바라요. 저희는 아이다를 무척 걱정했답니다. 왜냐하면 우리가 생각했던 것보다 더 많이 아팠기 때문이지요. 그 애는 집에 온 뒤로 일주일 동안이나 병상에 있었는데, 그전에 학교에서도 이미 몇 주 동안 꽤 아팠었지요. 당연히 어머니는 아이다의 침대 곁을 떠날 수 없었고, 가능한 일들만 처리했습니다. 저는 성탄절 준비를 할 수 있는 대로 하긴 했지만, 올해는 친구들에게 여러 가지로 양해를 구해야 했답니다. 메리는 아이다가 온 다음 날 집에 돌아왔습니다. 혼자서도 잘 움직일 수 있지만, 여전히 목발을 짚고 움직여야 하기에 도움이 필요합니다. 하지만 그 애는 언제나 밝고 명랑한 성격이어서, 꼭 도움이 필요할 때를 빼면 다른 사람에게 전혀 짐이 되지 않는답니다.

특히 이번 성탄절이 얼마나 행복했는지 아실 수 있을 거예요. 모두 함께 정말 건강한 시간을 보냈답니다. 아이다는 맛있는 것들을 마음껏 즐길 수 있었어요. 그리고 산타클로스가 가져다 준 멋진 선물들이 산더미처럼 쌓여 있었어요! 제 삶에서 이렇게 많은 선물과 카드, 편지를 받아본 적은 처음이었어요. 몇 년 후엔 제 친구들이 점점 제게서 멀어질 거라고 했던 아이다의 우울한 예측이 틀렸다는 사실을 깨닫게 되어 위안이 된답니다. 그래서 '내가 말했지!'라고 꼭 말해야겠어요.

저희 또한 송년회를 비롯한 여러 모임들을 즐기고 있어요. 얼마 전 남동 펜실베이니아 웰슬리 클럽에서 길고 흥미로운 회의를 열었어요. 그 자리에서 대학 진학 예비학교에서 대학의 날을 개최하여 여학생들에게 대학에 대한 관심을 불러일으키기로 결정했어요. 그리고 봄에는 야외에서 두 편의 아일랜드 연극을 공연하기로 했어요. 레이디 그레고리[101]의 〈워드 구빈원(The Workhouse Ward)〉을 앞부분에 선보이고, 예이츠[102]의 〈마음이 원하는 땅(The Land of Heart's Desire)〉을 본공연으로 상

---

101 레이디 그레고리(Lady Gregory, 1852~1932)는 아일랜드의 극작가이자 민속학자, 연극 감독이다.

연할 예정이에요. 연극을 잘해서 가치가 있다는 평가를 받고 싶어요. 시작이 좋지 않나요?

제 동생들은 모두 공부하려고 책을 집으로 가져왔어요. 헨리는 벌써 공부를 시작했지만 아이다는 하지 않으려고 하고, 메리에게는 강요하지 않기로 했어요. 그래야 휴일 분위기가 계속 살아있을 테니까요. 저는 지난 2주 동안 일과 관련된 모든 일들은 완전히 놓고 지냈어요.

어린 캐서린은 어떻게 지내나요? 박사님이 오실 때 데려오실 수 있다면 좋겠어요. 만약 그 애가 가까운 곳에 있다면 정말 그 아이와 함께하고 싶어요.

프로비던스 여행 얘기를 아직 하지 않은 것 같네요. 정말 시간을 알차게 보냈다고 확실하게 말씀드릴 수 있어요. 청소년기의 친구들이 그 시간을 더욱 특별하게 만들어 주었답니다. 먼저, 필라델피아에서 좋은 친구를 만나서 함께 저녁 식사를 했어요. 추수감사절에는 배링턴(Barrington)에 있었어요. 우리는 대학 시절 이후로 한 번도 얘기하지 않았던 옛날 일들을 떠올리며 목이 쉴 정도로 얘기하고 함께 웃었답니다. 말 그대로 떠들썩하고 즐겁게 보냈지요.

중간에 여러 번 저녁 식사와 점심 식사, 다과회, 자동차 드라이브, 그리고 워즈워스 가족을 방문하는 시간을 가졌어요. 그리고 저는 자정에서 새벽 1시 사이에 뉴욕시를 혼자 걸어다녔어요. 그러니 제가 얼마나 진짜 '밤을 즐기는 사람(bat)'이었는지 아시겠죠? 이제는 오랫동안 조용히 지낼 생각이에요!

우리는 말씀하신 방문을 정말 기대하고 있어요. 하지만 이번에는 제

---

102 윌리엄 예이츠(William Butler Yates, 1865~1939)는 아일랜드의 시인이자 극작가로 20세기 영문학과 아일랜드 문학에서 가장 영향력 있는 문인 중 한 명이다. (Poetry Foundation, poetryfoundation.org)

발 날씨가 좋았으면 좋겠어요! 새해는 좋은 일들로 가득하길 바랍니다. 두 분과 가족 모두에게 진심 어린 사랑을 보냅니다.

    언제나 신실한 당신의,

앨리스 R. 아펜젤러

1913년 2월 16일
노스 라임 스트리트 730번지
랭커스터, 펜실베이니아

친애하는 그리피스 박사님,

박사님의 편지를 다시 한번 읽어보니 내일 밀워키(Milwaukee)로 출발하신다는 것을 알게 되었습니다. 그래서 제가 의도했던 것처럼 이 편지를 댁에서 받아보시기는 어렵겠네요. 어머니와 저는 몇 주 전 박사님께서 저희를 방문하셨을 때 정말 즐거운 시간을 보냈습니다. 박사님과 함께하는 하루는 마치 여행을 다녀온 것처럼 좋은 시간이라고 늘 이야기하곤 하잖아요. 저희가 얼마나 여행을 좋아하는지도 아시지요! 그리고 박사님의 뉴욕에서의 모험과 사모님께서 즐거운 시간을 보내셨던 이야기들을 들을 수 있어서 기뻤답니다. 두 분이 너무 열심히 일하시느라 그 즐거운 기억들을 잊지 않으셨으면 해요. 조지 주니어 리퍼블릭(George Jr. Republic)[103]에서 일하는 것은 얼마나 재미있을까요! 사모님과 아이다와 함께 프리빌(Freeville)에서 함께했던 시간들은 제게 늘 즐거운 추억으로 남을 것 같아요.

아이다가 우리를 두 명의 노처녀라고 부르는 것처럼, 우리는 이곳에서 평소와 같은 일상을 보내고 있습니다. 어머니는 대부분의 시간을 떠나있는 자녀들에게 소포를 부치는 데 보내시고, 저는 늘 그렇듯이 지역 청소년들을 돕고 있답니다. 이번 주일에는 한 친구가 저희 집에 머물 예정인데, 그녀를 데리고 갈 만한 파티와 행사들이 몇 개 있어요. 금요일 저녁에는 교회에서 일본식 바자회가 열릴 예정인데, 뉴욕에 있는 일본인들에게서 받은 물건들을 위탁 판매할 예정입니다. 다음 달에

---

103 미국 뉴욕주 프리빌(Freeville)에 위치한 청소년들을 위한 비영리 주거 치료 시설.

는 어머니의 친구인 메릴(Merrill) 선생이 올 예정인데 저희들은 그녀가 오래 우리와 함께 지내기를 바라고 있어요. 동생들은 언제 집에 올지는 모르지만, 아이다와 메리는 어쩌면 여름 전에는 집에 오지 않을 것 같아요.

베를린 열풍이 다시 우리를 사로잡아서 아이다가 웰슬리에서 가져온 (판독불가) 노래를 한동안 불러야 할 것 같아요. 저도 그 노래를 엄청나게 좋아하는데 박사님도 좋아하신다니 기쁘네요. 물론, 원하신다면 다시 오실 때 불러드릴게요.

제임스 리 카프만[104]은 6월에 도쿄제국대학에서 법학을 가르칠 청년이에요. 그가 제 사촌인 닷지(Dodge) 부인의 여동생[105]과 결혼할 예정인 것 기억하시죠? 그는 일본에 대해 박사님과 대화하는 것을 좋아할 것 같아요. 왜냐하면 박사님은 그곳을 잘 아시니까요. 그는 매우 훌륭하고 영리한 청년이며, 아마 1908년 프린스턴 대학을 졸업한 것으로 알아요.

저희 둘 다 사모님께 따뜻한 사랑의 안부를 전합니다. 지난 달에 사모님이 함께 오시지 못해서 여전히 아쉬워요. 박사님의 자매들과 존에게도 저의 안부를 전해주세요. 집을 떠나서 보내는 시간이 즐거운 시간이 되시길 바라며, 하시는 모든 일이 성공적으로 이루어지길 바랍니다.

언제나 변함없는 당신의,

앨리스 R. 아펜젤러

---

104 제임스 카프만(James Lee Kaufman, 1886~1968)은 미국의 변호사이자 법률가이다. (New York Times, nytimes.com)
105 에델 코크란(Ethel Cochran)을 가리킨다. 앨리스의 외사촌인 아서 닷지의 아내 메리언 코크란의 여동생이다.

추신. 저는 도덕주의자이자 심리학자로서의 조지 엘리엇[106]에 관한 논문을 쓰기 위해 『미들마치(Middlemarch)』[107]를 다시 읽기 시작했답니다.

---

106 조지 엘리엇(George Eliot, 1819~1880)은 영국의 소설가이자 시인, 언론인, 번역자이다. 빅토리아 시대의 가장 중요한 작가 중 한 명이다. (Britanica, Britanica.com)
107 조지 엘리엇이 1871~1872년간 연재한 소설. 1874년 단행본으로 출간되었고 영국 빅토리아 시대를 대표하는 작품이다. (Britanica, Britanica.com)

1913년 3월 12일

노스 라임 스트리트 730번지
랭커스터, 펜실베이니아

친애하는 그리피스 박사님께

어머니와 저는 오늘 받은 박사님의 멋지고 긴 편지를 즐겁게 읽었답니다. 저희는 박사님의 우리 지식 수준을 뛰어넘는 해박한 지식에 감탄했습니다. 단테(Dante) 책도 보내주셔서 감사해요. 하지만 당장은 읽을 수가 없네요. 조지 엘리엇 논문에 모든 남는 시간을 써야 하거든요. 그런데 시간이 너무 없어서 논문 작업이 제대로 진척되지 않고 있어요. 사실 학기 내내 쌓인 피로로 완전히 지쳐버려서 방학이 시작되는 3월 21일을 손꼽아 기다리고 있답니다.

어머니는 독감으로 며칠 동안 편찮으셨지만 오늘은 좀 나아지셨어요. 물론 여전히 기운이 없고 몸이 좋지 않으시지만요. 이렇게 이야기를 시작하며 예상치 못한 이 편지의 본론으로 들어가려 해요. 아마 이 편지를 보고 놀라셨겠죠. 저는 지금 제 삼촌께 말씀드리듯이 솔직하게 말씀드려요. 혹시 방문 일정을 조금 늦춰주실 수 있나요? 기분이 상하지 않으시길 바라요. 어머니의 건강이 아직 완전히 회복되지 않아서 부활절 무렵에 오신다면 제대로 모실 수 있는 자신이 없어요. 사실 어머니의 친구인 메릴 선생도 원래라면 지금쯤 오시기로 했었지만 연기한 게 다행이었어요. 지금 저희는 그저 겨우 버티고 있는 중이어서 누구도 지금의 저희 모습을 보고 싶지 않을 거예요. 메릴 선생은 4월 초에 오실 예정이에요. 그 이후에는 박사님을 정말 기쁘게 맞이할 수 있을 것 같아요. 그때에는 사모님도 함께 오시면 좋겠어요. 며칠 동안은 사모님이 타자를 치지 않으셔도 되겠죠! 방문 계획을 마치 거부권

행사하듯이 미뤄서 정말 죄송하지만, 저희 사정을 이해해 주실 것이라고 믿어요. 무례하거나 불친절하다고 생각하지 않으셨으면 해요.

만성적인 재정 문제 때문에 헨리는 5월까지 집에 올 수 없을 것 같아요. 그는 최근 캐서린 헌팅턴(Katharine Huntington)[108]의 파티에 참석하기 위해 프린스턴에 다녀왔어요. 그녀는 윌슨 대통령 가족의 특별 열차를 타고 취임식에 다녀왔다고 하네요. 아이다와 메리는 27일경에 집에 올 예정인데, 저희는 그날이 오기를 간절히 기다리고 있답니다.

박사님이 가지고 계시다는 단테에 관한 책을 읽을 생각에 기대가 커요. 제가 가지고 있는 책은 돌려드릴게요. 아마 금방은 아닐지도 모르지만요.

한국 관련 책들에 대해 좀 더 알려주세요. 아직 그 주제에 대해서는 아무것도 하지 못했거든요. 지금은 영국 중산층에 깊이 빠져 있어요.

시민들과 함께한 주말이 정말 재미있었을 것 같아요. 뉴저지에서 하시는 일을 즐기시길 바라요. 23일 주일을 매디슨(Madison)[109]에서 헨리와 함께 보내시는 건 어때요? 박사님을 보면 엄청 반가워할 거예요. 물론 상황만 된다면 우리도 박사님을 보고 싶어요!

어머니와 저의 사랑을 두 분께 전합니다.

저희를 오해하거나 서운해하지 않으시길 바라며,

    언제나 변함없이 신실한,

앨리스 R. 아펜젤러

---

108 캐서린 애닌(Katharine Huntington Annin, 1893~1990)은 Miss Fine's School과 브린 마우어 대학을 졸업한 교사이다. (HymnTime, hymntime.com)
109 미국 뉴저지주에 있는 도시.

1913년 4월 24일
랭커스터, 펜실베이니아

친애하는 그리피스 박사님

스티븐슨[110]의 편지 두 권을 읽고 난 후 오늘 오후 한 친구가 제게 이렇게 말했답니다. 편지가 출판되든 안 되든 글을 쓰지 못했다는 변명은 너무 진부하다라고요. 이 말이 아주 훌륭한 조언처럼 들려서 따르기로 했어요. 그러나 박사님의 친절한 초대에 대해 너무 무례하게 굴었던 것 같아서 정말 죄송해요. 아이다와 메리도 이타카에 들를 수 있었으면 정말 좋았을 거예요. 하지만 한국에서부터 어머니의 오랜 친구인 메릴 선생이 방학이 끝나갈 무렵 그들을 만나러 오셨기 때문에 애들은 당연히 여기 있어야 했어요. 게다가 아이다는 대학으로 돌아가는 길에 매디슨에 들러 헨리와 형제들과 함께 멋진 하루를 보냈어요. 애들 이야기가 나온 김에 마저 할게요. 아이다가 방금 기독교 학생회 회장으로 선출되었는데 학교에서 두 번째나 세 번째로 중요한 자리에요. 우리는 너무 자랑스러워하고 있답니다. 어머니와 저는 서로 너무 자랑하지 말자고 한 뒤 또 자랑하고 있답니다! 이 직책은 그녀의 미래 삶과 일에 큰 의미가 있을 거라고 생각해요. 헨리와 메리도 잘 지내고 있답니다. 헨리는 지난주에 브린 마우어로의 짧은 여행 계획을 세울 수 있었고, 메리는 행복해 보입니다.

메릴 선생은 저희와 함께 두 주 조금 넘게 있었어요. 행복한 시간은 정말 빨리 지나갔네요. 어머니는 마침내 회복되셨는데 박사님이 부활

---

110 로버트 스티븐슨(Robert Louis Stevenson, 1850~1894)은 스코틀랜드 출신의 소설가로, 대표작으로는 『보물섬(Treasure Island)』이 있다. (Poetry Foundation, poetryfoundation.org)

절 기간에 이곳에 오시지 않은 것이 정말 다행이었어요. 저희는 이 집에서 〈왕의 전령들(King's Heralds)〉 단원들을 위해 81다스의 부활절 달걀 초콜릿 사탕을 만들었답니다! 정신 나간 일처럼 보이지만, 아시겠지요? 이런 모금을 통해서 도움을 받을 수 밖에 없는 불쌍한 아이들이 있다는 것을요. 저희는 9달러를 모금했어요! 만약 저희와 함께 계셨다면 그 달걀들을 좋아하지 않으셨을 거예요! 하지만 저희는 박사님을 그리워합니다. 사람들과 세상을 바라보는 박사님의 넓은 시각으로 새로운 힘을 얻고 싶어요. 그러니 가능하다면 사모님과 함께 꼭 와주세요. 혹시 무슨 일이 생기면 솔직하게 알려드릴게요.

그리고 대학 신문, 기사들, 그리고 제가 무척 즐겁게 읽은 〈순환과 성공(The Circle and Success)〉[111] 등 좋은 물건들을 보내주신 데 대해 진심으로 감사드려요. 사랑의 빚을 지고 있네요. 어머니도 직접 감사 인사를 전하고 싶어 하세요. 할러(Haller) 전시회의 우표는 정말 매력적이네요. 그곳에서 멋진 시간을 보내시겠어요. 헵번(Hepburn) 원고[112]를 마무리하셨다니 기쁘고, 잘 되기를 바랍니다. 사모님이 너무 무리하지 않도록 해주세요. 랭커스터에서 조금 쉬셔야 해요. 요즘 랭커스터는 정말 아름답거든요. 학교에서 친구들과 함께 게티즈버그(Gettysburg)로 소풍을 가는데 무척 기대가 된답니다. 한 번도 가 본 적이 없어서 더 그런 것 같아요.

---

111 1907년경 뉴욕에서 발행되었던 잡지로, 창간 당시에는 〈The Circle〉라는 제호로 간행되었다.
112 그리피스는 1859년 일본에 파견된 미국인 의료 선교사 제임스 헵번(James Curtis Hepburn)과 그의 아내 클라라 헵번(Clara Hepburn)의 이야기를 『일본의 헵번과 그의 아내, 그리고 동역자들: 그리스도를 위한 헌신의 삶(Hepburn of Japan and His Wife and Helpmates: A Life Story of Toil for Christ)』(1913)으로 집필했다. 제임스 헵번은 미국 북장로회 해외선교부 소속 의료선교사로 병원과 교육기관 설립에 기여했다. 또한 1863년 요코하마에 영어학원을 설립하였는데, 이것이 후에 메이지가쿠인(明治學院) 대학으로 발전하였다.

어머니께선 제가 6월에 웰슬리에 가야 한다고 하십니다. 그래서 학년 말과 이글스 미어 방문 사이에 짧게 웰슬리를 방문하려 합니다. 아이들은 이번 콘퍼런스를 무척 기대하고 있는데, 작년보다 더 좋을 거라고 확신해요. 한국에 관한 책을 찾아봐 주시고 저를 위해 새 『코리아(Corea)』 책을 주문해 주셔서 정말 감사해요. 아직 받아보지는 못했지만, 받은 팸플릿들은 정말 흥미롭고 제가 원했던 내용이에요. 지금의 상황을 잘 전달하는 자료들이라서 만족스럽습니다. 곧 제 연구반 수업을 시작할 예정이에요. 2주 전에 조지 엘리엇에 대한 글을 발표했어요. 직접 준비하고 발표할 수 있어서 정말 뿌듯했어요. 이제 학교 건물에서 수업을 하고 있는데 연말에는 연극으로 상연될 예정이고 그 외에도 많은 행사가 있어서 바쁜 나날들을 보내고 있답니다. 저는 항상 학기 후반 이 시기가 끝날 때가 제일 기뻐요. 저에게는 가장 힘든 시기여서 바깥에서 더 많은 시간을 보낼 수 없는 게 아쉬워요. 어머니는 여전히 바쁘신데도 우리를 너무 잘 챙겨주세요. 그렇게 생각하시죠?

저희는 베를린(Berlin)[113]에 잠깐 방문하기로 했어요. 적어도 이번 여름에 말이에요. C. Q.는 아이다를 실버 베이(Silver Bay)로 보낼 예정인데 그녀는 무척 기뻐하고 있어요. 그 후 베를린으로 돌아올 거예요. 닷지 가족이 집을 원할 수도 있어서 얼마나 머물게 될지는 아직 확실하지 않아요. 외삼촌[114]은 마을 입구에 작은 하얀 집을 구입하셨는데, 그곳은 외삼촌과 어머니가 태어나신 곳이랍니다.

이제 잠들기 전에 연습을 해야 해요. 캘리포니아-일본의 상황[115]에

---

113 미국 펜실베이니아 서부에 있는 작은 마을.
114 앨리스의 외삼촌 바이런 닷지(Byron Griswold Dodge, 1851~1925)를 가리킨다.
115 1913년 봄 캘리포니아에는 아시아인들의 이민을 반대하는 목소리가 높아졌는데, 특히 일본인 이민자들에 대한 반대 분위기가 거셌다. 1913년 5월 3일 캘리포니아주는 Alien Land Act(아시아계 이민자 토지 소유 제한법)를 통과시켜 아시아계 이민자들이 토지를 소유하거나 임대하는 것을 금지했다.

대해서 어떻게 생각하세요? 두 분과 마가렛, 그리고 존에게 저와 어머니의 사랑의 안부를 전합니다.

    당신의 신실한,

앨리스 R. 아펜젤러

1916년 4월 7일
서울

저는 이사하는 중이라 아직 정착한 장소가 없습니다. 어젯밤에는 손님 방에서 잤는데, 계속 있기에는 너무 추워서 오늘은 뒷방에서 이 그리움의 편지를 쓰고 있어요. 먼저 편지들을 보내놓지 않으면 저의 자잘한 일들이 지장이 있을 것 같아서요. 남자들이 제 새 방의 벽을 크림색으로 칠하고 있는데, 다 끝나면 제 맘에 들 것 같아요.

오늘 아침과 오후 일부에 걸쳐 카나한[116] 씨에게 공식 편지를 썼는데, 그녀가 5월 회의를 위해 받을 수 있도록 모든 것을 적었어요. 우리는 여학생들을 손탁[117] 부속건물로 옮겼고, 세 명의 사람들이 이사하고 또 몇 군데 수리를 하는 중이라 상당히 어수선합니다. 저는 어제 아침까지 이사하지 않았고, 아마도 다음 주까지 정리가 되지 않을 것 같습니다.

---

116 감리회 여성해외선교부의 남미 공식 특파원인 캐리 카나한(Carrie Jay Canahan)인 듯하다.
117 손탁호텔(Sontag Hotel)을 말한다. 1902년 대한제국 한성부 정동에 세워진 서양식 호텔로, 고종이 덕수궁 옆에 있는 1,184평에 달하는 황실 소유의 가옥 및 토지를 하사하고, 25개의 객실을 갖춘 2층짜리 호텔을 지은 뒤, 당시 한성에 체류하던 독일인 앙투아네트 손탁(Marie Antoinette Sontag)에게 운영을 맡겼다. 당시 서울 시내에서 가장 유명하고 주목받았던 서양식 호텔이자 대표적인 사교 공간이었다. 대한제국이 외교권을 상실하고 손탁이 1909년 궁내부 황실전례관 직책에서 물러나면서 호텔을 팰리스 호텔의 주인 J. 보에르에게 매각하였다. 손탁호텔이 보에르에게 매각된 이후에는 기존의 프라이빗 호텔 방식을 폐지하고 일반 호텔로 변모하였다. 1914년 10월에 조선총독부 철도국의 직영 호텔로 64개 객실을 갖춘 조선호텔이 완공되면서 위기가 닥쳐 1915년 8월 18일자 〈매일신보〉에는 손탁 호텔의 비품을 경매한다는 광고가 실렸으며, 1917년에는 손탁호텔 건물과 부지가 이화학당으로 넘겨졌다. 이후 여러 해 동안 메인홀 기숙사의 별관으로 전환되어 사용되다가, 1922년에 이화학당 프라이 홀(Frey Hall) 신축을 위해 헐리면서 손탁호텔의 자취는 완전히 사라졌다. 현재 이화여자고등학교 100주년 기념관 옆에 표석이 세워져 있다.

전에 제가 말씀드렸던 네덜란드인 쉬플리(Scheiffley) 박사님께 제 이를 두 개 때워주시도록 부탁했는데, 그때문에 이틀에서 사흘 정도 계속 왔다 갔다 했어요. 요즘 저는 아침에 평소보다 좀 더 자면서 쉬고 있어요. 낡은 테니스 코트를 보수 중이라 우리는 아직 테니스를 치지 못하고 있어요. 어차피 날씨가 춥고 사나워서 상관없지요. 하루는 존경하는 언더우드 박사님을 방문했어요. 박사님과 언더우드 부인은 다음 주에 가시는데, 할리(Hollie)는 요코하마(Yokohama) 이상은 가지 않을 겁니다. 그는 이곳에서 박사님이 하시던 일을 계속 해야 하며, 계속해서 일어나는 중요한 변화들에 대해 박사님께 알려드려야 하거든요. 그[118]는 피곤하고 아파 보였어요. 도쿄에서 그처럼 열심히 공부하지 않아도 됐는데, 그는 갈 수 있는 한 멈추지 않는 사람이지요. 그들은 배틀 크릭[119]으로 가는데, 거기서 정말로 쉬면서 관리를 잘한다면 회복될 것입니다. 그는 1906년에 집에 갔을 때 건강이 지금보다 훨씬 더 나빴었지만 좋아졌다고 말했어요. 그의 누이가 피츠필드(Pittsfield)에 살고 있으며, 자기가 회복이 된다면 헨리를 만나고 싶어 합니다. 올해는 한국 방문객들 때문에 번잡하시겠어요, 그러시죠? 우리도 이번 주에

---

[118] 호러스 G. 언더우드(Horace Grant Underwood, 1859~1916) 선교사를 말한다. 조선총독부에서 사립학교 교원들도 일본어로 강의해야 한다는 규정을 만들었기 때문에 연희전문학교 인가를 받으려던 언더우드도 일본어를 배우고 있었는데, 병을 치료하고 일본어도 본격적으로 배우기 위해 1916년 1월 2일 일본 도쿄에 왔다. 그러나 3월에 건강이 악화되어 한국으로 돌아왔고, 4월에 치료차 미국으로 가게 되었다.

[119] 배틀 크릭 요양소(Battle Creek Sanitarium)를 말한다. 미국 미시간주 배틀 크릭에 있는 세계적으로 유명한 건강 리조트였다. 제칠일안식일예수재림교회가 주창하는 건강 원칙을 기반으로 1866년에 시작되었으며, 1876년부터 1943년까지 존 하비 켈로그 박사가 관리하였다. 'San'이라고도 불린 이 요양소는 존 켈로그(John Harvey Kellogg) 박사의 지휘 아래 번성하여, 미국 최고의 웰빙 명소 가운데 하나가 되었다. 1902년 화재 이후 재건축 과정에서 확장되었다. 전성기에는 30에이커 부지에 30개가 넘는 건물이 들어서 약 1,300명의 손님을 수용할 수 있는 광활한 단지가 있었다.

두 번의 한국인 파티가 있었어요. 방학은 사람들이 이런 일들을 처리하는 때이지요. 월요일 밤에는 제가 전에 여기 학교에 함께 있던 여성들, 옛 친구들을 초대했어요. 모두 8명이었는데 제 또래의 멋진 여성들이었지요. 우리는 함께 옛날 일을 회상하고, 게임도 하고, 제가 한국을 떠난 이후에 다른 사람들이 어떻게 지냈는지에 대해 들으며 아주 유쾌한 시간을 가졌어요. 그리고 식당으로 데려가서 간식을 먹었는데, 거기에서 각자가 무언가를 뽑도록 '파이'를 준비했어요. 그 친구들은 작은 일본 칠기 상자 하나를 선물로 가져왔지요. 우리는 모두 즐거운 시간을 가졌습니다. 그다음 날 밤에는 남자 교사들과 처치(Church)씨의 성경교실이 있었어요. 그들은 언제나 시끌벅적하지요. 오늘 메리언(Marian)에게서 편지가 왔는데, 시간을 내서 편지를 써준 것에 고마워하며 이달 말에 집으로 오고 싶다고 했어요. 다른 날 아침에는 도트(Dot)를 방문해서 즐거운 대화를 나눴습니다. 그녀는 어떤 사실에 대해 하나도 모르는 채 흠잡기에 빠른 재미난 어린 존재이죠. 하긴 우리 모두 그렇긴 하죠. 팔롱기(Palyongie)는 이번 주에 결혼을 했는데 정말 좋은 잔치였습니다. 그와 그의 어린 신부는 서로에게 제법 익숙하게 보이고 함께 행복해 보였어요. 결혼한 지 오래 지났어도 그럴 테지만, 그녀는 대부분 아무에게도 말하지 않았는데 이 두 사람은 전혀 어색해 보이지 않았어요. 그 두 사람은 우리의 선물을 무척 좋아했고, 저에게 넘치도록 고마워했어요.

배재학당[120]에는 이번 학기에 1,000명이 지원을 했답니다! 어떻게 생각하시나요? 어쨌든 인지도란 무엇인지를 보여주고 있습니다.

---

120 배재학당은 1885년 앨리스의 아버지, 헨리 G. 아펜젤러에 의해 설립된 한국 최초의 서양식 교육기관이었으며, 그녀의 동생인 헨리 D. 아펜젤러가 이어받아 운영하고 있었다.

위 문장 왼쪽에 손 글씨로 작성됨

그들은 200명만을 모집합니다.

집에서 마지막 편지들을 받은 지 3주째인데, 아시겠지만 저는 마음을 졸이지는 않고 있어요. 오늘 우편물이 도착했습니다. 시험 삼아 한동안은 당신의 편지들을 우체국에서 보내시길 바랍니다. 표시를 다양하게 바꿀 수 있다면 더 좋을 거예요. 기차 표시도 좋겠어요. 이건 언급하지 말아주세요.

메리언 드레이퍼(Marion Draper)가 어제 평양에서 돌아왔고, 나는 그녀가 머무르는 벙커(Bunker) 가족의 집에서 저녁을 먹었어요. 내일은 하디스(Hardies) 가족의 집에 저녁을 먹으러 갑니다. 이번 여름에 그레이스와 거트루드[121]가 온다는 말을 제가 했던가요?

---

121 거트루드 스네이블리(Gertrude E. Snavely, 한국명 수래복리壽來福利, 1880~?)는 1928년 9월 뉴욕 신학교에서 종교교육 석사학위를 받았다. 1906년 내한하여 황해도 해주 지방에서 일일 성경반 지도를 시작으로 1918년 6월 원주와 강릉 지방까지 성경연구반을 지도하며 여성교육에 힘쓰다가 1925년 서울로 활동 지역을 옮겼다. 1929년 안식년에 내한하여 이천 지방으로 파송되었고 1930년 3천 불을 들여 교사를 건축한 후 여학교를 설립한 것이 현 이천양정여자고등학교의 전신이다. 1931년 감리회 중부연회에서 목사 안수를 받고 정회원이 되었고 1940년까지 사역한 후 귀국하였다.

1918년 9월 17일

이화학당
한국, 서울

친애하는 그리피스 박사님,

오늘 하루 종일 박사님을 생각했습니다. 이번 75세 생신이 (비록 박사님 계신 곳은 아직 생일 날이 아니시겠지만) 지난 어떤 생일보다 가장 행복한 날이 되시기를 기도했어요. 제가 사랑과 축하의 인사를 충분히 전할 만큼 언어 구사 능력이 뛰어났다면 좋았을 텐데요. 하지만 이번에도 제가 자주 사용하는 마음의 언어를 써서 제 마음을 박사님께 전합니다. 박사님이 이 편지를 보시려면 한 달이 지나야겠지만요. 이곳의 가을은 참 아름다운데, 계신 곳의 가을도 찬란하리라고 믿습니다. 하늘과 가깝거나 먼 산의 빛과 상쾌한 공기, 그리고 밤마다 은빛과 푸른 빛이 어우러진 부드러운 그림자의 아름다움을 만끽하고 계시길 바라요. 아마도 지금 자녀분들과 손자들과 함께 이타카에 계시겠지요. 지난번 박사님이 보내주신 편지 이후 벌써 이렇게 긴 시간이 지났네요. 제 기억엔 5월이었던 것 같은데, 만약 잡지가 제때에 도착하지 않았다면 저는 아마도 무슨 일이 생긴 건 아닌가 하고 걱정했을 거예요. 하지만 늘 그러셨던 것처럼 부디 건강하시고 활기찬 삶을 사시길 바랍니다. 앞으로도 계속 해마다 더 행복한 생신을 보내시길 기도해요! 올해 우리 가족은 가장 큰일 하나를 마쳤어요. 결혼식 준비가 쉽지는 않았지만 다행히 아주 잘 마무리되었어요. 모두들 멋진 결혼식이었다고 입을 모아 말해 주었어요. 박사님 생신 선물로 결혼식 사진들을 보냅니다. 몇 주 동안 계속 날씨가 맑았는데, 하필 결혼식 날은 비가 내렸지 뭐예요. 하지만 덕분에 인파가 적었어요. 한국인들은 비 오는 날 밖에 나가는 걸 싫어하거든요. 그래도 아무도 개의치 않았어요. 결혼식 전에는 평소처럼 여러 축하 행사가 있었고, 본식은 모든 사람을 초대한 전통적인 교회 결혼식으로 치러졌어요. 다만 피로연은 좀 더 작은 규모로 치렀답니다. 메리는 분홍색 드레스를 입고 아름다운 들러리가 되었고, 아이다와 평양 선교사들의 어린 딸 거트루드 스왈른(Gertrude Swallen)[122]은 아주 잘 어울리는 흰색과 푸른 색 옷을 입었어요. 루스(Ruth)는 정말 사랑스러운 신부였고 헨리는 최고의 신랑이었답니다.[123]

그의 옆에 있는 어린 화동처럼 저는 앞줄에 앉은 신부의 어머니 노블 여사[124] 맞은 편에서 울지도 않고 있었답니다! 행복한 신혼부부는 나가사키로 신혼여행을 다녀왔고, 며칠 후에는 [판독불가]로 떠나 새로운 일을 시작할 예정이에요. 가까운 곳이어서 정말 기뻐요.

조만간 다시 남부로 가실 건지 궁금하네요. 지난번의 여행 이야기가 무척 흥미로웠거든요. 사모님의 편지를 받아서 기뻤고, 지금 박사님 편지에 대한 답장과 함께 답해도 괜찮으시겠지요? 아버지의 친구이신 헬러(Heller) 박사님을 만나셨다니 반갑네요! 언더우드 부인[125]이 최근 남편의 전기를 출간했어요.[126] 책 제목이 〈한국의 숲(wood) 아래

---

122 거트루드 보켈(Gertrude Swallen Voelkel, 한국명 옥귀철, 1897~1981)은 윌리엄 스왈른(William L. Swallen, 한국명 소안론, 1859~1954) 선교사의 차녀로, 남편 해럴드 보켈(Harold Voelkel, 한국명 옥호열, 1898~1984) 선교사와 함께 1929년부터 1967년까지 한국에서 선교사로 사역하였다.
123 1918년 9월 4일에 정동제일교회에서 앨리스의 남동생 헨리 아펜젤러와 루스 노블의 결혼식이 있었다.
124 매티 노블(Mattie Wilcox Noble)은 감리회 선교사로 1892년부터 1934년까지 한국에서 사역했던 윌리엄 노블의 아내이다.
125 릴리어스 호턴(Lillias Stirling Horton, 1851~1921)은 1885년 아펜젤러 부부와 함께 한국에 도착한 장로회 선교사 호러스 언더우드(Horace Grant Underwood, 1859~1916)의 아내이다.
126 이 책의 제목은 『Underwood of Korea』로, 1918년 출간되었다.

(Under)〉[127]라는데 그 제목을 어디서 가져왔는지 궁금하네요! 그 제목이 제 아버지보다 언더우드 박사님에게 더 어울리는 것 같아요. 왜냐하면 그는 아버지보다 두 배나 더 오랜 기간 동안 한국에 계셨으니까요. 그 책을 가지고는 있지만 아직 읽어보진 못했네요.

아이다가 박사님께 약혼 소식을 전하려 했는데, 아마 지금쯤이면 편지를 보냈을지도 모르겠네요. 약혼 상대는 우리 감독님의 아들이자 헨리의 신학교 절친 중 하나인 폴 버트[128]랍니다. 그는 훌륭하고 잘생긴 청년으로 조용한 강인함과 지적인 면이 아이다와 잘 맞아요. 하지만 해군 군목으로 복무 중이어서 모든 계획이 미뤄진 상태에요. 아! 전쟁[129]이 얼마나 많은 계획과 가정을 무너뜨리고 있는지요! 그는 캐넌스(Cannons)와 하트포드(Hartford)에서 아이다를 만났고, 작년에는 자기 아버지의 비서로 동부 지방을 여행했어요. 아이다는 이 모든 상황을 이성적으로 받아들이고 있어요. 물론 지금은 아무런 계획도 세울 수 없고 아이다는 결국 [Halesdate]라는 아주 먼 곳으로 파견되었어요. 지구 반대편이긴 하지만 그곳은 물론 아름다운 지역이고 사람들도 좋다고는 하지만요.

이번 여름 아이다와 저는 몇 년만에 최고의 시간을 보냈답니다. 그래서 그녀를 떠나보내기가 너무 싫었어요. 적어도 1년은 만나지 못할 테니까요. 그래서 저는 그 애에게 저와 함께 일주일만이라도 머물러 달라고 했어요. 헨리는 여름을 그의 장인 장모님(the Nobles)이 계신 곳에서 보냈고, 우린 하숙집 식탁에서 그와 꽤 좋은 시간을 가졌어요. 이

---

127 언더우드라는 성을 이루는 두 음절의 단어로 책 제목을 재미있게 표현한 것이다.
128 폴 버트(Paul Burt, 1893~?)는 웨슬리언 대학과 드루 신학교, 예일 대학교를 졸업하고 감리회 선교사로 한국에 파견되었다. 이 편지에서는 그가 아이다와 약혼했다고 언급되지만 아이다는 후에 윌리엄 크롬(William Hampton Crom) 대령과 결혼했다.
129 제1차 세계대전을 말한다.

해변은 소래와 경쟁 관계에 있는 곳인데, 접근성이 더 좋아서 많은 사람이 찾고는 있지만 저희는 여전히 소래를 더 좋아한답니다. 단 12일 동안의 휴가였지만 저는 그 시간을 최대한 활용하여 충분히 쉬고 즐겼어요. 하지만 자주 그렇게 하면 안 될 것 같아요.

  서울의 여름은 그럭저럭 견딜 만했어요. 기온 자체는 문제가 아니었지만, 마치 학기 중인 것처럼 계속 일을 해야 했어요. 약 20여 명의 학생들이 여름 동안 학교에 남아 있어서 제가 그 학생들의 관리 감독을 어느 정도 맡아서 해야 했어요. 방문객들도 끊임없이 찾아와서 한국 전역뿐만 아니라 중국과 일본에서도 사람들이 리조트를 오가며 들렀어요. 하인들도 번갈아 가면서 아팠고, 휴가 간 사람들이 우리에게 여러 가지 심부름을 부탁하기도 했어요. 하지만 저를 가장 바쁘게 했던 두 가지 일은 첫째, 회의록을 준비하고 교정하는 것이었고, 둘째는 가여운 러시아와 한국의 혼혈인 소녀를 가르치는 일이었어요. 그 아이는 12살밖에 안 되었는데 행실이 나빠서 아무도 집에 들이려고 하지 않았어요. 저는 항상 그 아이를 안타깝게 생각했고 이번이야말로 그녀에 대한 저의 양심의 가책을 덜어낼 기회라고 생각했어요. 그래서 한 달 동안 매일 아침 약 두 시간씩 그녀와 시간을 보냈어요. 영어를 가르쳐주고, 제 잡지를 오려 그림을 만들게 하고, 이야기도 들려주었지요. 그녀는 제게 항상 예수 그리스도에 대한 이야기를 해달라고 간청했어요. 하지만 제가 너무 쉽게 그 애를 믿었던 것일까요? 우리가 원산에 있는 동안 그 애는 우리 방에 들어와 손에 닿는 귀중품을 모두 훔쳐 갔어요! 처음엔 우리 학생들을 의심했지만, 단서를 발견해서 아이린(Irene)을 불러왔어요. 그러자 엄청난 연기를 하더군요! 마치 영화배우처럼 제 마음을 가지고 놀더니, 결국 저를 도우러 온 남자 선교사님이 그 애를 강제로 아래층으로 끌고 내려갔어요. 그녀는 비명을 지르고, 그 선교사님을 치며 작은 악마처럼 행동했어요. 하지만 결국 궁지에 몰리자 훔친 물건을 가져오겠다고 했어요. 그러나 그녀가 가져온 것은 일부분뿐이었어요. 결국 저는 그 애와 두 번 더 만나야 했고, 마지막에 가서야 겨우 모두 돌려받을 수 있었어요. 며칠 전에는 그 불쌍한 아이가 발이 심하게 감염된 상태로 저를 찾아왔기에, 그 애를 병원에 데려갔어요. 헤어지기 전 그 애는 저를 10월에 자기 생일날 차 마시러 오라고 초대하더군요! 우리는 여전히 좋은 친구예요. 그리고 저는 제가 할 수 있는 한 그 애를 도우려고 해요. 사실, 그녀는 필라델피아 인근의 슬레이튼 농장(Slayton Farms)[130] 같은 교정 학교로 보내지는 것이 가장 좋겠지만, 여기는 그런 기관이 없어요. 아마도 그녀는 더 나쁜 길로 빠져들 가능성이 더 크겠죠. 이것은 흥미로운 경험이었고, 그에 대한 후회는 없어요. 하지만 왜 선교에 대한 저의 노력은 항상 완전한 결실을 맺지 못하는 것일까요? 다른 사람들의 성공적인 사례는 들리는데 저의 경우는 항상 그렇지 못한 것 같아요.

이곳 모두가 시베리아에서의 긴급 상황[131]으로 인해 우리 선교지부에서 의료진 8명이 체코인들을 돕기 위해 파견된 이후 적십자 활동에 큰 관심을 보이고 있답니다. 헨리와 아이다도 다른 이들과 함께 자원했고, 한때 동생들이 호출될 가능성도 있어 보였지만 오늘 잠시 돌아온 세브란스 병원의 외과의사 러들로[132] 박사에게서 들은 바로는 자신과

---

130 미국 펜실베이니아주에 있었던 슬레이튼 농장 학교(Sleighton Farm School)를 지칭하는 것으로 보인다. 1826년에 설립된 비행 청소년, 특히 여학생들을 위한 교정 시설로 감리회 여성 교인들이 운영에 참여했으며 2001년에 문을 닫았다.
131 러시아 내전 중 발생한 체코군단이 1918년 7월 6일 극동 러시아의 블라디보스토크를 점령하여 적군을 몰아내고 연합군에게 항구를 개방한 사건을 일컫는 것으로 보인다. (중앙일보, "[거꾸로 읽는 러시아 혁명사 ①] 체코군단, 피바다 뚫고 시베리아 횡단", joongang.co.kr/article/22072640)
132 앨프레드 러들로(Alfred Irving Ludlow, 1875~1961)는 오하이오주 클리블랜드 출신의 외과의사로 1912년 한국 선교를 자원해 26년간 세브란스의학전문학교 교

아내 그리고 세브란스 출신의 또 다른 간호사가 전쟁이 끝날 때까지 적십자에 남을 수 있도록 허가를 받기 위해 왔다고 합니다. 그런데도 체코군단의 눈부신 승리 덕분에 긴급 상황은 즉시 안정되었고, 모두가 다시 동부 전선을 구축하기 위해 집결할 예정이라고 합니다. 그는 자신이 베를린의 안내자로 자원했으며, 운터 텐 린덴(Unter den Linden)[133]을 완전히 꿰뚫고 있다고 말했어요!

제 편지를 얼마나 이해하실 수 있는지 알려주세요. 아일랜드 사람처럼 제 글 중 어떤 부분이 읽기 힘든지를 알고 싶거든요.

이 편지는 3일 동안 틈이 날 때마다 썼는데, 원하는 것처럼 잘 써지지 않았네요. 이번 주에 학교가 시작되었지만, 정부 규정에 따라 저학년은 9월 2일에 먼저 개학했어요. 원산에서 돌아오자마자 결혼식 준비를 해야 했고, 그 후에는 아이다가 떠났고, 선교부연합공의회의 회의가 3일 동안 여기서 열렸어요. 그리고 이제 학교, 언어 공부, 업무, 그리고 일상적인 모든 일들이 다시 시작되었답니다. 메리는 일을 잘 해내고 있고, 건강은 꾸준히 좋아지고 있어요. 아마 향수병이 그녀의 병의 원인인 것 같아요. 그녀는 제 방 바로 옆의 아늑한 작은 방을 쓰고 있는데, 두 방 모두 남향 베란다로 연결되어 있어요. 이곳은 우리에게 정말 집 같은 곳이랍니다. 왜냐하면 남산, 배재학당, 그리고 우리가 어릴 적에 살았던 집터가 한 눈에 보이니까요. 이번 여름에 메리는 몇몇 사람들에게서 청혼을 받았어요. 요즘 이곳에는 남자들이 거의 없어서 메리라는 가장 아름다운 꽃도 보이지 않는 곳에서 외롭게 피어 있어야만 하는 운명이네요! 그래도 그녀는 아주 밝게 지내고 있답니다.

수와 세브란스 병원 외과의사를 지내고 1938년 퇴임하였다. 세브란스의 주치의이자 한국을 찾은 최초의 외과의사로 유명하다.
133 독일 베를린의 거리 중 하나로 '린덴 나무 아래'라는 뜻이 있다.

저는 여전히 건강하고 매일 열심 테니스를 치고 대부분의 시간을 일하면서 보내고 있어요. 하지만 아침 일찍 일어나는건 여전히 싫어요! 요즘 잡지와 신문이 참 흥미롭지 않은가요?

저는 〈아웃룩(Outlook)〉[134], 〈애틀랜틱(Atlantic)〉, 〈라이프(Life)〉[135], 그리고 〈리터러리 다이제스트(Literary Digest)〉[136]를 정기 구독하고 있어요. 박사님이 보내주시는 간행물들도 언제나 감사하고 모두가 돌려가며 읽고 있답니다.

이제는 내일 이른 아침 수업을 준비하면서 예레미야와 메대인과 페르시아인들을 만날 시간이네요. 두 분께 아주 많은 사랑을 보내며, 진심 어린 따뜻한 안부를 전합니다.

  당신의 진실한 친구,

            앨리스 드림

---

134 19세기 후반에서 20세기 초반까지 뉴욕에서 간행된 잡지.
135 1936년 〈타임(Time)〉의 발행인 헨리 루스(Henry Robinson Luce)가 창간한 잡지. 사진 중심의 획기적인 편집으로 보도 사진 분야에서 선구적 역할을 했고, 국내외 정치와 전쟁, 대중문화 등 다양한 분야에서 역사적인 사진을 남겼다.
136 1890년 출판사 Funk & Wagnalls에 의해 창간된 잡지.

1920년 10월 11일
샬롯 스트리트 233번지
랭커스터, 펜실베이니아

친애하는 그리피스 박사님,

이번에는 멋진 편지가 아니네요! 편지 한 장이 전부에요. 기다리고 있는 편지가 너무 많은 바쁜 나날 속에서 책상 앞에 앉을 시간이 거의 없거든요. 유럽에서 편지를 보내려 했었지만 이 편지야말로 박사님을 환영하는 편지가 될 거예요. 박사님이 저를 환영해 주신 것처럼요. 저희는 8월 23일 랭커스터에 도착했어요. 북쪽 경로로 매우 즐거운 여행을 했답니다. 메리는 밀워키에 있는 시댁에 들러 인사를 했어요. 저는 배신자처럼 그녀를 두고 시카고에서 대학 친구를 만났지요. 그곳에서 일주일을 지내고 여름 대부분을 할인행사에 쫓아다닌 후, 3주 동안 여러 곳을 방문했답니다. 메리는 뉴욕에서 일이 있어서 그곳에서 며칠 즐거운 시간을 보냈지요. 멋진 고담(Gotham)에서 몇 개월간 지낼 생각에 정말 기대되네요! 박사님과 사모님께서 베티(Betty)[137]와 저를 안내해 주시면 좋겠어요! 우리는 캐논데일(Cannondale)과 캠브리지(Cambridge)에 있는 메릴 선생(아이다 숙모)을 방문했고, 오후엔 웰슬리로 드라이브를 했답니다. 그곳은 정말 아름다웠어요. 그리고 저는 이제 키스를 받은 동창생이 되었답니다. 왜냐하면 펜들턴(Pendleton) 씨가 한국에서 우리를 방문한 이후로 매우 친해졌거든요! 그 후 며칠을 베를린에서 보냈는데, 이 모든 사랑스런 장소들이 이제는 정말 가슴 아프게 느껴집니다. 어머니의 죽음은 가엾은 묘비를 보고서야 실감이 났어요. 랭커스터로 돌아오면서 이제는 집이 아니게 된 이곳이 얼마나

---

137 제1부의 각주 6 참조.

그립고 [판독불가] 모른답니다. 이곳엔 여전히 귀하고 소중한 것이 많고 친구들이 저를 즐겁게 해주려고 노력하고 있지만, 그들을 진지하게 방문할 시간적 여유가 거의 없었어요. 제가 함께 살고 있는 시버스(Seavers) 가족은 저의 오래된 친구에요. 저는 17년 전에 학교에서 루스(Ruth)를 알게 되었고, 웰슬리를 떠난 후에도 가까운 우정을 유지해 왔어요. 큰 집에는 미혼인 세 자매와 어머니가 살고 계세요. 매우 소박하고 교양 있는 사람들로 전혀 유행을 따르지 않아요. 그들은 저에게 매우 친절하답니다. 이제는 제가 베란다에 앉아서 뜨개질을 하거나 일을 하지 않는다고 충격을 받았던 것에서 벗어나, 제가 원하는 방식으로 이곳에서 제 집처럼 지내도록 배려해 주고 있어요. 그게 대접받는 것보다 훨씬 좋더라고요. 수더튼에 갔을 때 제이콥 큰아버지가 2주 전에 돌아가셨다는 소식을 들었어요. 그는 아버지의 가족 중 마지막 남은 사람이었고, 우리는 그를 정말 사랑했지요. 그의 딸들[138]은 아직도 그 옛날 농장에서 살고 있어요. 랭커스터로 돌아온 후 이틀 뒤 저는 피츠버그로 갔고, 존스타운 근처의 작은 마을 사우스 포크에서 첫 번째 연설을 하고 100달러를 받았어요. 그 이후로도 꽤 많은 연설을 했고, 지난주에는 랭커스터에서 지부 회의도 마쳤답니다. 교회는 선교 헌금을 두 배로 늘려서 저의 선교비를 후원하기로 결정을 했어요. 저는 이 일이 저희 모두에게 도움이 되기를 바랍니다.

아이다는 현재 남편이 공군으로 배치된 캘리포니아주 리버사이드의 한 아파트에 임시 거처를 정했어요. 메리는 다음 달에 아이다를 방문할 예정인데, 12월 3일에 출항합니다. 또한, 그녀의 결혼식 날짜도 12월 3일로 정해졌답니다. 메리는 현재 홀링거(Hollinger) 가족과 함께 즐거

---

138 이디스 아펜젤러(Edith Mable Appenzeller, 1886~1922)와 프랜시스 아펜젤러(Frances Elizabeth Appenzeller Rufe, 1909~1990)를 말한다.

운 시간을 보내고 쇼핑도 다니고 있지만, 일정이 꽉 차 있어서 좀 바쁜 것 같아요. 그 애는 다음 주에는 뉴욕에 갈 예정인데 박사님이 꼭 만나셨으면 좋겠어요. 메리는 성모 마리아같이 여성스럽고 능숙한 연설가가 되어가고 있어요. 그 애는 순수하지만 열정적인 연설가랍니다. 박사님께 드리고 싶은 말씀과 질문이 너무 많아서 편지 한 장을 최대한 활용하고 있습니다! 이번 여행이 모든 면에서 만족스러우셨기를 진심으로 바랍니다. 저는 두 분을 정말 보고 싶고 여러 가지 많은 것들에 대한 박사님의 의견을 듣고 싶어요. 인생은 정말이지 흥미로우면서도 복잡하네요.

저는 10월 14일부터 21일, 그리고 10월 25일부터 11월 4일까지 필라델피아에 있을 예정입니다. 두 번째 일정 동안은 총회임원회의에 참석합니다. 저에게 책임을 맡겨 주셨는데 마칠 때까지 계속 긴장될 것 같아요. 미국에 있는 것이 너무 좋고 모든 것을 즐기고 있습니다!

　　두 분께 전에 없는 사랑을 전하며,

앨리스 드림

1920년 10월 14일

샬롯 스트리트 233번지
랭커스터, 펜실베이니아

이제 손 글씨로 마무리하려 해요. 저는 여기서 일주일 동안 머물면서 박사님이 평생 동안 많이 해오신 것처럼 인턴십을 하고 있어요. 생각했던 것보다 더 마음에 들어요. 지금은 6시 39분, 저는 약간의 외로움을 느끼며 이 선교사를 위한 방에 있습니다. 오후엔 연설을 마치고 YWCA 카페테리아에서 저녁을 먹었어요. 박사님이 여기 계셔서 함께 영화 보러 갈 수 있다면 얼마나 좋을까요? 바로 이게 문제에요. 저는 너무 사교적인 사람이에요. 이렇게 편지를 쓸 수 있는 자유로운 저녁이 있다는 사실이 너무 소중해요. 그래서 가능한 한 많은 편지를 보내려고 합니다.

박사님께서 증기선에서 보내신 편지를 여기서 받았어요. 정말로 풍성한 여름을 보내셨겠어요. 메리는 21일 목요일에 뉴욕으로 가는데 박사님을 만날 기대를 하고 있어요. 그 애에게 가장 최근의 주소인 노던(Northern) 애비뉴 100번지를 알려주었는데 박사님을 만나지 못할 수도 있어요. 메리에게 바로 편지를 보내주세요. 랭커스터, 노스 듀크(N. Duke) 스트리트 339번지로 보내주시거나, 혹시 늦었다면 뉴욕 5번가 710호실로 보내주세요. 메리의 성장을 보면 기뻐하실 거예요. 그 애는 11월 초에 서부로 떠날 예정이니 이번이 그녀를 만나실 수 있는 유일한 기회인지도 몰라요.

헨리에게서 들은 최근 소식은 그가 한국에서 창궐한 콜레라에 살짝 걸렸다는 것이고, 예방 접종 덕분에 살았다고 하네요. 더 자세한 소식을 기다리고 있어요. 저는 메리가 떠날 때까지 여행을 계속할 예정이라서 그 애를 만날 수 없을 것 같아요. 지금은 더 이상 할 말이 없지만, 제가 가장 보고 싶은 사모님께도 그리고 박사님께도 깊은 사랑을 보냅니다. 저는 그곳에 있는 친구들과 놀고 싶은 마음이 더 커서 공부할 시간이 없을 것 같아요! 다시 돌아오셔서 정말 기뻐요!

    어느 때보다 진심을 담아서,

앨리스 드림

1921년 2월 2일

밴크로프트 홀(Bancroft Hall), 313호
웨스트 121번가 509번지

친애하는 그리피스 박사님께

환영카드를 방금 받았어요. 만학도로 졸업생이 된다는 것은 장점이 많다는 것을 확실히 말씀드리고 싶어요.[139] 그중 하나는 언제든 우리가 원할 때 자유롭게 친구들을 만나고 오갈 수 있다는 거죠! 제 룸메이트는 항상 그녀의 남자 지인들을 초대해요. 그러니 부담 없이 언제든지 오세요. 언제나 두 분과 함께 많은 시간을 보내기를 고대하고 있어요. 또한 두 분의 안내로 뉴욕을 방문하는 특권을 꼭 누리고 싶어요.

할 일이 많아서 일정을 좀 줄였어요. 그래서 화요일과 목요일 오후에만 수업이 있어요. 물론 공부할 시간이 많이 필요하지만 금요일과 토요일은 꽤 자유로워요. 화요일 저녁엔 대학 합창단에서 노래할 예정이랍니다. 수업은 내일부터 시작되는데 제 프로그램에 대한 기대가 엄청 커요. 마치 진수성찬이 차려진 만찬 같은 느낌이에요. 어제 유니온(Union)에서 포스딕[140]이 기적에 관한 훌륭한 강의를 했어요. 제가 사랑하는 사모님께서 저와 함께 좋은 시간을 많이 보내실 수 있기를 바랍니다. 메리의 결혼식에 대한 긴 편지도 몇 통 가지고 있어요.

　　　많은 사랑을 전하며,

　　　　　　　　　　　　　앨리스 드림

139　앨리스 아펜젤러는 1922년 컬럼비아 대학교 사범대학원을 졸업하였다.
140　해리 포스딕(Harry Emerson Fosdick, 1878~1969)은 1920~1930년대 미국에서 개신교 보수와 진보 간의 논쟁을 불러일으킨 유명한 자유주의 목사이자 연설가이다.

1921년 3월 14일
연설 102

돌을 깎아 만든 산 위의 성소
그곳은 예루살렘 아래 골짜기의 백합화가 숨어있는 곳
고요한 아침의 나라에서 우리의 말이 들리기를
위로는 서늘한 소나무들이 속삭이고
뻐꾸기가 짝을 부르네
뻐꾹! 뻐꾹! 뻐꾹!
멀고 먼 언덕에는 진달래가 붉게 물들고
초록색 논 사이로 사람들이 일터로 향하네.
푸른 빛과 은빛이 어우러진 강물,
그 오랜 자랑스러운 도시를 떠나
바다의 품에 안기듯 팔을 내미네.
흰옷 입은 순례자,
수많은 화살을 맞은 채
바위 벽 아래 깊은 샘물가에 몸을 누이네.
그녀와 나는 이 신비로운 아름다움 속에서 태어났으니
우리의 마음은 그 평온함을 잘 안다네.
(타고르[141]에게 경의를 표하며)

앨리스 R. 아펜젤러

---

[141] 타고르(Rabindranath Tagore, 1861~1941)는 인도의 시성으로 불리는 저명한 시인으로 아시아 최초의 노벨문학상 수상자이다. 그가 1929년 세 번째 일본 방문 중 조선 민족에게 보낸 시 「동방의 등불(The Lamp of the East)」이 잘 알려져 있다.

1922년 3월 13일
〔장소 미상〕

사랑하는 친구들에게

오늘은 월요일이고 내일은 수요일이 될 예정이에요. 저는 제 앞에 쌓인 이 많은 일을 처리하려면 이제 정말 끝까지 붙잡고 있어야 한다는 것을 실감하고 있어요. 슬프게도 저는 이 끔찍한 배 안에서 살이 찌고 있어요. 이틀 동안 병이 나서 아파 죽을 뻔했는데 이제는 배가 고파서 죽겠어요. 그리고 조금이라도 배가 고프면 기운이 없고 속이 울렁거리는 느낌이 들어요. 이런데 어떻게 먹지 않을 수 있겠어요? 하지만 나는 배에 있던 한국 친구들이 나를 보고 놀라면서, 내가 어떻게 그렇게 살이 빠졌는지 궁금해하면서 음식을 먹이려 한다는 사실에 기운을 얻고 있어요. 그들은 호놀룰루에서 그 책을 주문했어요. 만약 H.P가 책을 팔아서 그 수수료를 저에게 준다면 저는 부자가 될 거예요! 호놀룰루의 두 친구도 영향을 받았어요. 저는 정말 문제를 일으키고 있어요. 그건 나쁜 일이에요. 왜냐하면 한국의 친구들에게 좋은 인상을 줘야 하니까요!

저는 고베에 도착할 때까지 머물기로 거의 결심했지만, 베티는 요코하마에서 저를 떠날 거예요. 저희는 함께 즐거운 시간을 보내고 있으며, 뉴욕에서보다는 훨씬 더 좋습니다. 비록 [Carualeans]에 대한 이야기가 자주 들리고 이전과는 많이 다르지만, 모든 것이 순조롭게 옳은 방향으로 되어가길 바랍니다. 베티는 저와 가까이에 있으니 우리는 함께 새로운 경험을 하게 될 거예요. 이런 생각을 하는 것조차 너무 이상하게 느껴지는데, 그것을 글로 쓰려고 하니 인생이 너무 낯설고 수수께끼같은 것이라는 생각이 듭니다.

서울 주재 미국 영사관의 포스터 벡[142]과 그의 아내, 그리고 세브란스 병원의 러들로 박사 부부가 함께 배에 타고 있는데, 우리는 이 항해를 매우 즐기고 있습니다. 목적지에 가까워질수록 곧 맞닥뜨릴 복잡한 문제들과 고민들이 느껴지기 시작합니다. 도착할 날이 보름도 채 안 남았네요. 도착하면 기쁘겠지만 바다 위에서 보내는 이 여유로운 나날들이 딱 제 성격에 맞는데, 사라지면 아쉬울 것 같아요. 저는 한 번 쉬기 시작하면 다시 시작하기가 싫어지기 때문에 휴식은 결코 저에게 이로운 것만은 아니랍니다. 몇 달 만에 가장 편안한 기분이 들고 게을러져서 편지도 쓰기가 귀찮을 정도랍니다! 편지가 약 70통 정도 있는데 도착 전에 모두에게 답장을 하려고 하고 있답니다. 아마도 여름 전까지는 다시 편지를 쓰지 못할 테니까요! 저희는 아름다운 호놀룰루에서 멋진 하루를 보냈어요. 저는 대학 친구의 집에서 하룻밤을 묵으며 하와이 음악 콘서트를 감상하고 수영도 했답니다! 날씨가 너무 좋아서 고래들이 새끼들과 함께 뛰어놀아야 할 것 같은데 아직 한 마리도 보지 못했어요! 정말 장관일 텐데요! 날씨가 무척 따뜻해졌고 승객들은 온갖 종류의 스포츠를 즐기고 있습니다. 몇몇 사람들은 베이징에서 열리는 기독학생연맹회의(Student Christian Federation Confederation)[143]에 가는 중인데, 그들 중에는 학생자원자운동(Student Volunteer Movement)[144]의 창립자 중 한 명이자 지도자인 로버트 P. 와일

---

142 포스터 벡(Foster Merton Beck, 1894~1967)은 1919년에서 1922년까지 서울 주재 미국 영사관의 부영사를 지냈다.
143 1895년에 창립된 세계학생기독연맹으로 1922년에 중국 베이징에서 회의가 개최되었다.
144 1888년에 설립된 해외 선교를 위한 학생 선교운동 단체로 대학생들을 선교의 비전을 통해 사역에 헌신하도록 하였다. "이 세대 안에 세계 복음화를 이루자(The evangelization of the world in this generation)"라는 표어 아래 많은 학생들에게 영향을 미쳤다. (ERIC, eric.ed.gov)

더[145]도 있습니다. 그는 어젯밤 우리에게 이 운동이 어떻게 시작되었는지 이야기해 주었어요. 어제 오전 예배에서 저는 다시 익숙한 역할로 돌아가 피아노를 치고 노래를 불렀답니다. 우리가 시도하는 일에 다른 사람들이 잘 따라준다는 말을 들으면 기쁨을 느끼지요! 이렇게 좋은 것들을 모두 마음껏 누리고 있다니요! 이 추억들만으로도 오랫동안 제 마음을 채울 수 있을 것 같아요. 하지만 두 분이 어떻게 지내시는지도 알고 싶어요.

3월 20일, 아이고! 이번 여행에서 제 기록은 형편없네요. 위의 글을 쓴 이후로 이삼 일 동안 정말 끔찍한 날들을 보냈어요. 보통 첫 날만 지나면 괜찮아지는데, 이번에는 아마도 피로가 쌓여서 그런 것 같아요. 그래도 푹 쉬었고 편지와 엽서를 약 70통 정도 쓰고 책도 많이 읽었어요. 저는 밤에 요코하마 부두 옆에서 충분히 깊은 잠을 잘 수 있었어요. 오늘 오후에는 모두 갑판에서 배에서 내릴 준비를 하고 있어요. 저는 지금 무릎 위에 종이를 올려놓고 글을 쓰고 있는데, 제 주변에는 친구들이 수다를 떨고 있답니다.

안녕히 계세요.

    사랑을 듬뿍 담아,

                          앨리스 드림

---

145 로버트 와일더(Robert Parmelee Wilder, 1863~1938)는 장로회 선교사이자 학생 자원자운동의 창립자이다. (Campus Ministry, campusministry.org)

1924년 8월 3일
제물포에서

친애하는 그리피스 박사님,

　주일인 오늘은 메리의 집에 머물고 있는데, 원산에서의 휴가에 서울에서의 며칠을 추가하여 보내고 있습니다. 저는 그곳에서 일주일을 지냈고, 내일 밤에 돌아와서 다시 2주간 머물 예정입니다. 그 후에는 다시 일을 시작할 계획입니다. 8월 20일부터 28일까지 이화에서 열리는 YWCA 콘퍼런스가 있고, 9월 6일에는 학교가 개학하며, 그 후에는 세 차례의 연례 회의가 열립니다. 7월 12일에 방학이 시작되었지만 저는 25일까지 학교에 남아 있었습니다. 많은 일꾼을 관리하고, 선교사 교제 모임에 오가는 손님들을 맞이하고, 방학에도 여전히 교장을 찾는 사람들을 응대하느라 시간을 보냈어요. 저의 건강 상태는 좋지만, 지루한 장마와 더위, 그리고 매일 밀려드는 끝없는 업무 때문에 정말 힘들었답니다. 여름이 다 가기 전에 제 책상에 쌓인 많은 업무를 끝내고 싶었지만, 그것은 불가능한 일이었어요. 여태까지 이렇게 많은 편지를 답장해야 했던 적이 없었고, 공적인 서신뿐 아니라 사적인 편지까지 밀려있었어요. 글쓰기를 이렇게 늦게 시작한 적도 없었답니다. 저는 완전히 일에 치여 압도당한 상태이며, 우리가 요청한 비서가 오지 않는 한 이 일 더미 속에서 헤어나올 수 없을 것 같아요. 만약 그녀가 온다면 저는 여자로서의 삶을 살 수 있을 것 같은데, 그렇지 않다면 계속 일을 해나갈 수 있을지 모르겠어요! 이것이 지금 제 심정이에요! 원산 해변은 소래의 강력한 라이벌입니다. 노블 가문이 그곳을 돕고 있어서 헨리도 그곳으로 갑니다. 그곳은 아름다우며 (한국인데 말이죠!) 소래보다 훨씬 접근성이 좋습니다. 기차로 단 7시간이면 도착할 수 있고,

서비스도 훌륭합니다. 오래 떠나 있을 수 없음을 알기에 이화 친구들과 함께 가기로 했어요. 원산은 소래보다 덥지만 절벽이 없는 해변가여서 바람이 불어와 견딜 만합니다. 수영을 엄청 좋아하는 저는 바닷바람을 맞으며 즐거운 시간을 보내고 있답니다. 두 주일 정도 더 쉬고 나면 다시 업무에 복귀할 준비가 될 것 같아요. 저는 매일 아침 글을 쓰고 남은 시간은 독서와 놀이를 하면서 보냅니다. 며칠 전에는 배를 타고 만(灣)에 있는 섬의 바위 위에서 아침을 요리해 먹었답니다. 그리고 오전 10시 30분까지 돌아와서 신나게 수영을 했지요.

박사님의 편지에 네 통이나 답을 해야 하네요. 그러고보니 가을 이후로 제가 한 번도 박사님께 편지를 쓰지 않았군요. 그리고 박사님의 사랑과 배려를 끊임없이 떠올리게 하는 것들… 이 모든 것들에 어떻게 감사해야 할까요? 비록 제가 이렇게 형편없는 답을 보내더라도 제가 얼마나 박사님의 우정에 감사하고 있는지 알고 계시리라 믿어요. 박사님이 어떻게 저 때문에 기뻐하신다는 건지 모르겠어요. 제가 소식을 전하지도 않았는데 말이에요! 골무들은 올해에 나눠주기 위해 따로 보관해 두었어요. 왜냐하면 성탄절이 지나서야 도착했거든요. 몇 개는 제가 따로 챙겼답니다. 소녀들은 골무를 매우 좋아해요. 사진들은 학교 곳곳에서 활용되고 있어요. 저는 매주 받은 사진들로 역사 관련 스크랩북을 만들고 있는데, 많은 사람들이 좋아한답니다. 박사님의 책 『예수님의 기쁨으로의 부르심(The Call of Jesus to Joy)』은 사람들과 나누라고 저에게 주신 것 같아서 그것을 소중히 여길 만한 사람들에게 나눠주었어요. 〈처치 타워(Church Tower)〉는 제게 특별한 기쁨을 줍니다. 매번 [se] 볼 때마다 더 큰 힘을 느끼게 되는 것 같아요. 저는 H.E.F. 사건의 경위가 어떻게 전개될지 간절히 기다리고 있어요.

그래서 다음 겨울을 프랑스에서 보내려고 생각 중이신 거예요? 정말 멋진 계획인 것 같아요. 박사님의 가족 소식에 관심이 많은데, 특히 존이 훌륭하게 자라고 있는 것 같네요. 그가 연주하는 것을 직접 들을 수 있다면 참 좋을 텐데요. 아마도 이곳에 라디오가 들어오면 그의 연주를 들을 수 있을지도 모르겠네요. 제가 박사님 곁을 떠난 지 얼마 되지도 않았는데 박사님께 많은 놀라운 일들이 일어났겠지요! 여기서는 라디오가 언제쯤 허용될지 모르겠어요. 당국에서 아직 허용하지 않는다고 들었어요. 릴리언[146]의 결혼을 진심으로 축하한다고 전해주세요. 다시 시도할 용기가 있다니 대단하네요. 그렇죠? 그녀는 여전히 점성술에 관심이 있나요?

네, 물론 저는 박사님 여동생의 전기에 관심이 있답니다. 지금쯤이면 거의 완성되었겠지요? 여기 있는 우리 모두에게 큰 가치가 있는 책이라고 생각해요. 현재 우리가 처한 상황을 보다 넓은 시각에서 바라볼 수 있도록 도와줄 테니까요.

베티는 이제 동쪽으로 가서 뉴욕주 캐스티야(Castile)[147]에 있는 카나한 가족(the Carnahans)이 여름을 보내는 곳에서 머물고 있어요. 그녀는 로스앤젤레스에서 치료를 잘 받는 행운을 누렸고, 이번 가을에 돌아올 수 있을 것 같다고 하네요. 하지만 저는 그녀가 이 일로 큰 깨달음을 얻어서 일이 많을 때에도 건강을 유지할 수 있다는 확신이 서기 전까지는 돌아오지 않기를 진심으로 바랍니다. 그녀는 일을 너무 많이 하고 마칠 시간이 다 되었는데도 멈추지 않는다는 것이 문제에요. 저는 멈출 줄 알지만 그녀는 항상 모든 일을 끝마치려는 욕심 때문에 자

---

146 그리피스의 큰딸 릴리언 그리피스(Lillian Eyre Kevah Griffis, 1883~1934)는 점성가이자 영화배우였다. 그녀는 첫 번째 남편 에드워드 맥칼리(Edward Lee McCallie)와 이혼하고 1913년 뉴턴 패싯(Newton Crocker Fassett)과 재혼하였다. 이후 1923년 러셀 아이어델(Russell Walton Neil Iredell)과 세 번째 결혼을 했다.
147 미국 뉴욕주 와이오밍 카운티에 있는 마을.

신의 건강과 상관없이 일을 계속 해요. 하지만 이곳에서는 그래서는 안 되지요. 싸움의 끝은 하얀 묘비라는 말처럼, 그렇게 일하다보면 결국 몸을 망치게 되니까요. 물론 그녀의 헌신적인 태도는 주변 사람들에게 깊은 감동을 주지만, 여기서는 그렇게 하면 버틸 수 없답니다.

학교 부지 매입이 완료되었어요. 이 아름다운 곳에 대학이 세워질 것입니다. 저희 대학은 전도 유망하게 발전하고 있습니다. 만약 서원 박공(Sewwon Gables, 특별한 학교―여기서는 대학을 이렇게 부름)[148]으로 등록되는 허가만 받는다면 수용할 수 있는 숫자보다 더 많은 학생들이 몰려들 것입니다. 올해의 또 다른 중요한 성과는 우리 작은 YWCA 그룹이 세계 YWCA와 공식적인 결연을 맺게 되었다는 것입니다. 저희 학교를 대표하는 인재인 김활란은 올해 보스턴 대학에서 석사학위를 받을 예정이며, 지난 4월에는 세계대회에 초청되어 큰 성공을 거두었답니다. 전국위원회는 그들의 연수 프로그램에 우리 학생을 보내 공부할 수 있도록 장학금을 수여하기로 했지만, 새로운 여권 규정 때문에 또 다른 이화 학생을 1학기 시작 전까지 보낼 수 없게 되었어요.

저는 이민제한법[149] 등에 대해 어떻게 생각하시는지 궁금합니다. 우리가 먹는 음식과 입는 옷에 높은 관세가 부과되어 뭘 어떻게 해야 할지 모르겠어요. 시행은 불가능해 보이지만 규정을 그렇게 만든 것은 분명한 것 같네요. 저는 〈애틀랜틱〉 7월호에 실린 파워스(H. H. Powers)의 「심각한 결과(Grave Consequences)」라는 기사에 매우 흥미를 느꼈습

---

148 조선시대에 유교 성현에 대한 제사를 지내고 학자들을 양성하기 위해 전국 곳곳에 설립한 사설 교육기관인 서원(書院)을 말하는 것으로 보인다. 박공(Gables)은 경사진 지붕 한 쌍으로 이루어지는 박공지붕의 옆면 지붕 끝머리에 붙이는 삼각형의 일부분을 의미한다.
149 원문에는 'exclusion bill'라고 되어 있다. Immigration Act of 1924(이민제한법)을 가리키는 것으로 보인다. 1920년대 미국에서는 이민자 특히 아시아계 이민자들에 대한 반이민 정서가 강했다.

니다. 박사님은 원하는 사람이면 누구든 우리 나라에 들어올 수 있도록 해야 한다고 생각하시나요? 아시아인들은 동화될 수 없는 존재라고 생각하시나요? 아니면 인종 간 자유로운 결혼에 찬성하시나요?

아마도 박사님이 웰슬리 대학 설립자의 전기를 읽는 것에 관심이 있으실지 모르겠네요. (혹시 그분을 아시나요?) 『헨리 로우 듀런트(Henry Lowe Durant)』[150]는 플로렌스 킹슬리[151]가 쓴 책인데 읽을 만한 가치 있는 책이에요. 헨리와 그 일행이 오기를 오래 기다리지 않아도 될 것 같아요. 그들은 박사님과 행복하고 특별한 한 해를 보냈지요. 그렇지요? 아이다는 워싱턴에 있는 것을 좋아하는 것 같아요. 아이다의 아기[152]는 건강하고 멋진 녀석이에요. 어린 로나[153]는 이제 두살 반인데 계속 재잘거리고 그 나이에 맞게 아주 급하고 활달한 성격을 지녔어요.

레이시 가족(The Lacys)[154]은 현재 제물포에 편안하게 정착했어요. 그들은 예전에 헨리가 살던 집에서 지내고 있는데 넓은 마당과 나무가 많은 오래된 가정집이에요. 오늘은 서울의 더위에서 벗어나고 싶었는데 역시나 정말 덥네요.

한가로운 주일 아침 내내 박사님과 친척들과 (편지로) 담소를 나누며 보냈네요. 그들과 저의 진심 어린 사랑의 안부를 박사님께 전합니다. 오늘 두 분을 직접 뵐 수 있다면 얼마나 좋을까요. 아름다운 집에

---

150 원제는 『The Life of Henry Fowle Durant: Founder of Wellesley College』(1924)이며 웰슬리 대학의 설립자인 헨리 듀런트(Henry Fowle Durant, 1822~1881) 변호사에 관한 전기이다.(The Online Books Page, onlinebooks.library.upenn.edu)
151 플로렌스 킹슬리(Florence Morse Kingsley, 1859~1937)는 미국의 작가로 주로 대중적이고 종교적인 소설을 썼다.
152 윌리엄 크롬(William Hamton Crom Jr., 1923~2009)은 앨리스의 조카로, 둘째 동생 아이다의 아들이다.
153 로나 레이시(Lorna Lacy Short, 1922~1984)는 앨리스의 조카로, 막냇동생 메리의 딸이다.
154 막냇동생 메리의 가족들을 말한다.

서 보내는 이 여름, 박사님께 좋은 일들로 가득하길 바랍니다. 진심을 담아 최고의 안부와 사랑을 보냅니다.

늘 헌신적으로,

앨리스 드림

추신. 사적인 내용[155]

저는 이곳에 잘못 배달된 편지에 박사님의 필체를 알아보고 그것을 전해주었어요. 설령 다른 편지를 생각하셨다고 해도 박사님이 편지를 쓰지 않으실 이유는 없다고 생각해요. 그녀는 박사님의 칭찬을 감사하게 생각했을 거니까요. 저희들도 마찬가지지만, 그게 그녀가 사는 이유거든요. 저는 그들을 자주 만나지 않아요. 마치 꿈처럼 느껴진다고는 말할 수 없는데, 몇 주 동안은 평안하다가도 무언가 일이 벌어지곤 한답니다. 그녀는 한 업무 때문에 저에게 연락을 했고 저는 답장을 했어요. 몇 번 더 연락을 할 필요가 있어서 저는 그녀가 그걸 원하는 줄 알고 편지를 썼지요. 그런데 그녀가 화를 내면서 자신이 중간 역할을 하는 것이 지겹다고 했어요. 저는 최대한 품위를 지키며 답을 하려고 애를 썼고, 그녀는 사과를 했어요. 하지만 결국 떨어져 지내는 것이 유일한 해결책이었어요. 왜냐하면 그녀는 또 다시 모든 것을 오해하고 흥분할 테니까요. 이제는 함께 음악을 들을 수도 없게 되었어요. 아쉽지만 더 좋은 관계를 위해서는 어쩔 수가 없었어요. 저는 종종 우리가 함께 했던 시간들이 그립지만, 올바른 관계가 더 중요하다고 생각합니다. 우리가 늘 붙어다니던 단짝이었던 걸 생각하면, 만남을 피하는 지금의 관계가 놀랍게 느껴집니다. 그는 굉장히 양심적이고 훌륭한 사람이에요. 그래서 아무런 문제도 두려움도 없는데, 다만 그녀

---

155 이 추신을 받는 사람은 그리피스가 맞지만 추신에 등장하는 '그녀'가 누구인지는 불분명하다.

의 감정이 걱정될 뿐이에요. 자존심이 강한 그녀는 입을 다물었습니다. 이 일에 관해 알고 있는 친구가 한 명 있는데, 그녀만이 제가 신뢰할 수 있는 유일한 사람이에요. 저는 이 일을 베티에게는 쓰지 않았어요. 왜냐하면 베티는 이해하지 못할 거니까요. 하지만 이 다른 친구는 비슷한 경험을 했기 때문에 잘 이해한답니다. 박사님은 저에게 위로가 되는 분이세요. 여기 오셔서 다시 이야기할 수 있었으면 좋겠어요.

베티는 약간 서두르는 것처럼 보여요. 예전만큼 자신의 일에서 행복을 느끼지 못하는 것 같아요. 어쩌면 〔판독불가〕 정도로 너무 오래 편안하게 지냈기 때문일지도 모르겠어요. 카루알바우(Carualbau)[156] 씨가 공식 방문으로 남아메리카로 떠나서 베티는 걱정하고 있어요. 저는 그녀가 성탄절에 여기 오길 바랐지만 그녀는 오지 못했고 지금은 본인도 후회하고 있답니다. 왜냐하면 그녀가 지금 있는 곳에서는 전혀 쉬지 못하기 때문이에요. 그녀를 돕는 훌륭한 조수가 떠나는 바람에 그녀는 스트레스를 받고 있어요. 내년 여름에 그녀는 [Korreigawa][157]로 갈 예정이랍니다.

한 시간 반 동안 이 편지를 썼네요. 꽤 빠른 속도지요? 이제 잘 시간이에요. 오늘 저녁에 박사님과 다시 이렇게나마 이야기할 수 있어서 정말 기뻤어요. 고담(Gotham)에서 멋진 시간을 보내시길 바라요. 박사님의 옛 친구들에 대한 신문 한 부를 동봉합니다. 버트(Bert)의 이 편지 정말 좋지 않나요?

  좋은 저녁 시간 보내세요.

               앨리스 드림

---

156 'Carnahan(카나한)'의 전사 오류로 보인다. 카나한은 감리회 여성해외선교부의 남미 공식 특파원이었다.
157 카루이자와(Karuizawa, 軽井沢)를 가리키는 듯하다. 일본 나가노현(長野縣)에 있는 휴양지로, 역대 총리를 비롯한 상류층의 별장, 기업체의 휴양소, 료칸이 많다.

1925년 7월 19일
소래 포구

사랑하는 친구들에게

  다시 한번 제가 사랑하는 이 바다 옆의 아름답고 평온한 안식처로 돌아오게 되어 정말 기뻐요. 여전히 감당하기 벅찰 정도로 답을 해야 할 편지가 산더미처럼 쌓여있지만 그 중에는 지금 이 편지처럼 그리고 제 책들처럼 저에게 기쁨을 주는 것들도 있답니다. 이번에는 뉴욕에서 박사님이 만나신 적이 있는 에드나 밴플리트(Edna VanFleet)[158]와 함께 왔어요. 그녀는 막 아버지의 부고를 접했는데, 그런 슬픔과 외로움이 어떤 것인지를 잘 알기에 그녀를 이곳으로 데려왔어요. 이번 주에는 제가 두 번이나 참여한 이번 캠프의 실제 주인공이 오십니다. 서울 장로회 여학교[159]의 교장 선생님이신데 저를 캠프에 선뜻 받아 주셨어요. 아마도 우리 둘 다 비슷한 유형의 휴식을 원하고 있어서 잘 지낼 수 있을 것 같습니다.

  제가 여름에 중국에 가려고 계획했던 것을 아시지요? 즈푸(Chefoo)와 중국의 성산(聖山)인 타이산(Taishan)에서 각각 3주 동안 시간을 보낼 예정이었지요. 하지만 떠나기 직전에 중국으로부터 전해져 온 불길한 소식[160] 때문에 주변의 조언에 따라 모든 계획을 취소했답니다. 정말 실망이 컸어요. 왜냐하면 저는 한국과 연관된 모든 것—선교사들, 사

---

158 제1부의 각주 88 참조.
159 1886년경 애니 엘러즈(Annie J. Ellers)에 의해 설립된 Presbyterian Girls School을 뜻하는 것으로 보인다. 정신여자중학교의 전신이다.
160 중국에서 1925년 발생한 5·30사건은 중국 내 반제국주의와 서양에 대한 오랜 증오심에 불을 붙였다. 1925년 2월, 상하이시의 일본인 소유 면화 공장에서 일본인 감독관이 중국인 여성 노동자를 학대한 사건 이후 수개월간 중국 내에 노동운동이 확산되었고 반일 감정과 더불어 서양인에 대한 반감이 극에 달하게 되었다.

람들, 문제들—에 완전히 질려 있었거든요. 그래서 베티가 말하곤 했던 것처럼 완전히 새로운 환경에서 기분전환을 하고 나면 다시 일터에 돌아왔을 때 즐겁게 일할 수 있을 것이라고 생각했어요. 하지만 그렇지 않았네요. 결국 모든 기쁨의 근원이신 하나님께서 제게 필요한 것을 가장 잘 아신다는 걸 깨닫게 되었고, 어쩌면 새로운 풍경을 감상하는 것보다는 지금의 이 완전한 고요와 자유로운 시간이 제게 더 필요했던 것일지도 모르겠어요. 중국에 있는 옛 대학 친구들을 만날 계획도 있었는데, 이제는 그들이 안전하고 건강하기만을 바랄 뿐이에요. 제 생각에 이번 소요 사태는 겉으로 보이는 것보다 뿌리 깊은 원인이 있는 것 같아요. 열강들이 수십 년 동안 중국에 행한 수많은 부당한 행위들 말이에요. 물론 일부는 좋은 열매를 맺을 수도 있지만요.

편지를 보니 정말 멋진 여행을 하셨군요. 여행이 아드님의 선물이었다니 정말로 감사한 일이네요. 그런데 유럽은 그렇게 자주 가시면서 왜 아시아에는 오시지 않으셨나요? 올해의 계획은 무엇인가요? 레이시 가족은 4월에 떠났고, 밀워키 남쪽에 있는 먼로(Monroe) 애비뉴 801번지에 머물고 있습니다. 그들의 여름 계획을 확실히는 모르지만, 일리노이주 에반스턴(Evanston)에 정착할 가능성이 있습니다.

보내주신 아펜젤러 카드를 잘 받았어요. 우리 중 몇 명과 닮은 것 같기도 하네요. 언젠가는 저도 그곳에 가보고 싶어요. 헨리는 『예수님의 기쁨으로의 부르심』 책을 잘 받았고, 학생들을 위한 상품 등으로 활용하고 있다고 합니다. 헨리는 서울에서 열린 학교 대항 웅변대회에서 우승한 한 학생에게 한 권을 주었다고 합니다. 아마 박사님께 곧 편지를 보낼 것이라고 해요. 불쌍하게도 그는 7월 21일에야 방학을 하는 〔판독불가〕 학교에 여전히 혼자 남아있어요. 헨리는 여전히 서울에 있지만, 그의 가족들은 노블 가족이 있는 원산 해변에서 머물고 있답니다. 올해에 아이들은 많이 자랐어요. 마가렛[161]은 1학년을 마쳤고, 딕[162]은 세 아이들 중 가장 활달하며, 귀여운 캐롤[163]은 벌써 말도 하고 걷기도 한답니다.

언젠가 한국 기독교인들도 가정에서 성탄절을 축하하는지 물으셨지요? 많은 사람들이 그렇게 하는데, 특히 기독교 학교에서 교육받은 이들은 아이들을 위해 트리와 선물을 준비합니다. 교회에서는 성탄절에 주일학교에서 하는 큰 행사가 열립니다. 성경 속 장면을 연극으로 재현하거나 다양한 연극을 공연하는 것이 하나의 전통이 되었습니다. 이는 마치 중세 시대의 기적극(miracle plays)[164]을 떠올리게 하지만, 때때로 자발적으로 이루어지는 공연들 중 기독교적이지 않은 요소가 포함되기도 합니다. 언젠가는 한 작은 교회에서 아담과 하와가 몸에 딱 붙는 하얀색 의상을 입고 등장한 적이 있는 반면 여호와와 사탄이 통로를 오가며 서로 쫓고 쫓기는 장면이 있어서 모여있던 청중들이 환호하기도 했답니다. 비기독교인들은 크리스마스를 교회에서 하는 크고 화려한 행사라고 생각하기 때문에, 이때 교회를 찾는 사람들은 평소 예배에 참석하는 신실하고 경건한 회중과는 다른 경우가 많답니다. 우리는 이런 과도한 열정을 억누르지 않으면서도 바르게 인도하려고 하지만, 한 공동체에서 예배와 건전한 오락을 함께 할 수 있는 유일한 공간이 교회 한 곳뿐일 때 무엇을 허용하고 금해야 할지를 결정하는 것은 쉽

---

161 마가렛 아펜젤러(Margaret Noble Appenzeller, 1919~2005)는 앨리스의 조카로 헨리 아펜젤러와 루스 노블의 딸이다.
162 리처드 아펜젤러(Richard Dick Appenzeller, 1922~2005)를 가리킨다. 앨리스의 조카로 헨리 아펜젤러와 루스 노블의 아들이다.
163 캐롤 아펜젤러(Carol Ruth Appenzeller, 1924~2003)는 앨리스의 조카로 헨리 아펜젤러와 루스 노블의 막내딸이다.
164 중세 유럽에서 주로 성인들의 기적이나 신앙적인 이야기를 연극으로 재현한 종교극.

지 않은 일입니다. 물론 미국 시골 교회에서도 비슷한 문제를 겪어 봤지만, 이곳에서는 그 정도가 더 심하답니다.

지난 12월에 사랑하는 이모 아이다 메릴(Ida Merrill)이 암으로 돌아가셨다는 사실을 아셨나요? 저는 이모가 너무 그리울 거예요. 이모는 어머니와 우리를 이어주는 매우 소중한 연결고리였기 때문이에요. 이모의 자매들이 저에게 네 개의 진주가 박힌 멋진 금팔찌를 선물해 주셨는데, 정말 아름다운 기념품이에요! 베티는 점점 나아지고 있으며, 자신의 힘을 시험해 보려고 해요. 그녀는 이번 겨울에 오겠다고 했지만, 저는 체력이 완전히 회복될 때까지 집에서 적어도 1년은 일하며 지켜봐야 한다고 생각합니다.

저는 그동안 읽지 못했던 〈애틀랜틱〉 잡지들을 읽었고, 지금은 배질 킹의 책 『두려움의 극복(The Conquest of Fear)』[165]을 읽고 있어요. 저는 『쿠오 바디스(Quo Vadis)』[166]를 한 번도 읽어본 적이 없었는데, 여기 와서 읽으면서 무척 즐거웠답니다. 로마 가톨릭 전통의 색채가 강하게 반영되어 있다고 생각되지만, 순교자들과 그들이 그리스도를 위해 견뎌냈던 것들을 생각하는 것은 참으로 경이로운 일입니다! 저에게도 그런 고난 가운데서 이겨낼 수 있는 믿음이 있는지 생각해 봅니다. 이탈리아인이 그리스도의 죽음을 지나치게 강조하는 것에 반대하는 박사님의 견해를 충분히 이해합니다. 또한 그들이 살아계신 예수님에 대해서 더 많이 알기를 바라는 박사님의 마음도 알고요. 박사님이 로마

---

165 캐나다 작가 배질 킹(William Benjamin Basil King)의 작품으로 1921년 Garden City Publishing Co.에서 출간되었다. (Project Gutenberg, gutenberg.org)
166 폴란드인 소설가 헨리크 솅키에비치(Henryk A. Sienkiewicz)의 1895년 작품으로, 1세기 네로 치하의 로마에서 박해받는 초기 그리스도인들의 신념을 그린 역사소설이다. 이 작품은 19세기 말 제국주의 강대국, 특히 러시아에 의해 억압받았던 당대 폴란드인의 마음을 위로하였다. 그는 이 작품으로 1905년 노벨문학상을 수상하였다.

에서 감리회의 사역을 조금이라도 보실 수 있어서 다행입니다. 더 많은 유럽인[167]들이 개신교에 대해서 알아야 합니다.

최근 장마철을 지나고 있는데 오늘은 다시 온통 푸른 하늘과 황금빛 햇살이 가득합니다. 두 분이 다시 호라이즌스(Horizons)[168]에서 안전하게 지내고 계실 거라 생각하니 기쁩니다. 염치없지만 곧 편지를 받을 수 있기를 바랍니다.

이번 봄은 저에게 정말 힘든 시간이었어요. 학교의 법규 개정을 위해 끊임없는 수정을 해야 했고, 모든 일들이 순조롭게 진행되지는 않았습니다. 한국 담당 비서인 토마스 부인[169]이 방문하기도 했고 그 외에도 여러 가지 추가적인 일들이 끊임없이 쏟아졌어요. 유치원 사범과[170]에서는 대학에 대한 질투로 인해 거의 파업 직전까지 갔고, 몇몇 불충한 교사들이 많은 문제를 일으켰습니다. 마지막에는 우리가 평양에서 열린 회의에 참석하러 간 사이 다섯 명의 소녀들이 열이 나서 병원으로 이송되었고, 도시 전체에 만연해 있던 장티푸스라는 진단을 받았습니다. 메인 홀(Main Hall)에서는 여덟 명이 감염되었고, 그중 한 학생은 목숨을 잃었습니다. 하필이면 그 아이가 세상을 떠난 바로 그 시간에 사랑하는 앨리스 김(Alice Kim)[171]이 예배당에서 결혼식을 올리고 있었어

---

167 원문에 'Old World(구대륙)'라고 되어 있는데, 이는 신대륙(남아메리카와 북아메리카 대륙)에 반하는 유럽을 지칭한다. 아펜젤러는 이탈리아 로마 내 가톨릭을 향한 감리회 선교사들의 사역을 말하고 있다.
168 루이즈 베커(Louise S. Becker)가 그리피스에게 쓴 1924년 10월 28일 자 편지에 따르면 뉴욕 풀라스키(Pulaski)에 있는 주택을 부르는 이름이다.
169 토마스(R. L. Thomas) 부인은 한국에 파송된 감리회의 여성 선교사들을 담당하는 비서였다.
170 유치원 교사를 양성하는 학부.
171 김애식(결혼 후 이름 정애식, 1890~1951)의 영문 이름이다. 이화학당 대학과를 졸업하고 일본을 거쳐 미국 엘리슨 화이트 음악학교에서 피아노를 전공한 후 모교에 돌아와 피아노, 음악이론 작곡법 등을 가르쳤고, 이화여전 음악과 초대 과장을 역임했다. 미국 정규 음악교육을 받은 최초의 한국인이자 국내 최초의 피아니

요. 나중에 보고를 드리겠지만 지금 이 편지는 그저 제 소중한 '영적 아버지(father confessor)'[172]에게 저의 심정을 전하고 싶어서 쓰는 거예요. 저는 끝없이 배우고 사람들의 문제를 해결하려고 애쓰는 일에 지쳐 버렸어요. 그래서 저 멀리 황해 너머를 바라보며 한동안 간절히 떠나고 싶다는 생각을 했답니다. 이곳에서도 바다가 사파이어처럼 반짝이는 것을 볼 수 있는데, 어쩌면 바다 이쪽이든 저쪽이든 보이는 것은 똑같겠지요. 가끔은 부끄럽게도 도망치고 싶다는 생각이 들 때도 있지만, 에드나 퍼버(Edna Ferber)가 『소 빅(So Big)』에서 말했듯이, "당신은 인생으로부터 도망칠 만큼 빠르게 달릴 수는 없다!"는 것은 맞는 말 같아요. 그리고 물론 저도 그러고 싶지는 않고요!

빠른 답장을 기대하며, 사모님께도 다시 편지를 받기를 고대한다고 전해주세요. 사랑과 기도를 담아서.

언제나 신실한,

앨리스 드림

스트이자 오르가니스트로 알려졌다. (이화여자대학교 역사 DNA, facebook.com/EwhaWomansUniversity/posts/2822043477853061)

172 회중의 고백을 들어주고 그들의 죄를 사해주는 가톨릭의 고해신부와는 다른 개념으로, 영적 지도자 혹은 신앙적 상담자의 의미이다.

1926년 12월 3일
서울

정말 정말 사랑하는 여러분!

두 분이 점점 더 가까이 오고 있다니 생각만 해도 가슴이 벅찹니다! 저는 이 순간이 오기를 수년 동안 간절히 기다려 왔기 때문에 이게 정말 현실인지 믿어지지가 않아요! 이 그림처럼 두 분이 폭풍우 속에 도착하지 않기를 바라며, 평온하고 즐거운 나날을 보내고 계시길 원해요. 가까운 분들이 정중하게 환영을 해주시겠지만, 그 누구보다도 진심 어린 사랑으로 환영할 사람은 바로 서울에 있는 이 겸손한 친구, 바로 저랍니다.

언제 이곳에 오시는지 꼭 알려주세요. 저는 지금 바로 두 분의 계획을 알고 싶어요. 그래야 이곳에서의 일정을 계획할 수 있기 때문입니다. 물론, 저에게 두 분과 같은 손님들을 독점할 권리가 없다는 것을 잘 알고 있지만, 가능하다면 헨리와 저는 꼭 두 분과 함께하고 싶답니다. 저희 크리스마스 방학은 12월 23일부터 1월 5일까지이며, 그 이후로는 학년 중 가장 힘든 학기가 시작됩니다. 언제 오시든 환영하지만, 봄이 가장 아름다운 시기라서 그때 함께할 수 있기를 바라는 마음으로 날짜를 알려드려요. 그렇지 않더라도 언제든지 오시면 즐거운 시간을 보낼 수 있도록 최선을 다하겠어요. 서울에서는 이화호텔[173]이 두 분의 숙소가 되기를 바랍니다.

끊임없는 사랑과 떨듯한 기쁨을 담아서,

앨리스 드림

---

[173] 한국 최초의 호텔인 손탁호텔의 부지는 1917년 이화학당에 넘겨졌고, 이후 여러 해 동안 메인 홀 기숙사의 별관으로서 여학생 기숙사로 사용되다가 1922년에 헐리고 그 자리에 프라이 홀이 세워졌다.

1927년 1월 6일
서울

가족 같은 여러분,
 박사님에 대한 새로운 소식을 전해주는 카드를 받아서 너무 기뻤고, 그 후에 받은 반가운 편지는 박사님이 아주 가까이 계시고 쉽게 만날 수 있을 거라는 기분이 들게 했어요! 이제 남은 일은 박사님을 우리의 이 작은 나라에 모셔와서 오래 머무시면서 충분히 이 나라를 보실 수 있게 하는 거랍니다. 여름이 오기 전까지는 제발 떠나지 않으셨으면 좋겠어요. 유니온 신학교 친구들은 수백 번이고 다시 만날 수 있다는 것을 아시지요. 가족 중 한 사람이 말했잖아요. 박사님은 이미 동기생들이 무슨 말을 할지 다 아신다고요! 물론 50주년 동창 모임이 얼마나 중요한지 알고 있고 그것을 폄하하려는 것은 아니지만, 51주년도 있고 그 후에도 모임은 계속될 테니까요. 하지만 박사님이 다시 이곳에 오실 기회는 언제 또 있을까요? 제가 멋진 여행 일정을 준비해 볼게요. 이런 일정은 어떠세요?
 4월 15일까지 일본에 머물며 벚꽃과 아름다운 봄의 정취를 만끽하세요. 원하신다면 5월 1일까지 계셔도 좋아요. 5월 한 달 동안은 한국에서 지내세요. 지루할 틈이 없을 거라고 장담해요. 그리고 전쟁 상황이 심각하지 않다면 묵덴(Mukden)[174]과 다롄(Dairen)을 거쳐 베이징으로, 그 후 상하이를 방문한 후 다시 [Goleentra and Koruigawa]로 돌아갔다가 8월이나 9월에 귀국하는 일정은 어떠신가요? 이런 여행이라

---

[174] 중국 랴오닝성 선양(Shenyang, 沈阳)의 옛 일본식 이름이다. 봉천(奉天), 성경(盛京) 등으로도 불렸고, 청나라의 발상지였다. 러일전쟁의 최대 격전지이며 만주사변 전후 역사에서 중요한 지정학적 위치에 있었다.

면 정말 오시길 잘했다고 느끼실 겁니다!

박사님이 분명 이화에서 머물게 될 거라는 걸 알고 계시죠? 비록 공식적인 호텔은 아니지만, 직접 구운 빵과 도넛이 있고 편히 쉬며 글을 쓸 수 있는 널찍한 방도 있습니다. 또한 함께 찬송가를 부를 수도 있고, 저녁 내내 모닥불 앞에 앉아 있을 수도 있습니다. 박사님을 제대로 돌봐줄 사람들도 있을테지만, 저는 박사님이 이곳에서 마치 랭커스터에서 계셨던 것처럼 편안히 지내셨으면 좋겠어요.

만약 도저히 오래 머무르실 수 없다면 2월 1일에 오세요. 2월 2일은 한국의 설날이라 1년중 가장 흥미롭고 독특한 옛 풍습과 광경을 볼 수 있는 시기입니다. 또한 그때는 우리 학교가 본격적으로 바빠지기 전이라 4월말 이전에 방문하기 가장 적절한 시기이기도 합니다. 저는 여전히 바쁘지만, 꼭 좋은 방문이 되시길 바라요. 일본의 꽃과 열대 식물이 우거진 풍경을 본 후에는 겨울의 한국이 너무 황량하게 보일 수도 있겠지만, 5월의 한국은 마치 요정의 나라 같습니다. 꼭 이곳에 오셔서 머물러 주세요. 그리고 오랜 기다림 끝에 이 사랑스런 나라가 당신을 한 번이라도 맞이할 수 있는 기회를 주세요!

오늘 저녁에 막 메리와 가족이 시베리아호[175]를 타고 1월 4일 샌프란시스코에서 출발하여 1월 16일 요코하마에 도착할 예정이라는 소식을 받았어요. 게다가 [Chichiha] 왕자[176]와 함께요! 만약 그들을 요코하마나 1월 19일 고베에서 보지 못하시더라도 여기서 보실 수 있을 거예요. 메리의 세 아이 모두가 아팠고 귀 농양 등의 문제를 겪었다고 하네요. 메리도 잠을 거의 자지 못해서 몹시 지쳐 있다고 해요. 하루라도

---

175 1902년에 건조된 여객용 증기선.
176 쇼와(昭和) 천황의 아우인 일본 친왕 지지부노미야 야스히토(秩父宮雍仁, 1902~1953)의 표기 오류로 보인다. 영어로 Prince Chichibu라고 표기한다.

빨리 그들을 데려올 수 있으면 좋겠어요. 부디 그 배를 타고 무사히 오기를 바랍니다!

 더 사랑을 담아 길게 쓰고 싶지만 지금은 그냥 축하의 인사와 함께 어디서든 건강하고 즐거운 시간 보내시길 바란다는 마음만 전합니다.

  두 분께 사랑을 전하며,

앨리스 드림

1927년 3월 6일
서울

친애하는 그리피스 박사님과 사모님께!

벳푸(Beppu)[177]에서 보내신 편지를 어제 받았어요. 너무 반가워서 다른 곳으로 가시기 전에 서둘러 답장을 보냅니다. 그전까지 제가 들은 가장 최근의 소식은 웰치 감독님[178]께서 지난 수요일 부산에서 사이토(Saito)[179] 총독과 동행하며 전해주신 것이었어요. 사이토 후작은 박사님께서 3월 17일에 서울에 오셔서 저와 함께 머무를 것이라고 말씀해 주셨는데, 그 말을 듣고 너무 기뻤답니다. 저는 박사님께서 18일에 있을 두 번의 졸업식에서 연설하실 것을 상상하고 있었습니다. 하지만 일정이 조금 늦춰지는 것이 오히려 더 나을 것 같아 저는 만족하고 있어요. 언제 오시든지 환영하지만, 막상 함께 시간을 보내지 못하면 너무 아쉬울 것 같아요. 그러니 오실 수 있을 때 오셔서 먼저 여기서 하루이틀 머무시면서 여행 일정을 정하신 후 만주와 북쪽의 다른 지역들을 방문하시고 4월 1일 이후로 서울에서 일주일 정도 머무르실 수 있도록 계획하시면 좋을 것 같아요. 졸업생의 날은 3월 19일인데, 그 이후에는 입학시험과 새로운 일정 계획 등의 업무만 남아 4월 7일 개학을 준비하게 된답니다. 우리 학생들을 전혀 보지 못하신다면 너무

---

177 일본 서남부 오이타현에 위치한 도시.
178 제1부의 각주 31 참고.
179 사이토 마코토(齋藤實, 1858~1936)는 일제강점기 조선총독부 제3대(1919~1927)와 제5대(1929~1931년) 총독을 지냈다. 1919년 조선 총독 부임 시 강우규에 의해 서울역에서 암살당할 뻔하였으나 미수에 그친 후, 문화정치를 표방하며 조선 민중을 기만하였다. 1936년 2·26사건에 가담한 일본 청년 장교들에 의해 암살당했다. (우리역사넷, contents.history.go.kr/mobile/kc/view.do?levelId=kc_n401405&code=kc_age_40)

아쉬울 것 같고, 새 학기가 시작되는 모습을 보시면 우리 학교가 어떻게 운영되는지 아실 수 있으실 거예요.

저는 그저 박사님께서 여기 오시면 마치 집에 돌아온 듯한 편안함을 느끼셨으면 좋겠어요. 충분히 쉬셔서 여독도 푸시고요. 세탁도 하시고 치료도 받으시며 그동안 바쁜 일정 때문에 하지 못했던 모든 것들을 이곳에서 하실 수 있기를 바라요. 저희 학교에는 박사님의 옷을 기꺼이 수선해 줄 여학생들이 있고 훌륭한 하인들과 가족 같은 분위기의 따뜻한 여학생들이 있답니다. 박사님께서 말씀하셨던 것처럼 아마도 갓스이[180]와도 비슷한 분위기일 거예요. 모두 박사님의 방문을 손꼽아 기다리고 있답니다. 아시다시피 세브란스 병원은 동아시아 전역에서 명성이 높으며 실력 있는 미국인 의사들이 많습니다. 어쩌면 박사님께서도 여기서 치료를 받으시는 것이 더 좋을지도 모르겠어요. 물론 이곳의 날씨는 더 춥고 필라델피아와 비슷하지만, 저희 집은 난방이 잘 되어 있어 따뜻하답니다. 메리 스튜어트[181] 박사가 저희와 함께 지내고 있는데 정말 훌륭한 분이에요. 그래서 저는 박사님을 꼭 이곳에 모셔서 오래도록 계시게 하고 싶은 마음뿐입니다!

박사님께서 편찮으시다는 소식을 듣고 매우 안타까운 마음이에요. 부디 통증이 가라앉고 빨리 회복되시기를 바라요. 통증 때문에 밤에 잠을 못 자는 것은 정말 괴로운 일이지요. 일상 생활을 할 수 없게 만드니까요. 지금은 훨씬 나아지셨기를 바랍니다!

새로운 소식들은 다음 기회에 전해야 할 것 같네요. 레이시 가족은

---

180 갓스이여자대학(Kwassui Women's University)을 말한다. 1879년 미국 선교사 엘리자베스 러셀(Elizabeth Russell)이 일본 나가사키에 세운 기독교 여자대학이다.
181 메리 스튜어트(Mary S. Stewart, 한국명 서수원)는 미국 감리회 파송 한국 선교사로 1911년에 내한했다. 미국에서 의학 박사학위를 받고 한국에서 여성들을 위한 의료사역과 복음사역에 헌신한 선교사이다.

이곳에 거의 정착했고, 저희 교구 내의 한 집에서 지내고 있답니다. 그 어렸던 메리가 살이 엄청 찐 세 아이의 엄마가 되어서 박사님은 아마 못 알아보실 수도 있을것 같아요. 미국에서 그렇게 많이 아팠었는데 이제는 괜찮다는 사실에 저희 모두 안심하고 있답니다.

오실 수 있다고 생각될 때 엽서 한 장만 보내주시고 부산에서 도착 시간을 전보로 알려주세요. 그러면 나머지는 저희가 알아서 할게요. 1등석으로 여행하시나요, 아니면 2등석을 타시나요? 시모노세키(Shimonoseki)[182]에서 야간 배를 타고 부산에서 주간 열차를 이용하는 것이 가장 편안한 방법이에요. 저는 아마도 기차로 한 시간 거리인 수원(Suigen)에서 박사님을 맞이할 수 있을 것 같은데 그날 시간이 될지 여부에 따라 달라질 것 같아요. 어쨌든 이렇게 가까운 규슈(Kyushu)에 계시다는 것이 신기하네요. 후쿠오카에 가신다면 베티의 학교도 볼 수 있을 것 같아요. 후쿠오카여자학교(Fukuoka Go Gakko)[183]인데 현재 교장으로 있는 해리엇 하비[184] 씨가 아주 기뻐할 거예요. 오늘은 여기까지만 쓸게요. 두 분께 제 가장 깊은 사랑을 전합니다.

당신의,

앨리스 드림

---

182 일본의 야마구치현에 있는 항구도시로 부산을 이어주는 부관연락선이 기항하는 항구가 있다.
183 1885년 미국 감리회 선교사 진 기어(Jean Jennie Margaret Gheer, 1846~1910)가 설립하였다. 현재의 후쿠오카여자대학이다.
184 일본에서 활동했던 감리회 선교사로 후쿠오카여자학교의 교장을 지냈다.

[연도 미상] 8월 25일
한국, 서울
이화학당

　친애하는 그리피스 박사님
　7월 30일 자 편지를 거의 못 받을 뻔했어요. 그랬다면 얼마나 아쉬웠을까요! 왜냐하면 박사님이 제 영구적인 주소가 아닌 제 일터인 식당으로 편지를 보냈기 때문이에요. 그럼에도 불구하고 한 시간의 노동과 그 대가로 먹는 무료 식사가 너무 좋아서 가을에도 계속 그곳에서 일하기로 했답니다. 베티와 저는 바로 옆인 웨스트 121번가 507번지에 살게 될 것이고, 일하기에 편할 거예요.
　먼저, 저는 박사님의 따님을 꼭 만나고 싶어요. 그녀의 별자리 이야기도 재미있겠지만, 혼자 가는 건 마음이 내키지 않아요. 왜냐하면 박사님께서 절 데려다 주실 거라고 생각했거든요. 그녀를 처음 만날 때 박사님과 함께 만나고 싶어요. 가을에 가능한 빨리 저희를 소개해 주실 수 있을까요?
　두번째, 집은 잘 지어지고 있나요? 어려운 점들은 잘 해결되었길 바라요. 여러분을 뵙는 것이 정말 오랜만이네요. 이번 여름은 정말 힘든 시간이었어요. 저는 합창단 오디션에서 200명 가운데 최종 선발되는 24명 안에 제가 들어서 정말 기뻤어요. 덕분에 매일 아침 8시에 예배당에 가야 했고, 에스더 헐버트[185]와 저는 7시 30분에 배를 탔으며 종종 밤 늦게까지 머물러야 했어요. 그래서 지금은 정말 지쳐 있답니다.

185　에스더 헐버트(Esther Laura Hulbert)는 미국 감리회의 여선교사이자 교육자이다. 1923년에 내한하여 평양 정의여학교 교사로 일했으며 1925년에는 서울 이화학당 교사로 교육에 종사하다가 1940년 일제에 의해 강제 귀국하였다.

다행히 방문 일정을 조정해서 이 멋지고 평온한 곳에 머물며 원하는 대로 지내고 하나님과 더 깊이 교제할 수 있게 되어 감사해요. 발 아래로 끝없이 펼쳐진 허드슨(Hudson) 강[186]을 바라보며 편지도 많이 읽고 있어요. 지금은 호웰스(Howell)의 『그들의 결혼식 여정(The Wedding Journey)』[187]을 읽고 있는데 곧 아이다에게 보내려고 해요. 그녀는 더위를 피할 방법이 없는 사막에서 거의 타들어갈 정도로 고생하고 있거든요. 베티는 7일에는 저와 함께 있었고, 지금은 피츠버그에 있어요. 헨리와 메리는 원산에서 좋은 시간을 보내고 있어요. 저는 2일에 이곳을 떠나서 9월 18일에서 26일까지 랭커스터에 있을 예정이고, 이후에 뉴욕으로 돌아갑니다. 이제는 이만 줄일게요. 하지만 두 분께 저의 사랑을 보냅니다. 이번 여름에는 다이어트를 하지 않았는데도 휴가 동안 쪘던 5파운드가 자연스럽게 빠졌답니다.

오른쪽 하단 여백에 상단으로 작성됨

이제 다시 다이어트를 시작했어요. 여기에 피아노가 있어서 마음껏 노래를 부른답니다. 만약 이곳이 좀 더 가까웠으면 다음 겨울을 여기서 보내고 싶을 정도예요. 앨리스

최근 몇 년 동안 실라스 라팜(Silas Lapham)[188]을 읽었어요. 그는 참 매

---

[186] 뉴욕주를 남북으로 가로지르는 대표적인 강으로, 미국 동부의 중요한 수로 중 하나다.
[187] 『그들의 결혼식 여정(Their Wedding Journey)』(1871)은 미국의 현실주의 작가이자 문학 평론가 윌리엄 호웰스(William Dean Howells)의 첫 번째 작품이다. (Project Gutenberg, gutenberg.org)
[188] 윌리엄 호웰스의 사실주의 소설 『The Rise of Silas Lapham』(1885)의 주인공을 가리킨다. 작품은 물질주의의 문제점을 드러내며 물질적 성공보다 정직과 도덕의 가치를 중시하는 메시지를 담고 있다.

력적인 인물이지요? 곧 다른 작품들도 만나게 되길 기대하고 있어요. 체임버스-와일리 교회(Chambers-Wylie Church)[189]의 기념행사에 참석하지 못하신 것이 너무 아쉽네요. 행사를 즐기실 수 있었을 텐데요. 아이다는 저희와 일주일 조금 넘게 있었어요. 아이다도 저희처럼 많이 지쳐 있었지만, 다들 어느 정도 휴식을 취하고 나니 기운을 되찾았어요. 불쌍한 아이다는 늘 운에 맡기는 성격 탓에 이번에는 운이 그녀를 저버리고 말았어요. 자신이 웰슬리행 기차 시간을 알고 있다고 생각했는데 결국 5분 차이로 놓쳐버린 거예요. 그날 밤 보스턴까지 가는 연결편을 찾을 수가 없어서 결국 다음 날 떠나야 했고 늦게 등록하는 바람에 무척 속상해했어요. 그녀는 분명 "거봐, 내가 말했지!"라고 놀림받을 것을 걱정하고 있어요. 저는 그 애가 이번 일을 계기로 모든 일에 좀 더 신중해질 거라고 생각해요. 이런 말을 하는 게 적절하지 않더라도 말이에요! 아마 그 애가 직접 편지를 써서 이 일을 이야기할지도 몰라요.

월요일부터 다시 학교가 시작되는데 앞으로 딱 8주 후면 끝나요. 무척 바쁜 시간이 될거예요. 사람들은 겨울 내내 계획했던 일들을 봄 학기 동안 하나씩 실행하니까요. 두 분이 6월에 즐거운 여행을 떠나신다니 모두 기뻐하고 있어요. 결혼식만큼 가족에게 흥미진진한 일이 또 있을까요? 부디 사모님께 저의 따뜻한 안부를 전해 주세요. 그리고 진심 어린 축복을 담아 보냅니다.

박사님의 충실한,

앨리스 R. 아펜젤러

---

[189] 1897년에 설립된 펜실베이니아주 필라델피아에 있는 Chambers-Wylie Memorial Presbyterian Church.

제3부

원문

모두와 주고받은 편지

June 11, 1914

Forest Hill Gardens

Long Island

Dear Jessie

Here I am with my blessed Frances Taft for a day before we go back to our fifth reunion at Wellesley! I'm stealing this time because I feel that I must write you about my Shippen School[1] delegation so that you can join with me in definite prayer for the girls and the situation there. Eaglesmere seems more important for Shippen this year than it ever was before for we have reached a transition period in the history of Beta Sigma, and the next period will mean either decay or renewed vigor and activity. This year has been hard in many ways. The novelty of the organization had worn off, and the schedule is so full of all sorts of extra curriculum things besides heavy academic work that there seemed no time for βΣ. The girls who led the work were splendid, but the society was really almost crowded out of the school. Now Betty Lee and I are leaving, but we feel that it will be a good thing, if others will feel the responsibility of going on with the work. No one else on the faculty has seemed interested thus far, but we feel very much cheered to know that Miss Underhill, the principal, you remember, is to

---

[1] The school was founded in 1908 as a girls' school known as The Shippen School for Girls, the result of a merger between Lancaster College and Miss Stahr's School. (en.wikipedia.org/wiki/Lancaster_Country_Day_School)

chaperone the delegation, because if she becomes thoroughly aroused to the importance of having a Christian Association in the school, she will not only make room for it in her plans, but helping in its work. I know that you will pray with us that this may be one of the fruits of the conference. We have never had so much difficulty in getting the girls to come to the conference before—It was a great surprise to me to find them so reluctant after the great enthusiasm of last year's delegation. But we've worked like mad and I hope that at least five girls will go. Rhoda Becker, next year's president, a dear girl, will go up on Monday, I think. I have such unlimited faith in you, in your power to draw those girls toward the shining ideal that you represent to them, that I'm giving them to you in these days, knowing that you will love them and help them to realize the joy and beauty of communion and service.

I'm getting so homesick for Eaglesmere and for all that my two years there meant to me, that I can hardly bear to write any more—I hope the conference will be nicer than ever, and happier than ever for you—I love to think of those days with you a year ago, and of all that we talked of there. And then when I think of how God has led us in this year, and showed me so many things that were hidden from me then, I long to talk it all over with you and to hear of what this beautiful new year has brought you. I can guess a good deal, and knowing you, patch up an outline from the scraps of information that I get from various sources, chiefly the press. But it's starvation, when one is hungry for direct word from one's friend. It was a real joy to see you and your husband on your wedding day, and to be so satisfied in the sight. Helena Hogue Timann and I had such a good time going down and back together and becoming real friends in that little time. I'm so glad she's married now, too, and hope that he's really the right man for her.

We've had a queer winter at home. Shall I tell you about it? First I just naturally collapsed, just before Christmas, and was in the house six weeks. Then Henry injured himself in basketball and had an operation in Brooklyn. At the very time we heard of that word came that College Hall at Wellesley had burned, and that Ida had lost all she owned in this world. But we've almost forgotten that loss in the deep thankfulness that no life was lost, and in the pride in the way those Wellesley people, every one of them behaved. Then Mary had a fortnight in bed with fever—so ended the ailments of the family, though I mustn't forget the dog, who was also seriously ill! Meanwhile I had received my appointment to Korea, so that I'm really going out in November to my dear old home, just as I have always planned to do. Mary has just graduated at Shippen and will be at home with Mother next year, and Ida graduates at Wellesley next week. Nothing but that commencement and my reunion could console me for missing Eaglesmere! Ida is to be Educational Secretary of the Woman's Foreign Missionary Society of our church next year, and will begin her work by going to three conferences this summer. Henry is back at his parish at Greenwich, Conn., and will finish at the seminary next year.

I have many pleasant plans for the summer, and plan to rest and play around sometime in August, when I must go back home, do a lot of tutoring and make my preparations for Korea. After Wellesley I'm going to Maine, and then we're to have a brief family reunion at Berlin. I am looking forward to all of it, and very happy. It is so wonderful to know how things do work out. Betty Lee is going as far as Japan with me, as a teacher under our board. Isn't that fine!

Frances is more wonderful than ever, prettier and dearer in every way. She is going back to China very soon, to be married August 6th. to the persistent lover I've told you of. She deserves rich happiness. Cecil Wilson has a little daughter now, and you know Brown married and went to China last fall. Marian Scranton has just been married to the man she used to be engaged to, an American! She will live very near to us in Seoul.

I must stop now. You know my propensities for writing volumes, and will excuses that and this messy paper, which is all I have in my bag with me. I do wish I could see you before I go away—Don't you ever visits the Miss Nevins in Lancaster any more? Don't pass me by if you should be in town: My love goes into this letter you know, as always, and constant prayers for you. Please remember me to any of those nice people at Eaglesmere, especially to Miss White, whom I remember with such pleasure. With the wish that these days may be full of blessings for you, and the summer a happy time of rest, remember I am always,

    Faithfully your friend,

                                      Alice R. Appenzeller

April 4, 1915

Ewha Haktang

Seoul, Chosun

At Grace's -

Dearest Peddies,

I'm really, Truly here. Peddying with a Peddie on my first Easter day in Korea! Could anything be happier for me? Your letters and an irresistible note from Grace made me absolutely so heart [hungry] for a sight of one of you, that though I feel that I'm a lazy loafer to be taking a vacation after less than two months work, I just couldn't help picking up and coming. Well left for a trip today, so I had a chance to get a peep at him, and time enough to extract a few very worthwhile words from him, The nice, silent man! Donald is a (illegible) [love] , made up with me right away, and we're the greatest of friends. He's as good as a little boy can be, sits by himself by the hour playing and talking to himself, and when nap time comes lies as quiet as a little [church], looking around with his great, beautiful eyes. I do so love all the Peddies babies and their pictures. My only claim to admission to this mother's meeting is that I'm surely the most doting of aunts; none of the baby talk ever bores me, and sometimes I almost feel as though I can understand it, because you are all so dear to me.

Dear gracious is just growing strong and well again, and I'm going to make her take a good walk with me everyday while I'm here. She is thinner than she used to be, and somehow rather quieter, I think. I find so much sweetness and sympathy, such understanding and breadth of outlook that our talks together have been full of joy and inspiration to me. She and Will seem to have done for each other just what I have anticipated, she has gained quiet in manner and thought and a new vision of spiritual value, seen in a new way, while he seems to have absorbed vigor and freedom. I don't know whether I've made it clear what I see, but it is a beautiful development. Grace and I are in perfect accord theologically now, a thing that never was before, and our common joys, fears, problems and love for these wonderful people bring us very close together. I think little Donald has had a big share in all this, too! We are having such a beautiful Easter together. I visited her Sunday School this morning, and I wish you could all see her use this language, so easily and naturally, and [handle] the children and women with her own [inimitable] efficiency. I'm sitting now at her desk looking out over the beautiful [sweep] of rice fields, flooded like a lake, and glorious blue mountains "from whence cometh my Help." The house is as complete, attractive and homey as you would know Grace's home would be anywhere full of pretty things, good books and music. We've been singing until we were hoarse, choir music and everything [nice]. That has been one of the things I've enjoyed most here—the freedom to sing and shout whenever I pleased, and the fun of fussing around in a kitchen again. Even two months in an institution are enough to make one [love] to get into a home.

As for said institution—I'm feeling more and more as though it is almost a home, but Korea really is my home. My new schedule will have twenty hours of work a week, not including language study. It's heavy, but I'm used to good hard work and thrive under it. As this teaching is in English and about what I've been doing, it doesn't wear on me at all—in fact it's a rest to me. Language study is hard work, digging it out word by word, but it's only a matter of practice and vocabulary, and time will help me a lot. I add something to my knowledge every day, and boldly use everything I know. We've had our commencement in March, according to government regulation, but we close the middle of June. Then I go to Pyengyang for a month of language school, after which I went to take my first year exam, Then I'm coming to Grace for a good visit, bless her heart. After that I'm not sure what I'll do, but perhaps Betty Lee will come over for a few weeks.

I'm so thankful for you all this day and you seem near. I have a very real belief in the communion of saints, though I'm loath to class myself with your [number]. May God bless you richly this day and everyday , and grant you the blessed gift of His abiding presence. With great love to each one of you,

    Faithfully your friend,

                                              Zell

May 9, 1915

Ewha Haktang
Seoul, Chosun

My dear Dr. Goucher,

Here are the words of the Pai Chai song. So far as I know, it is the first school song they have ever had, and they love to sing it. Mr. Cynn is planning to write a real "alma mater" soon, and I hope it will be fine enough to go with the Pai Chai that is to be!

I want to tell you if I may, how much good you did us while you were here. It was as though you took us into a high mountain and showed us the blessed vision of the kingdom of this world becoming the kingdom of our Lord. I have gone about my task in this little corner with [renewed] courage since then. Please accept my hearty wishes for a happy stay in the Orient. I should like to be remembered to Bishop Lewis, too.

Faithfully yours,

Alice. R. Appenzeller

September 14, 1915

Chairyung, Chosen

At Grace's again

Dearest Peddies,

Just as I was going to be so busy and accomplish so much yesterday morning, Peddie came flying in and I had to waste most the whole morning over you all! I think this was the very nicest, happiest Peddie ever, and the fullest of good news. To see Dorothy again in those pictures, looking exactly the same only better than she used to in college, and to read her well letter has made me so thankful that my face has been one beam ever since, and my heart just lifted up in thanksgiving. Then to know of two new little [Pedimueta], of the arrival of expectation of one of whom (!) I had heard nothing at all makes this a very precious Robin. I appreciated Jakie's note so much, and I wish I could express to you how much you have done for my happiness, for one, by being so loyal to the contract. This is by far the best year Peddie has ever had, isn't it? I hope your letter will overtake us soon—have it ready and waiting for next time, for we want the news about you.

How fitting it is that Brown and Frances should be in [Tiensue], which sounds so near that I feel as though I could just step over for a weekend! I think I'm about as disappointed as the "parties" most concerned [must] have been that Mattie and Brown missed connections (illegible) spring, so we have no one's but Martha's own word about her. I urgently request a picture of the whole Wilson family for the next Peddie for I have never even seen a picture of Brother Morrie! If you are all as generous as Dorothy and Brown, we'll feel ever better acquainted. I think Elizabeth W. must long since have outgrown that darling baby picture that once came around long ago, and we must see the new little one, too. Isn't Betty N. a love! It is impossible for me to be partial, for I think the last baby I have seen (or whose likeness I have seen) is [the] most adorable of the [baby]. (lines missing) another boy, and hasn't little James done well, after having taken such a bold step, his very first one? I must stop this, too, or you'll think I'm worse than the fondest mother.

Isn't it strange but very nice that Peddie should come while I am making my second visit to Grace? She isn't here now, however; she and Will and Donald, too, are at their Annual meeting in Pyengyang, and Katherine Fanning, 1913 Am. Board missionary in Japan, who has been spending the summer with Grace, and I are keeping house here for a few days joining the Kerrs tomorrow. You see, I'm not a Presbyterian, but they have asked me to sing at their concert and I've persuaded Kate to stay over and play my accompaniments. We didn't want to go up to the city and leave this delectable place (lines missing), so we are astounding all the natives by remaining after our hosts have departed. We have had such a good time in this house, though, which is so satisfying in every detail and [breathes] of those who made it. We exclaim at all the books, pulling them out by the armfuls and having them in piles around us on the floor by the fire. It is really chilly enough to (illegible) that extravagance in the evenings now. We sing and play, read and sew and these good old Koreans wait on us hand and foot. [There] is nobody to come and see us, for everyone but one woman and her sick children has gone to the meeting, so we (illegible) be tidy. This is the life! We feel all the time as though we were in a society house at Wellesley—we think it is [Agora]! But of all the time that two W. folks can waste in talking about everything under the sun! My good resolutions to accomplish many definite jobs, such as letters, fly to the winds. Wasn't it wonderful of Grace to give us the freedom of her home in this way, instead of making us go up and board with strangers all this time?

I see my letter is long already and I've hardly begun. Before Grace left us lone babes in the woods I had been here a little over a week and before that, we had all been together at Sorai for three weeks. So you see we've had a pretty Peddying summer. It has been one of the best in my life I think. On the whole I think the past few months, since I came to Korea, have been the most wonderful, in many ways that God has ever given me. I have been overwhelmed with a sense of His goodness. His love has come upon me in more vivid reality than I have ever felt it before. In a strange way I have been learning that all His paths are peace. My work is utterly satisfying to me—difficult enough to drive me back on the resources of God, but so rich in returns of love and gratitude and in the joy of seeing these girls and boys come into the abundant life, I think our Wellesley can't mean as much to us as Ewha does to our girls, for they have had nothing before that. Our school means the same sort of thing as W., though, and we are all trying to make the life as rich and beautiful as possible. I wish you could have seen the girls at May Day in dances and songs that seemed much like Tree Day and meant just as much to them. I am really getting homesick for them, and shall be ready to begin teaching again on Monday next. I do need special help in prayer very much and I want to ask you all to help all of us who are in school work (illegible) now. You have ward of new government regulations which say that after ten years education and religion must be entirely divorced. You can see what a serious problem is before us all. [Mr. Spier] is in the country now, conferring with the officials, and we all believe that it will come out right somehow, but please pray for us and for our schools, and especially for those who make the laws here.

I left Seoul the end of June and spent two months at our beautiful Sorai by the sea. There was no language class, so I had to work by myself, but finished the first year's work before my six months was up and now am ready to begin on the second, after I've learned a few Chinese characters. I like my language study much better than I did at first. I lived at Sorai in a building with two other [O. Mis] of our mission, two or three Presbyterian ditto and two families, with three children and we had only paper doors between all sleeping on the porch like a hospital ward, with flimsy curtains where convention demanded it. It was noisy and congested and not always very comfortable, but there were so many glories without that I hated to leave even after two months. Grace may want to tell you about it, but I must get in my word, too. I imagine a bay surrounded by jagged mountains and dotted with [fascinating] islands. Then a [neck] of land, almost an island on which the houses are situated, with a high rocky cliff half a mile long where the waves dash gloriously in a storm, and on the other side the cliff curving off to a velvet beach miles long. There is a lovely pine wood, too. The sun sets over the bay behind the mountains and the moon rises in just the right place. I have never seen such a combination of glory upon glory in my life. Best of all, almost, Grace and I are going to live about a stone's throw apart up on the cliff near the woods when we get our houses built.—Dr. Underwood who arrived in Korea with my father and is one of the foremost Presbyterian missionaries and chief [promoter] of Sorai told me as we sailed in the bay, that he and my father had come here first together in 1887 and discovered the place. So I felt drawn to it at once and decided that if I could make arrangements I must buy a lot here for my family. So I selected the one I wanted, they assured me that the payments would be easy and I went up to tell Dr. U. how glad I was about it. There he told me that they had decided to give it to me, because my father was one of the discoverers of it. There can be nothing but a real home built upon foundations of friendship and trust like that, can there? Just such things as this one after another have come to me as the heritage of my parents since I've been back. I want, you to help me by praying that I may be worthy of the place that there is for me to fill in this land. You can imagine the boating parties, sings in the moonlight, swimming, [illegible] and all the good times we had there. But it's going to be a real menace for one never wants to go anywhere else after (part of line illegible) it's so cheap and easy, that every Peddies may find it hard to draw us to Pai-tai-ho or Kuling. But you must all come to see and enjoy it for yourselves! I am to be there with Betty Lee next summer.

The bright autumn air makes one tingle with energy, and my good, long rest has put me into the [pink] of conditions. I am looking forward eagerly to a good, busy, winter. I can report only gratitude for all of God's gifts for the precious way in which he continually shows himself to us so plainly that we must see Him, and especially for the rich gift of all you blessed Peddie friends. Grace is a constant joy, and I feel more and more as if she were especially [mine] because we are

[here] together. It is by sure force of will that I refrain from describing Donald's charms, for I know that is the mother's right, and I have written too long already. But he can almost talk, and obeys like a [lamb], always smiling after a [reproof], seeming to prefer the new thing to what he was forbidden to do. I have to hold my pen, fairly, to keep it from running on about him!

Now good bye, you blessed friends. I love each one of you very much and am praying constantly for your good.

Faithfully your friend,

Zell

January 7, 1917

Ewha Haktang
Seoul, Korea

My very dear friends,

It's almost exactly a year since my last letter was written; I haven't kept Robin especially to celebrate an anniversary! But correspondence is a really perplexing problem to me and I wonder what you all do about it. I'd like your help. It seems to be a choice with me between doing my work and meeting the demands of the life here—by which I mean attending all parts of social events given by Japanese, Koreans and [illegible], which I'm expected to go to to represent the school and keep in good standing with everybody. These things seem to be innumerable, and I'm including lectures, concerts and outing to which I help chaperone the girls, and which really are part of our school duties. My paragraph has become hopelessly evolved in my interest in my subject.

What I meant to say was that the choice seems to be between these present things and my letters. Of course, the regular work has to be done day after day, and there's [enough] of it to keep me busy every working hour. But which is [more] important, the life which I'm living in here, or the letters that keep me bound to the friends at home who are doing so much for me, and without whom no work here would be possible? I've thought and prayed and wondered, and now I think I'll ask you what you do, for I'm sure you're all in the same position. I do try hard to strike a happy medium, but so much of my time seems to go to interviews and conferences mostly about the work. Then when there seems to be a free evening ahead, someone will be here visiting, for we have many visitors in this capitol city, tourists going thru and missionaries coming to town for a few days; or something unexpected will turn up that makes it necessary for me to give up my plans for a delicious evening by the fireside with you or some other friends. Every day I try to do the thing that seems most important, and then not worry about what I haven't been able to do. But that doesn't seem to solve this problem at all, for it never leaves any time for letters at all.

All of which has led me far away from what I wanted to say first, this is, that I love the Robin and hope he'll live as long as we do! The pictures are especially helpful in keeping as close to each other. Now that I've been here nearly two years it seems almost as tho I'd never lived anywhere else—does it to you? I feel entirely a part of this life, entirely happy and satisfied in it. The work grows increasingly absorbing as I get into the intimate details of its joys and anxieties. Miss Frey, the principal, lets me share all the work with her now, and when she takes her country trips two or three times in the spring and fall, I have to take charge. We're in a most critical and interesting time in educational work here now, enough to make the stoutest heart shrink unless it knew where to go for infinite strength. Sometime when I see you I'll tell you all about it; Betty knows now, and is an inexpressible help always, increasingly so as we grow up into a fuller realization of what it means to be a missionary.

This fall I've entered a class, with some twenty others, for a serious study of Japanese. We meet two evenings a week, and have good, long lessons to study in between. It is most interesting and I like it lots; fortunately it's enough like Korean so that the latter is a great help to us and we don't have to agonize twice over these topsyturvy constructions then. The words in both languages derived from the Chinese are practically the same, and it's great fun to recognize the resemblances. Betty will have to look to her laurels, won't she! I like learning the same language that she uses, too. We are having more and more dealings with the Japanese, of course, and they seem so pleased when we show our interest in their life and language. But life is pretty short for us to try to do what we should along that line here. Those of you who have only one language to learn have nothing to say!

I know that my first reform should be to learn to write shorter letters; but how can I, when I love you so much and have so much to say to you that I never know when to (missing) think B. and I have written you about our [wonderful] summer at Sorai, and what a blessed rest and refreshment it was to both of us. Next summer we plan to have a complete Appenzeller reunion, which, of course, includes Betty, too. Mary is coming out soon, I don't know just when, but am daily expecting word of the date of her sailing. Henry and Ida will follow before summer, we hope. Ida's appointment is now for Japan, but we hope that she may work in Korea sometime. Isn't it all a wonderful working out of the dreams and prayers of the years—a [marvelous] witness to the power of prayer? Mary will be with me here in Ewha, and [many] is the useful little thing she'll do besides her domestic science work. I can hardly wait for her to arrive. If I can manage it financially, and I feel that I must, because I ought to see the Japanese schools, B. and I are planning to meet her in Yokohama and visit schools on the way back. Won't it be great?

Just before Christmas our grand Bishop and Mrs. Welch and dear old Bishop Harris came, and we had several days of most helpful conference. We wish we could have more of their time, but they have to visit many places. I had a beautiful Christmas with old friends in one of the country stations. Some other friends asked me to come home in their motor car, and I gladly accepted. It was a glorious trip of about 170 miles thru superb scenery and on fine roads. But after dark of the first day we ran down a bad bridge coming upon it suddenly (you know they use no danger signals in this country!) and might very easily have been killed. But God took care of us so that not one of us was hurt at all. It was cold, but none of us suffered any ill effects from our adventurous trip. I shall never travel at night in an auto in this country if I can help it, however!

School has begun again, but next week we have our revival services, which will interrupt lessons for a time, but do all the girls so much good. The one last spring was a great experience for us all. Alas, the frailty of human nature makes us have to do it over and over again, doesn't it? Then will come my Japan trip, then commencement in March—and so the year flies by, full of interest and challenge to the best that we have to give. I'm also "disgracefully well," and shall try my best to stay so. I've seen too much of the suffering that comes to our fellow-workers when we don't keep up to the standard, and I hope I'll never grow careless in this matter. I don't see how you can work so many hours in the heat, Constance! I wonder if you wouldn't like some of the zero weather that we're having a superfluity of here just now? Dear Florence, I hope you're much, much better now, and enjoying life. I love your Chinese girls, Blanche. Do send us some more next time. That was the dearest, sprightly letter, Juliet. And our dear Miss Carnahan, bless you for all that you mean (rest of page missing)

May 19, 1917
Ewha Haktang
Seoul, Korea

Dearest Peddies,

I'm out at Ewha now but on the loveliest mountain where our Ewha family is taking its annual week end holiday. You civilized members in America would have hysterics if you could see [us] going on a picnic in Korea. I don't think the China [contingence] would be [so] amused, for I suspect that they can look just as ridiculous. We had three pack coolies and two servants for seven people. As we grew warm in climbing we stripped off coats and piled them on the loads, & surmounted these with our hats. Someone had told one of the servants to take one of the tin hot water bottles that we call "pigs" here, and which keep us warm at night, along, so there it was, water and all on the load! We laugh every time we think of it! We have slept, walked, read, had a Korean dinner right in the Buddhist temple under the old gentleman's nose and now I'm luxuriating in the privilege of a chat with the dearest lot of friends a girl ever had. Letters and holidays are always associated in my mind—They both give me so much pleasure. I sometimes wonder if I'm not a loafer at heart, even tho I do put myself thru [stunts] pretty steadily—I do so love to be lazy.

Well, I bade our Gracie goodbye pretty cheerfully last March. It seemed the best solution to a situation that had grown perplexing, and all her friends here believe that it's going to do everything for her. I wish Korea agreed with her as it does with me! But I think Seoul will, and we have strong hopes that they'll be sent here when they come back. Meanwhile all the news that I hear from that direction is good.

The pictures of all those darling children, each one of them so unusually attractive, (the children, I mean) drive me distracted and wake me long to throw reason to the winds and run over to [Pei tei ho] for a visit. But there are going to be three pretty heavy anchors right here at Sorai this summer. Henry is [nearing] Japan this minute, Mary is right under my wing now, and Ida will come along in July and have a month or more with us before the Tokyo Language school begins. Henry has [broken] the family record and got engaged to Ruth Noble, the daughter of one of our [nurses], and now a student at Dr. White's. Mary is the sweetest child you ever saw, loves everything and everybody and they all [seem] to love her. She is under a three years' contract as teacher of domestic science, etc. I went to Yokohama to meet her in Feb. and Betty [Lee] and I had a good visit together. That was the event of my year, which was otherwise as usual. As I learn more I find that I'm given more to do, and I have to bear a good deal of responsibility that I feel utterly inadequate to take. You all know what it is to have a part in running a school of some 300 odd (and even) persons, and trying to help each of them to that abundant, victorious life which we know, but can (illegible) only very imperfectly. You would feel baffled, as we do, sometimes, if you would know some of the difficulties of such manifold varieties from without and within that beset us. And you would marvel as we do at the wonderful grace of God if you could see the beauty of the lives of some of our girls and others whom we know here.

As I think of the war and all the destruction and desolation that (illegible) is doing, I am thankful beyond words that so many of the great constructive forces of the world are still going on; that in the midst of such need at home and in Europe, Christians are still willing that the steady, healing streams of education and Christian training shall continue to flow all over the world. We are suffering less here because of the war than people in any part of the world, I suppose. We are mighty glad to be in a quiet little pool outside of the mad, rushing torrent. But we are paying fearful prices for everything, of course, and that helps to remind us, if we could forget, the world's anguish.

Dear Mother Ruth, I'm not forgetting to pray for you as you go about among the students now. May we anoint you afresh with greater power than you have ever known.

I have often thought that the heart sickness that missionaries often show at the spiritual condition of the home churches due to the fact that they realize the greatness and urgency of the task more than the (line missing) true attitude of trying to show that all the religion has moved over to (illegible) lauds used to be one of the things I disliked about missions in my rebellious, critical days. I hope you'll have wonderful visits everywhere you go, and great lasting results.

Jakie's babe is most adorable, with eyes just like his mother's, don't you think so? I wish there had been a picture of little Virginia, too. That is such good, good news, Dorothy, for every new [pedimeuta] makes Peddie all the more precious. Next time you must be sure to let us know whom you've all been running with. Did mother Ruth visit you, Dorothy? And aren't Jolie and Grace going to see each other. I'll be Peddieing by myself just as hard as I can till Mother Ruth comes thru here next winter, I guess. You know you have to plan for that, because you promised. Miss Frey, and our Korean girls need you. We'll give you all the time you want at any time that you'll come.

I feel particularly well informed about [Hougeleow] and have decided that the people there must all be very superior, after receiving grand letters from Mattie and a most interesting college bulletin, I wish you'd all send me things about your work circulars, etc. when you get them out for your constituency. They help to keep us close together in knowledge and material for prayer, and never are a bore to me.

The [Pyke] college is quite ideal looking perhaps I'll have one something like it at Sorai sometime, and then you must come and Peddie with Grace and me.

[part of line missing] time and has grown up somehow that Seoul people are hard to reach, unwilling to listen; but our K. workers say it is not so.

Our conference comes in June, and as we have a new bishop, Herbert Welch, who is stirring round considerably, we're all quaking in our boots, and wondering where we'll be sent. [There] is talk of sending me to Pyengyang to supply for a year while one of the workers is on furlough. But I don't want to go a bit, and hope I shan't have to.

It seems to me that I've written reams of nothing this time. But I long so for you all, and want you all to enjoy this loneliness with me, that I can't seem to pin myself down to anything definite. Did you all know that I'm studying Japanese now, two evenings a week in a class with about 15 missionaries. It is interesting but an awful job. I'm carrying my K. study, too, hoping to take my last exams before conference.

June 2. Two weeks since I wrote the above, but since coming back to this valley of service there hasn't seemed to be a chance to sit down and finish. Last evening Mary and I went down the line a few stations to meet Henry. He looks natural, and it just seems so good and comfortable to have him and Mary here. I shall be glad when my other chick is gathered under my wing!

Now good night every body. The enclosed is to show you what a nice family I live with. They are certainly all splendid women, and we are very congenial. I want you all to plan to come by here sometime sure! With deep love for each one of you as always,

    Faithfully as of old

Your Zell

May 20, 1919

Ewha Haktang

Seoul, Korea

Dear Peddies,

I started a letter to you about a week ago, but Brown's problem, applicable it seems, not only to mothers, of finding "uninterrupted time for thought study, rest and work" got in the way. I love having my beloved Peddie come around, often enough so that we really know something of each others' life. I should suggest this time that Martha take Peddie home and while she is there make herself responsible for seeing to it that Jakie sends it on. Let Martha be the one always to send it to Jakie and keep at her till she has sent it on. After Martha comes back there'll be one of the others of us there to do it. That was such a dear letter of Jakie's that came in the [bunch] from Martha some time ago. These letters all mean so much to me that I'll make any kind of effort to keep them going. It would be nice to see the old ones, too, tho this new one would be the one to keep going. You see, I'm still bossy. Yes, I'm relieved that they're pulling reunion off! I don't know what struck me to get so excited about it, but I was afraid we in far countries should not get into that Record. And I still want the picture-book sometime.

Bless the pictures of our youngests! They are too cute for words! I can hardly bear to part with them. I always decorate my desk for the space of time that Peddie is with me, and feel rather forlorn when he has gone. But did you know that we have a baby now, Margaret Noble App., born Apr. 23, seven weeks too soon, but strong and well? She was supposed to be born properly in the hospital, but bless Pat if she didn't start in at home in Chemulpo! Her inexperienced young parents didn't even know what was the matter supposing the trouble to be "false pains" or something, until she was nearly born. They had sent to Seoul for a doctor, but he didn't come till three hours too late and fond papa had to officiate, with the assistance of a very green [W.F.W.S.'er] and a Korean woman who helped valiantly when she found out that it was the same process as with Koreans! Well, it was some exciting time and might, of course, have been very serious but it wasn't and now that it's all over and all danger past, it's very nice. I'm not a bit used to being an auntie yet. Tho I've been down there twice helping around.

I don't know how much you've been hearing about us over here. We are running five grades of school, from the lowest up, with 53 students and feel that that is quite a feat. Miss Frey is giving me the fun of running this little show while she does refugee or relief work in the burned villages. But my service since I've been back has been little or nothing connected with routine. I've never felt so glad to be here, nor so useful, tho I am doing so little. Brown said she thought a lot of superficial friendships didn't pay. That's been what I've had ever since I came out; but this time I've been getting down to the real thing, and it's the most tremendous satisfaction. Keeping alert to the meaning of this wonderfully significant time I have felt to me one absolutely essential thing, and there is so much involved in that now, and so many interesting things to hear and read. The people are in the deepest trouble, and it is the greatest privilege—to try to be something of cheer and comfort and hope. I'm not even reading anything but the papers and magazines. Our time is much taken up with things that are constantly occurring. You will find that the papers are exaggerating in some details but are true in the main. We can't tell what the prospects for our work, now at a seeming standstill, may be in the future. But never did we need your prayers so much, for patience, grace, courage, love to all. This great (illegible), how can it be won for our Christ and this Kingdom of love and brotherhood?

I was keeping the Siberia trip a grand secret till it should really come off, which it threatens not to do, as we got a telegram saying that conditions would make it inadvisable for women to travel up there now. But we think that may mean only postponement and that we may be able to go in July which suits most of us better anyway. So we're hoping that I can go down from (illegible) for the first two weeks in August in [Pei tai ho] and that Betty and Mary can have two weeks in July there before I join them there. I'm so thrilled at the thought I'm nearly bursting. Perhaps we'll go even tho the Siberia trip doesn't come off!

Martha, your house must be a darling and Miss Hart's description of that view makes me long to visit you sometime when we're all back from furlo. I'm thinking of you these desperately busy days, hoping that all is going smoothly and that the trip will be nicer than you think. It will be a job, but you are equal to anything I know.

Frances, it's just like you to run a mercy hospital, but I hope you won't be called upon to do it too often.

Ida, poor dear, is still working hard and having "vivid experiences" in (illegible). For her comfort and edification I quoted some Scripture in one of my letters to her, to which she replied, "never mind about quoting Scripture to me (illegible). It's all in the Bible, and I have one along." I see it funny how you can't be pious to your family—but perhaps some of you can! She'll have to stay all summer, and plans are still indefinite.

Goodnight— I love you all more than you know—

Your Zell

May 12, 1920
Ewha Haktang
Seoul, Korea

Dear Dr. Goucher,

You are doubtless wondering what has become of me and my promise that I would keep you informed as to the women's college proposition. I am still here, and so is the land, to the best of my information. Mr. E. H. Miller is being very kind in interviewing go-betweens, etc, for us, and the other day they gave us a scare by Saying that the owner of the land wished to sell immediately, and that he would like to know by noon the next day whether we wished to buy or not. Of course, I had to say that we could not buy at once. I enclose a copy of the government survey which Mr. Miller made for me, showing all the land in the property. It looks as though we could buy for .70 sen per tsubo, and the agent has reduced the reserved grave site from 5,000 tsubo, the original figure, to 3,000. Even that is too large to spare from the best part of the ground, and we believe that they would cut it down more if they sold it to us. We are assured that the owner is eager to sell, so there is no telling how long the property will be available.

As to the financial questions involved: it is clear that the other missions will not move now, or, if they do, it will be very slow and uncertain. Our mission is eager to get the land, and we are just now asking for permission to sell some of our property here in the city and put whatever balance is necessary into that land. We are most anxious not to lose this incomparable site, but whether we shall get permission from home to buy, or whether we shall be able to sell soon, is the question. I should like to know whether you would be willing to buy only part of the land, say down to the first railroad reservation. The village block is valuable for rent, as you saw when you were here, as are the detached fields; but we thought that perhaps it would be easier not to buy these smaller bits of land, provided the owner would sell us only part of the property, than to get rid of them if we did not want them later. Another question is regarding your offer of $10,000 to secure the property. Was it conditioned on the securing of a like amount, or enough to buy all the land, or would you be willing to have us get only as much property as $10,000 would buy, and hold that if we could buy that way? I am sorry I do not remember just what you said about that. It would be a good thing if you would write out for us just what it is that you offer, and the conditions on which you will send the money.

Nothing about this has been heard from the Inter-Church Movement, or any other quarter, so far as I know; but we on the field are very keen on it, and have written to the officers of our Society about it, urging them to help us get this land. I suppose you are at Des Moines now, and I hope you are having an opportunity to put this matter before our officers. I sail from Yokohama for furlo Aug. tenth on the Empress of Asia.

Perhaps after I have returned to the States you had better write to Miss Olive F. Pye, of Ewha Haktang, Seoul, about this matter; but I hope there is still time for me to receive an answer to this letter.

You will hear late news of Korea from the representatives whom you meet at General Conference. We are thinking of you all there at that wonderful meeting, and praying that it may mean great things for our beloved church. Just so Bishop Welch comes back to us—that is the great question to us just now!

Everything here seems to be taking a new lease of life this spring. There is more enthusiasm and real spirit in all our work that I have ever seen. Our school is full, and we turn away pupils almost every day. Pai Chai is still without a principal, but we hope that matter will be settled to the satisfaction of all very soon. It was most discouraging, but will all work out for good, we hope. Henry is busy itinerating on his islands, and thinks of it as the best sport he ever tried. Mary and I go home together, and Ida, our sister who spent a year as a missionary in Japan, is now married to a U.A. Army captain, and is for the present in the Philippines. Mery will be returning next winter to marry John Lacy, of our mission, so I shall have two homes here which will be almost like my own, besides this one at Ewha, which I love dearly.

I am so sorry that I did not get back from China in time to see you and Miss Goucher here; I feel that the others have had an unfair advantage of me in becoming acquainted with her, but hope I shall be able to make us some other time. Hoping you are well, and with best wishes and warmest regards to you both,

    Sincerely yours.

Allie R. Appenzeller

P.S. Will you please also tell us when and how we may call on you for The money if u should suddenly be obliged to (illegible)

A.R.A.

May 14, 1921

509 West 121 St.,

New York City

My dear Dr. Goucher :-

Though you carry the burdens of continents on your heart, I am sure you have not forgotten your pet project in Korea of securing that subject site outside the walls of Seoul for a women's college. A recent letter from Bishop Welch, as well as most of those from the field urge the necessity of securing that land, which is still for sale at the original figure, $25,000 ([about]). Miss. Carnahan has given me permission to try to find the money, and I am writing again to ask you just where you stand now in regard to the matter.

Does your offer to find $10,000 for us still hold, and what are the conditions upon which you make it? No one without your God-given insight could have seen the possibilities of that land first, and now we are most eager to possess it for the Christian education of women. Before my plea for funds can carry full weight I should have definite information as to all the conditions. I am sure you are as eager as I am that we may succeed in this goal very soon.

My furlo is bringing me a wealth of opportunity along many lives. Since February I have been taking courses at Teachers college, which is a regular "think factory." I shall be here for summer school and possibly next fall, as Bishop Welch wants me to get my M. A. It is a great privilege to be in this wonderful city; I did not realize how hungry I was for the inspiration that is affords.

Miss Frey's death is a sad loss to our work, [but] from all I hear, conditions in Korea are so perplexing now that she would have had to bear a great deal if she had returned there that we are glad she is spared.

The news of your daughter's engagement brings mixed feelings to us of the W.F.M.S., but I should like to add my wish for her great happiness to those of many friends. With sincere regards, and hoping to hear from you at your earliest convenience,

    Faithfully yours,

                                       Alice R. Appenzeller

July 26, 1922
Sorai-by-the-Sea, Korea

Dearest Peddies,

I don't in the least know how I dropped out of Peddie, for I haven't seen him since the early months of 1920, and believed him to be defunct. The first question I was going to ask Grace when she came here was whether she thought there was anything wrong with the Christmas letter I'd sent each of you, for there's never been a word of response from anyone to it. But Grace told me that she had Peddie, so I'm busting in again, and hope not to get lost again for six years at least. Furloughs are mixing things, and I suppose somebody didn't know my address when the time came to send it to me. Anyhow, I'm here again, same as ever, and I'm neither mad nor hurt, but just disappointed to have missed two rounds of the blessed bird. Martha, I'd like to see that picture that Grace mentions. Every one of these is fascinating, and I'm glad you're putting them in regularly when the children are changing so fast.

Grace and I read and talked over Peddie together, and how full our hearts are of sympathy for those of you who have been going through so much these past months. Dorothy, dear, [I] shall be praying especially for you every day until I hear how [illegible] is. Surely, after such a long, brave fight, she must have been spared to you. The grace and strength that even your few words show are an inspiration.

Dear Frances, Marion Savage and I used to talk about you last winter, though neither of us had recent news. That must have been a terrible experience, but I can imagine what a memorable year you gave [Goshen], and that the woman "preacher" gave them the treat of their lives! I like to think of you at [bet]. Rest now and enjoying your (illegible). You don't have to apologize to me, bless you!

Martha, your school problems sound familiar, and I'm waiting eagerly to hear what the year brought you. The children look so well and sweet and happy. Jakie, it does me good to see your sweet face again (Mothers, please all take note, & include pictures of yourselves and your "fathers," as well as of your children!). The children are so lovely. I somehow didn't think they'd be so big yet! It was dear of you to write at a time when your heart was so heavy, and we appreciate the fact that you wanted to. Old Brown is my pal since our days of humming together in little old N.Y.— and I love to think of all those good times together, tho we haven't written to each other for a year. I'll be visiting you just across the bay sometime, for I'd like to see the old place again where I spent three very homesick months when I was ten years old, and away at school for the first time. Mother Ruth, I hope the dear sister is better. I had the experience in U.S. of watching my mother in the work, Miss Frey, for years the principal of Ewha, fade away before my eyes into the other Home. She had cancer, too, but suffered very little, and was so full of hope and beautiful trust to the end.

Since I've been back, (I came [here] 24th), I've found the work far more fascinating and worth while than ever before. I've been teaching a heavy schedule, but now that I have to be principal I'll not have the inspiration of classroom work, I fear. I guess I'll inflict one of my general letters on you. The Summer Conference was a wonderful experience, and I'm so happy to have been in the work from the first. The Korean women are going forward very carefully and in a sensible way, keenly alive to the needs of their people. While our tiresome missions are cussing & discussing as to whether they want the Y.W.C.A. or a union women's college, or what not, the Koreans are going ahead, and God is marching on! This next year a fine woman is to spend two months in travelling among the schools and associations of all kinds, and next year's conference will mean more ever than this one.

I want to ask your special prayers for me as I face this year. I dread it unspeakably in many ways, for the woman who has been principal since Miss Frey's death is still staying on there, and it's not going to be easy. Pray that I may show the real fruit of the Spirit, and most of all, the love that we are taught of in 1 Cor.13. I am depending on you to help me. All schools are having troubles with strikes; we just can't find suitable teachers, etc-etc- so remember me, won't you? Thanks for reminding us again of our days. I confess I had forgotten them. All the same old love, and please don't lose me again,

Zell

April 13, 1924

Dearest of friends,

I've been using the typewriter so much lately, and could write more in shorter space on it, so that at first I was going to use it, but I have enjoyed seeing your own, dear handwriting so much that I thought perhaps you'd [rather] have mine, too. (By the way, before I forget it, I'm pleading and praying for an office worker for Ewha, a stenographer-book keeper who will release us from clerk work and give us more time to do what we're trained for and what so needs doing. If any of you know of a good, experienced missionary-hearted woman who'd like to come out here for three years at a salary of $1000 per year, travel from U.S. and return paid, write to Miss Amy [Q] Lewis, Room 710, 150 Fifth Ave., New York City. It's awful of me to stick this into the wonderful letter, which is sacred to friendship, but I know you want to help me if you can.)

I've kept this letter a month, and last year wrote on Apr. 12, so the time of [year] [takes] you the same news that the hectic month of March is past, everything (illegible) up for one year and started for another within a (illegible) instead of in a respectable summer vacation! Whenever Peddie arrives in March we'll just naturally have to wait [his turn] here! Why can't I have him for a Christmas present at the latest this year? Do let's try to get around twice a year!

The pictures are the joy of joys! Little Martha C. does look like a Martha C. we once knew doesn't she? The new babies are darlings! Can't we have a picture of dear little Jackie, too, who is with little Marcus in the Father's Home? Frances, in the Y.W. picture you look exactly as you used to! What a treat to have one of you and [Mattie] together. You look adorable! I like the groups, too. Next time I bid for a close-up of Morrie Wilson and Roy C. It's been so long since I've seen the latter I almost forget what he looks like, and I've never seen even a decent picture of the former. How exacting these maiden aunts do become, don't they? Mother [B.] it's ages since we've had one of you. Take one of the house, too, please. My contributions are a year old, the children are now a year older, and there's a new [Op] baby, Carol, born in New York last month, but since I've nothing better, I'll stick these in. I'd like a rule that we must always illustrate our Peddies.

As for my life history: I had just one month at Sorai last summer, worked hard at letters, etc.

writing every day, and came to write about fifty of the end of my list! Miss Walter went to U.S. in Aug. so I returned, but had no time for personal things after that. I expect a summer vacation of three weeks this summer but don't know where I'll go. About next year you may expect me in China. What have you to offer in the way of summer attraction?

Nov. 1 was a big day in my life, for on that rainy day some tourists visited us, and when I told them of our desire to buy land to develop a union college, they promised me $30,000 gold, which has since been paid. We are negotiating for the land now, and hope to be in possession of it shortly. This is my first venture in high finance! There have been other very remarkable answers to prayer this year; the union college is coming on by strides, The Southern Methodists having asked their board to let them join us. The students themselves are making a real union, for we have about as many girls from other Missions in our advanced departments as we have of our own this year. Even with our beautiful new Frey Hall we're feeling crowded again! Oh, isn't it wonderful to have God trust you with so much to do for Him everyday!

Those of you who've seen me since 1912 know that Betty Lee has been since then my closest friend. Last year she developed T. B., and in Feb was suddenly ordered home. I went to Fukuoka, Japan, to see her off, and had three very precious days with her. She has gone to a sanatorium in Southern Cal., and I feel better about her than if she'd stayed on here, but I do Miss her dreadfully.

Grace is such a comfort. She is more temperate about doing things this year—her letter doesn't sound so, does it?—but is still [then] and both she and Will ought to get fat and easy going like me! It seems to me that all of you sweet, [slim] young things ought to be getting to be more matronly in appearance! You certainly are good looking and I'm just jealous!

I'm still doing the Reading Circle, which this year was read, or will read, the Enchanted April, Men Like Gods (!), Walter H. Page, a son at the Front, Robert E. Lee, Roosevelt (Chernwood), My Garden of Memory (Wiggin). I like those two hours every month very much. I've just read Agnes Rothery's "The House by the Windmill", and like it a lot! It is full of truth, it seems to me. I did some good, solid reading in the summer, but haven't much time for more than the periodicals through the year. Brown seems to lead us in the intellectual life, and I wish I could even follow afar, and accomplish half as much. I think your reports are just thrilling! This popular education movement is something that China has been waiting for. To think of dear old Alice Holmes being there in Chefoo! It seems so near, but that's no good unless we write, isn't it?

Well, I feel [zealous], it seems, in my old age! Don't you feel old to be sending messages to your fifteenth reunion? I'm planning to be at home in 1929, which will be just after my furlough year. Did any of you see Dorothy Pope last Fall? She came thru here with a very nice new, tho appropriately elderly husband, and both looked pleased as (illegible) — Miss Hart should be along soon.

Dear Miss Candace [Stevenson], who didn't know me from [Adam], came thru here last spring and was so appreciative, sending me $50 afterwards with which we bought some curtains for the general rooms in Frey. I've been (illegible) Y.M.C.A. [visitors] today, giving the morning (Sabbath) to them. I was so amused at a [wish] who has always been in the country but now lives in Seoul, who couldn't come to a committee meeting last night because he'd had a houseful of guests for two days, had driven 30 miles just around town with them, and was exhausted! [Yes], it's a strenuous life but one has to be a part of it, if one lives in a city like this. Grace has learned sometimes to her sorrow, since coming here! I'm going to end my days in the blessed country where I can read and write to you and your grandchildren! Sometimes I go to [some] little country church, as we did last Sunday, and I love the dear simple people and their hospitality, and the light of Christ shining in their faces. But best of all I do love Ewha, and the beautiful girls who go out from it to every part of the country. In every little church you can find one or more, always different from the others.

Goodnight. I love each one of you so much—

Always devotedly,

Zell

July 10, 1925

Sorai-by-the-Sea

Dearest Peddies,

I'm bored with all my business stationery, which seems to be about all I've brought here, so I'll try this kind again. Here I am for the seventh time at Sorai, dearly beloved, but not [promising] the different summer I was going to have. I believed myself in need of a real change, for I was fed up on things Korean—people, problems, missionaries, everything! Brown found my friend and me some nice rooms in Chejoo, where we were going to arrive on June 28, and after [tree] weeks there with her and her kiddies we were going up Tai-shan with Frances to get acquainted with her family. Then comes word of all the troubles, we scan every paper, inquire and do our best to find out what we ought to and by the time I've decided that I must give it all up, the papers are full of more disturbing reports.

I shouldn't have minded going but no one can know what will happen, and if there is any danger or any inconvenience about food supply, etc. it will be much easier not to have guests around. I feel very anxious about all you dear ones in China and long for news of peace. It looks as though real peace and a satisfactory sentiment were a far more difficult matter than were cessation of hostilities and surface quiet. We are all bound up very closely together in [this] East and feel keenly the burden that must be on your hearts. My constant prayers are with you. How we who are safe ought to pray now for these friends and their work! A recent note from Frances speaks of her disappointment, but nothing of conditions, so I hope there is no cause for alarm there.

I am bitterly disappointed—Just couldn't give up the things for the longest time. There'll be no fun in planning this trip next year with Brown gone. Well I'm fortunate to have found a place to crawl in here, and it's the same old shack near Grace's that I've had twice before. It's leaking in a dozen places today, for our rainy season seems to have begun; I've brought with me one of my colleagues who has just had a cable telling of her Father's death and is waiting for fuller word. Later my companion will be the principal of the Presbyterian Girl's school in Seoul, Margo Lewis, a good friend. Someone else is on the job at Ewha, for it was voted that it was my turn off. I being around most of last summer, going to Wonsan Beach just for a short time and rather felt the lack of the chance to catch up, which is what such a place at his does for me.

I've brought more work to do than ever before but already feel pepped up and have made a beginning on it. Yes, we have no secretary at Ewha an I'm in the same old boat, living with a conscience that I hate—but I'm going to be able to look the world in the face by the middle of August when I go back to the Y.M.C.A. conference and the opening of school, Aug. 26. We closed the end of June because of an epidemic of typhoid fever.

It was a great pleasure to see Grace Park her kids and go off on a honeymoon with that nice, quiet man of hers. The pictures are all good; she is very thin and worn and continually [overdoes], in fact, was sick again the spring, but is better now. Dorothy, that Bible class takes lost more brains than anything I do, [tho] I confess my work takes more brains than I can [furnish]! We've had a big year. The [outstanding] Event of which [illegible] of the college, which now stands in rank with the Tokyo Christian Union College. The adjustments and changes have taken all that I had to give and more, but the prospects are [bright] ahead. Union is slow but meanwhile we can shape things as we think they ought to be. Two of our fine girls return from America with their [W.G.'s] this Fall to help in the college.

Where is [Gabie] this time? Grace and I might have done better with Peddie, but we do want him to speed up a bit! Don't let's miss anybody. This seems to be an old letter of Ruth's too.

My brother and family are back from Furlo, and Mary Lacy and Co. are in U.S. now. Ida is in Washington, and enjoys seeing the people that come there. I wonder if any of you will go to the semi-centennial.

Well I'll send this along now.

The rain doesn't seem to inspire me to say anything interesting. It's 18 years since this group started at Silver Bay. How infinitely more this bond means to us now, and how good our Father has been to us all these years! I wouldn't go back there, dear as it was because every year seems more wonderful to me, richer, more with living. I'm fat, gray, nearly forty but for all that, and even tho I have no grandchildren, I feel life has given me more of the best gifts than I can ever deserve! Here's to another eighteen years with Peddie!

    Always devotedly,

                                        Zell

Yes, I love the Christian Century, the Church Tower, the Atlantic— I liked "So Big", and am now reading Gus Vade's for the first time! I like "The High Way", too, and count myself as one who would hold up "the old faith", not the wrappings, but the [illegible] in the face of materialism, atheism and sin that surrounds us here.

June 15, 1926

Seoul, Korea

Dear Miss Appenzeller : -

For the past month I have wanted to speak to you about a very important matter, but we have been so snowed in in preparation for this summer's D.V.B.S. work that I have not seen when I could get an opportunity, for it might take some time. It concerns the Woman's College.

The question of the possibility of our Mission conducting college work for women has come up before our Mission a number of times. Finally last year's committee was appointed to make certain inquiries, and to report in 1926. This committee was not asked to confer with the authorities of the Woman's College now in operation, but there are some on the Committee who felt and who feel that if it be possible the best thing would be to throw the strength of the Presbyterian Mission into the Woman's College already started, rather than to launch out on the doubtful experiment of founding another college, or of having no college, for Presbyterians.

Recently in a meeting of this Presbyterian Committee I was allowed to approach you informally to see whether or not there is now, or is much prospect of there being found, a satisfactory basis of union. This matter of the possibility of a union college is actually outside the scope of the inquiry committed to us, but we felt that it would be wise at least to ascertain if possible whether such a project would be possible.

I do not know whether you have any formulated basis, or ideal, actually written out for the college now being operated. However, in view of the character of the times and the needs of Korea as we see them, it seemed wise to our committee to draw up the enclosed list of suggestions, as something that we could cordially, even enthusiastically endorse. Of course you will understand that we do not seek to force these on anybody, and would not; but if they should be found agreeable, particularly if they are the ideals already in operation in the present college, I think I can say that it would be found that our Mission would cordially enter such a union college.

Much of the difficulty of the unions that we have had in the past and that have not lasted has arisen because there was no definite agreement at the basis.

Of course some of the suggestions in the list are more important in our minds than others; for instance, there probably would not be any difficulty about locating in Seoul, or near Seoul, if the other proposals were satisfactory.

In closing, I would like to state again that we do not desire even to appear to force our views on anybody. At the same time respect for views of life and need and revelation which are the result of experience, thought and prayer makes it necessary that they should be stated.

The establishment of a Christian Church with its attendant institutions in a way that will enable it to endure and grow in power is a momentous, often difficult and often delicate matter. It is in this realization and in this spirit that I have written to you.

The Presbyterian Mission convenes June 25th. I do not know how definite a reply you could give before that time, but if it be possible we would like to have some indication as to what the Possibilities are by that time.

Sincerely yours,

J. Gordon Holdcroft

P.S. I might add that the Southern Presbyterian Mission through a Committee, is considering, or will consider, these or like suggestions, looking forward to the possibility of union with the Northern Presbyterian or other Missions.

J.G.H.

July 1, 1926

Seoul, Korea

My dear Dr. Holdcroft,

Your letter regarding the proposed union Woman's Christian College of Korea, received some days ago, has been referred to the Promoting Committee, an unofficial and informal group interested in the project and doing what it can to interest others. This committee consists of eight Christian workers from the two Methodist Bodies, Miss Helen Kim, Dr. Becker, Mr. Hugh Cynn and I representing the Methodist Episcopal Church, and Miss Nichols, Mr. Gamble, Mrs. D.W. Lim and the Rev. C.S. Ryang the Methodist Episcopal Church, South, the Bishops of both churches being members ex-officio. I am writing this letter with the knowledge and consent of this committee, who considered your letter at a meeting held last evening.

Perhaps it is not generally understood what the plans for the new college are, and how it will stand in relation to Ewha College, a recognised "semon gakko" already in operation. The plan is to develop the present Ewha College to the fullest possible extent at the present site, and at the same time to gain the consent of the various church and mission bodies which shall co-operate to a definite plan of organization and development of the new college. As you know, the site held for this college, a beautiful tract of nearly 45 acres near the Chosen Christian College, was expressly given for & Union Women's Christian college. At present the two Methodist bodies are working unofficially toward this end, having secured the services of an American architect, who has planned a tentative lay-out. Ewha College expects to merge into this college when the latter is ready to open; meanwhile Ewha is the nucleus from which the union college will grow, although that will be an entirely new and separate organization. From the beginning those interested have earnestly desired that this college should belong to all Christian bodies in Korea, and not merely be known as a mission institution, and it is hoped that the Koreans will have share in the plant, perhaps erecting the first building, as well as carrying a large part of the responsibility in administration and teaching. They have shown great interest in this project since the beginning, and will doubltess approach the Korean constituency when the plans are ready for publicity.

Ewha College is registered under the zaidan Hojin of the Woman's Foreign Missionary Society of the Methodist Episcopal Church, an organization the purpose of which is the propagation of the Christian gospel through evangelistic, medical and educational work. No further basis for the college hae been formulated, but we enjoy perfect religious freedom. In discussing possible plans for & Union Women's Christian College, the following suggestions have been made which have been approved by the Promoting Committee as the basis of a plan of union :

(1) That the school, instead of being established as a mission school, should be known from the beginning as a Christian school promoted jointly by Korean Christians and missionaries working with them, and that the promoting committees and the controlling board should be composed equally or approximately equally of Koreans and foreigners.

(2) That an unchangeable article should be inserted in the constitution committing the college to the generally accepted

teaching of evangelical Christianity.

(3) That the board of trustees when organized, should be composed entirely of evangelical Christians.

(4) That the property interests should be protected by the insertion in the constitution of a provision that real property and permanent funds belonging to the corporation should not be mortgaged or sold or otherwise alienated without the consent of large majority of the trustese, for example, three-fourthe or five-sixths.

(5) That the representation on the board of trustees should be roughly proportioned to the financial contributions of the participating churches and missions.

(6) That co-operation should be sought with a representative committee or board in America, e.g., the Co-operating Committee of the woman's Union Christian College in Foreign Fields, or the Co-operating Committee for Christian Education in Chosen.

It would seem to us that these or similar provisions will give adequate protection both to the property interests and to the Christian character of the proposed college, so far as that can be done by contracts or regulations.

We do not think such detailed statements of doctrine or of practice as are suggested in your paper either necessary or wise. We shouldas are suggested in your paper either necessary or wise. We should not wish to see the college committed to any one type of Christian teaching, but rather that it should be broadly Christian, welcoming all that history, philosophy, science or art have to contribute to sound learning, and giving full liberty of research and teaching, subject only to the limitations of common sense and of the teaching of our Lord as commonly interpreted by Protestant Evangelical Christianity.

 Sincerely yours,

Alice R. Appenzeller

Secretary of the

Promoting Committee

August 5, 1926

Executive Committee of the Korea Mission
of the Presbyterian Church in the U. S. A.
Office of Chairman

Dear Miss Appenzeller,

At the recent annual meeting of the Korea Mission of the Northern Presbyterian Church after considerable discussion it was decided that the Mission had better undertake to found a separate college for women rather than to enter the proposed union college, and a motion to that effect was passed.

Our committee recognised that from many points of view it would be better and certainly very much easier to found a union college, but it felt that we were rather far in regard to the basic ideals of such a college and that therefore we had probably better not make an attempt to enter the union. The Mission, I think, shared this feeling.

I realize that this may be a disappointment to you and to some of your associates, as it is also to some of ours, but it may be that eventually there will be room in Korea for two colleges for women, ecpecially if the desire for higher education continues unabated, as there every indication that it will. The Southern Presbyterian Mission passed a motion similar in intent to ours.

We appreciate the courtesy of the Promotion Committee for the Union College, and the troubles which it took to reply so carefully and so fully to my letter.

Very sincerely yours,

J. G. Holdoroft

March 19, 1928

Ewha College

Seoul, Korea

At Grace's House

Dear Peddies,

After a long Peddie famine our precious Frances' visit to Seoul has given us a taste again of Peddie fellowship, and one of the main things we've resolved to do is to start a new letter. I, for one, have missed it so much that I feel I've been robbed of one of my most precious possessions. We've drawn up some new rules which we hope will be effective and prevent such a slump ever again. Frances came just at my busiest season, when I had three commencement exercises and endless other school things all in one week, so I despaired of even having an evening with her. But I came over to Grace's on Sunday noon and have stayed overnight, and am deliberately taking this Monday morning off to write to you. We're sitting here at one table in Grace's study, and have to stop to talk things over frequently.

We formulated three rules the first thing, and have agreed that they give a fair chance to everyone who really wants to belong.

What a joy Frances and Fred and the lovely children are to Grace and me, starved for Wellesley friends! Frances is quite thin, but considering all she's been thru looks remarkably well, and as pretty and magnetic as ever! She still says "the thing is"—and has all the dear little ways we love besides a deeper sweetness and understanding than ever before. I covet for each one of you the privilege of seeing her on this furlo. Grace will tell you about [manly] little [Jim] and the two very well trained little girls, and Fred so scholarly and fine. He and Will Kerr are a good deal alike, we think.

As we've talked together and put together what bits of news we had from all of you, our hearts are united in special love and sympathetic prayer for Martha and little Nancy. We long for word from her and trust that it will be much better news that we shall have. Then Dorothy in France, and Brown back in China, Jakkie still as dear as ever, tho in unknown circumstances, and Mother Ruth the same—we long to know more of each one of you, your families, your work and your life. Surely this letter will bring a prompt answer!

With my face turned toward furlo next Jan. when Alice Holmes and I are going home together by way of Europe and the feeling that each part of the school work is being done for the last time, I have a sense of excitement with each event. A general letter that some of you may not have seen will give you the main events of my rather uneventful life. I hope I'll be seeing some of you in 1929 at Wellesley. I'm trying to persuade Frances to stay over and be there for our Twentieth! Isn't it ridiculous to think of our having attained to that great age! If you'd see my (illegible) gray head you'd know I belonged there, but the rest of you with slim and youthful figures and raven locks will (illegible) the charge.

Last night we had Wellesley [music], with "Rolling Down to Peddie", of course, then a very inspiring prayer time together, and all slept out on Grace's capacious sleeping porch. Yesterday afternoon we had a walk up on the rocky, pine-covered hill behind the house, and this morning there was a real Peddie breakfast, enhanced by the Presence of one husband (Will being unfortunately away) and five children.

Get together yourselves "as possibly as you can," as the Korean girls say, but whatever you do, stick something into Peddie and send him along!

With the same old love to each of you, only more of it.

    Faithfully ever,

Alice R. Appenzeller

July 5, 1929

18 Oxford Avenue

Dayton, Ohio

                                                  c/o Maj. Crom

My dear Miss Appenzeller:

We are forwarding by express today,

as per your request through the W.F.M.S. office, your large trunk, to the same address as this letter is mailed. I hope it will reach you in good time.

    Very sincerely yours,

                                                  F. I. Johnson

                                                Business Manager

FIJ

H

February 19, 1930
THE BOARD OF FOREIGN MISSIONS OF THE
PRESBYTERIAN CHURCH IN THE U.S.A.
150 Fifth Avenue, New York

My dear Miss Appenzeller ;-

It was a pleasure to receive your note of February 10th with the enclosed attractive leaflet with regard to the Woman's Christian College. I trust that you may meet with success in your campaign. You know of my hearty interest in the College. I have hoped for years that our Mission would join and have been glad to see the steady growth of the minority in favor of our participation. Some day I hope it will come.

Of course this is only a personal note, as we cannot share in the campaign in any way until our Mission is of a mind favorable to cooperation. We went through all those issues, as you know, in connection with the Missions' colleges some years ago, and the final ruling of our General Assembly was that it should be "the policy of the Board not to engage in any new union work within the territory of any mission if such work is against the judgment of the mission unless directed to do so by the General Assembly". But I hope that the wise and Christian development of the College, and patience and good will, may prevail in time and bring about a happy union with all Missions in Korea in the work of the College.

With kind regard,
  Very sincerely yours,
            ROBERT E. SPEER

RES :C

February 27, 1930

My dear Miss Appenzeller :

Attached hereto find bill of lading and a copy of our invoice, which it would be well for you to forward to the Hwa Man College.

I have already forwarded documents to Mr. Wong, of Chemulpo.

The freight, and clearance charges, amount to $58.63.

Very truly yours,

F. I. Johnson
Business Manager

PTJ
MBH

March 28, 1930
OFFICE OF THE EXECUTIVE SECRETARY
150 FIFTH AVENUENEW YORK

Dear Dr. Jaisohn,

I want to share at once with you who are interested in the campaign for the Woman's Christian College, the good news that the gift of a building, —$50,000. from Mrs. Henry Pfeiffer of New York City, has been secured. She is a Methodist who in 1920 subscribed $1000. for the purchase of our new site, to be paid as soon as the project was put on the approved list of the Women's Foreign Missionary Society. And now she has made good her promise fifty fold!

This generous gift which came so easily when the need was made known, strengthens my belief that the rest of the money will come soon. Please remember me as I go from here to Pittsburgh, Ohio and Chicago. I hope that the money will come in so fast that I may be allowed to go back to Korea next summer!

  Faithfully yours,

            Alice R. Appenzeller

April 1, 1930

St. Joseph's Hospital

Reading, Pa.

Dear Miss Appenzeller :-

I have yours of March 28th, informing me that you have secured $50,000 donation from Mrs. Henry Pfeiffer for the Woman's College Building Fund. I rejoice with you for obtaining such a handsome gift. I hope you will get several more such opportunities while in the West.

I notice that among other accomplishments, you have an exceptional talent for raising money for good causes. If your talent should be known, you would have a lot of offers from various organizations to raise funds at a much higher remuneration than that which you are receiving at the present time. However, money is not everything. The satisfaction you will have in accomplishing what you are doing for the women of Korea will be greater than any other remuneration that you may get in this country.

Wishing you continuous good luck, I remain

    Very truly yours,

                                        Philip Jaisohn, M.D.

PJ :HIH

May 4

Dear Mr. Tuck,

You need not return the enclosed, as I have other [copies]. I think Dr. Cartwright might like to keep this correspondence, which shows the position of the large body of Presbyterian missionaries. The minority group of more liberally minded is in Seoul and they cooperate in the union enterprises very heartily.

    Sincerely yours,

Alice R. Appenzeller

May 9, 1930

Dear Dr. Ehnes,

I am glad to be among those to give a day's pay for World Service. Too bad it isn't more!

   Sincerely yours,

          Alice R. Appenzeller

May 15, 1930

My dear Miss Appenzeller:

I have your very cordial letter of the ninth instant enolosing $1.50, a day's pay toward World Service.

I understand a receipt has already been transmitted to you.

We are very grateful to you for your cooperation.

    Very sincerely yours,

                      Morris W. Ehnes

                      Treasurer

MWR:DWH

June 24, 1930

Dear Dr. Johnson,

The enclosed is what they've sent me. If it isn't right, please telephone them. I shall not be down to the office for a few days, so will appreciate your mailing this on.

 Sincerely yours,

Alice R. Appenzeller

July 27, 1930
417 W. 114th St.
Cath. 7760

My dear Dr. Johnson,

The enclosed letter will explain itself and show you that we are doing a rushing piano business, and will appreciate your help again. I hope this piano will get off in the next Dollar boat.

The Royal typewriter I bought for Miss Vanfleet has been a disappointment so far, and I want to change it for another machine. I hadn't written more than a few lines when the carriage refused to stay in place, and I couldn't do anything with it. Since I need the machine very much now I took it to the nearest place, Henry Typewriter Co., 217 W. 125th. And paid $1.25.

They brought it back the same day, but I hadn't written ten lines before it did the same thing. I telephoned and they said, since they were agents for the Royal, they'd repair it again. Now I've written just a little over a page and it's as bad as ever! I am not willing to trust this particular machine any longer, so please have them bring me a new one and take this back. I will make arrangements with the elevator boy here to give this typewriter to the man in exchange for another one. Will you please do this soon, as I am greatly inconvenienced? I shall be here tomorrow after 2 P.M. if you wish to telephone.

Regretting to cause you this trouble,

    Sincerely yours,

                              Alice R. Appenzeller

September 2, 1930

150 Fifth Ave.

New York

My dear Mr. De Vesty,

I cannot find a record of payment for freight on two pianos shipped to Korea from the [Aeolian Co.] in June. I have paid the enclosed bill for $61.95, but these two pianos were sent earlier.

I also wish to inquire about two packages sent by Miss. I. C. Lodge, 1720 Arch St., Philadelphia, for Ewha Haktang, Seoul. She says she sent them by railway express in July and has had no bill. Will you kindly reply to her concerning this, and to me about the piano?

  Yours truly,

              Alice R. Appenzeller

September 12, 1930

Berlin, N.Y.

Dear Miss Appenzeller:

Your letter of September 2nd, addressed to Mr. DeVesty has come to me for a check-up.

The statement of the freight on the two pianos had not yet come through to the Accounting Department when your letter arrived. It is with them now and your bill for it will reach you soon.

The two packages from Miss I. C. Lodge arrived and were sent in the shipment on the 14th of August. The bill for this will come through later when the truckman makes his report to us.

Trusting this will be satisfactory to you, I am

    Very sincerely yours,

                        F. I. Johnson
                        Business Manager

FIJ/E

March 25, 1932

My dear Miss Appenzeller,

There has just been passed to my desk for reading the minutes of the Fourth meeting of the Central Council in Korea and I have been greatly interested in them and have profited by a study of them. There is one major item in these minutes that gives me a good deal of concern and I am writing to Bishop Kern regarding it. The organization of the missionaries of the Methodist Episcopal Church, South, into an association for the transaction of such business as may be delegated to them is, with the knowledge that the minute conveys, an exceedingly unfortunate move. This only means that there is to be perpetuated, right under the eyes of the new Church, denominational divisions. I realize that each missionary group is confronted with much business on its own account yet, it seems to me, I would have been far better if all the missionaries, both from our Church and the Church, South could be associated together, if such a group is needed, and then within that group have arranged informal conferences when the two denominational groups could be separated for the study of such problems that might arise due to their relationships to their various Boards. In other words, I am extremely anxious to have the mother churches present to the Korean Church as unified a front as possible.

It may be that I am seeing something here that doesn't exist at all but I have observed for a good many years how this sort of a thing has worked out in Japan and it has been a detriment to the Japan Methodist Church. We are trying to avoid this in Mexico by having all the business of both the missionary societies and the Mexican Church worked out in joint conference. It takes a long time anyhow to unite in fact, groups that have grown up in separate organizations.

I do not know Mrs. Velma H. Maynor, the Secretary of the Council but I notice there are references in the minutes to the M.E. Men's Board. There is no such organization as the M.E. Men's Board. If the regular designation the "Board of Foreign Missions" cannot be used, why not say the Methodist Episcopal General Board which correctly describes the Constitution of our Board and its relation to the Church?

I am only writing this to you because I know that you would use your judgment in bringing these matters to the attention of the Council. I expect to talk with Dr. Ryang regarding the Church, South proposal and, as I have indicated, I will write Bishop Kern about it.

With kindest regards and best wishes,

    Sincerely yours,

                                  R. E. Diffendorfer
                                  Corresponding Secretary

BG

May 9, 1938
Ewha College
Seoul, Korea

Dear Home Friends:

Here I am at last after what seemed like a very long journey. Each time I cross the Pacific I realize anew its vastness and the great separation that it brings between east and west. Now I find myself in a different world, almost another planet, Mars perhaps, where there is no oxygen and ordinary human life is difficult. It is almost unbelievable how quickly changes have come. The government is well satisfied with its nationalization program affecting every part of life here. Though I have been accustomed to things here for many years all the elements found in other countries governed in the same way are having strong influence now.

Our campus nevertheless is lovelier than ever. The eternal hills look down upon us unchanged, azaleas, weigelias, spireas, lilacs and other lovely things are blooming unafraid. The way the girls smile at me and the cordial greetings of my fellow workers here at Ewha and elsewhere assure me that I am back at home again. I am "eating my way" back into the community, for almost every evening I am invited to be with some group of friends. One of the loveliest welcomes I have received was a concert by the music faculty. Our distinguished violin teacher, Dr. Keh, Dr. Phil. from Zurich, Switzerland, son of a Korean Presbyterian pastor, got it up and played two beautiful sonatas of Brahms and Mozart. He and I often talk German together and he knows I like German music. Miss Phughyong Rhyu was the other soloist, the beautiful young woman who was educated in Canada by United Church friends. Then there was a very lovely women's chorus and an original song sung by the students. We have almost 400 girls now; everything is running in beautiful order so that the government inspectors who visited us two days this week, examining every detail, gave us rather unusual praise.

But I want to tell you more about my arrival. The voyage on the President Coolidge was one of the pleasantest that I have ever had. With a cabin to myself, a favor that came because the passenger list was so small, good weather and pleasant company the trip which I had rather dreaded proved enjoyable. I sat in the writing room rather more than I really wanted to, but even so many of you kind friends have not received answers to your letters, all of which were most welcome. In Yokohama two Ewha met me, one who is studying music there and the other, Esoon Choi, whom I met last year in Oregon. Both have been on our faculty before and now are working on Japanese language. I went to Aoyama, Tokyo and saw our W.F.M.S. folks there, Miss Sprowles 6-7 and Miss Juliet Knox of Pittsburgh who sailed the next day for U.S. I disembarked at Kobe where kind friends helped me through the customs. K. Fanning, a Wellesley friend met me there and we had a delightful Sunday together.

Then came the day's ride along the beautiful Inland Sea of Japan, one night on the ferry and then my dear friend, Mrs. Hobbs, and her husband were on the pier at Fusan. I can hardly get over the wonder that she is back in her home here and well again, when she so nearly left us last year. In this good company it seemed a short time till 1:35 When we came to Seoul and I fell into the arms of a whole stationful of friends. You know it is the custom in the Orient to go to the station when friends arrive or depart and it is surely a delightful one for the traveller. Outside the station all the Ewha students were lined up but they did not sing the school song as they did when I went away. It has been translated and is sung only in the national language now. But their welcoming smiles made me feel again how much I must live up to.

Our new house is still only a hole in good rock, but we hope to move in the fall. It will be a comfortable home for six of the American faculty. It seems natural to be back in building work, which I enjoy. My present room is next to my former one, a music practice room in our "pent-house". Our view of mountains, green valleys and shining river is incomparable.

The work of Ewha College seems to me more important now than ever. With the Christian schools reduced in number there have come new problems and greater responsibilities. The girls are very alert and eager for the best that we can give them; Dr. Helen Kim has made the necessary adjustments with courage and grace. I find a new unity and devotion in the faculty, for great issues make us forget lesser things that often spoil the spirit of a working group. Just what my contribution to the situation will be I cannot see now. But the Psalms mean more to me than ever, and even in these few days there has come a new sense of the Everlasting Love which must draw all men. Do not fail to pray for us now, for spiritual strength is our need and confidence.

    Faithfully yours,

Alice R. Appenzeller

June 17, 1938

Miss Alice Appenzeller
Ewha College
Seoul, Korea

My dear Friend:

Many thanks for the report of Ewha College sent under date of May 9th, and for the copy of the Ewha College Number of the Korea Mission Field. Both have been read with enjoyment and appreciation. The printed document is being placed in our Library where it can be available for the study of a good many people.

My own visit at Ewha was marked with so many pleasant experiences that it is always a pleasant task to speak in Woman's Meetings where I can add a few words about Ewha.

Blessings upon you and your colleagues as you carry forward in these difficult days. Naturally we are getting all the information we can from visitors from your land, from returned missionaries and from others. We want to understand the situation as clearly as possible and we are trying to gain every angle represented.

At yesterday's meeting of our Executive Committee the return of Henry and family was approved, so that they can now go forward with their defini te plans for sailing. This will undoubtedly be a joy to you, as well as to his fellow workers over at Pai Chai.

Sincerely,

Frank T. Cartwright
Associate Secretary

K

March 14, 1939

Ewha College
Seoul, Korea

Mrs. Thomas Nicholson
812 Summit Avenue
Mount Vernon, Iowa, U. S. A.

Dear Mrs. Nicholson:

A group of us at Ewha College have been talking over your letter of February 9th and will summarize our discussion. We know little about the problems, though we are following with deep interest all the information that we can get. May divine wisdom guide you all.

The enclosed memorial is already in your hands. We take the last line as our text, for what we desire most is "a unified program of work on the field." No, more than the unified program, a greater program, a greater zeal, deeper love, a more faithful lifting up of Christ in these days! To that end we pray that the best of all our past in organization, method, etc., may be sifted out and kept; most of all, that the new organization may be freed from prejudices and prepared to meet the new situations. We do not so much care whether there is one Board or three as that the work should be advanced and carried on as a unit in Korea with men and women on an equal basis at home and abroad in organization and in work. Neither men nor women must dominate, but putting their different gifts together work for the great cause.

I. Unified program of work on the Field.
A. Finances

1. Estimates made by a properly constituted committee on the Field, composed of equal representation of men and women, and sent to the Board.
2. Appropriations made by the Board, as now in women's work, both Southern and W.F.M.S. The Presbyterian way of making their own division on the field adds too much friction to the burdens already carried by the workers.
3. Special gifts
    a) Psychologically, special gifts are important and should not be discouraged too much. A sensible use of the natural desire to give to something that attracts them should lead givers on into a broader interest in the work.
    b) Scrupulous care should be taken that money given is honestly expended for the purpose intended. Too often mission administration has been careless about this and donors have been disillusioned and lost to the cause.
    c) Workers with special ability in promotion and money-raising should be encouraged to extend their It is a mistake activities to benefit the whole work. Let him do all to fear that anybody will do too much. The good he can for all the people he can, etc., as John Wesley exhorts.

B. Missionaries. The unified program should include equalization in all matters regarding missionaries: In financial matters
    1. Salaries should be on the same basis; so much basic salary for each individual, or family with additional for children.
    2. Furlough salaries. The W.F.M.S. system of cutting home salaries below actual living expenses, when there is more need for money

on furlough than at any time is a mistake.
3. Furlough study allowances.
4. Rates of exchange have varied so that some workers have lived in comfort while others were much straightened. All should be paid on the same basis.
5. Medical allowances, including dental and optical bills. Whatever proportion of medical care is agreed upon should cover these items also, which are as important to health as any.
6. Travel allowances according to need. Even between Branches there is a difference in travel allowance now.
7. Pensions, retirement, sick leave, and other items should be on the same basis for every one.

II. Relation between Board and Field

We believe in a very close relationship with secretaries who are not too busy with world conferences and trips to know their fields thoroughly, as the W.F.M.S. secretaries have done; and who are ready to spend time for the field and with furloughing missionaries.

A. Safeguard here the equal basis of men and women, as Board members, secretaries, etc.
B. Avoid centering too much power in any individual or extremely small group, as some of the Southern Methodist Missionaries feel has been done in the Southern Church.
C. Make the most use of volunteer workers, both men and women, enlisting "Dollar men" and keeping the overhead expenses For the most part women can give more time, but more men can be found and enlisted than at present.

D. Avoid too much localization of responsibility for certain fields and sections. We feel the W.F.M.S. arrangement in this respect has been better than that of the Board of Foreign Missions. The plan of secretaries for countries meeting in committee, like the Foreign Department, has many advantages.

III. Promotion in the home church.

A. Missionary education and enlistment for missionary service should be for the whole church, with programs of work to appeal to and challenge all ages, both men and women. Let us no longer talk of "the women's missionary work" and "the church missionary work," but of the whole missionary task of the Church.

B. Local conditions should be considered in organizing local units whether for men, women (or both), young people, coeducational groups, business women, and men, children, etc. Flexibility as to local organization will make for interest and bring in new ideas, which may be shared through publications, as the W.F.M.S. has done.

C. Safeguard here the tendency for men to think that missionary work is for women, and that when they do take part it is for the purpose of directing the expenditure of money the women have collected. Again and always we insist that we believe in one Christ, one world, one spirit in which we work together as one family in Him.

Faithfully yours,

Alice R. Appenzeller
Catherine Baker
Marion Conrow
Jeannette C. Hulbert

April 28, 1939
EWHA COLLEGE
Keijo, Chosen

Dear Friends :

The following announcements in Japanese were printed on a double card and sent out to all concerned on April 22, 1939.

"At this spring season I send you greetings and good wishes for your health and happiness. This is to announce that I have recently given over the presidency of Ewha College and Ewha Kindergarten Training School to Dr. Helen K. Kim, who has ably served the schools for many years past, and that I have been elected Honorary President. I wish to thank you for all the kindness that you extended to me while I was president, and to bespeak for the new president the same helpful courtesy. Being unable to visit you in person, this written message conveys my respects. Alice R. Appenzeller"

"At this spring season I send you greetings and good wishes for your health and happiness. In spite of my unworthiness for it, I have been given the presidency of Ewha College and Ewha Kindergarten Training School, following my much honored predecessor, Dr. Alice R. Appenzeller. I fear that the position is beyond my ability, but I shall endeavor with your good help to carry my duties without too serious error. I earnestly hope that you will continue to give me your kind guidance. I regret that this written letter must take the place of a personal visit. Helen K. Kim"

This is the conventional form, I am told. It is not customary to have a ceremony of installation into office, such as we have in the West, but formal calls are made and the change announced. Dr. Kim and I have made the rounds and are now attending various dinners given in our honor. It is a disappointment to me not to be able to give adequate recognition to such an important and happy event as the accession of the first Korean woman to the presidency of the first college for girls in this land. But as no public celebrations are held nowadays, this too has been given up.

The culmination of our hopes of many years is the great matter after all, and for that we thank God and take courage. The problems connected with the change have taken most of my time and energy since fall. I felt I must carry full responsibility until I had been assured that our chosen successor would be accepted by all concerned, and that she would be allowed to maintain the Christian character of the school. On March 17th I received word that all seemed clear, so I presented my resignation to the Board of Managers. They graciously urged me to remain as Honorary President and have, in the beautiful resolutions which they passed and in countless other ways, made me feel that there is still a place for me at Ewha.

Fortunate is the College and fortunate am I in having Helen Kim as my successor. To quote from my resignation :

"Dr. Kim has proved herself a keen scholar, an inspiring teacher, an able administrator, a trusted leader, an understanding friend, a great Christian. I believe that she will bring to this task not only her best powers, but also such an obedience to God's will as to assure a worthy future for our beloved College. tendering my resignation herewith, I thank you and all others who I bespeak for my have made service at Ewha a privilege for me. successor the same unfailing loyalty, and I pray

God's blessing on her and on Ewha, pledging my lifelong devotion and love."

I had thought that it might be better to leave the campus and give Dr. Kim a clear field, but of course I am pleased to know that she wants me to stay and carry on much the same work as before. She would not even allow me to change to another office. We have worked together so long that neither wants to work without the other. The College has taken a great forward step, placing faith in her brilliant and beloved daughter and in the good hand of our God upon us.

Hoping soon to write you in person,

    Faithfully yours,

                                   Alice R. Appenzeller

May 3, 1939
Ewha College
Keijo, Chosen

Dear Dr. Shaw:

The enclosed will be of interest to your readers, I believe, and may be used in any way you wish. I am sending the same material to other church papers, to the women's missionary magazines, to some alumnae magazines, and to personal friends.

    Sincerely yours,

                          Alice R. Appenzeller

ARA :C

June 13, 1939

Dear Miss Appenzeller:

I have received your letter of April 28th announcing your resignation as President of the Ewha College and the election of Miss Helen Kim in your stead. I can not allow the occasion to pass without sending a brief note of sincere good wishes to you as you take up the new relationship. It is, of course, the end toward which we missionaries all strive, the developing of leadership, adequate to carry on the task when we feel called to lay it down. You have accomplished this end admirably in the finding of Miss Kim who has had such excellent experience working there with you and who now has shown her generalship by inviting you to remain on the faculty.

May God grant you the wisdom, the patience and the unfailing love to carry on in this new situation, no matter what the difficulties with which you may be surrounded. Difficulties partly subjective I suppose, but more likely to be difficulties caused by outside forces. We think of you friends often and pray for you with faith.

Very sincerely yours,

Frank T. Cartwright
Associate Secretary

August 1, 1939

My dear Miss Appenzeller:

It was with a real feeling of regret that I received your letter with the information that you had resigned as President of Ewha College—a position which you had filled with such distinction. At the same time it was a great joy to know that your place was to be filled by one whose leadership has long been recognized not only in Korea but throughout the world.

I shall never forget the night in which Dr. Kim pled for more adequate episcopal leadership in Korea. Having done everything possible in the Committee meeting to secure the establishment of an episcopal residence in Korea and having failed, I was overjoyed that the eloquent plea of Dr. Kim met with success.

In the few weeks that I spent in Korea, during which time I was a guest in the home of Dr. and Mrs. Noble, the friends whom I met and the work there found a place in my heart which remains today. I visited the campus of the new Ewha before any buildings were there and only wish that I might see them as they are today.

With high appreciation for the unusual service which you have rendered, I am

    Cordially yours,

W. E. Shaw
Corresponding Secretary

October 1, 1939

TO MY EWHA FAMILY

Alice R. Appenzeller
Honorary President

It is three years since I wrote to my college family about "Living in our New Ewha." Now our beautiful home here seems no longer new, but a dear, familiar place. The lawns and shrubbery look green and well kept, and each building, as one enters it has the atmosphere of its own distinctive work. The appeal I made in 1936, that what we had should be cared for and used, has been well heeded. Not only can we rejoice that Ewha College has the best school buildings in Korea, but we are even more glad to see that they are well kept up. The beauty of our surroundings has called to Ewha, and she has responded with an appreciation of the cleanliness, beauty and order of nature all about us.

One building has been added to the campus in this time. It is the foreign teachers' residence, a pretty stone house near the English House and much like it in finish, though different in arrangement. Four of us moved into the house about a year ago: it will accommodate six or seven workers. The money for this house was given in 1937 by the Southern Methodist Woman's Council, by Mrs. P. H. Gray and Mrs. Henry Pfeiffer, our loyal, generous patrons. We call our house "Longview", and appreciate living for the first time in a place detached from the students' music practice. We want our friends to come to see us whenever they can.

Ewha's missionary personnel has been depleted in the loss of four members, Miss Dameron, Mrs. Maynor, Miss Stover, and Miss Troxel. The former have taken up work in America, and Miss Troxel is to be married in November to Dr. E. D. Soper, professor of missions in Northwestern University. We miss them all, but wish them every blessing in their new life. It is a comfort, however, to report a new missionary at Ewha, the first in ten years, Miss Mary Vic Mauk. She spent five years in Songdo, but for family reasons was absent in America for thirteen years. she has had valuable experience, and left the position of head of the department in Alabama Teachers College to come to us. She has already made a place for herself at Ewha. Miss Young is returning from furlough this fall. After building up our magnificent Music Department she was happy to find in Mrs. Mary Kimm Joh an able successor in the administrative position. Miss Young will find much to do in her beloved department when she comes back.

In November 1936 I went on furlough and enjoyed pleasant and profitable months there, thanking people for what they had done for us and trying to make new friends for the College. I shall never forget the morning I spent with Mrs. Gray, who in 1923 gave us this beautiful campus, and later added two more gifts to it, a total of $60,000.00. She and Mr. Pfeiffer were both taken from their earthly labors last March, and we have lost two pioneers whose vision made possible this new college. Ewha people will hold the names of Gray and Pfeiffer always high in their hearts.

While I was away sad and unexpected events were taking place in the Orient. Dr. Helen Kim as Acting President carried the College through various vicissitudes with wisdom and strength. She has for many years been the one recognized by all as preeminently fitted to become President of the College, and this seemed the time to make the change. We were fortunate in securing the necessary permissions without delay, and on April 4th the formal papers were received. Ewha is fortunate to have as President one of her own daughters, a distinguished and beloved leader, known not only here but around the world, a scholar and a Christian whom we are proud to call our friend.

It was indeed gratifying to me that Dr. Kim and the Board of Managers wished me to remain in the College as Honorary President. Personal relations are most happy and my time seems to be occupied much as before. President Kim would not even allow me to leave my beautiful office in Pfeiffer Hall, so my alumnae friends will find me just where I was before. I find my role of grandmother in the home gives me little leisure but many privileges, and I hope that my service now may mean more to Ewha than anything I have been able to do in the past.

Our campus may roughly be thought of as a pear, with its tapering part and stem touching the world. Here is the railroad, busy with trains that bring good and evil tidings. We can see factories and towns and the shining river leading to the great ocean, that reaches every land. But the larger part of our pear reaches into the hills, the eternal beauty, health and life that comes from God. So our Ewha is a place of blessing from God and of contact with the world of need.

*Note. Miss Baker has embodied the idea of this paragraph in a beautiful poem, which is given below.

Ewha ("Pear Blossom") Campus

Like a pear
The campus lies,
The narrowed end bordering the rails
On which trains speed
With lives and cargo
And tidings from far places.

Eastward
Stretch the hills,
(The generous part of the pear),
Giving health and restoration
And long views—
The industrious river,
Villages and towns
Which taste the pear's rich fruit—

For here is ever-flowering life, Youth and maturity,
Seeking a way,
A way to bring refreshing
To that distant-reaching
Neighborland.

And One,
The heart of the pear,
Sends his "Be of good cheer"

Through all the campus,
Through all the halls and rooms,
Through all the dreams and visions
of Ewha.

Catherine Baker

December 17, 1939

Honolulu

Dear Dr. Cartwright,

Henry wanted me to send this to you through the U.S. mails, so I'm sending it from here. The new administration in Korea is showing tendencies of being even more severe than we've had. The Methodist Schools are treated comparatively well.

I'm on my way home, loitering along visiting friends, driving east early next spring.

We're so thankful that the Appenzellers are granted furlo soon, for they need it badly. We'll all be in N.Y. sometime next Spring, I hope.

With best wishes to my friends there,

    Sincerely yours,

                    Alice R. Appenzeller

December 22, 1939

Seoul, Korea

        1939 Christmas at Ewha College

Dear Friends :

Was yours one of the ninety packages of used Christmas cards that the mailman carried over the hill to remind us that, the blessed season was near? I am sure you will be glad to know how much happines's the cards brought. There is not one left and we could have used more. You see, pretty greeting cards with colored pictures, especially those of the beloved Christmas story, are almost impossible to get here. So first we let the faculty and staff each take five cards. Then the students had their turn, and how eagerly they pounced upon them! I used some in teaching about Christmas customs in my English conversation class, to the girls' evident pleasure. Many were taken to distribute in Sunday schools where Ewha students teach. Then the rest were all given yesterday afternoon when the whole College and Kindergarten Training School, staff and students went about the joyful task of making Christmas for those less fortunate than themselves.

 They had given about ¥300.00, most of which was spent in rice for the very poor who do not even have houses to live in. Hundreds of families dig a hole in a sheltered hillside, spread straw on the floor and make a thatched roof over it and crawl in for the bitter winter. Rice, warm clothing, a few cakes and toys and your pretty cards made at least one bright spot in the lives of these patient poor. Almost 300 students and teachers visited dugouts in various parts of the city; fifty others went to two hospitals to sing to the patients.

This year my assignment was the Christmas party for the janitors and cooks on the campus and their families. These include a carpenter, a registered fireman and technician, two night watchmen, messenger boys, a telephone girl, the boy in the co-operative store, and some women who clean. Each has a family, and how they love to come to the assembly room in Pfeiffer Hall where the chairs are set in a friendly circle. Two Christmas trees with their mysterious packages caught many a bright eye. Mothers with babies on their backs, toddlers in gay colors who kept the center of the stage in spite of their parents' efforts to restrain them, and older children who had been to school and knew how to sit very still were there, with 70 of the faculty and students as hosts. The latter gave a much-appreciated program, ending with a one-act play which they had dramatized. It was about a poor little flower girl who is cruelly scorned by various people on the cold street, when St. Nicholas comes along and judges all the hard hearted ones and rewards the poor child. After that some of the children performed and then came Santa himself, our Korean bookkeeper, with a package for each guest. Cakes, fruit and barley tea completed this happy annual event.

When our committee met to plan for gifts we were appalled to realize how little we could get for 50 sen (about twelve cents) a person. The substantials that used to be included, warm gloves, socks, scarfs, etc. were out of the question. Toys were ruled out as being not worth what they cost now. So the pitiful list was three pencils and a few sheets of paper for each school child, a cake of locally made laundry soap for each adult, and a little towel for each baby. This was supplemented by some further gifts by teachers children's socks, a few little toys, some thread, a religious picture for each family, ten Bibles and hymn books from Miss Dameron—and several of your cards. Next year won't you please send us the cards and also cotton or woolen cloth patches, odd bits of yarn (not in whole balls, for nothing must be saleable) and small used toys? Mark each package "No commercial value" and send them any time during the year. These will add Christmas cheer to the Ewha girls, who enjoy distributing them and to the people who receive them.

Christmas in 1939? With so little peace and goodwill on earth that the angels' song seems to have been forgotten? In this "hijoji" (not usual time), when stern economy rules and gaiety and color are frowned upon, and there are no Christmas trees on sale? We happen to be clearing a place for a skating rink, the tops of some pine trees that had to be cut down furnished chapel, kindergarten, dormitory and residence with Christmas trees as usual. Each of the last four mornings at chapel we have looked at a living picture, prepared with exquisite taste by Miss Loucks. The Annunciation, with a radiant white angel and a slender Mary wrapped in a shimmering veil was first. Next day we saw the shepherds (the aforesaid messenger boys) bowed in reverent wonder before the angel; then came the wise men (three professors), and yesterday a picture of the Virgin in red and blue, with golden halo, bending over the manger, Joseph standing protectingly beside her and shepherds and wise men kneeling in adoration. With the accompaniment of fitting music arranged by Miss Young, each tableau was an experience that. stabbed one with beauty. The Sunday service in chapel which began the week was the glorious message in song—carols, anthems and even the Hallelujah Chorus. As we stood listening we felt ourselves a part of that countless host in heaven and on earth, that acknowledges our Lord and

His Christ as supreme forever. So it is that Christmas at Ewha College in 1939 means more to us than Christmas ever meant before.

Alice R. Appenzeller

February 25, 1941

My dear Miss Appenzeller,

I was disappointed that you were not in the little group in San Francisco on Tuesday, January 14, when I reported on our visit to Korea. Henry and his wife can tell you of the impressions I gave him.

I want to pass on this special word, however, that we had two good visits with Helen Kim. She came on one day to the Chosen Hotel where we visited in the lobby undisturbed and we saw her again at the Sauer home just before we left Seoul. She told me particularly to say to you that the candy was a rare treat and thanks you for it. They want, also, a photograph of you comparable to those now at Ewha of your predecessors. She said you would understand the kind of photograph they want.

Miss Kim says to inform all of her friends that she will not do any writing. She is asking the Cooperating Committee to send all gifts of money for the College before the end of March. "Speed them along" are her words. She then wants a try to be made after the Zaidan Hojin is approved.

I once more have been impressed with the ability and fine spirit of this able person.

With kindest regards,
    Sincerely yours

                          R.E. Diffendorfer
                          Executive Secretary

abg

March 4, 1941

2815 Prince St,

Berkeley, Calif.

Al Fresno, Cal.

Dear Folks,

I've borrowed this machine so as to get word out to you soon. I'll quote the most important things from Van's letter first, as I have two speeches to make today, and time is flying.

From Edna Vanf. Hobbs, Seoul, Feb. 2

Well everybody to keep on writing, even tho they get nothing in answer., until word comes not to write. Just ask no questions about conditions, or any thing that would lead to the thot that they are trying to find out anything. Just tell us about yourselves and those we're interested in So eager to know where everyone is and what doing. Moneta wrote very foolishly, "I understand you offer to get messages to Ewha, etc". Of course, that came thru the mail. She and those who have been away 6 or 8 mo. can't realize how to be careful. We are all concerned over an article which appeared in the Christian Century which is so evidently a report made to someone by your brother, that someone here made the remark, "He has closed the doors to himself here now." (Monets and Henry, please excuse my quoting you. I can't remember any such article in Xn Cent. Must have been in a Dec. issue, for them to have seen it here in Jan. A) Please be certain that never in any way is my little Sis (Helen) quoted, or her name printed anywhere in anything now.

Better not have any reference made to her school (Ewha College), for if it gets back here they'll use it for evidence that she is in touch and probably used by us. They are tightening up and getting more and more "nazi". So do warn folks to be careful what they print. Any name from here in print there will be checked on. Now folks there must realize this and beware. We (she and Helen) have decided not to see each other again, nor even telephone, unless absolutely necessary. Even wires are tapped now. We want folks to write, and that often; but make no references, ask no questions about affairs here. Just tell us what you are doing. Don't worry about us. We are all right and will be careful to keep so. What a world! Our little troubles, anxieties, fires, etc., seem small when viewed in light of world situation. Tom has gone thru all so wonderfully, and is a tower of strength. He trying hard to get his society on a sure footing so it can carry on in spite of odds, and I think he is succeeding. Our dearest love to you and all you see. We do miss you so but are so glad you are safely out of it. It must be wonderful to be able to breathe freely. May the Lord bless and keep you and be with us all, for in Him we are very near. VanTom.

She says earlier in the letter (which did not go thru the J mails, of course) that since Methodists are all leaving, she and Tom have decided to try to keep house in the Bible Society office, Chongno. No bathroom, crowded in K houses, not a bit of green or any space for fresh air, garden or vegetables I'm worried sick at such a decision. Guess they just want to keep house by themselves, but I'm sending a radio letter urging them not to try living down there. Van will surely pick up some awful germ.

Van's warning is so strong that I'm sure you'll all heed it and keep the dear public, which is interested and wants to know all the why'd to see that faith in God and each other must carry us thru now, rather than information. In the same mail with this when I arrived here last night was a letter from Miss Brittingham of Meth Woman, asking me to write an article and send good pictures of Ewha and Helen, or of Induk!!! I must answer her today, too.

Won't feel that this that Van writes in really contracting what Bishop Baker and Dr. Diffendorfer report—that they were cordially and openly received, held interviews freely and found everyone friendly. That is all true, of them as officials who had been invited to come and would surely report. The government wants that report to be as good as possible. This from Van is more recent and is what is happening to the common missionaries who are there and to Helen and other Christian leaders every day.

Love from Alice

March 5, 1941

2815 Prince St.,

Berkeley, Calif.

At Fresno

Dear Dr. Diffendorfer,

I appreciate your good letter with its encouraging messages. I hope you can get word at once to Mrs. McConnell about Dr. Helen Kim's request that money be sent. She knows what has been done, and I am out of touch now. It is urgent that whatever can possibly be sent should be cabled at once.

The enclosed is such bad typing that I hate to send it to you, but feel it is so important that you must have it. It was made for Mrs. Hobbs' intimate friends. The part about the new pressure that had come upon them and that there must be no publicity about Helen is most significant. I hope you will read it carefully and let Bishop Baker see it, too. I'm sure you wonder how things could be so different in a short time. But your visit was obviously staged with a view to making a good impression. This is inside information that we must all heed and do all in our power to secure the protection that not only Dr. Kim, but all other Christians in Korea need now.

I expect to get to N.Y. sometime in May and hope to see you then.

Sincerely yours,

Alice R. Appenzeller

March 20, 1941

2815 Prince St.,
Berkeley, Calif.

Dear Mr. Hasemeyer,

Yesterday I sent four trunks in your care to N.Y. One was checked on my ticket, and I enclose the check. The Union Transfer will deliver it collect.

The other three are sent by freight, as I had been here too long to get the trans-Pacific allowance on baggage. Kindly collect for all this from Mrs. Velma Maynor, and I will settle when I come. I am glad to know that you can store the trunks. The checked one I shall need to open when I come, but the others can be put away until I know where to send them next.

Thanking you for kindness in the past,

    Sincerely yours,

                            Alice R. Appenzeller

June 6, 1941

"Scarritt College"
Nashville, Tenn.

Dear Friends

Some of you have not heard from me since I left Korea and are wondering what has become of me. Others have written since I came, but have had no reply. Without trying to excuse myself I must say that a strange inhibition has come over me, a compound, I suppose, of grief at leaving my home and life work, of uncertainty as to how much to say or to leave unsaid, and of the indefiniteness of my future. Six weeks in Corona, California, has been my longest stop, and much travel and speaking wherever I have been visiting have kept the days full. It has been a joy and comfort to meet friends everywhere, and I have written many letters, too, but not enough. So I resort again to my old friend, the mimeograph!

Leaving Korea last November was terrible, and I still feel as though it were a bad dream; but subsequent events have convinced us Methodist that we did the right thing. All other missions except part of the Presbyterian group have come away "on furlough", but those who made the first break naturally got most of the criticism. Increasing tension and persecution are following those Koreans still associated with missionaries, and the majority of the latter realize that, as foreigners, they cannot now help their friends, caught in the Japanese military machine. The Christian Century of May 28th shows a change of attitude toward missionary withdrawal. I endorse the editorial, "Missions Belong to the Church" and hope it will help to arouse the Church to its challenge.

At Ewha College the withdrawal of the ten missionary teachers brought great burdens, but eased the tension so that the college has finished a successful year. Even the senior English play was permitted, as usual, though no "foreigner" was invited to see it. We know that the American-trained alumnae who put "You Can't Take It with You" on alone did it as a service of love for all that she had been given. The college opened in April with its largest enrollment, 450 girls in five departments. Korean and Japanese faculty are carrying all the work. We are glad to know that eight women teachers are occupying our beloved "Longview", and we hope the strawberries are as abundant this year as they were last. We hear that the campus and building are beautifully kept, an oasis in which the college motto, "Truth, Goodness, Beauty" is upheld by all, from the gallant little president to the humblest attendant. We are thankful that the college was built and equipped just when it was, and that the new president was installed before the crash came. We believe that Ewha will weather this blast and energy stronger and finer than ever.

We can not write nor hear from the college, but so far the appropriations of the Mission Boards have been sent and received. The Ewha College Co-operating Committee expects to continue helping as before; the treasurer, Mrs. J. W. Masland, 6701, N. Broad St., Philadelphia, Pa. will see that funds sent to her are used for Ewha College. We hope that Ewha's friends will not forget her need, greater now than it has ever been. If it should become impossible to send money to Korea, we shall keep it here until the way opens again for us all to help.

One of my chief pleasures in returning here is in meeting Korean friends, especially my Ewha daughters. Their appreciation of what Ewha means to them overflows in kindness to their old teachers, and wherever we meet becomes a bit of Ewha. I met larger groups in Chicago and New York and enjoyed their hospitality. Especially proud I was last week to attend the graduation of one of my Ewha girls from the Westminster Choir College at Princeton. She goes this month to Honolulu to give her ministry of music to her people there. Several others are doing graduate work in preparation for teaching at Ewha, but cannot return now. The war is reaching into all our lives and the end is not yet.

It was very profitable to me to stay on the Pacific coast during the winter. Excellent medical advice helped to put my arthritis under control, and if I follow the rules I think I can be well. One of them is to avoid cold, so I am looking for work in the south. Scarritt College, which I visited with so much pleasure in 1938, gives me my first opportunity. I am to be hostess during the summer session, June 10-August 17. After that my plans are still indefinite, but I hope to stay in some church school, until I can go home again to Korea, where my heart must always be. But I shall not go back until my presence there can be a help to my Korean friends. I believe in their ability, devotion and Christian faith and am not anxious, though I am trying to work for them in some way every day.

A friend has sent me this quotation from The London Times, a poem by A. A. Milne, Christopher Robin's father. He expresses what all of us would say, the ideals to which we are committed, no matter where our service lies:

Old London's time-encrusted walls

Are but the work of human hands;
What man has fashioned for us, falls;
What God has breathed into us, stands.

What if the splendor of the past
Is shattered into dust? We raise
A monument that shall outlast
Even the Abbey's span of days.

On broken homes we set our feet,
And raise proud heads that all may see
Immortal in each little street
THE SOUL IN ITS INTEGRITY.

With unchanging regard and confidence,
    Faithfully your friend,

                            Alice R. Appenzeller

August 13, 1941

Dear Dr. Shacklock,

Your splendid appeal in a recent advocate moves me to send you this check. I don't remember the commission to which it should be sent, but you will turn it over to the proper person, please. Many thanks and congratulations on your good work.

I'm so hungry for news. Not a line from the Orient for over a month. If there is any news bulletin from The Board, or anything from our friends in the Orient, I'd appreciate having it. If the Welches are there, please give them this general letter. I'll be seeing you all in September.

Sincerely yours,

Alice R. Appenzeller

May 8, 1942

257 Chestnut St.,

West Newton, Mass.

Dear Dr. Cartwright,

I am much interested in the possibility of the Bliss Wiants going to Nashville, and especially of their working at Scarritt College, and have written Dr. Cunningham and Dr. Stuntz about them. I dined with the Wiants while in New York and they liked what I told them of Scarritt.

They told me that while Mr. Wiant's way would be paid for an interview in Nashville, Mrs. Wiant's would not. Knowing the Scarritt situation and them, I believe it might make the difference between their getting the job or not if Mrs. Wiant were with her husband when they visited Scarritt. A family of four children sound rather formidable to take on, but Mrs. Wiant is so charming and so able musically, that I think she could get a consideration that he might be unable to get alone. It would also make a great difference to them in housekeeping arrangements if they could consult together on the spot. I believe the money will be well spent if the Board decides to send Mrs. Wiant along.

I expect to see Ruth Pyke tomorrow.

    Faithfully yours,

                                          Alice R. Appenzeller

July 28, 1942

Scarritt College For Christian Workers
NASHVILLE, TENNESSEE

Dear Bishop Welch,

As I like to have The Methodist Church get credit for whatever I can give, I am sending my check for $10.00 for China Relief to you instead of to Col. Stillwell, and I am writing him to that effect.

Dr. and Mrs. Clapp spent a few days with us and our chief delight was talking about you-all. I'm assigned to travel all year, so shall be seeing you before long. I can't stay away from the returning refugees, anyway. Henry urges me to go to Honolulu, in spite of conditions, so I hope I may after Christmas. Ida's husband is having interesting experiences in N. Africa.

With regards to the family and hoping you are having a good summer,

    Faithfully ever,

Alice R. Appenzeller

February 18, 1943

My dear Miss Appenzeller:

You have sent in for overseas relief work of our committee a very generous gift and, on behalf of the Committee, I want to thank you heartily and to assure you that this will do much in helping some of those in tragic need. Calls surround us and conditions in most parts of the world are desperate. However, responses are most heartening and they sustain our efforts to continue to do our bit in the huge world relief program. Blessings on you! I am sure your joy will be as great as that of those who receive the benefits of your loving concern for them. The appropriate voucher is enclosed.

   Heartily yours,

               Herbert Welch

January 18, 1949

METHODIST MISSION

34 Chungdong, Seoul, Korea

Dear friends,

You have waited too long, and are wondering what has happened to your packages. In October we were notified that we could not use the Army Post Office any longer. Most things come through safely by international mail, but if not tightly wrapped, a package may show a hole, where an investigating hand has helped itself. Please declare value as low as possible to avoid duty.

In this cold season warm clothing, shoes and overshoes are most needed. Teachers and ministers never get enough to buy clothe and many of our graduates are in that good class. It was a joy to fit out a family of nine with shoes and warm clothing—an alumna, whose teacher husband is sill. Another alumna, a former brilliant teacher in Ewha High, came lately with her baby on her back, Tears splashed on the floor as she greeted me after eight years, and told of her two months' trek through the mountains, escaping from the Russian zone. She got separated from her husband and other children, but they found each other, and are beginning life anew, with nothing! Your gifts give us the satisfaction of helping such folks.

Besides warm clothing for all, there is need for all the things you have been sending, sewing materials, yarn, embroidery floss, required in school work, pencils, paper, candles, soap, towels, etc. Used candles and pencils will do. Wrap any powder or sugar again, as paper containers of ten leak. Dried fruit and mixes are nice.

I thought I had a million Christmas cards, but I could have used more. Each college girl got several, but Ewha High had none, so I sent a duffle-bag full, that each girl might have one. I'll look for your cards again—already some have come and been given to an alumna from the country, where they had none last year. Wrap and mail them separately, please, marked "No commercial value." They're used for teaching about Christmas, in English classes and Sunday Schools, for decorations and as gifts.

Korean affairs seem hopeful, with the new government getting started, UN and other recognition and economic help. Mrs. S. Rhee, the President's wife, had lunch in our home today, before attending a prayer band of over 100 women from the North, led by Miss Cooper. Every true Christian, however humble, is a defense against Communism, our greatest menace. With the whole block, (China) on fire, we can't feel safe here, but we hope the Koreans can build on the great foundations of 1948.

Fracturing two bones in my ankle on Sept. 21st, I've been laid up all fall, but am getting about now. I've had many visitors and written many letters, tho not nearly enough to keep up. Each day has been full of interest and not much time has been lost. Our long fuel-saving winter vacation ends Feb. 15th, and we'll make up for it in summer. Dr. Helen Kim is in U.S. and the contact has been let for our science building. New life will begin on the campus with the new semester in March. We count on your prayers, for we need strength and wisdom for the living of these days.

Faithfully ever, Alice R. Appenzeller.

Alice R. Appenzeller

July 31, 1949

Methodist Mission,

34 Chungdong, Seoul, Korea

Civ Emp US Army CIE GHQ SCAP

APO 500

% San Francisco

Dear Mr. Kerr,

This letter is especially about Mr. Cho's land and is really for him. I am sending these important documents by Dr. Shacklock, who will hand them to some missionary for you. I'd like to have the return message in the same way, by hand. Dr. Shacklock will not be returning here, but some of our K-3's are going to Japan and will be returning in three weeks. If you inquire at Aoyama I'm sure someone will bring the letter for me.

I've been very negligent about writing to Mr. Cho about this, and often wanted to, but have only just gotten these papers finished yesterday, and before that I didn't know what to write. Very seen after my return in Feb. I asked Rev. Charles Stokes, Ph.D. who lives in Wonju and has the Choonchun Dist. of the Methodist Church, also, to visit the Choonchun land and report, which he did. That whole piece of about 277,320 tsubo we plan to transfer to the newly-united Korean Methodist Church (Tai Han Kamni Kyo), as it lies in their territory. (Old church lines do not hold any more, but traditionally they are still there.).

I conferred with Governor Koo Chaok very soon and he spent a lot of time checking at the bank, etc. I talked with Mr. Luts and Mr. Williams, too, but the main ones who worked with me are Miss Esther

Park of the YWCA (for Honolulu, who lives with us), Mr. Koo and the lawyer, Mr. Im Chulho. He has been YWCA lawyer and is now working for President Rhee, with his office in the President's Residence. We find him to be a very fine, reliable person, and it is his report and papers that I send here with.

I seem to be the least busy person of that group but we were not able to go and visit May 26, when Gov. Koo took us in his car both to see the Youngdeng Po and Yangju properties. Youngdeng Po, or Noryangchin, is about 5,820 to. and potentially the most valuable property of all, the nothing now. The orchard of Mr. Cho's grandfather's time are no more, and there isn't a tree of any kind on the place—just dirt. But in time it may be valuable land.

Then we went to Yangju, turning left before you come to the pass outside East Gate going to the King's Tomb, and following a lovely stream up a beautiful valley. We didn't know exactly how far to go and as we looked at the hills at out left we came to a particularly attractive place and I said, "I'll give you this place for a YWCA camp". That was what the YW wanted. We went on, but had to return to that very place! It Is not the whole hillside that I "gave" them, but part of it, and would make a fine camp site. I believe that the YW needs this more than the YM does, for they are much older and own a great deal of property, whereas the YW has almost nothing. This property is 277,320 ts.

We have not visited the house at Iksundong, Seoul. We thought at first that we might just let it go and not stir up the relatives or whoever has been living in it. But Mr. Im thinks it had better be transferred with the rest, and we'd like to know what Mr. Cho wants done with it.

There is also the grave site at Yangju. Where is that registered? I think not with the bank.

The new land law, as I understands, forbids the exchange of ricelands or dry fields, only of forest land. But it can perhaps be done by transferring to some public registered institution, like the Church or YWCA. When Mr. Cho reads these papers he may understand it all better than I do. Both the Korean Methodist Church and the YWCA are incorporated, having zaidan hojin or whatever it is called now.

Mr. Koo wanted something given to his 4H Clubs in Kyunggi Do, but they are not registered, so this would not be possible. So my proposal is to give all the Choonchun to the K. Methodist Church and all the Yangju property to the YWCA. The cash in the bank must be used for expenses of registration, lawyer, etc. and the balance go to the YWCA.

Every place on these papers requiring Mr. Cho's to and has been marked with a circle in pencil, so will be please search very carefully and not miss any. Some are in two pages to be sealed at one time.

I hope he will be very frank and tell me if he prefers some other disposition of the property, I am told that it should all be finished promptly, as this country is not in a secure condition. So I hope he will give this matter his best attention and that you can get the papers back to me when the girls return from their vacation.

I often think of Mr. and Mrs. Cho and their lovely family and am so glad that I met them. The calcium Mrs. Cho gave me helped me a lot, and now I can walk almost as freely as before and am not lame at all, unless I get too tired.

With my regards to you all,

    Faithfully ever,

                               Alice R. Appenzeller

November 4, 1949

Dear Miss Appenzeller :-

Rev. W. E. Shaw and I have been working on the records of the properties in Korea. Most of the material required was taken from a report made by J. S. Ryang 1946. However, we do have a place on the form for the history of property which includes the facts about the dates of purchase, the use of the property and the costs of the buildings. Mr. Shaw thought that it might be well for us to put in this history for our larger properties. The Ryang report deals only with properties which is still largely owned by one of our Divisions and other properties held by local bodies. It omits most large properties like Chosen Christian University and Ewha college. Only a few buildings in connection with Ewha high school and Pai Chai High school are given. However we are inserting a sheet of information about these properties without giving into details as to separate purchases of land and buildings.

Mr. Shaw suggested that you would be the best one to give me the stories of the properties in Seoul both those in use by the Woman's division and those of the Division of Foreign Missions. He mentioned particularly the Grey House, the Ewha High school and Ewha college and the Pai Chai High school. However, it would not be necessary for you to limit it to those particular properties. I have asked Mrs. Chaffin to tell us about the Seminary. A sketch of Chosen Christian University without being too detailed, will be better.

I have looked in the files of the Women's Division to see whether anything of this kind is available there but did not find anything. It is possible that there is printed matter somewhere in the vault which would help, but if so, I have not been able to locate it.

I would, therefore, appreciate very much if you would prepare and send this to your leisure time (I know that there is not very much of that kind of time available for missionaries). I am going ahead and making the records for our files without this material and it can be added if it mes later. It would make the records much more completed both historically and for use when questions arise about these properties.

I am workin on the property records of both the Division of Foreign Missions and the Woman's Division as kept in this office for reference. This means a revision of the old records which are very much out-of-date.

I am sending you a copy of the record form of the Gray House showing you what we have been able to fill out on the front of the form. What we would like would be held under the History of Property shown on the back.

With best wishes to you in your work.

    Yours sincerely

                                          E. M. Moffatt

EMM/cmw

November 12, 1949

Methodist Mission
34 Chungdong, Seoul, Korea

Dear friends,

This is the fourth letter I have sent through the Methodist Board of Missions... Since the first, June 1948, I have received many letters from you, which I appreciate. Though this is not a real answer, and I still expect to write you, I hope it is better than nothing.

My April letter closed with a reference to the summer camp which the Missions have built at Taichun Beach for their workers. It seemed a miracle to find it there, when we knew it had only been on paper three months before. It is very like our beloved Sorai-by-the-Sea, with a pine-covered hill sloping to a flat, hard beach of fine sand, facing the sunset over a bay jewelled with islands. The comfortable Dodge was run by missionaries, and the fellowship with those of other missions whom one did not often meet was good. I had two happy weeks there, swimming twice a day, and enjoying the beauty and freedom.

The day we returned from the beach Dr. Helen Kim got back from America. She says she finds it harder to adjust to things now than at any time before, so much has happened in the year that she was away. She is still not entirely strong from her operation, but is improving. The whole population seems to be trying to show their gratitude that she was spared, and their appreciation of her service to the nation. Most people do not know that she declined the invitation of Smith College to receive an honorary degree on Oct. 15th, along with Mrs. Roosevelt and other great women, feeling that she must return to her work at Ewha Womans

University. She was too modest to tell it, but I heard it from America. It is strange and disturbing to have an armed guard following her night and day, and to see those men outside of her office. We pray that those who may seek her life and those of other Christian democratic leaders may be confounded. Mrs. Underwood's murder made us acutely aware that such things do happen.

At the beach I roomed with Helen Rosser, a grand public health nurse who had been through the fighting in Kaesong, near the Soviet border, in May and June. Her car was hit while she was in it, and shots fell into the Mission Compound. Most rich Koreans removed their possessions from the city. The missionaries were ordered out for a summer vacation, but all returned before schools opened. It is quiet there now, and opportunities for service to the people are greater than ever.

As you know, the Communists have set various dates for taking over S. Korea, but we're still here! There is serious fighting in Ongjin Peninsula, just south of Sorai, but the national troops are winning. Their American training officers praise them highly. Of course, the Communist victory in China endangers our position. But we hope the US will hold steady in her purpose to win through in Korea as she has in Greece. We regret the retrenchment in ECA personnel due to lack of funds. This is no time to retreat, but to advance!

Two events in October brought to focus the value of deep roots and faithful service. On the 20th the funeral of Mr. Mansu Cho was held in Chungdong Church. For forty years he was the right hand man of the missionary principals with whom he worked at Ewha Haktang, —the Misses Paine, Frey, Marker, Walter, Appenzeller, Van Fleet and Church.

He came as a boy of 18 with an ordinary Korean education to work for Miss Paine. Being apt, reliable and industrious, he learned English and accounting and became the trusted supervisor of work, custodian of funds, counselor and friend of all. He was baptized by my father and became a joyous, growing Christian and lifelong worker in the church. His marriage to pretty Lucy Kim, one of the "big girls" in school, was in 1897. After his death Mrs. Cho showed me her marriage certificate, with H. G. Appenzeller the officiating minister and Miss Paine and Miss Frey the witnesses, She had kept it hidden all these years. I must have been a witness, too, for at twelve I didn't miss much that went on around the place! Their home life has always been a witness to the worth of the Christian home. Forty-two descendants and children-in-law followed the hearse, which started at Old Ewha, driving slowly between rows of Ewha girls who sang over and over, "My Jesus, I love These"... Chungdong Church and all of us who loved him miss his presence, but we cannot mourn the passing of such a faithful servant into the joy of his Lord.

The other event was two days later in the same home church, which was filled with those who came to honor Mrs. Myunghak Saw Ham, Dean of Students at Ewha Middle School, for her twenty years of service there. A handsome woman of 45, she looked like a queen receiving tribute from hundreds of past and present Ewha girls. I thought back to the day in 1915 when Miss Frey called me out on the varanda to see a special sight. There were five little girls, who had walked all the 200 miles from Kangneung to come to school, and their fathers, who had carried their bundles by "jiggy back". No Korean who was not a Christian would have done that for a mere daughter!

Kyunghak's parents are still living, so far as she knows, but across the border in N. Korea. Her father was a lay preacher and held services in his own home, which was confiscated by the Soviets. No word comes from there now.

These occasions call to mind the Danish folksong which I love:

> That cause can neither be lost nor stayed
> Which takes the course of what God has made;
> And is not trusting in walls and towers,
> But slowly growing from seeds to flowers.
>
> Be then no more by a storm dismayed,
> For by it the full-grown seeds are laid;
> And though the tree by its might it shatters,
> What then, if thousands of seeds it scatters!

Miss Billingsley, our visiting Executive Secretary, informs us that we oldsters must retire at the end of our five years of service, so my date is Dec. 20, 1951. I am in fine health, going strong, with 13 hours of teaching, work on over 20 committees and ever more interesting life as my circle grows. On Christmas Eve I expect to attend the 50th Underwood Christmas dinner. The family is courageously continuing the traditional hospitality. Lovely Joan sits at the foot of the table in Mother Ethel's place, seeing that everything is done in approved fashion. My thoughts will go out to my friends everywhere. Let us together renew our devotion to the Christ Child and our faith in His way of life.

With Christmas wishes,

    Faithfully ever,

                                          Alice R. Appenzeller

그리피스와 주고받은 편지
엘렌 아펜젤러의 편지

February 13, 1912

730 Levine St.,
Lancaster, Pa.

Dear Dr. Griffis :-

Yes indeed, the "Hotel Appenzeller" has its latch-string out, we shall be very glad indeed to see you again and have more of the story.

We heard from Sandulau today. They were very much pleased with your visit and you. Edith said you and Frances made up right away. An easy way to the heart of that family. She said that Rev. Mr. [Douglas] said you were the best man in the United States to do this work.

Both Alice and I will try to have all the answers to the questions ready for you. The pictures of Ithaca are lovely and we enjoy having them. What a lovely place it must be in the summer.

Henry will be home again on Friday, to stay over Sunday. You will probably just miss him.

I hope Mrs. Griffis was none the worse for her visit to Philadelphia and Lancaster. We felt like apologizing for the behavior of our weather. Old Pennsylvania is way off this year. I read in tonight's paper that the ice is thirty one inches deep in the Sesquehanna, at Marrietta. Just come and see us in July and we will atone for it all! Alice has lessons and has asked me to write for her.

My kindest regards to Mrs. Griffis and the other members of your family.

    Yours very sincerely,

Ellen Appenzeller

March 4, 1912

730 Levine St.,

Lancaster, Pa.

Dear Dr. Griffis ;-

The book came out on Sat-Sunday while Alice was away. It was a great relief to me to know that you reached some safely for we had been quite a little worried by that ninety six mile an hour gale you started off in. You were just about at the station when a dash of rain struck the south—Windows and the wind did its best to tear up our foundations, but old Lancaster is too solid for such things. I was not so sure about a train, and was relieved to know nothing happened to you.

I read the book on Sunday while Mary and I were alone. It is certainly good of you to send it. I shall always enjoy having it. I find it very instructive as well as pleasant reading.

Alice and I had a grand laugh over the quotation from Job.

We promised Dr. Watcham to go to evening service which we did, but could not get in, at least no seats, so we went to hear Dr. Mudge. We look forward especially to the summer visit with Mrs. Griffis when we are not dismissed by school tasks.

There ought to be plenty to interest you if you like old things.

I am sending the pictures you wanted and a couple of the pillow ends. (Clue was no who so it went and lost itself)

I fully intended to answer your letter. No, I MEAN THANK YOU FOR THE BOOK, AT ONCE; BUT ON Sunday I became too interested in the book. Alice came home early in the evening and she had lots to tell.

We had a most busy week last week and Alice said "Wait till Sunday and we will write together." No use to make such plans while our house is a dropping in place. A couple of the Shippen School teachers came and staid till supper time.

Handwritten up left side margin of the first page:

My sympathies are with Mrs. Griffis who has so much work to do. I wish I could help at it. With kindest regards,

    Yours very sincerely,

                        Ellen Appenzeller

March 24, 1912

Lancaster, Pa.

My dear Dr. Griffis :-

Thank you for your good letter, but it was a shame to make you give thanks for such a tawdry gift.

In regard to Ida, she is coming home this week Friday, but we have a seamstress engaged for all of next week, and on Monday the eighth we have planned to have a little surprise party for Mary, it being her birthday then Ida will leave at six o'clock P.M.

These short vacations are so very short that they are like something I once heard of which was "not worth dividing."

We appreciate your invitation and, some time, we hope to accept it, but this time is I fear, it is impossible.

We are looking for you and Dr. Griffis' next summer after our return from Princeton.

We will do our going in June this year. Alice goes to Wellesley, for her third reunion, and then she plans to do some tutoring at home, if Henry gets something to do near-by home. But we cannot be sure of that. There will be from strict to five of us, anyway.

I can foresee that we shall exhaust our resources in the grand space we are planning for Princeton, and shall have to defer the attractions of Ithaca until another year.

We are sorry Dr. Griffis' sister is not well and trust, now that the hard.

Winter is one, she will improve. We certainly enjoyed your visit. We will probably give you a warmer reception the next time. It has been lovely of Dr. Griffis to send us all the things he has sent, from the "swell" parties, next to being great, is to be near the great, and we feel quite set up.

I want to ask him what he did to the two ladies at his table to make them so modestly close their eyes. That looks pretty bad! It is a picture worth having. Alice took it down to impress the teachers.

We'll have a "spree of sewing" next week, and I shall probably lock it up till June. I always do, this time of year. Fortunately I like very much, to sew. I do <u>not</u> like housecleaning; but I am not going to think about that.

We shall be glad to see Dr. Griffis any time he can come, with or without warning, but he must not worry about anything about the book. I hope he will be repaid, and you too for all your work. I believe you will.

Tell Dr. Griffis please that in his invitation he forgot "Blonde Jack" and I am so insulted I cannot accept it.

With kindest regards

At the margin of 4th page :
I am,
      Yours very sincerely,

                                              Ellen Appenzeller

March 26, 1912

Lancaster, Pa.

Dear Dr. Griffis :-

The two copies of "World Wide Missions" came yesterday morning, I read your article at once and consequently did nothing all day. It is really great!

I gave it to Mr. Hickley to read and he said "Aside from any consideration of personal interest in the subject matter, it is beautifully written." And as I think, and altogether I cannot tell you how pleased I am.

I am passing one copy around among my dearest friends. The old lady who is so interested, but is sure she cannot live til Easter, will have it nest, and I doubt not live to buy a book.

I am reading "Silas [Leafsham]." What I have missed in not reading it before!

I have to do the reading for the family, and also most of the letter writing; because I seem to be the only lady of leisure.

The weather is beautiful down here now. By the middle of April our leaves will be coming out. Pussy willows came long ago.

Henry will be in New York with his Dramatic Association on Saturday. I suppose at the Princeton Club. He will be in Chicago with the Club a week later. I understand they will play in Buffalo this trip.

Ellen Appenzeller

April, 1912

730 W. Levine St.

Lancaster, Pa.

My dear Dr. Griffis :-

We are always glad to hear from you and were especially touched by the pathetic little message.

How very terrible this disaster is! It leaves our little affair way behind. It is well that every heart should throb with grief, at such a time.

Miss O'rey, of Korea, left by Trans Siberian March 20, and ought to be here by this time, I hope she was not on this steamer. Her family might save her.

The [Suafende] will tell on the people who are waiting for news. We waited a month for details. What a company Old Ocean was in the deaths.

To me it seems hard that some of those great and grand men, such as Mr. Stead, had to be sacrificed for women who were not much account, as no doubt some of them were. Very gallant, but hard, I think.

We are all well and busy about our daily tasks. School opened Monday of this week.

Ida has made a couple more friends, since you were here. She made the (illegible) just before coming home for Easter, and today Alice is much pleased. Our part is to keep clothes on her back, which is no easy task. We made four dresses for her, when she was home.

Henry thinks the last triangle bit was the most enjoyable of any he has had.

We are glad the (illegible), whom you are waiting for, was not on the

Titanic. Now I come to the part which will please you. I have a favor to ask. I received from Northfield Seminary, a type written letter purporting to be from the president; but not signed. It said that they had carefully looked over Mary's record and found that she had been unable to keep up on account of ill health and thought we better keep her home a year to watch her health, etc.

She was ill when she was sixteen months old, and except from entering school because of that, and our home coming; so she entered late at 8 $\frac{1}{2}$ years. She has made the school year ever since. This is the year we are marking time and letting her take it easy; because Alice thought two years at Northfield would be so good for her. She is certainly not an invalid now, whatever she may have been. Our doctor says she is quite as well as Ida was when she went to Wellesley and he seems to the idea of sending a certificate of health, in response to an unsigned letter. It seems a shame after all the advantages the others have had if Mary cannot have her chance. It would bd folly to wait a year. And I haven't the money to send her anywhere else. After carefully reading the ideas of Mr. Moody in regard to pupils, I feel sure our Mary is just the one he had in mind.

Miss Waterman says if she goes to Simmons, as she probably will, she has had too much Latin and will be ahead in other things; so that next year will be an easy one for her.

We want to send her there, rather than keep her here, because the place is such an ideal one in every way. She ought to find herself. You know what a baby we keep her here. Even you fall into it. We are all to blame, for she is nineteen. We ought to say sixteen and all would seem right. She is like Patsy "All on account of them these years I lost." All the same, she is no fool, neither an invalid. She beats us all in ideas of good things to eat, and surprises me in many things I never tried to teach her.

I confess I took pains with Alice, but Mary has been the plaything of us all and nobody felt the responsibility of having her grow up, Dr. Ballinger said it was a fine idea to get you to speak a good word for Mary. I appreciate the Easter thought with the authors signature. It came when I was in need of it and helped me.

We suppose you are staying in New York a great deal working on your English work. This gives Mrs. Griffis time to sew and clean house.

How lovely that you two are going to the wedding.

I fancy our first one will be Henry. He seems to think rather steadily along our line. Katherine had her vacation prolonged, so she was still home when he returned from the trip. There is hope for the boy.

Note on the left margin of this page:

Our kindest regards to all your family,

    Yours very sincerely,

Ellen D. Appenzeller

April 28, 1912

730 W. Levine St.
Lancaster, Pa.

My dear Dr. Griffis ;-

Ae were much elated, but not surprised, when we received your postal saying the M.S. would be printed.

I wanted to write at once, but the same mail brought other exciting letters, which lured me from the path-of-duty, and I was walking around in the clouds all day. One was from Prof. McDougal saying Ida had been elected Secretary of Student Government. This seems to mean a great deal at Wellesley. We do not think her head will be turned.

Henry came home this morning early, after being with the Triangle Club at the [Bdnell] Shafford yesterday afternoon and evening. He did not get through in time t later, the last night train home. We all sat up until after two AM because he had expected to come at 1:34 AM.

The last time he was home you were here, and we wish you had been able to come this time. It begins to seem a long time. Henry says several boys (illegible) to him about the article in the Review of The World. They thought it was fine.

I learned yesterday that Mr. & Mrs. Noble with four children, and Miss [O'rey] of Korea, would all have been on the Titanic had not Miss [O'rey's] trunk gone astray in Siberia.

They came in on the Mauritania on the 19th. Miss Rottweiler wrote and said "Do not tell me that God does not rule in the affairs of men." John R. Mott had intended on sailing on it too, and was kept by the illness of the wife of his intended companion.

Thank you so much for your help with Mary. If it is but she will, no doubt, get in. If not this year, it will not be at all. I would prefer to keep her here, but I suppose it would be better for her to go away.

We are all very busy and happy. The days are so full that we wish the days were three times as long. I, at least, could use all the time.

Alice is planning to go to Kilbourn's[2] wedding May 18. Henry's commencement will follow our school closing. He will graduate ten years exactly from the day his father died. I wonder if a book will be ready for a graduation present. I would take the first one for that, if it can be out in time.

I suppose Mary and I will come home from Princeton, but Alice has been invited by the National Board Y.W.C.A. to help in a five-day conference for preparatory schoolgirls, at Eagle's Mere, Pa. Jessie Wilson will lead it. This takes part of her Wellesley time, but she can get there for her class banquet and the last couple of days. It is all quite exciting. Jack and I are going to the station with this and Ida's letter. We expect to hear that you have seen Ida. I wrote her you were to be there in Boston. You will have to call her up by telephone or write her or you will not find her home. She is hard to locate. I hope you will have a happy week is your old home. With kindest regards from us all,

    Yours very sincerely,

                                Ellen D. Appenzeller

---

2 Kilbourne(킬보른)의 전사 오류로 보인다.

January 14, 1919

730 W Levine St.,

Lancaster, Pa.

My dear Mrs. Griffis :-

My hospital duties is my only reason for not telling you how much we enjoy having such a fine photograph of you. It certainly is grand and we are glad to have it.

I had a sneaking feeling or superstition rather, that something was going to happen when we got our work so well done, that Ida said the house looked as if two old maids lived here.

Something always does happen when I think I am going to have an easy time; but as I had no funerals I will not complain.

Ida certainly did give us a fright. She came so near to pneumonia that it was no joke and I didn't care whether I had a friend in the world just so I got her through. "Little (illegible)" took a back seat as far as attention went.

On the 24th we had Ida up for the first and from then on she gained nicely. Alice had all sorts of a cold and layed around the house for a couple of weeks. Mary held out till four past Christmas parties, in one week, brought her to the (illegible) stage and so on, resulting in her still being here. The foot is healed and crutches discarded. I cannot send her off until she is over the gruppie condition, but we hope every day to see the end of it.

I got a bit tired of playing nurse. No danger of my crowding the profession. I received a beautiful letter from Dr. Mason North our new Missionary Secretary, yesterday, in which he pays a beautiful tribute to the book. I will show it to you when you come to see us.

"Leillie" did give us a characteristic slap, but we do not mind her. If you do not know Leillie your good man does; so set your curiosity to finding out.

You should have seen the length of the faces of our children when they went away. Henry's was about a yard and Ida's a trifle less. They hated to go worse than ever before.

We hope you are well, up in

Written on the first page margin

Ithaca. We have no weather to speak of here. Clearly our summer, I am tough. Thank the Lord, and my common sense in eating. Come and see us after this week. Will get many off for sure.

    With warmest care,

Ellen Dodge Appenzeller

앨리스 아펜젤러의 편지

July 27, 1911
Berlin, N.Y.

My dear Mr. Griffis,

We are all glad to know that you can come back to us and we're looking forward to those days in August. If we haven't room here, you can find accommodations at the hotel in the village. But we hope that no one else will be here then so that you can stay with us. We expect "the family" sometime before long.

There has been no excitement here since you left, so you brought it all. Ida, however, is slowly winning her way into the farmer's heart so that she says she <u>may meet</u> you at the station with a smart team! After incessant nagging she succeeded in getting him to drive with her to the village this morning!

We have spoken so much of those pleasant days you gave us; and more things about Father have been coming to our minds. With kindest regards from us all, I am,

    Very sincerely yours,

                        Alice R. Appenzeller

August 31, 1911

Berlin, N.Y.

Dear Dr. Griffis,

First of all, I must apologize for my handwriting and for not answering your kind letters sooner. I have a flesh felon[3] on my left hand which has been rowing for a week now. It has given me a good deal of trouble, but I hope the most painful time is past. Meanwhile I have been thinking of you in your sorrows and joys. How fine that you should have a little namesake grandson, and how eager you must be to see him! We all rejoice with you and congratulate you all. You are certainly most thoughtful of us in finding time to write. Then, too, there are the pictures, which came yesterday as a most pleasant surprise. It is heard to choose one, for both are excellent, but I think we shall keep the full face view. We shall be glad to send you the pictures of my father that you want. There will be two or three that I think of now that you might like to see. As to the other matters that you mention; my uncle Jacob, my father's elder brother, who lives on the old farm at Souderton, Pa, will be able to tell you who the Reformed pastors were under whose care my father grew up. The Methodist minister whose church he joined in Lancaster was Rev. S.H.C. Smith. I believe her is still alive, living retired somewhere in our Philadelphia conference. Mother thinks he lives in Ocean Grove. He was succeeded by Rev. J. T. Satchell, D. D. whom married him and mother, and spoke at the memorial service in our church in June, 1902. He is living now in Columbia, Pa., a fine man

---

3 felon is an infection of the tip of the finger.

and always a good friend to us all. You might see him when you come to Lancaster, as Columbia is only two miles away.

As to the numerousness of the Appenzeller clan—I've heard of it, but having lived so long away I've never met many of them. Those near Philadelphia have a reunion every year. My uncle can tell you all about it. We children have lived always where we were the only ones of our kind, where our house was regarded as most curious that we've come to feel that we're the only ones! It is good for us to hear of the others. They are very common in Switzerland, I believe.

We are all enjoying Ida's "Tiger". The stories are not only charming, but intensely Korean in atmosphere and color. May I congratulate you upon them? And I must have a new <u>Korea, the Hermit Nation</u> as soon as I get home!

The very morning that you left we were all made happy by a letter from Henry telling that is struggle and agony of indecision were over and that he has decided for the ministry and Korea! He is worthy to take up his father's work, I believe. I know that you will sympathize with us, or have what the Germans call "Mit freude"[4] rather!

Please thank Mrs. Griffis for her gracious messages. I hope we may soon have the pleasure of meeting her. Couldn't she come to Lancaster this winter? We shall be surer of your visits if we keep the letter-presses! With kindest regards, from us all to your household, believe me, as ever.

    Very sincerely yours,

                                     Alice R. Appenzeller

---

4   With joy

January 17, 1912

Lancaster, Pa.

Dear Dr. Griffis,

It is indeed a keen pleasure to have a double visit to look forward to as soon. I hope you will bring warmer weather with you so that we will be comfortable here. I hope you can come on Friday night, so as to extend your visit. We shall be more than glad to have you come again, and especially to see Mrs. Griffis.

Uncle Jacob in Souderton wrote about your intended visit there on this trip. You will be able to gain a good deal of information there, and the family will make you very welcome. Mother suggests, however, that you had better not plan to stay there over night in the weather, for, as in most country places the sleeping rooms have little or no heat, and the beds are probably not what you are accustomed to. I am sure you know by experience what we mean. We don't want you to get pneumonia on our account!

Yesterday one of my classmates and dearest friends was with us. The visits of our friends are among our greatest pleasures.

We look forward with excitement almost to listening to the manuscript. It hardly seems possible that it really is being written.

I shall expect a line from you about trains and dates. Meanwhile, I wish you a very pleasant journey down to us. With warm regards from us all,

    Ever faithfully yours,

                Alice R. Appenzeller

January 21, 1912

Lancaster, Pa.

Dear Dr. Griffis,

When I last wrote you I forgot to explain the circumstances at our church as I want to do. Rev. John Watchorn, D.D. is our pastor. I'm sure he would be very grateful for help. But the four M. E^5 churches in town are holding revival—and when we say it, we mean it—revival services together for four weeks, one week in each church. Next Sunday will be the first day of the fourth week, and our turn. So you see things may be planned ahead. I don't know how you like revivals. However, you can see about this when you come. With kindest regards from us all to you both, believe me,

    Faithfully yours,

Alice R. Appenzeller

---

5 Methodist Episcopal

March 4, 1912

Lancaster, Pa.

My dear Dr. Griffis,

It is becoming a family byword with us now, when one of us begins grunting, another says "If you were like Dr. Griffis you'd accomplish something and have all the leisure in the world."

So you see what an incentive and example to efficiency and effectiveness you are to us humble folks. We did enjoy your last visit and the "bats"—to "use the classic phrase" immensely. The picture shows are still here—but I shall never get over the fact that I did not know the end of "The Danites." Mother and Mary will tell you about it when you come.

We all like your hymn very much and enjoy singing it and the others in the collection. I haven't started "John Chambers" yet but shall give myself the pleasure of reading it before long. Your recollections of him must be especially interesting. We are all awfully impressed with the dinner for W. D. Howells, and shall expect to hear all about it sometime. I hope that you will find politer audiences in New York that one which greeted you here.

Our little exposition was not a financial success—For several reasons the circumstances were unfavorable. But we feel that the effort was appreciated and that we won the goodwill of some good "sisters" who are not strongly missionary and had not thoroughly approved of us before. My little trip to Philadelphia was exactly what I needed. It was a great pleasure to me to go on the trains again and feel the throb of a big city's life. My hostess planned every hour full of some pleasures.

We heard a University Extension reading of The Merchant of Venice by Darrach on Friday evening. Saturday found us wandering around the shops and sightseeing; then that evening we heard Rigoletto beautifully sung. But one of the great treats for me was hearing Dr. R. E. Speer preach at the University. He is always an inspiration to me. I did hate to come back home and find that it was only Sunday evening! Since then I've felt very courageous about the congestion in my school path and clearing it up. I think this is examination week and report week. After that there is always a breathing space. I went to a very grand dinner on Saturday evening after having spent most of the rest of the day at the dentist's. Perhaps I'd work faster if I stuck at it!

Henry and Ida are very happy and lively as usual. Henry has been in New York over Sunday visiting a friend and attending a luncheon given by New York graduates of [Auberle] Theological Seminary. He assured them that he wasn't going there to school but they insisted on his partaking of their hospitality anyhow. Ida got thru her examinations well.

Shall you bring proof to when you come? I think the verse at the end will add a great deal to the volume. You will not tell the name of the "first child" who is mention on the fly-leaf, will you? She feels utterly unworthy of any kind of notice.

Aren't affairs in China taking an alarming turn? I have special friends in TienTien, so that the latest news gives us some anxiety.

Please give my warmest greetings to Mrs. Griffis, and with true regards to yourself, believe me,

    Faithfully yours,

                          Alice R. Appenzeller

May 19, 1912
730 N Lime St.
Lancaster, Pa.

Dear Dr. Griffis,

I don't know where the weeks have flown since I last wrote to you. I know it's been a long time, but the other members of the family have heard from you so that we feel as though we're still postponing that evil day when you will forget about Korea and the Appenzellers. You have been, and are, so very kind to us, that we can't find words to express our appreciation. Mary is supremely happy in the prospect of going to Northfield in the fall. We are all sure that you gave her that. And the successful verdict of the book makes us very glad, of course. You must tell me when you want that list for circulars. Shall I have Uncle Jacob send you a list of interested relatives, or shall I?

It seems a long time since your last visit, but the time is so full between now and July that it will pass quickly. When is your family wedding to be? July 22 is mother's birthday, so I hope you and Mrs. Griffis can be here then.

Mary has spoken of Grace Kilborne's wedding. I think. I was interested to have the clipping which you sent. It was a lovely wedding, as dignified and free from stiffness or display. I had time for a good little visit with my friends. The whole trip was a delight, all the better because I leave Lancaster so seldom during the winter.

After another spasm with the dressmaker this week, comes my cousin's wedding, the close of our School and Princeton. We shall be there only from the 8th to the 11th. Henry will graduate on the tenth anniversary of my father's death. Then my Eaglesmere conference is from the 12th to the 14th. I am very to go to Wellesley, if possible, for the last half of the commencement festivities, which close on the 19th. Do you think that, by leaving Eaglesmere on Sunday afternoon, I could get to Boston on Monday morning? I thought that I might possibly get to Binghamton and take a sleeper from there. Would you mind sending me the timetables of that region sometime? I can't learn anything from the station-master here. I should like to know how much it would cost to go to Boston from there, for I shall not do it if it's <u>very</u> much more than it would be from here.

I'm coaching people for Bryn Mawr examinations every afternoon after school. The days certainly do get jammed full whether one wants them to or not. Henry's college days are numbered now and Ida is already looking toward next year.

I'm pretty tired now, so I'll close with love to Mrs. Griffis and yourself. I wish we could see you sooner than July!

  Ever faithfully yours,

               Alice R. Appenzeller

June 2, 1912
Lancaster, PA.

Dear Dr. Griffis,

You are doubtless at Clifton Springs now, enjoying the conference. It is fine for you to be there, and for the conference to have you. I don't know of any of our friends' being there though there may be. We must hear about it. There is going to be so much to say and to hear by July that you and Mrs. Griffis must plan to stay at least a week. And we'll hope for endurable weather.

I am very grateful to you for all the trouble you went to to find out about trains from Eagles Mere to Boston. I've decided not to decide about going to New England until the last minute. I do want to go, but it may not be the best. If only things did not always crowd themselves into such a short time! I should love to make a little along the way, instead of rushing by all the places that I'd like to stop at, Ithaca, Berlin, Springfield, Holyoke, etc.

At present our plans sound very nice. Ida is to come to Princeton to her "favorite brother's" commencement, a she has several days between Saturday morning, see the Yale game, the Triangle Club Show, and "take in" everything from then until commencement morning, June 11. Isn't it singular that Henry should graduate on the 10th anniversary of Father's passing? Then we shall scatter. Mother will visit a friend in East Orange until Henry is ready to leave Princeton, then they will go to Souderton for a few days. Ida goes back to college, and Mary is to go to the conference with me. I am particularly pleased about this, for there is to be a delegation from the Shippen School, and the girls will all enjoy it. A Vassar[6] 1911 girl, one of next year's teachers, will chaperone them. Aren't we gay!

Arthur Lodge and Marion Cochran were married yesterday morning, rather quietly, the family—Arthur's two brothers and their wives, and his mother came the middle of the week—Auntie staying with us. On Friday evening Marion had an informal reception for the relatives. The wedding was in the Episcopal Church, and there were just two attendants. It was a very sweet marriage I think—with no stiffness nor fuss and feathers. Leon Lodge, who lives in Buffalo, and is with Olds Motor Works, came on in a big seven passenger car., with a chauffeur, and took all of the family but my uncle back with him. It was mighty nice to have the machine here, for we all got some good drives.

We enjoyed Mrs. Griffis interesting Indian legends, and hope she'll write some more. And I love to see the Cornell Vesper programs— what beautiful, uplifting services you must have there! How I should enjoy slipping into a back seat some Sunday afternoon and listening to that music! I suppose that there are not more than one or two more Sundays in your college year.

Your new religious booklet sounds as though it would have its mission—for everyone need to emphasize more the joy of the Christian life. I used to be imbued with that spirit when I talk with some of the girls whom I'm trying to have go to Eagles Mere. They're afraid of the Bible classes! Which reminds me that I haven't thanked you yet for the men's conference booklet. It is very interesting. I hope that there will be some arrangement whereby we can hear some of those splendid

---

6 Founded in 1861, Vassar College is a highly selective, residential, coeducational liberal arts college (vassar.edu)

speakers; no doubt there will.

I feel very guilty in taking up so much of your time with our concerns. But you are always so kind in your interest. We want to hear about <u>your</u> wedding. With love from us all to both of you, believe me,

    Faithfully yours,

Alice R. Appenzeller

June 15, 1912

The Crestmont Inn,
Eaglesmere, PA.

My dear Mrs. Griffis,

You are surely most kind to write Ida and me to visit you, and I know that we both want to awfully. I am very much afraid that it won't be possible this time. You see, I have a Bible Class here, and so didn't expect to have to chaperone the Lancaster girls, too. But neither of the people whom I asked to come with us could arrange to come, and as I have to take care of the delegation. My duties are not onerous, but I must see that they get safely home, which means that I travel in an opposite direction from Ithaca. However, the temptation to run up and see you all is so strong that I <u>might</u> be able to come, but the possibility is very slight. I haven't yet heard of Ida's plans, but she will write to you.

I enjoyed your letter and the one which came from Dr. Griffis yesterday. I like the book, too, and hope to read it soon. You must be very busy with your complication of guests and events. I hope you have a lovely wedding. It must be very impressive to have the first marriage in the family—But I had forgotten for the moment, that this was not the first—you must be quite used to it by now.

Princeton was <u>great</u> with all the games, concerts, speeches and general overflow of spirits that comes with such occasions. We all sat proudly by and were glad Henry was a part of it. He and mother are at home now, and Mary is here with me. I must stop now. I shall write again later. With thanks for your kindness, and best wishes and love to you all, believe me,

    Faithfully yours,

                                    Alice R. Appenzeller

June 25, 1912

Lancaster, PA.

Dear Dr. Griffis,

Again I feel overwhelmed write the things I am grateful to you for;—first the several nice letters which have come lately and which always give so much pleasures then the very interesting book on China—I am reading Arthur J. Brown's Chinese Revolution just now, too. We are all delighted with the pictures of the Griffises and the McCallies. How Ida and I would have enjoyed seeing you all! But I had to take care my little delegation and funds ran alarmingly low, so that both Ida and I had to come home. You will have to stay with us long enough to make up for all. You will tell me the exact dates again, please for I've forgotten them.

We are enjoying the rather unusual pleasure of being all together again. Mary is to visit for a fortnight in July at Ocean Grove. Ida will be a councillor at a Y.W.C.A. camp in Canton, Pa. during August; and you will see by the enclosed clipping what Henry is dong. I am to have some tutoring later on. You see mother is the only idle one in the family!

Your account of the wedding was full of interest to us, and we're all so glad that you are pleased.

I return the "Wind of the Spirit" which will make a very effective epilogue for the book. It is fine of you to do the last chapter in verse.

The children all liked Eagles Mere so well that we stayed a day longer than we had planned. I shall always remember that conference with the greatest pleasure because of the many hours that I had with Jessie Wilson. We had a better visit we've had since the year we met, 1908.

She is a wonderful girl. I do hope her father will be nominated this week. Henry is wailing because he cannot be in Baltimore "rooting." I must stop now. With love from us all, as ever,

    Faithfully yours,

Alice R. Appenzeller

July 24, 1912

Lancaster, Pa.

Dear Dr. Griffis,

We have all been enjoying the many good things you've been sending us since you left Lancaster. The Appenzell pictures are a joy, aren't they? We all feel restless to get back to our native mountains for I know we should feel at home on them. We didn't dream of having more than the pleasure of looking at them so you can imagine our delight when you said we were to have one of them! Mary is looking forward to seeing you soon, as we all are.

I think you must have taken my little notebook in which I had written names, along with you. Some of the addresses are incomplete and I meant to revise the list, so may I have it back again sometime, please?

Mrs. Griffis will soon receive a small package containing the photographs we took, which are very good, and a pair of white silk gloves, which I hope she has not been needing all this time. Forgive me for not sending them sooner!

We have had a week of lovely, cool rainy weather, and Henry has had two holidays. The night after you left was terribly hot and were so glad that it hadn't come when you were here, though the weather we gave you was bad enough. We are all more or less fortified now for another hot spell.

Ida goes to camp on Saturday where I think I shall join her for a few days before we both go to Ithaca. We are counting a lot on that, but you must be sure to say the word if for any reason it would be easier for you not to have us come. I have a pupil in French for one hour or two every morning. Mary came back brown and happy from her trip. Her school opens Sept. 4! We had a family picnic supper at Long Park on Monday to celebrate mother's birthday. I'm going to about two picnics a week now for this seems to be the season. The above paragraph defies all the laws of "unity, emphasis and coherence" that I learned at college, doesn't it?

All our friends who met you counted it a great pleasure and privilege: a great many have spoken of it. All the family join me in love to you both and the hope that the remainder of the summer will be pleasant. Thank you again for all the interesting things you are sending us.

    Faithfully yours,

Alice R. Appenzeller

August 14, 1912

Lancaster, Pa.

My dear Mrs. Griffis,

Dr. Griffis has doubtless told you about when Ida and I hope to go to Ithaca, but I must answer your nice letter and tell you how much we both appreciate your cordial hospitality. We can hardly wait for the time to come, for those days with you will be a great treat to us both. I will write to you from Canton, but as far as I know now, we shall come on Monday, the twenty-sixth, and can stay until Saturday morning. I think you will have had quite enough of us by that time; we feel guilty anyway, at encroaching upon your precious time.

Ida seems to long for the sight of her own kin, poor soul. So I'm going to camp on Friday. She will be there with me only a few days. I fear, for she is planning to visit her roommate in Rochester before she goes to Ithaca. This seems a great extravagance, but Eddith can't understand why her multiplied invitations are not accepted, and Ida will probably not be so near Rochester again for a long time. That part of New York state is entirely new to us—and how we do love to see new places!

Dr. Griffis brought us the usual cheer and inspiration and in his little visit. Mother says it is good as catering a journey to have him come. I fear we are very awkward in expressing our thanks to you both for the book, but we appreciate it very deeply. I am sure that it will do much to stimulate interest in our Korea.

We all send love to you both, and hope that you are having pleasanter weather now than we are.

   Faithfully yours,

                Alice R. Appenzeller

August 18, 1912

Camp Nepahwin,

Canton, PA

My dear Dr. Griffis,

Here I am among my beloved hills, having a beautiful time with Ida! We have tramped, played tennis and tested the camp canoe on the little lake already, but there are other pleasures yet untried. I am mighty thankful to be here.

How about trains from Elmira to Ithaca; by the time-table you sent me, the Lehigh Valley has but one train a day from Elmira to Ithaca, and that at 3:50 I am sure there must be others, for I remember your saying that you would reach home the next morning after leaving Lancaster. There are only two trains a day from here to Elmira; the one I would take gets there at ten something a.m. We can't get a Lehigh Valley Time Table here, so I'm going to bother you and ask for another, if I may. Have it. If it is too much trouble, I'll just go to Elmira and make what connections I can.

I found Ida brown as a berry and red as a beet, the picture of health. She goes to Rochester on Thursday, and as one of her other special college friends will be visiting this same girl then, she expects to have a jolly time. We are both looking forward to our visit in Ithaca.

I hope you are enjoying Boston as much as ever, and that Mrs. Griffis is having a good visit with her people. Please give her my love and Ida's. Thanking you for the matter of the timetables, believe me.

　　　　Faithfully yours,

　　　　　　　　　　　　　　　　　　　　Alice R. Appenzeller

September 3, 1912

Lancaster, Pa.

My dear Mrs. Griffis,

Here we are at last after our memorable visit with you and a somewhat adventure some journey home. I am sure I can never express to you the pleasure we took in all the things that you did for us, and the joy that being with you all in your own home was to us. I'm only sorry that we were such sad guests at the end—it is always trying to have people moping about the house. But Dr. Griffis was right in his judgement my "sorrow" would reach its height on Monday. It is much better now, too.

Perhaps you have learned before this that our train was delayed four hours on the road, I don't know why, only that we didn't reach Allentown until nearly nine o'clock. The family were so tired of "meeting us" that we found them quite unmoved when we did come. We have made our peace with everybody now, however.

Mary left at six o'clock this morning, mother going with her to New York and staying there with the Jones until tomorrow evening. Poor Mary was rather weepy; we're all afraid that she's going to have a hard time at first. She is in the fine new Helen Gould hall with Margaret. Tell Dr. Griffis her address is Gould Hall, E. Whitfield.

I enclose mother's check and the remainder of the mileage. I think the check is right—$10 which Dr. Griffis gave me in cash and $8.60 for the 430 miles which we used. Thank you both so much for helping us out.

Please tell John that his sweet gifts comforted us all morning yesterday, for we got breakfast in such a horrid place that we could hardly eat, and had no lunch until we got home! We blessed him often, and talked much about you all and your goodness to us. With love to everybody, including Ithaca, which quite won us, and special regards to you, believe me.

    Faithfully your friend,

                                      Alice R. Appenzeller

September 15, 1912

Lancaster, Pa.

Note in upper left corner:

Please give Miss Martha's <u>and</u> John's pictures to them with our compliments.

Dear Dr. Griffis,

It seems a long time since our nice visit with you all in Ithaca. I should have written you before this, but I've been saving up to write you a birthday letter. Here it is, with many, many wishes for all good things for you, a very happy birthday and a great many more of thence. I am sure that some of the blessings that you are showering on other people will come back in your own head. And so may you have the best year you have ever had!

The "handbills" of the book which you sent me are attractive I think, and I've been distributing them. We all appreciate the extra letters that came a day or two ago. They are very gratifying, for they show that the book is gripping people's hearts. I am sure we are all remembering what you requested in your letter to mother. I have felt from the very first that this book has been written as a loving service, and that it will do its work—may it be a great and lasting one!

How do you like your latest family group? We think it is very good, but wish we Miss Margaret and little Katharine could have been in it, too. Please give them both my special love, and tell Katharine that Jack sends his love and hopes she will come to see him sometime, perhaps next summer. He likes to travel as well that he'd jump on the next train to "Chakanooga" if we'd let him.

I enclose some "junk" that may interest you. Dr. Rhee was with us last Sunday. We found him a most delightfully interesting guest, a perfect gentleman and a good speaker. He was much interested in all that we told him of you. He is now in the Y.M.C.A. in Camden, N.J. You would be interested in his story of things as they are, and I believe you could help in this present painful situation. I wish you two could meet each other.

The notice about "King's Heralds" means the little stunt I'm getting up. I have rehearsals several times a week now, and shall be glad when it's all over. Then I'm reading for a paper I've to write for a literature class I'm in—"The Intellectual and Religious Life of the Victorian Era." It's a background for our winter's study of Victorian prose. I haven't been able to do much on it yet, but shall have more time after Ida has gone.

That's the song just now—when "when Ida is gone" not that we want her to go, but as much dressmaking and shopping as we have undergone in the past week is rather confusing. One of her classmates came last night for a short visit. Ida leaves on Tuesday, with lots of pretty new clothes and in fine spirits. Henry leaves us next week, but being a boy, he isn't much trouble to "get off."

Mary's letters sound less homesick than they did at first. She is like Ida in that her homesickness takes the form of crossness instead of tears. But she's getting used to things and is beginning to be enthusiastic.

I really think that I can pack mother off to Ithaca sometime before cold weather, if you are sure that it will be convenient to have her. She hasn't had any vacation this year and I want her to take one. Perhaps

I'll run up to Wellesley the Sunday she's away—I can't stay away much longer!

Please ask John to give my kind remembrances to Mrs. [Kreem], to whose kindness we owe considerable share of our pleasures while with you. Remember me to each one of the family, please, and show them all the pictures. With love to Mrs. Griffis and our kind "Daddy," and best birthday wishes.

 Ever faithfully yours,

Alice R. Appenzeller

October 6, 1912

Lancaster, Pa.

Note at top left corner:

Mother will write before long. She never sits still a minute except when she's writing to the children. She appreciates the letters very much.

Dear Dr. Griffis,

I am enclosing stamps for the robes belonging to "Angel Ida." We are ashamed to have left them, and hereby tender our humblest apologies for the trouble they have caused you and our hostess. Please use the stamps upon the Appenzellers!

I think I shall relate the histories of the various members of the family first. Henry spent a night in Princeton with the boys on his way to Drew. He was pleased with his new school and has already entered into its life—a wholesome life, it seems to be. With plenty of work and play. He is doing whatever he can fine to earn money. His first job was helping the Tipples move into the President's house, cleaning, painting, etc.!

Ida goes from one triumph to another in her college career. We have determined not to talk about her any more outside, for people must be bored, —I think you are a little more indulgent than most people. She was elected to accompany the President of Student Government to represent W.at the Student Gov. conference at Wells College sometime in November. That is not far from you, is it? Then she was made assistant chorister, in which she is following in her "ancestor" (me), as musical director said. That means she will be chorister next year. And last evening on her twenty-first birthday, she was initiated into the Shakespeare Society, one of the oldest and best known of the six societies. I am sorry that it was not my Agora, but there is no special reason why she would do just what I did. Mary is delighted with her encyclopedia. Mother thinks you better have a guardian to take care of your possessions. This last gift is almost too munificent. We all owe you thanks for it and the numberless other kindnesses which you do for us.

The Wellesley Alumnae Association formed here comprises Harrisburg and Reading, as well as Lancaster. I don't know the president's name as she is a Harrisburg woman. I think we'd better drop this joke for it never was more. So don't say anything further about it.

How are you all now, and are your hospitable rooms all full? Mother has given up her plan of going to Ithaca this fall, so tell Mrs. Griffis to drop that little worry from her mind. If we don't hear that we shall have and angel visitor from Ithaca with us next Sunday, I'm planning to go to Wellesley and mother will visit in Souderton. But we hope you can come, because we can go anytime.

We have a new plaything for you—a fireplace in the hall, with Hubley ancestral andirons and planks and planks of old fence to burn. We've had two little parties. Around the fire already, and will surely have another when you come.

The State Convention of the W.C.T.U. is being held here now. We have had our delegates, two nice ladies, for only one night instead of five, and our Sunday is free. We think ourselves very fortunate, for though we mean to use "hospitality without judging," we like to choose our visitors. We heard R.P. Hobson of Merrimac fame on Friday evening. You may have heard him, an eloquent almost brilliant lecturer who know his subject. We are to hear a convention speaker at church tonight.

My King's Herald party was not well attended and the poor, disappointed children played their cunning little Japanese scenes to empty benches. But by art of considerable begging we shall be able to send in $20. as a result of this effort. However, we're all a bit discouraged.

I have been putting every spare minute into my literature paper, which I read on Thursday. I shall begin to write tomorrow, having finished the reading I can do.

This has been the week of our County Fair, the largest in history. We didn't go, but have heard it was thrilling.

I must stop scribbling now. I do hope you can come to Lancaster soon. Mother and I are doing very well, but we are glad to see our friends. With love to everybody, especially Mrs. Griffis, who is all rested now, I hope.

      Ever faithfully yours,

Alice R. Appenzeller

November 9, 1912

730 N Lime St.

Lancaster, Pa.

Note on top of paper:

I enclose this letter which I should have returned long ago. Thank you.

Dear Dr. Griffis,

Your nice birthday letter and the dainty book came this morning. I appreciate them both very much and shall enjoy reading and studying "The Lily among Thorns" soon, I hope. Birthdays aren't the jubilant occasions they used to be, any more, but this one has been pleasant, nevertheless. Friends have been very kind, and mother and I have been given tickets to "The Servant in the House" which we expect to enjoy tonight. As to the years that are piling up, I've been consoled today by the beautiful Browning quotation which I find on my calendar for this week.

> "Grow old along with me
> The best is yet to be, The last of life,"
> for which the first was made;
> Our times are in His hand who saieth,
> "A whole I planned, youth shows but half;
> Must God, see all, nor be afraid."

Perhaps you know it.

I'm afraid we left a bad taste in your mouth the last time you were here. You mustn't think us priggish nor inhospitable, for we certainly don't want to be either. We enjoyed the news from "Gortham" extremely. I wonder if you helped put Woodrow Wilson into the Presidency? Wasn't it a triumph! Everyone seems pleased, because he seems to be the first choice of many and the second choice of most. Of course we are delighted. A lot of us were downtown on election night; I have never heard such [a dice nor suce] such a crowd in Lancaster. We haven't heard from Henry since last Sunday. I suppose he's been too excited to write. Neither have we had more than a hasty note from Ida, who is now in Northfield with Mary, I suppose. This has been and exciting fall for our family.

We are at present in the acutest discomfort of paper hanging. Mother has been painting upstairs some. Now the scraperman yesterday and today shaved our poor hall bare. We are leaving it and the parlor and sitting-room done—a job that promises to last rather more than a week. Then simultaneously the painter and dressmaker arrive for a week, I hope we shall be entirely settled after which I am going to Providence to spend the Thanksgiving holidays. Christmas will soon be upon us, and all the delightful bustle. I hope we shall be entirely settled and "house cleaned" by the time the children come home, but we can't hope to be much sooner.

Miss Frey dropped in upon us yesterday, in all the mess, but didn't like it enough to stay more than a day. We had a nice visit with her, and she has promised to come again.

School and Church affairs are going on as usual. I am having another siege of dentistry, from which I seem never to be free.

You mustn't let me forget to ask you to inscribe my birthday book when you come. We hope to see you and Mrs. Griffis before long, after we are all nice and clean. The thought of how pretty and comfortable we shall be sustains us in this tribulation.

I am looking forward to my visit in Providence when two good college friends and the Wadsworths are going to give me four happy days.

We've been having lots of parties and captain-ball games at school. My work continues light and interesting.

I must polish up my Sunday School lesson ow. With love to Mrs. Griffis and yourself, and best wishes in which mother joins me, I am,

    Ever Faithfully yours,

                              Alice R. Appenzeller

December 29, 1912

730 N. Lime St.

Note at top of page:

We don't think Mrs. Griffis' picture is handsome, but we're very glad to get it.

Dear good friends,

I am fully aware that the best usage does not tolerate the heading "dear friends,-" and yet that's just part of what you are to me, both of you, in the best sense, and I'm going to say it in defiance of Mr. Grundy! I think you're both involved, too, in the exquisite rose and silver star that came to me at Christmas time, and that's why I am writing to you together. It is such a thing of beauty in itself, and then coming as an added treasure from your generous hands, will always be a great pleasure to wear. I have it on now, and am afraid I shall wear it all the time. We're all agreed that we must be very stern w you people, because you are doing too much for us all the time! So this is really a scolding from me, because you shouldn't have sent us any presents at all! But I assure you that they mean a great deal to us, most of all because of what is behind them.

I hope you all had the very best of Christmases. I hope you got our beautiful snowstorm, and the two gloriously clear days that came at exactly the right time. We had been so worried about Ida, who was very much sicker than any of us thought she would be. She was in bed here a week, but had been quite ill at Wellesley for a couple of weeks before that. Of course mother was tied right to her (Ida's) bed, and other things got done as best they might. I did what Christmas preparations were done, so our friends had to forgive us many things this year. Mary came home the day after Ida. She waits on herself pretty well, but needs a good deal of care, of course, because she is still confined to what exercise she can take on crutches. She is such a cheerful little body, not a bit more trouble than she can help being.

You can see how especially happy Christmas was, since we were all together and well, really. Ida could just taste of the good things. And such a pile of lovely things as Santa Claus brought us! I've never had so many gifts, cards and letters in my life before. It comforts me to realize now that Ida's gloomy prediction that after a few years my friends would drop off, has not come true. And then I cannot resist saying, "I told you so!"

We're having fun with holiday parties and reunions now of course. The Wellesley Club of S.E. Pa. held a long and interesting meeting the other day at which we decided to have a "college day" at the preparatory schools, so as to interest girls in college, and in the spring out of doors, to give two Irish plays "The Workhouse Ward" by Lady Gregory (as a curtain-raiser) and "The Land of Heart's Desire," by Yeats. We hope to do them well, so that they will be worth seeing. Don't you think we are starting out well!

All three "children" came home with books, and have nobly resolved to study. Henry has begun, but Ida won't and we don't intend to let Mary, so that our holiday spirits will still be alive. I have absolutely forgotten my profession and everything pertaining thereto for a fortnight.

How is little Katharine? I wish you could bring her here when you come. We should so love to have her, if she is anywhere within reach.

I don't think I have told you about my Providence trip. I filled it full, I can assure you, and the friends of my youth helped. First, I met a good friend in Philadelphia and dined with her. Then Thanksgiving Day I was in Barrington. We talked ourselves hoarse, laughed over old things that neither of us had thought of since we were in college, and generally "raised the roof."

In between there were dinners and luncheons, a tea, a motor ride and a call on the Wadsworths. I crossed New York city all by myself between midnight and one A.M., so you see what a real "bat" I was. Now I've settled down for a long time!

We are counting so much on the visit you've promised us, but hope that you'll change your habits and bring us comfortable weather! May the New Year be full of good things for you. With love to you both, and to all the family, believe me,

    Faithfully yours,

                                       Alice R. Appenzeller

February 16, 1913

730 North Lime St.
Lancaster, Pa.

My dear Dr. Griffis,

Upon reading your letter over again I find that you are to start for Milwaukee tomorrow, so that this letter will probably not reach you at home, as I meant it should. Mother and I did so enjoy your visit with us a few weeks ago. You know how we always say that a day with you is as good as a trip—and we have always like to travel, you know! Then if it has been a pleasure to hear of your adventures in New York and of Mrs. Griffis' good times too. I hope you two haven't been "grinding" so hard ever since as to have blotted them quite out of memory. How interesting it must be to work at the George Jr. Republic! I shall always remember with pleasure the day that Mrs. Griffis and Ida and I spent at Freeville, and the fun we had.

We two old maids, as Ida calls us, have been jogging along at the usual pace here, mother spending most of her time sending parcels post packages to her exiled offspring, and I with the usual ministrations to the youth of the community. Over this coming Sunday we are to have a guest, one of my friends, and there are a couple of parties and things going on to which I can take he4r. On Friday evening there is to be a Japanese bazaar at church, when we expect to sell some things on commission that we are getting from a Japanese in New York. Next month we hope that mother's friend Miss Merrill, will make us a good long visit. I don't know when the children will come home; Ida and Mary may not come home at all until summer.

The Berlin fever has taken hold of us again, so that we think we'll have to go, for a while, at (illegible) song that Ida brought from Wellesley. I am so fond of it myself, that I am glad that you like it too. Of course I will sing it when you come again, if you wish.

James Lee Kaufman is the young man who goes to Tokio in June to teach law in the Imperial University. You remember he is to marry my cousin, Mrs. Dodge's sister. I think he would like to talk over things Japanese with you, who know just what he is going to. He is a very nice, clever young man, Princeton 1908, I believe.

We both send lots of love to Mrs. Griffis, and are still disappointed that she couldn't come with you last month. Please remember me, too, to your sisters and John. Hoping that your exile from home will be a pleasant one, and that you will be successful in all that you undertake. I am as ever,

Faithfully yours,

Alice R. Appenzeller

P.S. I have begun reading <u>Middlemarch</u> again for my paper on "George Eliot as Moralist and Psychologist."

March 12, 1913

730 N. Lime St.

Lancaster, PA.

My dear Dr. Griffis,

Mother and I enjoyed your nice, long letter which came today, and were complimented by its erudition, which was probably over our heads. Thank you for the Dante, too. I can't read him now because I have to put every spare minute on the George Eliot paper, and I find that the comparative scarcity of such minutes is detrimental to it. In fact I am fagged out from the term's work and find myself counting the days until March 21—when my vacation begins.

Mother is down with the grippe—has been quite sick for several days, but it is better today. She is weak and still feeling rather miserable. With this introduction, I proceed to the body of my prompt letter, which I am sure you're surprised at receiving. I'm going to say to you just what I would say to my own uncle. Would you be hurt if I asked you to postpone your visit to a later date? Mother isn't strong, and I'm afraid you wouldn't enjoy your hostesses if you came at Easter time. We consider it fortunate, for her, that mother's friend Miss Merrill couldn't come just now, as she had planned, for we are just dragging around and no one could like us now! She will come in April early. And after that we shall be so glad to see you. I hope Mrs. Griffis will be able to come with you then. Surely the typewriter will excuse her for a few days! I dislike very much having to "veto" such nice plans, but you understand, don't you, won't think we rude or inhospitable?

Chronic lack of funds will prevent Henry's coming home until May.

He has just been to Princeton to a party of Katharine Huntington's. She went to the Inauguration in the Wilsons' special train. Ida and Mary will be here about the 27th. We can hardly wait for that time to come.

I am looking forward to reading your copy of Dante; will return this one to you. Though perhaps not very soon.

Please write me more about the Korea books. As yet I have done nothing on that subject, being steeped in the English middle class just now.

Your Sundays with the "citizens" must have been very interesting. I hope you'll enjoy your work in New Jersey. Why not spend Sunday the 23rd in Madison with Henry? He'd love to see you! And so should we, were circumstances otherwise!

Mother joins me in love to you both. Hoping that you won't be hurt or misunderstand us, as ever,

    Faithfully yours,

                                      Alice R. Appenzeller

April 24, 1913
Lancaster, Pa.

My dear Dr. Griffis,

After having read two volumes of Stevenson's letters, one of my friends said this afternoon that, whether one's letters were ever published or not, one should <u>not</u> apologize for not writing. It grows tiresome. As this seems excellent advice, I follow it, not without, however voicing the real regret that I have been so rude about your very kind invitation to Ida and Mary. They would have loved to stop off in Ithaca, but Mother's erstwhile Korea friend, Miss Merrill, came at the latter part of their vacation officially to see them, as of course they had to be here. Moreover Ida took in Madison on her way up to college, and she and Henry and the "brethren" had a good day together. While on the subject of the children I may as well finish it up. Ida has just been elected president of Christian Association, considered the second or third office in the college. We are too proud of her, I guess. Mother and I reprove each other severely for bragging, and then brag some more! I think this office will mean a lot to her in her after life and work, whatever it is. Henry and Mary are flourishing. Henry was able to arrange a little trip to Bryn Mawr last week. Mary seems happy.

Miss Merrill was with us a little over two weeks, and the time went by very quickly and happily for us. Mother recovered finally from her troublesome illness, but we are glad that we didn't let you come at Easter time. We made 81 <u>dozen</u> chocolate candy Easter eggs for my King's Heralds, in this house! I do get into such crazy things, you know, and the poor kiddies lead to have help in this brilliant money-making scheme. We made $9.00! I don't think you'd have liked the eggs—or as, when we were through with them! But we are both getting homesick to see you now, and to be refreshed by your large view of people and things, so please come when you can, and bring Mrs. Griffis, if possible, and we'll tell you frankly if anything interferes.

Again and constantly we are indebted to you for all the nice things you keep sending us—the college pages, articles and "The Circle and Success," which is very enjoyable. Mother means to thank you for it herself. The Haller exhibition stamp is very attractive. You will have such a good time over there. I am glad that you finished the Hepburn[7] ms.[8] and hope that it will succeed. You mustn't let Mrs. Griffis work too hard—she needs a little rest in Lancaster. Our country is charming us now. I am looking forward to Saturday, when a party of us from school are going to Gettysburg. I have never been there.

Mother insists that I go to Wellesley in June, so that I'll squeeze this visit in between the close of school and Eaglemere. The children are enthusiastic about the conference, which much surely be even better than last year. It was so good of you to look up books on Korea and to order a new "Corea" for me. It hasn't come yet, but the pamphlets I find very interesting and just what I want, to present things as they are now. I am going to begin work on my study class very soon. I read my George Eliot paper two weeks ago. It was a great satisfaction to me to do it. We are in our building at school now. There is to be a big play at the end of the year, and innumerable affairs in between, so that there is

---

7   Griffis wrote Hepburn Of Japan, And His Wife, And Helpmates: A Life Story Of Toil For Christ, which was published in 1913.
8   manuscript

plenty to do. I always rejoice when this part of the school year is over. It always is the hardest, for me, and I should like to have it be the easiest, so that I could spend more time out of doors. Mother is always busy, of course. How she does spoil us all, doesn't she?

We have decided to go to Berlin for a while, at least, this summer. C. Q. will send Ida to Silver Bay, to her great delight, then she'll come to Berlin. The Dodge family may want the house, so we don't know how long we shall stay. My uncle has bought the first little white house toward the village, where he and mother were born.

I must practice now before bedtime. What do you think about the California-Japan situation? Mother joins me in love to you both, and I should like to remember also Miss Margaret and John.

  Faithfully yours,

               Alice R. Appenzeller

April 7, 1916
Seoul

I've been moving, so have no abiding place yet. I camped in the guest room last night, but it's too cold to stay in, so I've been writing miss letters in the back parlor today. I feel I must get them off first, or my little end of the work will suffer. The men are painting the walls of my new room cream; I think i shall like it well enough when it is done.

It took me all Am and part of the aft to write an official letter to Miss Carnahan, all about things, so that she can get it for the May meeting. We are moving some of our girls into one of the Sontag out buildings and with three peoples' moving and some other repairs that are going on, we're quite much of a mess. I didn't move till yest AM, and shall probably not get settled till next week.

I got Dr. Scheiffley, the Dutchy I've told you about, to fill 2 teeth for me, so that took 2 or 3 mornings of running. I have been sleeping later than usual in the AM's and getting a rest. The old tennis courts are being made over, so we have not played yet. The weather has been cold and raw, anyway, so it's all right. One aft we called on dear Dr. Underwood. He and Mrs. U. are going next week, but Hollie won't go farther than Yokohama. He is needed here to look after the Dr's work, and keep him posted on important changes that are constantly taking place now. He looks worn and sick; he had no business to study so hard in Tokyo, but he's the kind that won't stop as long as he can go. They're going to Battle Creek, where a real rest and good care may make him over. He told us that he was much worse the other time he went home, in 1906, and he got well all right. He says his sister lives in Pittsfield, and he hopes to see

Henry when he gets well. You will be quite overwhelmed with K. visitors this year won't you? We had two K parties here this week. Vacation is the time one gets those things done. On Mon night I had my "old folks", girls who were here in school when I was here. There were 8 of them, nice women about my age. We had a grand time reminiscing, playing games, and hearing all about what the others had been doing since the time I left K. I had them come down to the D. R. for refreshments, where I had a "pie for" them each to draw something out for themselves. Their gifts were a little J lacquer box apiece. They had a good time, and so did I. The next night we had our men teachers and Miss Church's Bible class. They are always very uproarious. I had a letter from Marian today, thanking me for writing, etc. She hopes to come home to the end of this month. The other AM I called on Dot and had a good talk. She is a funny little thing, so quick to criticise where she doesn't know a thing about the facts. I suppose we all do that. Palyongie had his wedding feast this week. It was a good one, and his little bride and he seemed to be quite used to each other and happy together. Usually she has nothing at all to say, even after she has been married a long time, but they were not stiff at all. They both liked our present so much, and thanked me profusely.

What do you think? Pai Chai[9] has had 1000 applicants for the new term! That shows what recognition does along that line, anyway.

Handwritten note on the left of the above paragraph:
They are taking only 200.

---

9   Pai Chai Hakdang was the first Western educational institution in Korea founded in 1885 by her late father, Henry G. Appenzeller and run by her brother, Henry D. Appenzeller.

It is going on 3 weeks since the last home letters, but I'm not stewing, as you see. Mail came today. I wish you would mail you letters at a P.O. for a while, just as an experiment. If you can vary the mark, all the better. A train mark would be fine. Don't mention this.

Marion Draper came back from P Yang yest, and I had supper at the Bunkers' where she was staying. I'm going to Hardies' to supper tomorrow. Did I tell you that Grace and Gertrude are coming out this summer?

September 17, 1918

Ewha Haktang,
Seoul, Korea

My very dear Dr. Griffis,

All day long I've been thinking of you on this, your seventy-fifth birthday, hoping that it will be (for it hasn't begun for you quite yet) the happiest of all your birthdays. I wish I were rich enough to cable you a message of affection and congratulation, but the much-used thought messages will have to do again, and I hope you're getting them today, even though you won't see this greeting for a whole month. I trust you are having as glorious an autumn day as we are—such skies, such lights on the mountains near and far, such bracing air, and every night a glory of silver and blue and soft shadow! You can have days like that in Ithaca too, I know, where I suppose you are, perhaps with your children and grandchildren around you. It's a long time since your last letter came—I think it was in May, and if the magazines didn't come so faithfully I should fear that something was the matter. But I hope you are well and enjoying life with your usual enthusiasm. May you have many, many more happy birthdays, each better than the last! The great event of this year is our family is over, and it was "some" job job getting that wedding thru, it turned out very well, and everyone said it was pretty. Mary and I are sending you pictures as a birthday souvenir. We had the only rainy day there had been for weeks, but it kept down the crowds, for Koreans hate to go out in the rain, and no one seemed to mind. There were the usual festivities before, and the wedding was a conventional church one, with everyone invited, tho the reception was smaller. Mary made a lovely maid of honor in pink Ida and Gertrude Swollen, the young daughter of Pyengyang missionaries, looked very well in white and blue. Ruth was a very sweet bride, and Henry a superb "broom,"

As the little flower girl him! I played opposite to Mother Noble in the front pew, and didn't weep, either! The happy pair went to Nagasaki for ten days. Whence they have just returned and will in a few days go to (illegible), where there will be their new home and new work. It is so nice for us all that they are near.

I wonder if you are soon going South again; your trip sounded very interesting. I was glad for a letter from Mrs. Griffis, and hope she won't mind my answering it now with yours. How interesting that you should meet Dr. Heller, my father's friend! Mrs. Underwood has just gotten out her husband's biography, which she calls "Under-wood of Korea"—I wonder where she got that title! After all, I think he deserves it more than my father, for he was her almost twice as long. I have the book but haven't read it yet.

Ida has been intending to write to you of her engagement, and may have done so by this time. She is to marry Paul Burt, son of our bishop, and one of Henry's intimate seminary friends, a splendid, handsome chap whose quiet strength and intellectuality suit her, —when he gets thru being a Navy chaplain. Oh, this war! How many plans and homes it is wrecking! He saw her at Cannons and Hartford, and travelled thu the East last year as his father's secretary. She is very sensible about it all. Tho they can have no plans, of course, and she has been sent to [Halesdate], the antipodes, tho a beautiful station, with very pleasant people, we are told.

Ida and I had the best visit this summer that we've had for years, and we did hate to see her go, for we can't meet for another year, at least. I told her to Woman with me for a week. Henry summered there because the Nobles were there, and we had a pretty good visit with him at boarding-house table. This beach is a rival of Sorai, more booming because more accessible, and almost as nice tho we are all stanuch Sorai-ites. I had only that holiday of twelve days but took it intensively, loafed and played out-o-doors, and have not suffered. But I don't think it would be well to do it often.

Seoul was perfectly bearable as far as physical conditions were concerned, but I had to keep on with the daily grind, almost the same as when school is in session. About twenty girls stayed on thru the summer, and took some supervision. We had a stream of company. People from all parts of Korea and some from China and Japan, going to and from the resorts. the servants were sick off and on, and the people who had gone away kept asking us to do errands for them. But my two big jobs of the summer, the things that kept me from getting into any such private mischief as writing letters were; first, preparing copy and reading proof our conference minutes; and second, teaching a poor little Eurasian (Russian and Korean), an outcast who was reputed so bad that no one dared give her admittance to their homes. I have always pitied the little thing, who is only twelve and a street urchin and thought this would be a good time to get her off my conscience. So for a month she spent a couple of hours of every morning with me, and I did enjoy her. We had English lessons, and I let her amuse herself with my magazines cutting out pictures, etc. I often told her stories, and she always begged me to tell her "about Jesus Christ." But alas for my credulity! While we were in Wonsau she came and burglarized our rooms taking everything of value that she could lay her hands on! After falsely accusing some of our students, we got a clue; called Irene and such a scene as we had! Such a little actress, I'm sure she'd star in movies! She played upon every string of my heart, and finally had to be carried downstairs by one of our mission men, who had come to my help. She screamed, bit him and acted like a little demon. Finally, however found herself at bay and consented to go and get the things. She didn't bring them all, however, & I had two more sessions with her before everything was recovered. The last was the other day, when the poor little wretch came with a badly infected foot. I took her to the hospital, and before we parted she asked me to come to tea at her home on her birthday in October! We're still great friends, & I'm going to try to keep my hand on her as much as I can. She really ought to be sent to such a reform school as Slayton Farms, near Phila., but there is no such institution here & little hope of her doing anything but go from bad to worse. It was an interesting experience, & I'm not sorry I had it—only, I wonder why I never turn out a finished product in my missionary efforts! I hear of others who have real success, but mine is always relative, it seems.

Everyone here has been excited about Red Cross work since the emergency in Siberia took eight medical workers from our missionary force for ministry to the Czecks. Henry and Ida have volunteered with the rest, & for a while it looked as tho they might be called. But we heard today from Dr. Ludlow, the Severance surgeon who has come back for a few days to get permission for himself & his wife & another nurse from S. to stay with the Red X till the war is over, that the brilliant C victories remove the immediate emergency, & they're all going to meet to make a real Eastern front again! He says he has offered himself as guide to Berlin, for he knows the Unter den Linden by heart!

I would be interested if you would tell me how much my letters are censored. Like the Irishman, I want to know what parts you couldn't read!

This letter has been written at odd moments during three days, and it isn't as well as I wanted it to be. We began school this week, tho, according to government regulations our lower grades opened Sept. 2. Immediately upon returning from Wonsan we had the wedding to prepare for: then Ida left; then there was a 3 days meeting of the Federal Council of Mission here; and now school, language, work, and all the routine duties have begun. Mary is standing her work well and steadily gaining strength. I think homesickness was the root of her complaint. She has a cozy little room right next to mine, both opening to the same south veranda, with Namsau, Pei Chai and the site of our childhood home all before us, so this really is home. Mary had some beaus this summer (they are very scarce here—the loveliest flower is doomed to blush unseen here in Korea now!) and is very cheerful. I am as ever, very well, play tennis very hard every day and work most of the rest of the time, tho I don't like to get up early any better than I ever did! How interesting the magazines and papers are nowadays, aren't they?

I see Outlook & Atlantic, Life and Literary Digest rather regularly, besides those you send, which are always welcome & passed from hand to hand.

Now it's time to turn Jeremiah & the Medes & Persians against tomorrow's early morning classes. With much, much love to you both, and my ever hearty good wishes.

  Faithfully your friend,

                 Alice

October 11, 1920

233 Charlotte St.,
Lancaster, Pennsylvania

Dear Dr. Griffis,

No "wonderful" letter this time! One sheet must be the limit of correspondence, for there are too many waiting, & I sit down at my desk too seldom these rushing days. I did hope to send you a letter in Europe, but this will bear you my welcome, as yours welcomed me here. We arrived in Lancaster Aug. 23, after a very delightful trip by the northern route. Mary stopped at Milwaukee to be inspected by her "in laws," while I basely deserting her, visited a college friend in Chicago. After only a week in, I spent mostly at summer sales, we started out on a three weeks tour of visits; Mary had business in N.Y. so we enjoyed a few days there. Oh how I'm looking forward to some months in that wonderful Gotham, with you and Mrs. G. as guides to Bettyand me! There we visited Cannondale, Miss Merrill ("Aunt Ida") in Cambridge, having ana afternoon's ride to Wellesley, the Beautiful—& I am now among the "kissed alumnae," for Miss Pendleton is very corial since visiting us in Korea! Then came a few days in Berlin—& oh, the heartache of all these dear places! Mother's death never seemed real till I saw that poor neglected grave. It has been homesick (illegible), this coming back to Lancaster, which is no longer home, tho there is much that is dear and precious here. Friends are doing all they can to make it pleasant for me, but so far I've had almost no time for real visiting here. The [Seavers] with whom I'm making my home are old friends; I knew Ruth at school seventeen years ago, and since then, after we left Wellesley we've kept up a close friendship. They have a big house, three unmarried sisters and their mother, with plenty of means tho they're simple, cultured people, not at all fashionable. They are <u>very</u> good to me, & now that they they're more used to my ways & have recovered from the shock of friendship that I can't sit on their porch & crochet with them, not have work to do, they are letting me really make myself at home, which I like far better than being "entertained." When we went to Souderton we found that Uncle Jacob P. had been dead several weeks; he was the last of my father's family, and we loved him. His daughters are staying on the old farm. Two days after returning to Lancaster I went to Pittsburgh, where, in a little place near Johnstown, South Fork, made my maiden speech and got $100 from a man of another denomination. I've made quite a few since & we've just finished "Branch Meeting" here in L. last week. This church has decided to assume my support which more than doubles their missionary giving, & I hope will be the source of mutual helpfulness.

Ida is temporarily settled in a flat in Riverside, Cal. where her husband has been appointed to the air service. Mary will visit her on her way out next month, leaving here early and sailing Dec. 3. Her wedding day is set for Dec. 3. The child is having such a happy visit with the Hollingers; we go on fascinating shopping tours, but the days are very full & she feels rushed. She's going to N.Y. next week & I hope you'll see her. She is a very womanly madonna now & is making a great bit—quite a speaker, she is really, i her naive charming way. There is so much to tell & to ask you & you see I'm making the most of my sheet! I do hope you have had a very satisfactory trip in every way. I long to see you both & hear your opinions on many, many things. Life is so full of interest, but so puzzling too.

I'll be in Phila. Oct. 14-21, 25-Nov. 4, the latter dates at our Gen. Executive session. They're putting responsibilities on me & how am I straightened till it be accomplished! I love being in America & am enjoying everything!

 Much love to you both ever,

Alice

October 14, 1920
#233 Charlotte Street,
Lancaster, PA.

I'll finish by hand. I'm here for a week—of "internship," of the kind you have done so much of all your life, and like it better than I thought I should. I feel a bit lonely here in my "missionary" room at 6:39 P.M. leaving made my afternoon speech & dined at the Y.W.C.A. cafeteria. I wish you were here to take me to a movie—but that's the trouble with me—I'm too sociable. I do value this free evening for letters, & hope to get a lot off.

Yours from the steamer was forwarded to me here. You must have had a very rich summer indeed. Mary goes to N.Y. on Thursday, the 21st, & hopes to see you, tho I gave her the 100 Northern Ave address, the latest I have & she may not have reached you. Write her at once to 339 N. Duke St., Lancaster, or if too late for that, Room 710 Fifth Ave., N.Y. You'll be pleased with her development, and as she leaves for the West early in Nov. this will be your only chance.

The latest word from Henry was that he had "a touch" of the cholera, which has been raging in Korea, not that the inoculation saved . I'm anxious for future word. I'll be at this traveling until Mary leaves , so no more visits with her. No more now, but loads of love to Mrs. Griffis, whom I am most eager to see, and to yourself, too. I'm afraid there won't be any time for study, with all the friends there that I want to play around with! So glad you're back again!

Faithfully ever,

Alice

February 2, 1921
Ap. 313, Bancroft Hall,
509 W. 121st St.

Dear Dr. Griffis,

Your welcome card has just arrived. Let me hasten to assure you that being an <u>old grad</u> has numerous advantages, among them being able to come & go and have our friends as we like! My roommate has always entertained her "gentleman friends" here so do come whenever you can. I long to have <u>lots</u> of time with both of you, & covet the privilege of seeing N.Y. under your guidance.

Because there are so many things I want to do I have purposely kept my schedule rather light, so that Tues. & Thurs. are the only afternoons when I have classes. Of course, I shall need much time for study, but Fri. & Sat. are pretty free. Tues. evenings, I'm to sing in the Univ. chorus. Classes begin tomorrow. I'm most enthusiastic about my program—a feast spread out before me. Hear Fosdick give a great lecture at Union yesterday on <u>Miracles</u>. Dear Mrs. Griffis I hope you and I can have lots of good visits. I have some long letters describing Mary's wedding.

Lots of love,

Alice

March 14, 1921

Speech 102

From the rock -hewn shrine of the mountain where the lily-of-the valley hides beneath the Jeru,
   May words we in the land of Morning Calm
   Above I hear the cool pines whisper
   As the cuckoo calls to his mate—
   "Puk-kuk! Puk-kuk! Puk-kuk!"
   Away and away the hillsides flush with azalea
   Above the bright green rice-fields, where men head to their toil.
   Blue and silver the river, as, Forsaking the proud old city, She turns her arm in the embrace of the sea.
   A white-robed pilgrim, bowed with many arrows
   Rests by the deep spring under the rocky wall.
   She and I were born amid this haunting beauty;
   Our hearts know well its peace.
   (With apologies to Tagore.)

Alice R. Appenzeller

March 13, 1922

[Location not identified]

Dear folksies,

Today is Monday, and tomorrow will be Wednesday, & I begin to realize that I'll have to stick to my pile if I'm going to reduce it! Alas for it's author—she is getting fat on this miserable ship! I was sick as a dog for two days, but have been ravenous ever since, & when I feel at all hungry I get faint and sickish feeling—so how am I going to calory But I'm cheered by the fact that the Korean friends on board who hadn't see me since I left exclaimed with delight at my emaciation, wondered how I did it, etc., & now are inspired to calory themselves, having left orders in Honolulu for the book! I'd get rich if H.P. would give me a commission for selling her book! Two more friends in Honolulu were also inspired. But I'm falling down really now, & it's wicked too for I've got to impress my friends in K.!

I've about decided stay on til Kobe, but Betty leaves me at Yokohama. We are having a happy time together, a good deal better than in N/Y., & tho the [Carualeans] are served up to me every other remark in some form or other, & other things are different from what they used to be. I feel very hopeful that it's going to adjust itself and be all right. I fear there'll never be quite the old feeling, but I hope there'll be even better one. As new experiences come, & I'm near her here, she'll include me as she used to. It seems so strange even to be thinking things like this, much less writing them, but life is queer, & plays us many a trick.

Foster Beck and his wife, of the U.S. Consulate at Seoul, & Dr. & Mrs. Ludlow, of Severance Hospital ar on board & we're enjoying the voyage immensely. I begin to feel the perplexities & problems that will soon be upon me as I near my destination. In less than a fortnight I'll be in it again! I shall be glad to arrive, but these lazy days at sea just suit me, & I'll be sorry when they're gone. It never pays me to rest, because when I once stop I never want to start again! I feel more relaxed than for months, & too lazy even to write letters! I got about 70 of them am trying to answer them all before we land for I shall not be writing again before summer—probably! We had a lovely day in Honolulu, which I dearly love. I stayed overnight with a college friend, heard a concert of Hawaiian music & went swimming! But we haven't seen any whales, tho the weather is so balmy now that they ought to be sporting about with their babies! What a sight that would be! It is very warm & now that the passengers are getting acquainted all sorts of sports, etc. are going on. Several people are going to the Student Christian Federation Conference in Peking, among them Robt. P. Wilder, the head of the Student Volunteer Movement & one of its founders. He told us about its beginnings last evening. Yesterday A.M. at our little service I got into harness again, playing and singing—also for the lazier pleasures of hearing others do so well the things you attempt! Listen to all the good things me! My memory will feed me for a long time, but I'll love to hear what you're all doing.

Mar. 20. Alas, my record on this trip has been bad for I've two or three miserable days since the above. Usually I'm all right after the first, but this time I think it must it must be the tiredness sicking out. I've had a good rest & written about 70 letters & cards & read a lot. I slept long nights beside the dock at Yokohama this afternoon & everyone is on the deck ready to get off. I'm writing on my lap, surrounded by chattering friends.

Goodbye.

Heaps & heaps of love,

Alice

August 3, 1924

At Chemulpo[10]

Dear Dr. Griffis,

I'm here at Mary's over Sunday, send including a few days in Seoul into my holiday at Wonsan Beach. I have had a week there and return tomorrow night for a fortnight. Then work begins again with the Y.W.C.A. Conference held at Ewha, Aug. 20-28, school opening Sept. 6 & after that the annual conferences—three different ones. School closed July 12 but I stayed on til the 25th, looking after innumerable workmen, the guests that come & go in the missionary fellowship, & seeing the stream of people who seem to have business with the principal, even after school is over. I'm very well not with the depressing rains & heat, & the endless & several futility of the things that filled my days. I got quite discouraged. I had hoped to get a lot of desk work done before the summer was gone, but that was impossible. I've never had so many letters to answer, with business & personal, never begun my literary season so late. I'm just about snowed under, and don't know that I can ever struggle out of the avalanche unless that secretary comes, that we've asked for. If she does, I think I can live like a woman, but without her I don't know how I can go on! So there you have me in my present mood! Wonsan Beach is Sorai's great rival. The Nobles are promoters of it so Henry goes there. It is a beautiful place (being in Korea!) and much more accessible than Sorai, being only seven hours by train, with fine service. Knowing I should not be able to be

---

10 In letterhead: Ewha Haktang, Seoul, Korea

away for any long period I chose to go there with some Ewha friends. It's hotter there than at Sorai, for we're right on the beach with no cliff; but breezes do blow and I love the swimming. So when I've had another fortnight of it, I shall be more ready for work again. I try to write every morning, read & play the rest of the day. The other day we took a boat to an island in the bay and cooked out breakfast over the rocks, returned by `0:30, after a good swim.

So many letters of yours I have to answer—<u>four</u>, which means I haven't written you since fall. And then the constant reminders of your love and thought—How can I thank you for everything? Surely you must know that I appreciate your friendship even though I make such a poor response. I don't know how you take any pleasure in me, when you never hear from me! The thimbles came too late for Xmas, so I put them away for this year's distribution, keeping out a few for me. The girls like them very much. The pictures are doing service about the school. I make scrapbooks for history, etc. from the weekly pictures, which are enjoyed by many. The little books, "The Call of Jesus to Joy"[11] I supposed you wanted me to distribute so I gave them to different ones who would appreciate them. The church tower is my special joy, and every [se] shows, it seems greater power than the last. I am eagerly awaiting developments in H.E.F's[12] case.

So you are thinking of spending next winter in France? I should think that would be a delightful change. I am interested in your family news, and watch the increasing fame into which John is growing. I should love

---

11 Griffis, The Call of Jesus to Joy (New York and London: Funk and Wagnalls Company, 1912)
12 It is not clear what H.E.F refers to.

to hear him play. Perhaps, when we get the radio out here we can hear him. It is hard to imagine the wonders that are already common places with you and all in the short time since I left you! I wonder when radio will be allowed here. They say it is not permitted by the authorities. I am sure Lillian[13] has my best wishes for her marriage. She has courage to try again, hasn't she? So she still interested in astrology?

Yes, indeed I am interested in your sister's biography, which I suppose must be about finished by now. It should be of real value to all of us out here, giving us perspective on our present situation.

Betty[14] has gone east now, to Castile, N.Y. where the Carnahans[15] are spending the summer. She has been fortunate in having had splendid treatment in Los Angeles, and thinks she can return this fall. I certainly hope she won't until she finds out whether she really has learned her lesson, and can manage to keep well when she has responsibilities upon her. It is a question of constantly over-doing, and not being willing to stop when the time is up, as I do. She always finishes all her work, whether she's able or not, and "The end of the fight, Is a tombstone white," when you try to do that out here. It is very commendable and endears one to those whom one serves but it can't be done out here.

The college land has been bought, a lovely site waiting for the development of college work until it shall be needed. Our college dept. Is developing very promisingly, and if we only get permission

---

13   Lillian Eyre Griffis (1883-1934) was the daughter of William E. Griffis.
14   Alice Appenzeller mentions an acquaintance named Betty Lee in her June 11, 1914 letter to Jessie Woodrow Wilson (daughter of President Woodrow Wilson).
15   Possibly the family of Carrie Jay Carnahan (?-?) and Ella May Carnahan (?-?), who were members of the Woman's Foreign Missionary Society of the Methodist Episcopal Church.

to register as a <u>Sewwon</u> Gables (special school), as they call their colleges, we shall have more students than we can accommodate. The other signal accomplishment of the year is the affiliation of our little Y.W.C.A. group with world's Y.W.C.A. Helen Kim, our star girl, who will latre her M.A. at Boston U.[16] this year, was invited to the World's convention[17] in April & made a great hit. The National Board[18] offered us a scholarship in their Training School, but the new passport regulations prevent our sending the student, another Ewha girl, in time for the first semester.

I wonder what you're thinking about the exclusion bill,[19] etc. We don't know what we'll do now that the "luxury" tariff taxes most of the food we eat and the clothes we wear 100%. It seems impossible that it should be enforced, but I suppose that's what they feel about our regulations. I was much interested in an article on the subject in the July Atlantic, "Grave Consequences," by H. H. Powers.[20] I wonder if you think all regulation should be such that anybody could share our country who wished. Do you agree that Asiatics are not assimilatable, or do you think there should be free intermarriages?

Perhaps you'll be interested in reading the biography of Wellesley's founder (did you know him?)—"Henry Lowe Durant," by Florence Morse Kingsley. I found it very worth while. We shan't have to wait much longer for Henry & Co.'s return. They enjoyed you so much—

---

16 Boston University (est. 1839)
17 It may refer to the Convention of YWCA.
18 It may refer to U.S. Board of Foreign Missions, or Methodist Episcopal Board of Foreign Missions.
19 The Immigration Act of 1924, or the Johnson-Reed Act, imposed nationality-based quotas limiting the number of Asian immigrants entering the U.S.
20 H.H. Powers (July 1924). Grave Consequences. Atlantic Monthly, 124-133.

What a year they did have, didn't they? Ida seems glad to be in Washington. Her baby certainly is a fine-looking specimen. Little Lorna is chattering away with all the irritability of two and a half.

The Lacys are comfortably settled in Chemulpo, in the house where Henry used to live. It is a roomy, old-fashioned family house with a big yard & lots of trees. I hoped to find relief from the heat of Seoul today, but it seems just as hot here.

The whole lazy Sunday morning has passed as I've been chatting with you and with my relatives, they all send their love with mine, and I send bushels of it. I which I could see you both today. May the summer months in your beautiful home be full of good for you. With the best wishes and love of my heart,

  Ever devotedly,

                Alice

P.S. Private.

I recognized your writing on the letter that strayed here first, so I sent it over. I don't see why you should not have written, even if you'd thought of the other. I am sure she appreciated your praise, for she lives on it, as most of us do! I see them very little—no, I can't say it's like a dream— It goes on in a humdrum way for weeks, then something will come up— She communicated with me about a business matter & I replied to her. Several communications were necessary, & I wrote to her, supposing from her lea[21], that she preferred it so. Then she got mad & said she was tired of being go-between—I tried to be dignified in my

---

21 이 'lea'의 의미는 알 수 없다.

reply, & she apologized properly. But separation the only possible thing, for she <u>will</u> misconstrue everything else & work herself into a frenzy. All the nice music we used to have is gone—a real loss, but it had inevitably to be sacrificed to the greater good. I ofter long for it & the fellowship, but <u>right</u> is better. It is very wonderful the way we can avoid meeting when we used to be constantly associated. He is absolutely conscientious & fine, & there is no trouble nor dread except of her feeling. Pride is the great protector, & the only one that has held her tongue. I have one friend who knew this before who is my <u>only</u> confidante. I don't write it to Betty, for she doesn't understand but this other one does, having had a somewhat similar experience. Again you are my comfort, & I wish you'd come out here so I could see and talk with you again.

Betty seems to feel rushed, too, & it isn't so happy in her work as she used to be, I think. She had rather too (illegible) a dose of luxury, perhaps—Miss Carualbau has gone to S. America for an official visit, which makes B. anxious. I wanted her to come here for Xman & she wishes now that she had, for she got no rest there. Her good helper had to leave, so she feels burdened with the work. She is going to [Korreigawa] next summer.

Now I've been writing for an hour & a half—some speed! & it's time for bed. It has been such a joy to talk with you again this evening! I hope you are having the best of good times in Gotham. I'm sending you a paper about some of your old friends. Isn't this letter of Bert's good?

  Goodnight—

Alice

July 19, 1925

Sorai-by-the-Sea[22]

My very dear friends,

Again I've been very glad, to come to my well-loved retreat of beauty and rest here by the sea, with my discouragingly high pile of letters, many of which however, like this one, are a joy to answer, and my books! I have a very congenial companion, Edna VanFleet,[23] whom you met in N.Y. She just had word of her father's death, so I brought her along with me for I know what such sorrow and loneliness mean. This week the real tenant of this camp, the same one I've been in twice before, comes the principal of the Presbyterian Girls' School[24] in Seoul, who was good enough to take me in. I'm sure we both want the same sort of vacation and will agree well.

You know my plans were all completed for a trip to China this summer = three weeks in Chefoo[25] and three at Taisham[26], the sacred mt. But just before time for us to go the news from China became so alarming it is we followed the general advice and gave it all up. It was a keen disappointment "fed up" with things Korean—missionaries, people, problems and everything, and felt a complete change would restore to me the joy of the job, as Betty used to say. But it was not to be, and I

---

22 In letterhead: Ewha Haktang, Seoul, Korea
23 Edna M. Van Fleet (?-?) was a professor and the acting president of Ewha Haktang while Alice Appenzeller was visiting the U.S. to raise funds for the Sinchon campus. She was also the superintendent of Ewha's Childcare School from 1918 to 1938.
24 Possibly the Presbyterian girls' school (est. 1886) founded in Chŏngdong, Seoul by missionary Annie J. Ellers. Now Chungshin Girls' Middle School.
25 Chefoo (now Yantai, China)
26 Taishan, or Mount Tai, in Shandong, China

know I can get it all best from the source of all joy, and perhaps these days of perfect quiet and freedom were more what I needed than the interest of new scenes. I had counted on seeing old college friends over there too, but now I can only hope that they are safe and well. I feel that there is more to this disturbance than appears on the surface, and that it has deep roots in many wrongs that the foreign nations have been imposing upon China for decades—Certainly some of the sowing could bring us good harvest.

Your letters have given me a glimpse of the <u>splendid</u> trip you must have had—and how grateful to have received it as a present from your son! Why didn't you come to <u>Asia</u> instead of visiting Europe so often? What are your plans for this year? The Lacys left in April, & May be addressed at 801 Monroe Ave. S Milwaukee, Wis. I don't know their summer plans exactly, but they'll probably settle at Evanston, Ill.

Thanks for the Appenzeller cards, which do look something like some of us, I think. I hope I can go there sometime. I know Henry did receive the books "Jesus Call to Joy," and has made good use of them as prizes, etc. for his boys. He said he gave one to a boy who won an English oratorical contest with other schools in Seoul. He will doubtless write you soon. Poor Boy! He's still alone in that (illegible) school, you now, which doesn't close until July 21st. He's still in Seoul but his family is at the Nobles' in Wonsan Beach. The children have grown a lot this year, Margaret[27] having finished the first grade. Dick[28] is a live one of three, and little Carol[29] is walking and talking

---

27　Margaret Noble Appenzeller (1919-2005) was a daughter of Ruth E. Noble and Henry D. Appenzeller.
28　Richard D. Appenzeller (1922-2005)

already.

You once asked whether the Korean Christians celebrate Christmas in their homes. A good many of them do, those who have been educated in the Christian schools, especially, & have trees and gifts for the children. I great deal is made of the S.S.[30] entertainments at Xmas time in the churches, and it has become the custom to have some dramatic representation of Biblical scenes, or plays of any kind at that time. One is reminded of the miracle of plays of medieval times, for often we have to frown on these spontaneous but not Christian shows. One year in a little church Adam and Eve came out in white skin-tight garments, while Jehovah and Satan chased each other up and down the aisles, to the delight of the mob.[31] Non Christians think of this as a great time for a spectacle of some kind in the churches so the crowds are usually not the devout and reasonably ordered congregations of the ordinary services. We try to guide this excess of vitality without destroying it, but is hard work to know what to allow & to forbid in a church when that one room is the only place in the community for either worship or decent recreation. Of course, the country church at home has had the same problem, tho in a less acute form.

Did you know our dear Aunt Ida Merrill died of cancer last December? I will miss her sorely, for she was a very precious link with mother. Her sisters sent me a lovely gold chain bracelet set with four

---

29 Carol Ruth Appeneller (1924-2003) was a daughter of Ruth E. Noble and Henry D. Appenzeller.
30 Sunday school
31 Depictions of Christian figures. Adam and Eve were the first man and woman according to the Book of Genesis in the Old Testament. Jehovah is one of the names of God; Satan is the name of the devil.

pearls, as a keepsake. Betty is getting better and is trying her wings. She talked of coming back this winter, but I think she will be required to spend at least a year working at home to test her strength.

I'm reading, up my old Atlantics[32], which I'm behind on, and now have begun on a splendid book, "The Conquest of Fear, by Basel King.[33] I had never read Quo Vadis[34] and have enjoyed it since coming here. I imagine it is quite colored by Roman Catholic tradition, but how wonderful it is to think of the martyrs, and what they endured for Christ's sake! I wonder if my faith would stand under such tortures? I can appreciate your reaction against the extreme emphasis on the dead Christ as one sees in Italy, and your wish that the living Jesus could be known. I am glad you saw something of our Methodist work in Rome. There is a great call to Protestantism in the Old World.[35]

We have been having a spell of the rainy season and today all is blue and gold again. I like to think of you both safe home again at "Horizons."[36] I'm hoping for a letter soon, tho not deserving.

It has been a hard Spring for me, for the legislation of the College brought endless adjustments, and things did not run in the smoothest regular grooves. We had a visit from Mrs. Thomas[37], Sec. of Korea,

---

32 The Atlantic (est. 1857) is a monthly literary and cultural magazine published in Washington, D.C.
33 Basel King, The Conquest of Fear (Garden City, New York: Garden City Publishing Co., Inc.,1921).
34 Henryk Sienkiewicz (Jeremiah Curtin, Trans.), Quo Vadis: A Narrative of the Time of Nero (Boston: Little, Brown, and Company, 1896)
35 "Old World" refers to Europe, as opposed to the new (North and South American). Appenzeller is referring to Methodist Missionary work toward Catholics in Rome, Italy
36 Louise S. Becker's letter to Griffis dated Oct. 28, 1924 is addressed to a residence named "Horizons" in Pulaski, New York. (Box 59, Folder 13-B)
37 R. L. Thomas (?-?) was the secretary for Korea of the Woman's Foreign Missionary

and all sorts of extras piled in all the time. We came near having a strike in the Kindergarten Normal Dept.[38], because of their jealousy of the college, and a couple of disloyal teachers gave us a good deal of trouble. Finally, while we were away at Conference in Pyeong Yang five girls were taken to the hospital with fever, & it proved to be typhoid, of which, the city was full. We had eight cases in Main Hall and one girl died, the very hour in which our lovely Alice Kim[39] was married in the chapel. I'll send you my report later, but this is just to tell my dear Father Confessor[40] that I got somehow as weary with learning it all and everlastingly learning and trying to settle people's troubles that I looked longingly across the Yellow Sea. I can see it from here, like sapphire, and I guess it is doing me just as much good as it would from the other side. I just sometimes get that cowardly feeling of wanting to run away, but as Edna Ferber says in "So Big,"[41] 'you can never run fast enough to get away from life! And of course, I don't want to!'

Write me soon, and tell dear Mrs. Griffis.[42] I'd love to have a letter from her again. With loving thoughts and prayers,

  Devotedly ever,

                 Alice

  Society of the Methodist Episcopal Church.
38 Kindergarten Normal Department at Ewha Haktang
39 Alice Kim, or Kim Ae-sik (married name Jung; 1890-1951), was one of the first graduates of Ewha Haktang and the first Korean music instructor trained in the U.S.
40 A father confessor, in some Christian sects, is a priest who hears confessions from members of the congregation and gives them absolution of their sins.
41 Edna Ferber, So Big (New York: Grosset & Dunlap, 1924)
42 Sarah Frances King Griffis (1868-1959)

December 3, 1926
Seoul

You dear, dear people!

To think that you're getting nearer and nearer every minute! I have longed for this time to come for so many years that now I can hardly believe it! I hope you won't land in a windstorm like this picture, but that you're having calm and pleasant days. I'm sure you'll get a royal welcome from loyal and nearby persons get, but from no one will it be more sincere and loving than from your humble friend in Seoul!

Do let me know just when you'll be coming over here. I want to know your plans right away, so as to plan things here. Of course, I know I haven't the right to appropriate privately such guests as you—but when it is possible Henry and I do want to be with you. Our Christmas holidays are from Dec. 23-Jan. 5, and then the most trying term of the school year begins. You'll have to come as you can, but I've written you of dates, with the hope that you can be with us in the lovely spring. If not, we'll do what we can to have a happy visit <u>whenever</u> you come and you'll be <u>most</u> <u>welcome</u> at any time and for as long as you can stay. Ewha Hotel and will be your headquarters in Seoul, I hope.

With no end of love, and popping with excitement—

Alice

January 6, 1927

Seoul

Dearest Folks,

I was overjoyed to have a card telling new thing about you, and then, the good letter makes me feel you're very near and available! Now the next thing is to get you over to our little country and make you stay long enough to see it! I do so hope that you'll not plan to return home till summer. You know you'll see all the Union Seminary Friends hundreds of times, and as one of the family said you could probably tell in advance every word they'll say! __ not meaning to disparage anything so really momentous as a fiftieth reunion, but there'll be a 51st, etc., and when will you ever get back here? I'll plan a nice itinerary for you: how would this do?

In Japan till April 15, seeing cherry blossoms and all the lovely spring things—Stay till May 1, if you like. The whole month of May in Korea, and I promise you you won't be bored, then if the war is not warring too much, to Peking via Mukden & Dairen, Shanghai, back to [Goleentra and Koruigawa] and home in August or Sept. That would really give you something worth coming out here for!

You know you're surely going to stay here at Ewha; we're not the chosen Hotel but we have homemade bread and doughnuts and a good big room where you can rest and write, and hymn books we can sing through and fireplaces to sit around all evening! The major-domos will not be lacking here and you can do all of that under the proper care, but I want you to be at home with us here, as you used to be in Lancaster.

Well, if you can't possibly stay, then come Feb. 1, as Feb. 2 is Korea new year and there are more of the interesting, quaint old customs and sights to be seen then than at any time of the year. It will be before our grand school rush, too, and the most convenient time before the end of April. You see, I'm still busy, I do want you to have a good visit. Korea will look so bleak to you in winter after the flowers and tropical verdure of Japan, in May it is fairyland. Do stay over and give this dear Orient a chance at you just once after all these years of waiting!

Just this evening we have received news that Mary and family are railing on the Siberia Maru, Jan. 4 from San Fran, Jan. 16 in Yokohama, with Prince [Chichiha]! If you don't see them there or at Kobe on Jan. 19. You'll see them here. Mary writes that all three children have been sick, ear abscesses, etc. and she is very much run down, losing so much sleep & all, so we can't get them out here soon enough. I do hope they'll be able to come on that boat!

I mustn't loving write more but just send my congratulations and the hope that you'll keep well and have a good time everywhere.

    With love to you both,

Alice

March 6, 1927

Seoul

Dearest Mrs. Griffis and both of you!

Your letter from Beppu received yesterday, is most welcome, and I hasten to send a reply before you would have moved on. The latest news of you I'd had before that was word that Bishop Welch got from Governor General Saito, with whom he travelled from Fusan last Wednesday. Viscount Saito said you were coming to Seoul Mar. 17th and would stay with Miss Appenzeller—all of which was welcome news. I pictured Dr. Griffis as Speaking at my <u>two</u> commencements on the 18th. But the later time will really be better, I think, so I'm just as well pleased. Isn't that I don't <u>want</u> you at any time you can come, but it would be such a disappointment to have you here and not be able to be with you. Well, just come when you can, stop over here first a day or two to make out your itinerary, then perhaps go to Manchuria and wherever else you want to go in the north and leave your week or so in Seoul from April 1 on, as long as you can make it. Alumnae Day is Mar. 19, then all will be over but entrance exams, planning for the new schedule, etc. till April 7, the opening day. I can't bear not to have you see our girls at all, and it you see the new term open you'll get some impression of how things are.

I just want you to feel right as if you were <u>back home</u> when you come here—and get rested up or mended up or washed up!! Or doctored up. Or anything else that one can't get done while rushing around. We have girls who who'll be happy to mend for you, good servants and nice informal family of college women much like Kawassui, as you said, and they're all eagerly awaiting your visit. You know Severance Hospital, with its fine corps of American doctors, is famed all thru the East, and perhaps Dr. Griffis would do better to come over here and get fixed up. Of course, it is colder here, just like Philadelphia climate, but we keep our house warm with steam. We have a woman, Dr. Mary Stewart, living with us and we think she's pretty good. So you see I'm just doing all I care to get you over here and keep you!

We're ever so sorry to hear of your suffering, dear Dr. Griffis, and hope you're getting relief. Lying awake at night with pain is certainly most distressing at the time, and unfits one to enjoy the day time. I do hope you're much better now!

I must leave all the new for next time. The Lacys are here and almost settled in a house on our compound. You'll hardly know "little Mary," she's so fat and matrony with her three cherubs. All are well, we're relieved to know, after so much illness in America.

Just drop me a card when you think you can come and wire from Fusan the time you arrive here and we'll do the rest. Do you travel first or second class? If you take the night boat from Shimonoseki and day train from Fusan, the most comfortable and interesting way. I'll meet you perhaps at Suigen, an hour down the line—but that will depend on whether I can get away that day or not. Well, it's curious to have you as near as Kyushu, anyway. You'll go to Fukuoka and I'll see Betty's school, I hope—Fukuoka Go Gakko. Miss Harriet Harvey, now principal, will be delighted. No more now, but my dearest love to you both.

  Your,

                   Alice

August 25, [Year Unknown]

Ewha Haktang,
Seoul, Korea

Dear Dr. Griffis,

I almost didn't get your letter of July 30—& what a loss that would have been!—because you ignored my reliable permanent address above, & sent it to my place of servitude, the cafeteria. As to that, I enjoyed that hour of manual labor, & the subsequent <u>free</u> meal, so much that I've arranged to continue there in the fall. Betty & I will live right next door at 507 W. 121 St., so it will be easy.

First, I <u>do</u> want to meet your daughter, & I'd be interested in the horoscope , but I can't bring myself to going it alone, for I've always thought you'd take me there. I'd like to see her first with you—you'll forgive me when, and arrange to introduce us as soon as may be in the autumn won't you?

Second, is the house progressing, and are the discouragements all overcome? I hope so. It seems a long time since I've see you blessed friends. The summer has been a <u>very</u> strenuous one for me. I made that choir, winning in try-out one of the 24 places that some 200 of us wanted, and <u>loved</u> all the music work. That makes me go to the chapel at 8 daily, so Ester Hulbert & I took the 7:30 boat & I often had to stay over till late late at night. So now I find myself really tired & am thankful that I was able to arrange my visiting schedule so I can stay here in this glorious restful place where I do <u>exactly</u> as I please & live intimately with my Lord Hudson, stretched for miles at my feet. I'm really getting lots of letters written, & just now reading Howell's "Their

Wedding Journey," which is to go to Ida soon. She has been nearly burned up in that awful desert, where there's been no escape or relief from the heat. Betty was with me on the 7th & is now in Pittsburgh. Henry & Mary have been enjoying Wonsan. I leave here the 2nd, shall be in Lancaster, Sept. 18 to 26, then back in N.Y. No more now. But heaps of love to you both. I didn't "calorie" this summer but just naturally lost the 5 lbs I put on in vacation.

Note written up the right side margin bottom to top:

"Now I've started in to calorie again. There is a piano here and I sing to my heart's content. IF it was a little nearer I'd live here next winter. Alice."

Silas Lapham all these years. He is delightful, isn't he? We hope soon to make the acquaintance of others. It was too bad that you couldn't help in the celebration at the Chambers-Wylie Church.

You would have enjoyed all the exercises. Ida was with us for a little more than a week. She was very tired, like the rest of us, but we all managed to rest some and feel better now. Poor Ida, with characteristic "trusting to luck," which this time betrayed her trust, thought she knew the time that her Wellesley train left and missed it by five minutes. As she could make no connections up to Boston that night she had to go on the nest day and register late to her great chagrin. She dreads the teasing that she is sure to get, because everyone will say, "I told you so!" I think that she will be more careful hereafter in every way, "if I do say it, as I shouldn't!" Perhaps she will write you about it.

School begins again on Monday to continue for only eight weeks longer. They will be very busy ones, I suppose. People get around to doing the things they have planned all winter, during the spring term. We are all glad that you and Mrs. Griffin are to have as pleasant a trip in June. I can't imagine anything more exciting than a wedding in one's family. Please remember me very kindly to Mrs. Griffis, and with sincere good wishes for yourself, believe me as ever,

 Faithfully yours,

Alice R. Appenzeller

허경진

연세대학교 국문과를 졸업하고 「허균 시 연구」로 문학박사 학위를 받았다. 목원대학교 국어교육과와 연세대학교 국어국문과 교수로 재직하였고, 지금은 연세대 한국기독교문화연구소 연구원으로 있다. 저서로 『허균평전』(2002, 돌베개), 『한국 고전문학에 나타난 기독교의 편린들』(2019, 동연), 『허난설헌 강의』(2021, 보고사) 등이, 역서로는 '한국의 한시' 총서 40여 권 외에 『삼국유사』(2006, 한길사), 『서유견문』(2004, 서해문집) 등이 있다.

허혜란

1984년 부모님을 따라 미국 뉴욕으로 이민하였고, 현재는 노스캐롤라이나 대학교 채플힐 캠퍼스의 NC TraCS Institute에서 근무 중이다. 『수피아 여학교 교장 애나 매퀸의 선교 편지』(2023, 보고사)를 번역하였으며, 주말에는 텃밭채소, 과실수, 버섯 등을 재배하고 약간의 꿀벌과 닭들을 돌보며 살고 있다.

이희락

전주 성심여고를 졸업하고 신학을 공부한 후 페루 선교사로 파송되어 사역하였다. 이후 미국 Dallas Baptist University에서 역사를 전공하고 Liberty University에서 신학석사학위를 받았다. 현재 미국 달라스의 한 고등학교에서 영문학과 미국 역사, 그리고 스페인어를 가르치고 있다. 군산성지순례길 안내 책자와 여러 신앙 서적을 영문으로 번역하였다.

내한선교사편지번역총서 24

앨리스 아펜젤러 교장의 선교 편지

2025년 9월 8일 초판 1쇄 펴냄

지은이 앨리스 R. 아펜젤러
옮긴이 허경진·허혜란·이희락
펴낸이 김흥국
펴낸곳 보고사

책임편집 김태희
표지디자인 김규범

등록 1990년 12월 13일 제6-0429호
주소 경기도 파주시 회동길 337-15
전화 031-955-9797(대표)
팩스 02-922-6990
메일 bogosabooks@naver.com
홈페이지 http://www.bogosabooks.co.kr

ISBN 979-11-6587-915-0
　　　979-11-6587-265-6　94910(세트)

ⓒ허경진·허혜란·이희락, 2025

정가 30,000원

〈이 번역서는 2020년 대한민국 교육부와 한국연구재단의 지원을 받아
　수행된 연구임(NRF-2020S1A5C2A02092965)〉

사전 동의 없는 무단 전재 및 복제를 금합니다.
잘못 만들어진 책은 바꾸어 드립니다.